U0577952

中國中醫科學院中國醫史文獻研究所
成都中醫藥大學
成都文物考古研究院
荊州文物保護中心

天回醫簡整理組 編著

天回醫簡（下）

文物出版社

下册目録

釋文注釋

釋文注釋

脈書·上經

【說　明】

本篇經綴合整理共有五十四支編號簡。本篇竹簡皆殘，從殘存編繩情况看，其形制爲兩道編繩，編繩大致等分整簡爲三段。以此編繩形制推算，其平均簡長約二七・八厘米，約合秦漢尺一尺二寸，簡寬約〇・八四厘米，簡厚約〇・一厘米。文字皆書於竹黄一面，竹簡編痕處未見明顯契口。

本篇簡未見題名，整理者根據《史記・扁鵲倉公列傳》中對「《脈書》上下經」的記載，及其内容與《素問・病能論》「《上經》者，言氣之通天也」的解題相合，將其命名爲《脈書・上經》。

天回醫簡中唯本篇數次引述「敝昔曰」，且内容可與《史記・扁鵲倉公列傳》《難經》《脈經》等所引扁鵲之説互證，推斷其與淳于意所「受讀解驗」之扁鵲《脈書》應出於同源。

•敝（扁）昔（鵲）曰：〔一〕人有九徼（竅）五臧（藏）十二節，〔二〕皆鼂（朝）於氣▨〔三〕一

之次。故曰：脈再至曰平，參至曰離經，四▨〔四〕二

欬，再員（損）離亶，〔五〕參員（損）曰争〓（静，静）者奪血〔六〕▨三

不至，死。〔七〕一乘一曰少氣。〔八〕右方百字，〔九〕嵩期□▨四

【注釋】

〔一〕敝昔，即「扁鵲」。「敝」爲並母月部，「扁」爲並母元部，兩字同母雙聲，陽入對轉疊韵相通。

〔二〕徼，讀爲「竅」。頭部七竅，下陰二竅，合爲九竅。《難經集注·三十七難》：「五藏者，當上關於九竅也。故……五藏不和，則九竅不通。」十二節，《太素·調陰陽》楊上善注：「十二節者，謂人四支各有三大節也。」《春秋繁露·官制象天》：「人之身有四肢，每肢有三節，三四十二，十二節相持而形體立矣。」

〔三〕鼂，同「朝」，朝會之義。《太素·脈論》「肺朝百脈」楊上善注：「十二經脈、奇經八脈、十五大絡等絡脈，皆集肺脈兩手太陰寸口而朝之。」《素問·生氣通天論》：「天地之間，六合之内，其氣九州九竅、五藏、十二節，皆通乎天氣。」「鼂於氣」三字據簡二正面反印文補。

〔四〕再至，指一呼脈動兩次，一吸脈動兩次，此爲正常人的脈象。離經，指脈動失常。《難經集注·十四難》：「脈有損至，何謂也？然。至之脈，一呼再至曰平，三至曰離經，四至曰奪精，五至曰死，六至曰命絶。」

〔五〕員，讀爲「損」，指損脈，即正常呼吸頻率下脈動次數減少的脈象。離，《玉篇》：「兩也，判也。」亶，當讀爲「顫」，振動。人一呼一吸脈一動，一次脈動於呼吸間分爲兩半，故名離亶。《難經·十四難》及《脈經·診損至脈》作「離經」。

〔六〕争，讀爲「静」。《逆順》簡五下：「人三息脈一動，曰静，静者奪血。」《脈經·診損至脈》引扁鵲曰：「脈三損者，人一息復一呼而脈一動……故曰争。氣行血留，不能相與，俱微，氣閉，實則胸滿藏枯而争於中，其氣不朝，血凝於中，死矣。」此處「争」亦讀爲「静」。奪血，《脈經·診損至脈》：「三至而緊則奪血。」詳見廣瀨薰雄《談老官山漢簡醫書中所見的診損至脈論》（《簡帛研究論集》，頁五二三）。

〔七〕《逆順》簡六：「【·人】五息脈一動（動），曰絶，不至，死。」「死」字圖版右側有反印文筆畫，未明出處。

〔八〕《脈經·診損至脈》：「脈一損一乘者，人一呼而脈一動，人一息而脈再動……氣短不能周遍於身，苦少氣，身體懈墮矣。」

〔九〕按本篇滿簡字數，計二十五字上下。此前計四簡（或有一簡亡失），補齊闕字後，約可達百字之數。

•敝（扁）昔（鵲）曰：心病之正，〔一〕亟（極）徵（微）亟（極）精，以觀死生，可十全▨〔二〕五

也。府精五者，〔三〕五色之出入，華精相襲，〔四〕其☐六

【注　釋】

〔一〕正，主也。《吕氏春秋·執一》：「王者執一，而爲萬物正。」高誘注：「正者，主。」此言心爲病之主。《素問·靈蘭秘典論》：「心者，君主之官也，神明出焉。」正，與下文「精」、「生」皆押耕部韵。

〔二〕《史記·扁鵲倉公列傳》：「心不精脈，所期死生視可治，時時失之，臣意不能全也。」

〔三〕《素問·經脈别論》：「府精神明，留於四藏。」府，當指血脈。《素問·脈要精微論》：「夫脈者，血之府也。」楊上善注：「穀入於胃，化而爲血，行於經脈，以奉生身，故經脈以爲血之府也。」

〔四〕指面部之五色與五藏之精氣相合。《素問·脈要精微論》：「夫精明五色者，氣之華也。」襲，《淮南子·天文訓》：「天地之襲精爲陰陽。」高誘注：「襲，合也。精，氣也。」

• 心甬（通）天爲夏。〔一〕七壹

• 肺甬（通）天爲秋。〔二〕八壹

• 肝甬（通）天爲春。〔三〕九壹

• 腎甬（通）天爲冬。〔四〕一〇壹

• 脾甬（通）天爲中州☐〔五〕一一壹

• 金之甬（通）天氣爲天府。〔六〕一二壹

• 臂之大会（陰）爲脈口。〔七〕一三壹

【注　釋】

〔一〕夏氣通於心，脈亦相應。《素問·玉機真藏論》：「夏脈者，心也，南方火也，萬物之所以盛長也。」《史記·扁鵲倉公列傳》：「不待切脈望色聽聲寫形。」《正義》引《黄帝素問》云：「待切脈而知病。寸口六脈，三陰三陽，皆隨春秋冬夏觀其脈之變，則知病之逆順也。」按，此處五藏次序依「心—肺—肝—腎—脾」排列，係參照竹簡剖視圖得出的合理編聯，雖導致四時次序未依慣常之「春夏秋冬」排列，但同墓所出之髹漆經脈人像背部的腧穴銘文亦依「心—肺—肝—胃—腎」之五藏次序；且《素問·五藏生成篇》及《脈要精微論》《平人氣象論》、《靈樞·本藏》及《陰陽繫日月》《五癃津液别》等篇中，皆可見「心—肺—肝—脾（胃）—腎」之五藏次序，與此相較，僅「脾」「腎」兩藏次序顛倒。

〔二〕秋氣通於肺，脈亦相應。《素問・玉機真藏論》：「秋脈者，肺也，西方金也，萬物之所以收成也。」肺，右側字形據簡二簡背反印文補。

〔三〕春氣通於肝，脈亦相應。《素問・玉機真藏論》：「春脈者，肝也，東方木也，萬物之所以始生也。」

〔四〕冬氣通於腎，脈亦相應。《素問・玉機真藏論》：「冬脈者，腎也，北方水也，萬物之所以合藏也。」

〔五〕中州，指中央。《難經集注・十五難》：「脾者中州也，其平和不可得見，衰乃見耳。來如雀之啄，如水之下漏，是脾之衰見也。」《難經集注・四難》：「呼吸之間，脾受穀味也，其脈在中。」吕廣注：「脾者中州，主養四藏，故曰呼吸以受穀氣。」《淮南子・地形》：「木勝土，土勝水，水勝火，火勝金，金勝木，故禾春生秋死，菽夏生冬死，麥秋生夏死，薺冬生中夏死。」中夏，對應五行土，與《素問》「長夏」同。

〔六〕肺爲金藏，天府爲診候肺氣的部位。《靈樞・本輸》：「腋内動脈，手太陰也，名曰天府。」《黄帝内經明堂》卷一「手太陰」：「天府，在掖下三寸，臂臑内廉動脈，手太陰脈氣所發。」楊上善注：「肺爲上蓋，爲府藏之天，肺氣歸於此穴，故謂之天府。」按此，五藏皆當有「通天氣」的部位，診察其處之脈動，可候五藏之氣。參《逆順》簡一二。

〔七〕按經脈命名原則，臂内側爲陰，外側爲陽；橈側（大指側）爲太，尺側（小指側）爲少。臂之大陰，指臂内側近橈側的動脈。《逆順》簡一二：「肺出辟（臂）大陰。」脈口，脈氣出入的通道。《史記・扁鵲倉公列傳》：「脈無五藏氣，右口脈大而數。」《正義》：「謂右手寸口也。」《難經集注・一難》：「寸口者，脈之大會，手太陰之動脈也。」

• 青色之甬（通）天▨〔一〕七貳

• 黄▨八貳

• 白色之甬（通）天爲▨九貳

• 黑色之甬（通）天爲▨一〇貳

• 客色爲仁▨〔二〕一二貳

• 色與脈不□，〔三〕不應□□▨一三貳

【注　釋】

〔一〕此下殘缺，疑爲五色與「皮脈筋肉骨」對應的内容。《素問・五藏生成篇》：「故白當皮，赤當脈，青當筋，黄當肉，黑當骨。」《逆順》簡一三至一四：「凡氣之所道生者，常道其□□，故曰青乘青，曰氣在筋，若亡其外，曰傷肝。黑▨腎。白乘白，曰在皮，亡外曰傷肺。黄乘黄，自〈曰〉在肉，亡外曰傷肶（脾）。赤乘赤，曰在脈，▨」

〔二〕客色，《太素·色脈診》：「客色見上下左右，各在其要。」楊上善注：「人之五時正王色上，相乘色見，名曰客色。客色見面上下左右各當正色所乘要處者，有病也。」《靈樞·五色》：「五色之見也，各出其色部。」按五藏在面部皆有對應的望診部位，詳見《難經集注·十三難》虞庶注。

〔三〕《史記·扁鵲倉公列傳》：「不待切脈望色聽聲寫形。」《正義》引《素問》云：「面色青，脈當弦急；面色赤，脈當浮而短；面色黑，脈當沈浮而滑也。」《難經集注·十三難》：「經言……色之與脈，當參相應。爲之奈何？然，五藏有五色，皆見於面，亦當與寸口、尺内相應。」皆言色與脈當相應。

心。敝（扁）昔（鵲）曰：脈句（鉤）至者曰病出心＝（心，〔一〕心）曰善悲，得之憂，〔二〕上□▨一四

肺。毛至曰病出於肺。〔三〕志曰耑（喘），上見血，下見器音，〔四〕得之□▨〔五〕一五

肝。弦（弦）至曰病出於肝，〔六〕血塞不類，宜善畏，〔七〕見好女則誘然□▨〔八〕一六

腎。臂＝（辟辟）如單（彈）石者，病出於腎，〔九〕其骨（滑）偳＝（湍湍）流，〔一〇〕六▨一七

▨四枝（肢），汗與風具（俱），〔一一〕希（晞）於身，〔一二〕得在睪会（陰），不亟▨〔一三〕一八

脾。至如鳥之豆，〔一四〕如水之深，病出於脾，〔一五〕内閉五臧（藏），〔一六〕骨肉不相箸▨〔一七〕一九

□未已而使内，〔一八〕汗幾筋脈，〔一九〕女□得之備□。〔二〇〕·病□□▨二〇

【注　釋】

〔一〕鉤，帶鉤。《素問·平人氣象論》：「死心脈來，前曲後居，如操帶鉤，曰心死。」《素問·玉機真藏論》：「故其氣來盛去衰，故曰鉤。反此者病。」《素問·宣明五氣篇》：「五脈應象：肝脈絃，心脈鉤。」《史記·扁鵲倉公列傳》：「脈法曰：脈來數疾去難而不一者，病主在心。」「心敝昔」三字據簡七簡背反印文補釋。

〔二〕悲，《説文》：「痛也。」憂，《玉篇》：「心動也。」與心病之義合。《淮南子·原道》：「憂悲多恚，病乃成積。」憂、悲常并稱。《史記·扁鵲倉公列傳》倉公診齊王中子諸嬰兒小子病：「此悲心所生也，病得之憂也。」與本簡相同。

〔三〕毛至，指脈來輕浮而虛，如觸摸羽毛。《素問·平人氣象論》：「死肺脈來，如物之浮，如風吹毛，曰肺死。」《素問·宣明五氣篇》：「五脈應象：肺脈毛。」《史記·扁鵲倉公列傳》：「所以知破石之病者，切其脈，得肺陰氣，其來散，數道至而不一也。」與《素問·玉機真藏論》言肺脈「輕虛以浮，來急去散」一致。

〔四〕《太素·四時脈形真藏脈形》：「秋脈……其不及則令人喘呼而欬，上氣見血，下聞病音。」按楊上善注，上見血，指唾而有血；下見器音，指下聞胸中喘呼氣聲。

〔五〕《靈樞·邪氣藏府病形》：「形寒寒飲則傷肺，以其兩寒相感，中外皆傷，故氣道而上行。」

〔六〕弦，同「絃」「弦」。《素問·宣明五氣篇》：「五脈應象：肝脈絃。」《脈經·辨藏府病脈陰陽大法》：「脈來如弓弦者，肝脈也。」《史記·扁鵲倉公列傳》：「脈法曰：脈長而弦，不得代四時者，其病主在於肝。」

〔七〕善畏，《素問》言肝病作「善恐」。《素問·藏氣法時論》：「肝病者，兩脅下痛引少腹，令人善怒；虛則目䀮䀮無所見，耳無所聞，善恐，如人將捕之。」《靈樞·本神》：「肝氣虛則恐，實則怒。」《素問·生氣通天論》：「俞氣化薄，傳爲善畏，及爲驚駭。」「善畏」二字據簡九簡背反印文補釋。

〔八〕誘然，有所誘慕貌。《莊子·駢拇》：「故天下誘然皆生，而不知其所以生；同焉皆得，而不知其所以得。」《淮南子·繆稱訓》：「善生乎君子，誘然與日月争光。」許慎注：「誘，美稱也。」「見好女則誘然」六字原黏附於簡九下段之簡背，經剥離後拼綴并補釋。

〔九〕《素問·平人氣象論》「辟辟如彈石」王冰注：「言促又堅也。」《素問·宣明五氣篇》：「五脈應象……腎脈石。」《史記·扁鵲倉公列傳》：「脈法曰：沈之而大堅，浮之而大緊者，病主在腎。」

〔一〇〕骨，當讀爲「滑」，音汩。《脈經·辨藏府病脈陰陽大法》：「脈來沉滑如石，腎脈也。」《素問·生氣通天論》「汩汩乎不可止」，《太素·調陰陽》作「滑滑不止」。偳偳，讀爲「湍湍」，《脈經·腎膀胱部》：「腎脈來喘喘累累如鉤，按之而堅。」喘喘，亦讀爲「湍湍」。

〔一一〕具，讀爲「俱」，《説文》：「偕也。」

〔一二〕希，讀爲「晞」，《説文》：「乾也。」《史記·扁鵲倉公列傳》：「病得之流汗出滫。滫者，去衣而汗晞也。所以知齊王太后病者，臣意診其脈，切其太陰之口，濕然風氣也。脈法曰：『沈之而大堅，浮之而大緊者，病主在腎』。」所述病因與本簡相近。

〔一三〕《素問·五藏生成篇》：「黑脈之至也，上堅而大，有積氣在小腹與陰，名曰腎痹。」陰，與本簡「罣陰」所指部位相同。「不亟」二字據簡一一簡背反印文釋讀。

〔一四〕豆，讀爲「噣」，《説文》：「喙也。」後世或傳寫作「巨」。故《素問·平人氣象論》有「如鳥之喙，如鳥之距」，兩説并存。

〔一五〕《素問·平人氣象論》：「死脾脈來，鋭堅如烏之喙，如鳥之距，如屋之漏，如水之流，曰脾死。」《中藏經》卷上第二十六：「扁鵲曰：脾病……其脈來似水之流，曰太過，病在外，其脈來如鳥之距，曰不及。」《史記·扁鵲倉公列傳》：「所以知潘滿如病者，臣意切其脈深小弱，其卒然合合也，是脾氣也。」

〔一六〕《靈樞·本神》：「脾氣虛則四肢不用，五藏不安。」《素問·玉機真藏論》：「太過，則令人四支不舉；其不及，則令人九竅不通，名曰重强。」

《難經集注・三十七難》：「五藏不和，則九竅不通。」「閉五臧」三字據簡一二簡背反印文釋讀。

〔一七〕箸，同「著」，附也。《甲乙經》卷二第一：「足少陰氣絶，則骨枯……故骨不濡，則肉不能著骨也，骨肉不相親，則肉濡而却。」

〔一八〕使內，指房事。《素問・痿論》：「《下經》曰：筋痿者，生於肝，使內也。」《太素・五藏痿》作「筋痿者，生於使內」。《靈樞・邪氣藏府病形》：「有所擊仆，若醉入房，汗出當風，則傷脾。」

〔一九〕幾，疑讀爲「溉」，滲灌也。幾、溉皆見紐微部字，音近可通。文獻有幾、既相通之例，馬王堆帛書《周易經傳・歸妹》三七至三八：「日月既望。」注：「王弼本作月幾望……《釋文》云：幾，荀作既。」

〔二〇〕備，疑讀爲「俻」，即內崩。《下經》簡七〇：「內俻（崩），弱（溺）赤，足善栗，行不安[地]，數後血。」《脈經・脾足太陰經病證》：「脾脈沉之而濡，浮之而虚，苦腹脹，煩滿，胃中有熱，不嗜食，食而不化，大便難，四肢苦痹，時不仁，得之房內，月使不來，來而頻并。」

敝（扁）昔（鵲）曰：所胃（謂）五色者，脈之青白相乘者，脈[亂]甚即脈□□□□□☑二一

節色主爲乘。〔一〕凡脈與五色變，〔二〕內乘外者死，〔三〕外乘內者可以每（毒）☑〔四〕二二

始生，甚徵（微）且精，其在蒿膚之時，〔五〕幾於色變，〔六〕不亟□☑〔七〕二三

即入舍於脈。在脈之時，[詤]易（惕）善驚。〔八〕不亟寫（瀉）即入[舍]☑〔九〕二四

☑[即]入舍於骨。在骨之時，☑二五

【注　釋】

〔一〕節，度量。色主，五色所主。《逆順》簡一一：「凡五色，以觀[五][臧]（藏）[之]氣，[有]餘不足，用此節之。」乘，《説文》段注：「覆也。加其上曰椉。」此指色與脈相加。

〔二〕此言四時之脈與五色變化相應。《素問・玉機真藏論》：「吾得脈之大要，天下至數，五色脈變，揆度奇恒，道在於一。」《素問・移精變氣論》：「夫色之變化以應四時之脈，此上帝之所貴，以合於神明也，所以遠死而近生。」

〔三〕內、外指色、脈。《素問・移精變氣論》：「色以應日，脈以應月。」按陸宗達説，日訓內，月訓外（《文字學講義》，頁一四三）。內乘外，即色乘脈，如《史記・扁鵲倉公列傳》倉公診齊中郎破石病，斷其病不治，後十日死，因其「肺脈散者，固色變也乘之」。

〔四〕每，讀爲「毒」，參《逆順》簡八「不可以每（毒）藥」。

〔五〕《素問・湯液醪醴論》：「夫病之始生也，極微極精，必先入結於皮膚。」蒿膚，當指皮膚。蒿，疑讀爲「毫」，指毫毛。

〔六〕幾，《説文》：「微也。」對應上文「始生甚微」。

〔七〕「蒿膚」「幾於色變不亟」八字據簡一五簡背反印文補釋。

〔八〕䛘，讀爲「悗」，煩悶。昜，讀爲「愓」，通「蕩」，心動貌。《靈樞·本神》：「恐懼者，神蕩憚而不收。」《靈樞·經脈》：「氣不足則善恐，心愓愓如人將捕之。」愓愓，亦當作「愓愓」。

〔九〕《史記·扁鵲倉公列傳》：「扁鵲過齊，齊桓侯客之。……後五日，扁鵲復見，曰：君有疾在血脈，不治恐深。」又，「扁鵲曰：疾之居腠理也，湯熨之所及也；在血脈，鍼石之所及也；其在腸胃，酒醪之所及也；其在骨髓，雖司命無奈之何。」

•敝（扁）昔（鵲）曰：白乘白，病自已，〔一〕所胃（謂）白乘白者☐二六

•白黑相乘者，傷肺矣，〔二〕以夏死。〔三〕二七壹

•倉（蒼）乘倉（蒼），可治而久。〔四〕☐二八壹

•倉（蒼）白相乘者，〔五〕不治，以秋死。二九壹

•赤乘赤，不死，且驚，後乃折。〔六〕三〇壹

•赤乘黑，不治，以冬死。〔七〕三一壹

☐□，以夏死。三二壹

•赤乘倉（蒼），曰涓〈消〉渴也，可治。〔八〕三三壹

•黑乘黃，是內單（癉）也，以冬死。〔九〕三四壹

•黑乘黑，曰奪血，〔一〇〕不甬（痛），發爲水，童（腫）以足始□☐三五壹

【注釋】

〔一〕此下言五色脈診之法。白乘白，指面色白而得肺脈，主病在肺。此爲色脈相應，其病爲順，故不治自已。《靈樞·邪氣藏府病形》：「色青者，其脈絃也；赤者，其脈鉤也；黃者，其脈代也；白者，其脈毛；黑者，其脈石。見其色而不得其脈，反得其相勝之脈，則死矣；得其相生之脈，則病已矣。」按本篇經文，色脈相勝者死，色脈相應者病自已，無相生之説，與《靈樞》略异。

〔二〕指面色白而得腎脈，或面色黑而得肺脈，主傷肺。傷肺，《素問·示從容論》：「於此有人四支解墯，喘欬，血泄，而愚診之以爲傷肺，切脈浮大而緊。」《脈經·肺手太陰經病證》：「肺傷者，其人勞倦則欬唾血。其脈細緊浮數，皆吐血，此爲躁擾嗔怒得之，肺傷氣擁所致。」按《史

記·扁鵲倉公列傳》齊中郎破石「肺傷」病，其人溲血而死，如倉公所診。

〔三〕肺屬金，至夏火當令，金爲火所勝而死。倉公診破石病「丁亥日死」，與此同例。

〔四〕蒼乘蒼，指面色蒼而得肝脈，主病在肝。可治而久，病可治而不死，其例同「白乘白，病自已」。

〔五〕指面色蒼而得肺脈，或面色白而得肝脈，色脈相勝，故其病不治；至秋金當令，金勝木而死。《脈經·肝足厥陰經病證》：「肺乘肝，即爲癰腫。」又《脈經·肺手太陰經病證》：「肝乘肺，必作虛。」

〔六〕赤乘赤，《逆順》簡一四：「赤乘赤，曰在脈。」《脈經·心手少陰經病證》：「愁憂思慮則傷心，心傷則苦驚，喜忘，善怒。」并參見本篇簡一四「在脈之時，詭易（惕）善驚」。「驚後乃折」四字據簡二〇簡背反印文補釋。

〔七〕赤乘黑，火爲水所勝，至冬水當令，火衰而死。

〔八〕《甲乙經》卷四第一中：「心脈……其耎而散者，病消渴，自已。」「消渴」二字據簡二三簡背反印文及其剥離殘片補釋。

〔九〕黑乘黄，水爲土所勝，亦以冬死。

〔一〇〕《素問·脈要精微論》：「腎脈……其耎而散者，當病少血。」「黑乘黑曰奪血」六字據簡二四簡背反印文補釋。

·黄乘倉（蒼）是□⧄二九貳

·潎（扁）昔（鵲）曰：□□⧄〔一〕三〇貳

·唇反人盈，肉已死，甲及乙□已⧄〔二〕三一貳

·汗出如貫朱（珠），榑（摶）不流，氣已死，朝則夕死，夕朝⧄〔三〕三二貳

·面黑紫汩□□⧄〔四〕三三貳

·舌巷〈卷〉□寒⧄〔五〕三四貳

【注釋】

〔一〕潎（扁）昔（鵲）曰，在本篇殘存簡文中凡六見，皆出現於每節内容起首處，引出下文之論述。此處爲最末一見，所論内容爲《陰陽脈死候》「五死」之類。按此條缺失内容似當爲「骨已死」。《脈書》簡五一作「齦齊齒長，則骨先死。」「敝昔曰」三字據簡二〇簡背反印文補釋。

〔二〕人盈，即人中满。《陰陽脈死候》二：「五死：唇反人盈，則肉先死。」《脈經·扁鵲華佗察聲色要訣》：「病人唇反，人中满者，死。」《脈經·脾胃部》：「足太陰氣絶，則脈不營其口唇。口唇者，肌肉之本也。脈不營則肌肉濡，肌肉濡則人中滿，人中滿則唇反，唇反者肉先死，甲篤乙死，木勝土也。」

〔三〕《脈書》簡五一：「凡視死徵……汗出如絲（當作絑），榑而不流，則氣先死。」《陰陽脈死候》三：「汗出如絑（珠），傅而不流，則血先死。」《甲乙經》卷二第一上：「絶汗乃出，大如貫珠，轉出不流，即氣先死。故旦占夕死，夕占旦死。」

〔四〕此下殘缺，按《脈書》簡五一：「面墨目圜視雕（雅），則血先死。」原注：「目圜視雕，《陰陽脈死候》作『目環視衺』。」陳劍認爲「衺」字應改釋爲「衺」，與「雕」字俱應讀爲「瞗」。瞗，《說文》：「目孰視也。」即目不轉睛狀。

〔五〕按《脈書》簡五二：「舌捆橐拳（卷），則筋先死。」《靈樞·經脈》作「舌卷卵縮」。

舍於目，是氣麗而上善茖，〔一〕下不能久立☐〔二〕三六

氣之汁也，宜善悲，不亟𧼯（瀆）必☐〔三〕三七

工十中六。〔四〕所胃（謂）相目之侌（陰）昜（陽）者，非相平人也，皆病之直五氣之見☐〔五〕三八

故審知五色五脈之青白與五色五氣之下上，所胃（謂）□□☐〔六〕三九

【注　釋】

〔一〕茖，疑爲「荅」字省寫，從「谷」聲之字俗書多變從「各」。荅，讀爲「欲」。《廣雅·釋詁四》：「欲，歐，吐也。」《說文》段注：「此謂欲即歐之假借字。」

〔二〕《素問·脈解篇》：「所謂嘔欬上氣喘者，陰氣在下，陽氣在上，諸陽氣浮，無所依從，故嘔欬上氣喘也；所謂色色不能久立，久坐起則目𥆨𥆨無所見者，萬物陰陽不定，未有主也。」所解經文，與此相類。

〔三〕𧼯，讀爲「瀆」。《說文》：「𧼯，媟𧼯也。」段注：「今經典作瀆。」《風俗通·山澤篇》：「瀆者，通也，所以通中國垢濁，民陵居，殖五穀也。」

〔四〕其上當接「下」字，連讀爲「下工十中六」。《周禮·天官冢宰下·醫師》：「歲終，則稽其醫事以制其食。十全爲上，十失一次之，十失二次之，十失三次之，十失四爲下。」賈公彥疏：「十失四为下者，謂治十得六，制祿次於得七者。」《靈樞·邪氣藏府病形》：「善調尺者，不待於寸；善調脈者，不待於色。能參合而行之者，可以爲上工，上工十全九；行二者，爲中工，中工十全七；行一者，爲下工，下工十全六。」《難經集注·十三難》：「經言知一爲下工，知二爲中工，知三爲上工。上工者十全九，中工者十全八，下工者十全六。此之謂也。」

〔五〕直，值。《素問·脈要精微論》：「切脈動静而視精明，察五色……夫精明者，所以視萬物，別白黑，審短長。」按「視精明」即爲「相目」之法，能與五色脈診合參，則診可十全，爲上工。其法見於《内經》《脈經》。如《脈經·扁鵲華佗察聲色要訣》：「目色赤者病在心，白在肺，黑在腎，黃在脾，青在肝。黃色不可名者，病胸中。」《素問·五藏生成篇》：「凡相五色之奇脈，面黃目青，面黃目赤，面黃目白，面黃目黑者，

皆不死也。」

〔六〕《靈樞·邪氣藏府病形》：「黄帝問於岐伯曰：五藏之所生，變化之病形何如？岐伯答曰：先定其五色五脈之應，其病乃可别也。」此與前文簡二一「敝（扁）昔（鵲）曰：所胃（謂）五色者，脈之青白相乘者」相呼應。「故審知五色五脈之青白與」「下上」十三字據簡二九簡背反印文釋讀。

五色甬（通）天。脈之出入，與五色相應也，〔一〕猷（猶）鄉（響）之應聲也，猶京（影）象刑（形）也，〔二〕□⧄四〇

⧄聲也，氣之精也。〔三〕京（影）之象刑（形），侌（陰）昜（陽）之⧄〔四〕四一

知死生之期，謹精莞脈，毋與衆□。〔五〕其入不□其⧄四二

委之福，五色不坐〔六〕，脈應周利〔七〕，是箴（鍼）應也，工者取盈脈睢肝脈⧄四三〔八〕

【注釋】

〔一〕脈之出入，指脈象之浮沉盛衰，隨四時陰陽而上下變動。《素問·脈要精微論》：「是故聲合五音，色合五行，脈合陰陽……是故持脈有道，虚静爲保。春日浮，如魚之游在波。夏日在膚，泛泛乎萬物有餘。秋日下膚，蟄蟲將去。冬日在骨，蟄蟲周密，君子居室。」與五色相應，《素問·五藏生成篇》：「夫脈之小大滑濇浮沈，可以指别；五藏之象，可以類推；五藏相音，可以意識；五色微診，可以目察。能合脈色，可以萬全。」

〔二〕《靈樞·邪氣藏府病形》：「夫色脈與尺之相應也，如桴鼓影響之相應也，不得相失也。此亦本末根葉之出候也，故根死則葉枯矣。色脈形肉不得相失也，故知一則爲工，知二則爲神，知三則神且明矣。」《靈樞·外揣》：「五音不彰，五色不明，五藏波蕩，若是則内外相襲，若鼓之應桴，響之應聲，影之似形。」《管子·心術上》：「君子之處也若無知，言至虚也。其應物也若偶之，言時適也，若影之象形，響之應聲也。」《史記·樂書》：「凡音由於人心，天之與人有以相通，如景之象形，響之應聲。」蓋此等「猷（猶）鄉（響）之應聲也，猶京（影）象刑（形）也」之句爲戰國秦漢時代之常語。

〔三〕指五色見於面，以應五藏五行之氣。精，精華。《素問·脈要精微論》：「夫精明五色者，氣之華也。」王冰注：「五氣之精華者，上見爲五色，變化於精明之間也。」按上下文義，「聲」之前當有「鄉（響）之應」三字。

〔四〕下疑接「應」字。《素問·脈要精微論》：「萬物之外，六合之内，天地之變，陰陽之應，彼春之暖，爲夏之暑，彼秋之忿，爲冬之怒，四變之動，脈與之上下。」該簡右側字迹皆黏附於簡三二簡背，簡文據簡三二反印文及其剥離殘片拼合并補釋。

〔五〕莞，讀爲「脘」，即胃脘。莞脈，指「胃脘之陽」與「真藏之脈」。精，與「熟」義通，有明審之義。《史記·扁鵲倉公列傳》：「心不精脈，所期

死生視可治，時時失之，臣意不能全也。」《素問・陰陽別論》：「所謂陰者，真藏也，見則爲敗，敗必死也；所謂陽者，胃脘之陽也。別於陽者，知病處也；別於陰者，知死生之期。三陽在頭，三陰在手，所謂一也。別於陽者，知病忌時；別於陰者，知死生之期。謹熟陰陽，無與衆謀。」謹熟陰陽，與「謹精莣脈」義同。

〔六〕坐，疑當訓爲「定」。「坐」有不動之義。五色不坐，即「五色不定」。

〔七〕周利，猶「調和」。周，《淮南子・原道訓》「貴其周於數而合於時也」高誘注：「調也。」利，《廣雅・釋詁三》：「和也。」

〔八〕本簡字形據簡三四簡背反印文補完。下半段無字，據編繩痕迹及斷端茬口綴合。據揭剥示意圖位置判斷，當爲本篇末簡。

散簡

☐足清，名曰脈蕢☐〔一〕四四

☐五，所胃（謂）精者，雜□☐〔二〕四五

☐□脛有大小一蚤白節☐四六

☐面黑，此治病入舍於☐〔三〕四七

☐□无爲而勞且☐四八

☐□在蒿之時也☐四九

☐□在目，故毛奏（腠）□☐五〇

☐五一

☐五二

☐五三

☐五四〔四〕

【注釋】

〔一〕清，冷。《素問・五藏生成篇》：「青脈之至也，長而左右彈，有積氣在心下支胠，名曰肝痹，得之寒濕，與疝同法，腰痛，足清，頭痛。」楊上善注：「肝脈足厥陰屬木色青，故曰青脈。青脈，春脈。」

〔二〕該簡上六字皆黏於簡五三簡背，據剥離拼合後圖像釋讀。

〔三〕按内容當歸屬本篇簡二三至二五之中，但由於相關簡皆殘損嚴重，難以綴合，故置於「散簡」之列。

〔四〕清理編號 001—013 的竹簡，從竹簡揭剥示意圖看與簡的主體分離，且多爲僅餘下半段的散簡，除簡九貳、一〇貳、二四可據簡文内容及示意圖位置對應關係與上段簡綴合外，其餘尚難以判斷當與何簡綴合，置於篇末，以備查考。

脈書·下經

【説　明】

本篇經綴合整理共有二百五十四支編號簡，以兩道編繩編聯，編繩大致等分整簡爲三段。平均簡長三五・八厘米，約合秦漢尺一尺五寸五，簡寬約〇・七七厘米，簡厚約〇・一厘米。文字皆書於竹黄一面，竹簡編痕處未見明顯契口，極少量竹簡有簡背劃痕。

從簡文内容上看，本篇乃以經脈爲基礎類分疾病，描述疾病病狀，闡釋病之變化，分析疾病預後，提供診斷法則，以辨察諸病同异。此部分簡未見題名，整理者根據其内容、體例與張家山《脈書》類同，以及《素問・病能論》「《下經》者，言病之變化也」的解題和《史記・扁鵲倉公列傳》的著録，將其命名爲《脈書・下經》。

本篇内容可分爲兩大類：第一類論風、痺、蹷、痿、水諸病之變化；第二類論經脈病之變化，包括辨十二經脈循行及病候，論相脈之過及三陰三陽脈死候，辨足大陽絡、足陽明支脈和閒別脈的循行及病候等。與張家山、馬王堆出土的同類文獻相比，本篇内容兼具《脈書》與《陰陽》《足臂》的特徵，所多出的「心主之脈」一簡爲出土醫學文獻中首見。

■凡風者，百病之長也。唯（雖）已變化爲它病，猶（猶）有風氣之作也。此皆陰氣之屬也，同産而异分，故衆人一■弗能別也。凡風之始産也，皆有大分，〔一〕至其變化，則无常方矣。〔二〕二

•凡病久則變化=（化，〔三〕化）則通=（通，通）則難辨也。〔四〕三

【注　釋】

〔一〕大分，大別。

〔二〕《素問·風論》：「故風者百病之長也，至其變化爲他病也，無常方，然致有風氣也。」方，《易·繫辭上》「方以類聚」李鼎祚集解：「道也。」常方，指一定之規。

〔三〕《素問·病能論》：「《下經》者，言病之變化也。」

〔四〕《史記·扁鵲倉公列傳》：「病名多相類，不可知，故古聖人爲之脈法……故乃別百病以异之，有數者能异之，無數者同之。」

•凡寒氣乍在乍亡者，風也；畜作有時者，瘧也；〔一〕梃解而不去身者，〔二〕痹也。癉=（戰戰）陵=（淩淩—兢兢）〔三〕，若臨深水，若踐薄四冰；怵=（怵怵）惕=（惕惕），若隋（墮）若縢（騰）；〔四〕甘=（酣酣）兄=（怳怳），〔五〕若□若夢，是胃（謂）大風之徵（徵）。〔六〕五

•凡久風産痹=（痹，痹）之卒發者，不必産於風。淫氣箸（著）痹産且=（疽，疽）之卒發者，不必産於痹。〔七〕六

•凡痹，見風，身皆熱而面栗。七

【注　釋】

〔一〕畜，同「蓄」，潛伏。作，發作。《素問·瘧論》：「夫痎瘧者，皆生於風，其蓄作有時者，何也？」

〔二〕梃解，同「挺解」，懈惰無力狀。《文選·七發》：「雖有金石之堅，猶將銷鑠而挺解也。」又，「今太子膚色靡曼，四支委隨，筋骨挺解。」《讀書雜志·餘編下》：「挺亦解也。《呂氏春秋·仲夏紀》：挺衆，囚益其食。高注曰：挺，緩也。字或作綎。……緩亦解也。故《序卦傳》曰解者緩也。……下文筋骨挺解義與此同。」

〔三〕癉癉陵陵，讀爲「戰戰兢兢」。北大漢簡《周馴》一七：「故《詩》曰：戰=（戰戰）凌凌=（兢兢），如臨深淵，如履薄冰。」

〔四〕縢，讀爲「騰」，《玉篇》：「上躍也，奔也。」

〔五〕甘甘兄兄，讀爲「酣酣悦悦」，酒醉貌。杜牧《樊川集·雨中作》：「酣酣天地寬，悦悦嵇劉伍。」

〔六〕本條自「瘴瘴陵陵」至末有韵，陵、冰、膡、夢、薇，皆蒸部字。《靈樞·刺節真邪》：「大風在身，血脈偏虚，虚者不足，實者有餘，輕重不得，傾側宛伏，不知東西，不知南北，乍上乍下，乍反乍覆，顛倒無常，甚於迷惑。」《靈樞·大惑論》所論之惑證與此亦同。

〔七〕《靈樞·刺節真邪》：「虚邪之中人也，洒淅動形，起毫毛而發腠理。其入深，内搏於骨，則爲骨痹。搏於筋，則爲筋攣。搏於脈中，則爲血閉不通，則爲癰。……留而不去則痹。」「虚邪之入於身也深，寒與熱相搏，久留而内著……已有所結，深中骨，氣因於骨，骨與氣并，日以益大，則爲骨疽。有所結，中於肉，宗氣歸之，邪留而不去，有熱則化而爲膿，無熱則爲肉疽。」所述即爲邪氣中人日深，久風成痹，著痹成疽的病變過程。詳見本篇簡五九至六三「痹」條。

•西風。經風，〔一〕嗌鼻乾，數吹（欠），泣出。八

•西風。朝禺（遇）者，喘呼狗（詾）獾（讙）而煩心。〔二〕九

•西風。晝禺（遇）者，其體（體）熱而漉於汗。〔三〕一〇

•西風。莫（暮）禺（遇）者，漉於汗，莫（暮）病少氣而喘。一一

•西風。□□□也，善悲，不樂，善畏而惡聲音，疑於病狐，〔四〕忘（妄）詈不别親疏。〔五〕一二

•北風。始發也，體（體）莫（暮）大痛，羸裎不能自收也；〔六〕至其畜病，〔七〕煩，其視倐（儵）然，〔八〕其汗如墨；至不能欬，上氣，一三洒＝（洒洒）寒，〔九〕翏＝（翏翏）信（伸）吹（欠），〔一〇〕善誋（妄）言。一四

•東風。面苻（浮）體（體）穜（腫），〔一一〕毆（嘔），因類且（疽），〔一二〕不可起也。强起坐之，汗出，有閒而善。一五

•南風。憒＝（憒憒）類張（脹）而上氣，〔一三〕善於喘灌（讙）；至其畜病也，棄水癧＝（瀝瀝），汽（訖），〔一四〕其汗如繭，〔一五〕耆（嗜）土，其心灌＝（灌灌）不衆＝（衆，〔一六〕衆）人皆曰惡一六

【注　釋】

〔一〕《素問·金匱真言論》：「黄帝問曰：天有八風，經有五風，何謂？岐伯對曰：八風發邪，以爲經風，觸五藏，邪氣發病。」楊上善注：「經風，八虚風也，謂五時八風，從虚鄉來，觸於五藏，舍之爲病也。」

〔二〕狗獾，簡四一作「佝獾」，并讀爲「詾讙」。詾，同「訩」。睡虎地《語書》一二：「訏詾（訩）疾言以視（示）治。」「訩」與「諠」通。讙，《説文》：「譁也。」詾讙，義同「諠嘩」，此指喘息聲粗重而雜亂。

〔三〕《靈樞·五變》：「人之善病風厥漉汗者，何以候之？」《素問·瘧論》：「無刺漉漉之汗。」王冰注：「漉漉，言汗大出也。」

〔四〕善畏，《脈書·上經》簡一六：「弦（弦）至曰病出於肝……宜善畏。」狐，病名，詳見下文「狐」條文。

〔五〕《素問·陽明脈解篇》：「陽盛則使人妄言，罵詈不避親疏。」《素問·脈要精微論》：「言語善惡不避親疏者，此神明之亂也。」

〔六〕羸裎不能自收，猶言身體羸弱無力。裎，讀爲「綎」，《説文通訓定聲·衣部》：「裎，假借又爲綎。」醫書多作「挺」或「梃」，懈惰無力狀。或讀「羸」爲「蠃」，同「裸」。羸裎，指袒衣露體。《睡虎地·日甲》五〇背貳：「鬼恒羸（裸）入人宮。」《易林·噬嗑之豫》：「羸裎逐狐，爲人觀笑。」《孟子·公孫丑上》：「雖袒裼裸裎於我側。」

〔七〕畜病，久積之病。「畜」同「蓄」，亦作「稸」。《靈樞·五變》：「寒温不次，邪氣稍至，稸積留止，大聚乃起。」

〔八〕脩，讀爲「倏」，目眩。《楚辭·遠游》：「視儵忽而無見兮，聽惝怳而無聞。」王逸注：「儵忽，目瞑眩也。」

〔九〕洒洒，寒貌。《素問·診要經終論》：「秋刺冬分，病不已，令人洒洒時寒。」或作誂誂、濇濇、洒淅，并音轉義同。

〔一〇〕翏翏，讀爲「僇僇」，緩貌。《説文》：「僇，癡行僇僇也。」徐灝注箋：「黽部曰：先黿，詹諸也，其行先先。詹諸即蟾蜍，行動遲緩，蓋即癡行僇僇之義。」

〔一一〕苻，或作「符」，讀爲「浮」，浮腫。「符（苻）」，《説文通訓定聲·需部》：「〔假借〕又爲浮。」《素問·六元正紀大論》「寒勝則浮」王冰注：「浮，謂浮起，按之處見也。」

〔一二〕類，肖似也，齊方言。《方言·第七》：「肖、類，法也。齊曰類，西楚梁益之間曰肖，秦晉之西鄙自冀隴而西使犬曰哨，西南梁益之間凡言相類者亦謂之肖。」

〔一三〕憤，《説文》：「懣也。」憤憤，脹悶狀。

〔一四〕弃水，即小便。《引書》二一：「春日，蚤起之後，弃水，澡漱。」癧癧，讀爲「瀝瀝」，小便難貌。《説文》：「瀝，一曰水下滴瀝。」

〔一五〕其汗如藺，猶言「汗出綿綿」。《禮記·玉藻》：「言容藺藺。」疏：「猶綿綿，聲氣微細藺藺然。」

〔一六〕灌灌不衆，憂懼而無所告人之狀。《爾雅·釋訓》：「懽懽，愮愮，憂無告也。」郭璞注：「賢者憂懼，無所訴也。」邢昺疏：「釋曰：謂賢者憂懼，無所告訴也。《大雅·板》篇云：老夫灌灌。毛傳云：灌灌猶款款也。鄭箋云：老夫諫女款款然。《王風》云：中心摇摇。毛傳云：摇摇，憂無所愬。懽、灌，愮，摇，音義同。」

•肉風。身𩩲（𩨗—燖），〔一〕如以箴（鍼）刾（刺）之，久視目痛，齒黄，耳鳴，少氣。一七

•【㐫】（腦）風。〔二〕頸項痛，病耳鳴，其【固】鼻衄，〔三〕【目】不明（明），顔痛，時不知寒温。一八

•内風。〔四〕皇=（惶惶）不樂，悲心善恐，中不安。一九

•内風之所産，亂中少氣，〔五〕心无固依，〔六〕飢張（脹）无時，類狂疾。二〇

•渫風。〔七〕汗出自帶以上，首如蒿（熇），烝（蒸）其下，〔八〕前難而後昜（易）。〔九〕二一

•渫風之所産，血氣散（散），熱[首]，面多傷，類[瘇]（腫）首。〔一〇〕二二

•免風。〔一一〕其色勯（剴—皚）也，〔一二〕[類]水倀（脹）。二三

•免風之所産，符（浮）穜（腫），隋（墮）鈘（髪），四支（肢）无氣，類蟲病。二四

•靨風。面黑，匈（胸）倀（脹），〔一三〕枯（苦）聞煙臭。〔一四〕二五

•靨風之所産，乾嗌，眼黄，佝（眗）目，汗出，類黄單（癉）。二六

【注　釋】

〔一〕艂，據陳劍所釋，同「⿰舟尋」，讀爲「燖」，《玉篇》：「本作燂。」《説文》：「燂，火熱也。」

〔二〕《素問・風論》：「風氣循風府而上，則爲腦風。」

〔三〕固，讀爲「痼」，久病。《説文》作「痁」，段注：「多假固爲之。」《禮記・月令》：「季冬行春令，國多固疾。」注：「謂久疾不瘥也。」鼽，《説文》：「病寒鼻窒也。」《釋名・釋疾病》：「鼻塞曰鼽。鼽，久也。涕久不通，遂至窒塞也。」

〔四〕《素問・風論》：「入房汗出中風，則爲内風。」

〔五〕亂中，煩心。

〔六〕固，《詩・泮水》「式固爾猶」陳奐傳疏：「安也，定也。」

〔七〕渫風，即泄風。渫，同「泄」，《易・井》「井渫不食」，《史記・屈原列傳》引作「井泄不食」。《素問・風論》：「久風入中，則爲腸風飧泄；外在腠理，則爲泄風。」「泄風之狀，多汗，汗出泄衣上，口中乾，上漬，其風不能勞事，身體盡痛則寒。」王冰注：「風居腠理，則玄府開通，風薄汗泄，故云泄風。」

〔八〕蒿，讀爲「熇」，《説文》：「火熱也。」烝，《説文》：「火氣上行也。」參見本篇簡二二「熱首」。

〔九〕前，指小便。後，指大便。《傷寒論・辨厥陰病脈證并治》：「傷寒，噦而腹滿，視其前後，知何部不利，利之則愈。」

〔一〇〕瘇首，見簡三八注。

〔一一〕免，疑讀爲「冕」，《説文》：「大夫以上冠也。」又《禮記・檀弓上》「檀弓免焉」陸德明《釋文》云：「免，以布廣一寸，從項中而前交於額

上，又卻向後繞於髻。」免風，疑即《素問·風論》「首風」。《素問·風論》：「新沐中風，則爲首風。」又，「首風之狀，頭面多汗，惡風，當先風一日則病甚，頭痛不可以出内，至其風日則病少愈。」

〔一二〕勯，同「剴」，讀爲「皚」，色白。《集韵》：「剴，音皚。義同。」

〔一三〕《史記·扁鵲倉公列傳》：「濟北王病，召臣意診其脈，曰：風蹶胸滿。」

〔一四〕枯，讀爲「苦」，厭也。《靈樞·刺節真邪》：「振埃者，陽氣大逆，上滿於胸中，憤瞋肩息，大氣逆上，喘喝坐伏，病惡埃煙，䬢不得息。」《太素·五節刺》楊上善注：「埃，塵微也，謂此三種陽疾，惡於埃塵煙氣。」

- 水風。體（體）重，面符（浮）。二七
- 水風之所産，虚實、肥骴（膌）、〔一〕充盈无常，穜=（種種）也，上下流扁（遍）來，〔二〕類膚倀（脹）。二八
- 土風。密室而處，惡人聞音。〔三〕二九
- 土風以春氣禺（遇）者，其發也，體（體）重，腸厚，胃約。〔四〕三〇
- 土風以秋禺（遇）者，體（體）熱，張（脹）而上氣，衆人疑之膚張（脹）。三一
- 土風所産，熒=（熒熒）鳴耳，血氣不陽，〔五〕體（體）如重任，類㾓疾。〔六〕三二

【注釋】

〔一〕骴，據陳劍所釋，讀爲「膌」，《説文》：「瘦也。」

〔二〕《金匱要略》：「浸淫瘡，從口起流向四肢者可治，從四肢流來入口者不可治。」

〔三〕《下經》簡二〇九至二一〇，足陽明脈病：「病至則惡人與火，聞木音則狄（狄—惕）然而驚，心惕，欲蜀（獨）閉户牖而處。」所述症狀與本條相似。惡人聞音，或爲「惡聞人音」之誤倒。里耶秦簡Ⅰ8—1363：「人病少氣者，惡聞人聲。」

〔四〕胃約，指胃約束而致便秘。《靈樞·本藏》：「胃下者，下管約不利。」《普濟方》卷一四三：「胃約湯：治傷寒腹滿喘，不大便，下重，其人虚者。」《千金要方》卷十五第一：「脾約者，其人大便堅，小便利，而反不渴。」

〔五〕陽，讀爲「揚」。《釋名·釋天》：「陽，揚也，氣在外發揚也。」《素問·五常政大論》：「流衍之紀，是謂封藏，寒司物化，天地嚴凝，藏政以布，長令不揚。」

〔六〕㾓，《集韵》：「物毒喉中病。」又：「蠚瘍也。」

•心風。譙絶善怒，病甚則不可快也。〔一〕三三

•胃風。酓（飲）食不下，隔塞不通。〔二〕三四

•脾風。薄也，身膿（體）怡（怠）隋（惰），不欲勤（動）四支（肢）。〔三〕三五

•肺風。狀愉然，多汗而惡寒，晝少善，莫（暮）日則病。〔四〕三六

•肝風。狀變故，其色類土而乾嗌口。〔五〕三七

【注釋】

〔一〕《素問·風論》：「心風之狀，多汗惡風，焦絶善怒嚇，赤色，病甚則言不可快。」《太素·諸風數類 諸風狀論》：「心風之狀，多汗惡風，焦絶喜怒，赫者赤色，痛甚則不可快。」楊上善注：「焦，熱也。絶，不通也，言熱不通也。」

〔二〕《素問·風論》：「胃風之狀，頸多汗惡風，食飲不下，鬲塞不通。」

〔三〕《素問·風論》：「脾風之狀，多汗惡風，身體怠墮，四支不欲動，色薄微黃，不嗜食。」

〔四〕《素問·風論》：「肺風之狀，多汗惡風，色皏然白，時欬短氣，晝日則差，暮則甚。」愉然，鬆緩懈惰貌。愉，讀爲「愉」。《呂氏春秋·勿躬》：「百官慎職而莫敢愉綎。」高誘注：「愉，解也。綎，緩也。」參見簡四「梃解」注。

〔五〕《素問·風論》：「肝風之狀，多汗惡風，善悲，色微蒼，嗌乾善怒，時憎女子。」

•瘇（腫）首。頭多氣，面盈，頸項痛。〔一〕三八

•頭多番（燔）者，熱沐益甚。〔二〕三九

•風而類内癉者，其弱（溺）甘，嗌乾而渴，清其弱＝（溺，〔三〕溺）不類紅而類赭，〔四〕不類苦（鹽）而類罨（堊）。〔五〕不然，内癉也。四〇

•風而類膚張（脹）者，腹大，面盈，膿（體）穜（腫），喘呼佝（詢）獾（讙），上氣而泣出，善大（太）息，弱（溺）赤口苦，嗌□□□□□□〼四一 黄而惡風。不然，膚張（脹）也。四二

【注釋】

〔一〕《素問·厥論》：「巨陽之厥，則腫首頭重，足不能行，發爲眴仆。」頭多氣，《素問·生氣通天論》：「因於氣爲腫。」

〔二〕此條當亦爲「瘇（腫）首」，承前省。

〔三〕清，澄清。

〔四〕紅，《釋名·釋采帛》：「紅，絳也。白色之似絳者。」赭，《説文》：「赤土也。」代指紅褐色。

〔五〕苦，讀爲「鹽」，未經煉製的粗鹽。此代指其色。堊，白土。

• 蹷。〔一〕寒氣在肌膚間，肘厀（膝）以下寒，蚤（爪）盡死而煩心。四三

• 地濕莝薄産蹷。〔二〕四四

• 陽蹷。〔三〕氣走頭，无汗而熱。四五

【注　釋】

〔一〕蹷，《吕氏春秋·重己》「多陰則蹷」高誘注：「逆寒疾也。」《史記·扁鵲倉公列傳》：「故暴蹷而死。」《正義》引《釋名》：「蹷，气从下蹷起上行，外及心脅也。」

〔二〕莝，讀爲「坐」，指草席，用爲坐具。《素問·徵四失論》：「不適貧富貴賤之居，坐之薄厚，形之寒温。」《難經·四十九難》：「久坐濕地，强力入水則傷腎。」《靈樞·五色》：「厥逆者，寒濕之起也。」

〔三〕《靈樞·經脈》：「膽足少陽之脈……是動則病：口苦，善太息，心脅痛，不能轉側，甚則面微有塵，體無膏澤，足外反熱，是爲陽厥。」

• 隋蹷。〔一〕心善勤（動），善後沫。四六

• 胃蹷。煩心，善毆（嘔），不能入食。四七

• 匈（胸）蹷。匈（胸）盈，不得息，亂心。☐〔二〕四八

• 水蹷。静則欲卧，行則喘呼。四九

【注　釋】

〔一〕隋，《五十二病方》一六五：「以封隋及少【腹】。」一八二：「贛戎鹽若美鹽，盈隋。」原釋文皆讀「隋」爲「脽」。趙有臣認爲：其中「封隋」、「盈隋」表明「隋」是一個凹陷可以容藥的部位，在少腹附近，此唯臍部足以當之。（《〈五十二病方〉中「隋」字的考釋》，《文物》一九八一年第三期）。趙説可從。按《素問·長刺節論》：「病在少腹有積，刺皮髓以下，至少腹而止。」皮髓，新校正云：「全元起本作皮髓，元起注云：齊傍埵起也。」「埵」與「隋」、「髓」音通，疑全元起所訓即此「隋」之得義也。以下簡五一「隋瘻」、簡一八七至一九四「隋單（癉）」之「隋」字義同。

〔二〕《史記·扁鵲倉公列傳》診濟北王病「風蹶胸滿」：「所以知濟北王病者，臣意切其脈時，風氣也，心脈濁……陰氣入張，則寒氣上而熱氣下，故胸滿。」

•久晝臥産痿，寒氣在筋，狀如静痹，痿擇（釋）而不用，耳目不變。五〇

【•】心痿。食肉而毆（嘔），畬（飲）酒漿（漿）而倀（脹），侚（眴）目，不耆（嗜）食。五一

•隋痿=（痿。痿）擇（釋）不人（仁），耳目不悤（聰）明（明），吻唾不收，〔一〕視不能言，狀類嬰兒養齒者，〔二〕不治。五二

【注釋】

〔一〕吻，口邊。此指口角流涎，不能自收。

〔二〕嬰兒養齒，或指嬰兒長齒階段，其時尚未能言。

•氣瘁（癃）。少腹朘=（朘朘）泙=（泙泙）也，數弱=（溺，溺）赤而少，善匽（偃）而痛。〔一〕五三

【•】石瘁（癃）。弱（溺）且出且止，且多且少，善栗而痛。〔二〕五四

•血瘁（癃）。弱（溺）血，〔三〕善懋=（懋懋）之而痛。五五

•心瘁（癃）。弱（溺）如血，欲弱（溺），少腹痛，血上支心。五六

•瘫（壅）瘁（癃）。弱（溺）而末痛。〔四〕五七

【注釋】

〔一〕朘朘泙泙，形容少腹滿狀。《諸病源候論·氣淋候》：「氣淋者……其狀：膀胱小腹皆滿，尿澀，常有餘瀝是也。亦曰氣癃。」

〔二〕《諸病源候論·石淋候》：「石淋者，淋而出石也……其病之狀，小便則莖裏痛，尿不能卒出，痛引少腹，膀胱裏急，砂石從小便道出。甚者塞痛，令悶絶。」

〔三〕《諸病源候論·血淋候》：「血淋者，是熱淋之甚者，則尿血，謂之血淋。」

〔四〕末，此指陰莖。參見下文簡六二「末穜」。《諸病源候論·勞淋候》：「其狀：尿留莖內，數起不出，引小腹痛，小便不利。」病機與此相似。

•心痹。心脊相直，寒而痛。〔一〕五八

•箸（著）痹。不穜（腫）不潰，痛而不移，類骨且（疽）；至破困（胭）穜（腫）足，不治。〔二〕五九

•變（攣）痹。末□詘（屈）吺，辟（臂）扣不人（仁）者，筋且（疽）；至革昔（錯）蚤（爪）枯，陽脈脩不爲。〔三〕淫〈浧〉痹，〔四〕韸=（䡓䡓—爆爆）堇=（堇堇），〔五〕穜（腫）而難發，韸（䡓—爆）六〇而不餵者，〔六〕血且（疽）；至流脈傷扇（漏），不治。周痹，脩=（儵儵）无常處，〔七〕養（癢）而不可騷（搔）者，氣且（疽）；至㢈逆，根六一潰末穜（腫），〔八〕則不治。六二

•通（痛）痹。淳=（淳淳）入=（入入），〔九〕上爲鼽酸鼻，下爲足疾，類肌且（疽）；至膌（𦞂）匈（胸）腹佊（脹），頸領多傷（瘍），不治。六三

•喉痹。始發，應（膺）急=（濦濦），〔一〇〕如被露衣，息短，氣䏴=（喝喝），〔一一〕肩言之疾也，手辟（臂）用過度，發肩北（背）〼六四唾血而星（腥），狀㕍=（㕍㕍），〔一二〕居則好伏；至其瘻音而斯（嘶），〔一三〕不治。〼〔一四〕六五

【注　釋】

〔一〕心脊相直，謂後脊與心平齊相當之處。《靈樞·官鍼》：「偶刺者，以手直心若背，直痛所，一刺前，一刺後，以治心痹。」《金匱要略·胸痹心痛短氣病脈證治》：「心痛徹背，背痛徹心，烏頭赤石脂丸主之。」

〔二〕本篇簡六：「凡久風産痹，痹之卒發者，不必産於風。淫氣箸（著）痹産且（疽），且（疽）之卒發者，不必産於痹。」

〔三〕脩，久也。《周禮·冬官考工記·弓人》：「斲目不荼，則及其大脩也，筋代之受病。」鄭玄注：「脩，猶久也。」脩不爲，猶言久不用。

〔四〕淫，疑當作「浧」，熱也。參見簡一八六「身浧」及注釋。

〔五〕韸韸，參見前簡一七注。堇堇，疑讀爲「艱艱」，與下句「穜（腫）而難發」之「難」字相應。《上博楚簡三·周易·大畜》二二：「九晶（三）：良馬由（逐），利堇（艱）貞。」

〔六〕餵，讀爲「緹」，赤黄之色。《説文》：「緹，帛丹黄色。」段注：「謂丹而黄也。下文云：縓，帛赤黄色。丹與赤不同者，丹者如丹沙，與赤异，其分甚微。故鄭注草人曰：赤緹，縓色也，酒正五齊，四曰緹齊。注曰：緹者，成而紅赤，若今下酒矣。按：紅赤者，赤而白，緹齊不純赤，故謂之紅赤。緹齊俗作醍。」醍即餵。

〔七〕脩脩，讀爲「儵儵」，即「倏倏」。《廣雅·釋詁一》：「儵，疾也。」《説文》：「倏，走也。」段注：「犬走疾也。依《韵會》本訂。引伸爲凡忽然之詞，或叚儵字爲之。」

〔八〕根潰，股間及陰囊部水濕狀。末腫，陰莖腫脹。

〔九〕淳淳，流行貌。《莊子·則陽》：「禍福淳淳，至有所拂者而有所宜。」郭象注：「流行反覆。」成玄英疏：「淳淳，流行貌。」入入，疑讀爲「納

納」，濡濕貌。《説文》：「納，絲濕納納也。」段注：「納納，濕意。劉向《九嘆》：衣納納而掩露。王逸注：納納，濡濕貌。《漢書・酷吏傳》：阿邑人主。蘇林曰：邑音人相悒納之悒。按：悒納當作浥納，⿰女弇阿之狀，於濡濕義近也。古多叚納爲内字，内者，入也。」

〔一〇〕應，讀爲「膺」，指胸。《引書》：「手空（控）其纍，後足，前應（膺），力引之，三而已。」㴔㴔，即潝潝，喘促急迫之狀。《説文》：「潝，水疾聲。」段注：「《上林賦》：汩㴔漂疾。㴔，郭音許立反，然則即潝字也。」

〔一一〕⿰口乾，讀爲「喝」。喝喝，喉中呼吸不利之聲。《甲乙經》卷九第三：「心欬之狀，欬則心痛，喉中喝喝。如梗狀，甚則咽腫喉痹。」《靈樞・經脈》：「面如漆柴，欬唾則有血，喝喝而喘。」

〔一二〕咉，《説文》：「妄語也。」《廣韵・帖韵》：「咉咉，多言也。」

〔一三〕廋，當讀爲「嘍」，形容聲音細微。斯，讀爲「嘶」，《説文》：「散聲。」《方言》：「嘶，披，散也。東齊聲散曰嘶，器破曰披。秦晉聲變曰嘶，器破而不殊其音亦謂之嘶。」又同嘶，《漢書・王莽傳》「大聲而嘶」顏師古注：「聲破也。」

〔一四〕《甲乙經》卷八第一下：「欬上氣，喘，暴瘖不能言，及舌下挾縫青脈，頸有大氣，喉痹，咽中乾急，不得息，喉中鳴，翕翕寒熱，項腫肩痛，胸滿，腹皮熱，衄，氣短哽心痛，隱疹，頭痛，面皮赤熱，身肉盡不仁，天突主之。」

•橐積。〔一〕久不得近宮，橐赤脈血痛。〔二〕六六

【注 釋】

〔一〕橐，或作「睪」「皋（臯）」，本指箭囊，引申指陰囊。《左傳・莊十年》：「公子偃蒙臯比而先犯之。」疏：「包干戈以虎皮曰建橐。」《銀雀山・尉繚子・兵談》四六二：「甲不出睪（橐）。」四六三：「睪（橐）甲而勝，主勝也。」

〔二〕《脈書》簡一一：「橐癰，爲血積。」

•腸山（疝）。少腹痛，菀府偏上，欲之[後]。六七

•心山（疝）。繞齊（臍）而痛，屬於心，不可僵卧。〔一〕六八

•急轂（繫）卵上，惡急痛，〔二〕屬於心。〔三〕六九

【注 釋】

〔一〕僵卧，躺卧不起。

〔二〕惡，疑爲大便。《吴越春秋》：「太宰嚭奉溲惡心以出。」徐天祜注：「溲即便也；惡心，大溲也。大小溲亦曰前後溲，見《史·倉公傳》。」

〔三〕此條當亦爲「心山（疝）」，承前省。

•内傰（崩）。弱（溺）赤，足善栗，行不安地，數後血。七〇

□内閉。腹盈，不得後，不得弱（溺）而沫出。〔一〕七一

【•】轉胞。〔二〕不弱（溺）不後，從要＝以＝下＝不＝用＝（腰以下不用，腰以下不用）尚可久也。手足不用，易（易）者三└四日，久者五六日，死矣。且死，必先多弱（溺）後，乃死。□七二

•女子初胆（阻）而大病，〔三〕子（字）之前病也。七三

•女子已乳，〔四〕不盈而瘕，〔五〕血不盡也。七四

•女子已乳而復盈，餘病也。〔六〕七五

•女子暴。〔七〕窋（突）也，盈四旁□而痏□〔八〕，不□。七六

•女子梃。〔九〕痏出縣（懸）純＝（純純），〔一〇〕痏空在外。七七

•女子其當得子而不成，善寒熱，其面无色。七八

•女子不臧。善痒（癃）數弱（溺），惡出不止，〔一一〕得之驚失氣。七九

•女子余（餘）病。少復〈腹〉堅，重如褱（懷）石，寒熱，好自伏也，其惡星（腥）。八〇

•女子并至。月事數月乃壹出＝（出，出）即多，身盡痛，煩心，不耆（嗜）食。〔一二〕八一

•女子積倚。月事閉不來，无常，乍多乍少，乍青乍白，少腹盈。其痛也，上到心，下到厀（膝）。〔一三〕八二

【•】女子白瘕。欲出，少腹痛；已出，有頃，快也，出少而白。〔一四〕八三

•女子水。善已乳數用寒水，少腹痛，脊當少腹者痛，如以錐㓨（刺）之。從乳以上汗出，不可治；從肩八四以下汗出，不可治也；案（按）其豊（曲）肘大脈，〔一五〕氣從下數上，不可治。八五

•女子不澣（浣）。〔一六〕年未老也，月事不來，狀類褱（懷）子，其色麤（粗）。八六

•女子白瘉。〔一七〕其出，不痛而多；其白，不清而星（腥）臭。八七

•女子紅⿸疒侖。赤白半。〔一八〕八八

【注　釋】

〔一〕《金匱要略·婦人産後病脈證并治》：「在下未多，經候不勻。」孫世揚《金匱要略字詁》：「未當作沫，莫割切。謂白物也。凡經水不利，必下白物。」（《制言》雜志第三十七、三十八期合刊，一九三七年）

〔二〕轉胞，指臍下急痛爲主症的小便不通。《金匱要略·婦人雜病脈證并治》：「問曰：婦人病飲食如故，煩熱不得卧，而反倚息者，何也？師曰：此名轉胞，不得溺也，以胞系了戾，故致此病，但利小便則愈，宜腎氣丸主之。」治法參《刺數》簡一〇。

〔三〕⿰斤且，讀爲「阻」，或作「怚」，妊娠惡阻病。《靈樞·熱病》：「女子如怚，身體腰脊如解，不欲飲食。」《千金要方》卷二第二：「阻病者，患心中憒憒，頭重眼眩，四肢沉重，懈墮不欲執作，惡聞食氣，欲啖鹹酸果實，多卧少起，世謂惡食，其至三四月日已上，皆大劇吐逆，不能自勝舉也。」

〔四〕乳，同「字」。《説文》：「人及鳥生子曰乳。」

〔五〕指腹部雖不脹滿，但内有結塊。

〔六〕餘病，即字餘病，産後病也。

〔七〕女子暴，今陰道壁脱垂。《脈書》簡一〇：「前出如拳，爲暴。」

〔八〕痟，疑同「瘜」，贅肉。

〔九〕女子梃，指陰挺，今子宫脱垂。

〔一〇〕純純，疑讀爲「屯屯」，豐盈貌。

〔一一〕惡，指惡露。

〔一二〕《諸病源候論·月水不調候》：「診其脾脈，沉沉而喘，浮之而虚，苦腸脹煩病，胃中有熱，不嗜食，食不化，大便難，四肢苦痹，時不仁，得之房内，月使不來，來而并。」

〔一三〕《諸病源候論·月水不調候》：「若寒温乖適，經脈則虚，有風冷乘之，邪搏於血，或寒或温，寒則血結，温則血消，故月水乍多乍少，爲不調也。」

〔一四〕《脈書》簡一〇：「弱（溺）出白，如沐，爲白叚（瘕）。」

〔一五〕豊（曲）肘大脈，與手太陰肺經尺澤穴相當。《甲乙經》卷三第二十四：「尺澤者，水也，在肘中約紋上動脈，手太陰脈之所入也，爲合。」

〔一六〕澣，《説文》：「濯衣垢也。从水榦聲。浣，澣或从完。」不澣，不洗濯月布，猶言女子月事不來。

〔一七〕白痛，指白帶。

〔一八〕紅痛，赤帶。《和齊湯法》有「赤淪」，疑同。《諸病源候論・帶下赤候》：「然五臟皆稟血氣，其色則隨臟不同。心臟之色赤，帶下赤者，是心臟虚損，故帶下而挾赤色。」

• 狐。狀隱，徒少腹痛。〔一〕八九

• 狐之陽癉。熱而頭痛，屬於兩顱䕷（眉）閒，〔二〕煩心善毆（嘔），不能入食，漉於汗，要（腰）腹盡痛，厀（膝）寒。九〇

• 狐之陽癉。振寒以熱，肩北（背）盡熱在脢（脢）頭，〔三〕心下盈，善毆（嘔）沫，腹、少腹盡痛，伥（脹）而陰筋痛，〔四〕嗌乾而善九一□漉汗＝（汗，汗）如分沱。九二

• 狐之陽伥（脹）。弱（溺）渄（浸）降下，以晨入宮，〔五〕弱（溺）通，偏臧（藏）少腹處，齊（臍）上伥（脹），欬，毆（嘔）沫。九三

狐之陰伥（脹）。莫（暮）食＝（食，食）在心下，未入於胃，即以□下，氣獨任，氣柏（迫）臧（藏）少腹處，腹盡伥（脹）。九四

• 狐之陰伥（脹）。日入以至夜半，陰也；從齊（臍）以下，陰也。夜半至明（明），陽也；從齊（臍）以上，陽也。九五

• 狐之積陰。少腹痛＝（痛，痛）屬於心。九六

• 氣狐。善穜（腫）善減，〔六〕心下盈，煩心，善毆（嘔）。九七

• 荆（笄）狐。〔七〕狀〈伏〉右卵上而横居，其卵踹基而穜（腫）。〔八〕九八

• 直狐。堅，直少腹。九九

• 陰狐。天陰而痒（癢）。一〇〇

• 膿（體）狐。其膿（體）盡周（疛）穜（腫）。〔九〕一〇一

【注　釋】

〔一〕狐，病名。症狀見體腔内有物突出，時隱時現，伴少腹、陰筋疼痛，小便不利等證。類似今之腹股溝疝，古之疝病則指心腹痛證。《金匱要略・趺蹶手指臂腫轉筋陰狐疝蚘蟲病脈證治第十九》：「陰狐疝氣者，偏有小大，時時上下，蜘蛛散主之。」《儒門事親》卷二第十九：「狐疝，其狀如瓦，卧則入小腹，行立則出小腹入囊中。狐則晝出穴而溺，夜則入穴而不溺。此疝出入，上下往來，正與狐相類也。」

〔二〕顱，上頜骨。《太素・經脈連環》：「是主骨所生病者，頭角顱痛，目兑眥痛。」楊上善注：「顱謂牙車骨上抵顬以下者，名爲顱骨。」䕷，同

「麋」，讀爲「眉」。《大戴禮記·主言》：「孔子愀然揚麋。」王聘珍解詁：「麋，讀曰眉。」

〔三〕䐓，讀爲脢，《説文》：「背肉也。」《引書》一〇一：「反旋以利兩胠，熊經以利䐓（脢）背，復據以利要（腰）。」

〔四〕《甲乙經》卷四第二：「人有尺膚緩甚，筋急而見，此爲何病？岐伯對曰：此所謂疹筋。疹筋者，是人腹必急，白色黑色見，此病甚。」注曰：「疹，原作狐。」狐筋病候與本簡「腹、少腹盡痛，倀（脹）而陰筋痛」症狀相同。狐筋，《素問·奇病論》及《太素·疹筋》皆作「疹筋」，誤。

〔五〕入宫，即房事。《引書》二至三：「入宫從昏到夜大半止之，益之傷氣。」

〔六〕減，《玉篇》：「少也，輕也。」《傷寒論·辨陽明病脈證并治》：「腹滿不減，減不足言，當下之，宜大承氣湯。」

〔七〕剚，同「笄」，《説文》：「簪也。」

〔八〕基，疑指陰器根部。《釋名·釋言語》：「基，據也，在下，物所依據也。」端基而穜，指齊根而腫。

〔九〕周，讀爲「疛」。參見《和齊湯法》簡六八「美凋」注。《吕氏春秋·情慾》「身盡府種」，《玉篇》引此作「身盡疛腫」。與此「軆（體）盡周（疛）穜（腫）」可互證。

【·】【水】【而】【寒】【熱】【者】，【死】。一〇二

·水而息喘者，死。一〇三

·【水】而【无】理者，死。〔一〕一〇四

【·】水而久渫（泄），卒以後血者，死。一〇五

·水而破胭（胭）者，〔二〕死。一〇六

·水而齊（臍）平者，死。〔三〕一〇七

·水。齊（臍）以下盡變色，死。一〇八

·水。渴而壹㱃（飲）産水、膚倀（脹）。〔四〕水，尻股脛足面目皆穜（腫）而擇（澤），腹多氣＝（氣，氣）上，寒而喘，後易（易），股閒終古如新用寒水。〔五〕一〇九

·水。始發也，心下【堅】，食不下，足穜（腫）。一一〇

·心水。狀如褱（懷）子者，脊痛，弱（溺）【如】水。一一一

·石水。泛＝（泛泛）活＝（活活）也，渫（泄）而不去，不死而久。一一二

【注 釋】

〔一〕理，指皮膚紋理。《甲乙經》卷八第四：「水腫，大臍平，灸臍中，腹無理不治。」

〔二〕《素問·玉機真藏論》：「身熱脱肉破䐃。」王冰注：「䐃，謂肘膝後肉如塊者。」

〔三〕參前簡一〇四注。

〔四〕《脈書》簡一三：「身、面、足、胻盡盈，爲廬（膚）張。腹盈，身、面、足、胻盡肖（消），爲水。」《靈樞·水脹》：「水與膚脹、鼓脹、腸覃、石瘕、石水，何以別之？岐伯答曰：水始起也，目窠上微腫，如新卧起之狀，其頸脈動，時欬，陰股間寒，足脛瘇，腹乃大，其水已成矣。」

〔五〕終古，齊人習語，猶言常也。《周禮·冬官·考工記》：「輪已庳，則於馬終古登阤也。」鄭玄注：「齊人之言終古猶言常也。」《武威漢代醫簡》八四乙：「有病如此，終古毋子。」

•膚張（脹）。〔一〕尻股脛足皆穜（腫），上氣而喘，腹寒，面臞而苻（浮），〔二〕脣黑而單（癉），後難，股閒終古䵒（黏）。一一三

•膚張（脹）。始發也，食不下少腹，酓（飲）酒而熱，其脣如離其骨者。一一四

•蹷張（脹）。手足面腹盡盈而喘。一一五

•肌張（脹）。尻時穜（腫）時去，數歲腹乃大。一一六

【□□□】穜（腫）時去，數歲腹乃大。一一七

•鼓張（脹）。〔三〕腹堅而熱，色蒼若黃，辟（臂）脛小鼓張（脹），不治。一一八

•膏張（脹）。腹大而緩。一一九

□紼張（脹）。〔四〕橐盡穜（腫），欬而喘，不得卧。一二〇

【注 釋】

〔一〕《脈書》簡一三：「身、面、足、胻盡盈，爲廬（膚）張。」《靈樞·水脹》：「膚脹何以候之？岐伯曰：膚脹者，寒氣客於皮膚之間，鼛鼛然不堅，腹大，身盡腫，皮厚。按其腹，窅而不起，腹色不變，此其候也。」

〔二〕臞，《説文》：「少肉也。」

〔三〕《靈樞·水脹》：「鼓脹何如？岐伯曰：腹脹身皆大，大與膚脹等也，色蒼黃，腹筋起。」

〔四〕紼，該字左半部殘缺。據《脈書》簡三七：「觸少腹，夾紼旁。」擬補作「紼」。本義爲蔽膝，此借指臍下小腹部位。

•傷中。〔一〕少腹要（腰）脊皆痛，不可舉重，不可甚飢甚飽，弱（溺）赤，得之內。〔二〕一二一

•傷中。肩北（背）痛，如重任，得之伏爲事，〔三〕備（俛）自視也。☐一二二

•傷中。頸項痛，得之立爲事，〔四〕環（還）自觀也。一二三

•傷中。要（腰）脾（髀）脊痛，得之四據爲事。〔五〕一二四

•傷中。腹穜（腫）而痛，垂橐有氣而痛，腹齍（臍）盡倀（脹）而後農（膿），〔六〕不可治。一二五

【注釋】

〔一〕傷中，泛指五勞七傷。《漢書·藝文志·方技略》有「五藏傷中十一病方」。

〔二〕內，房事，或曰女色。《左傳·僖公十七年》：「齊侯好內。」《史記·扁鵲倉公列傳》：「湧疝也，令人不得前後溲……病得之內。」

〔三〕伏爲事，長久俯身做事。

〔四〕立爲事，長久站立做事。

〔五〕四據，四肢按地。《漢書·景十三王傳》：「彊令宮人贏而四據，與羝羊及狗交。」

〔六〕後膿，大便出膿。

•傷肺肝，狀如大欬而多垂（唾）血。〔一〕一二六

【注釋】

〔一〕《素問·脈要精微論》：「肺脈搏堅而長，當病唾血。」《脈經·扁鵲脈法》：「脈氣弦急，病在肝，少食多厭，裹急多言，頭眩目痛，腹滿筋攣，癲疾上氣，少腹積堅，時時唾血，咽喉中乾。」是肺、肝病皆可見「唾血」症狀。

•膏瘕。〔一〕膚厚，如膚張（脹）者，痛箸=（箸箸）也，煩心，下□瘕痛而控頸，數吹（欠），不耆（嗜）食，類肩不。〔二〕一二七

•飡（蝕）瘕。首領膺北（背）痛而无常處，始發也，如周且（疽），類喉痹。⿰扌豈⿱麗走，死。一二八

•飢而壹飽産承，〔三〕氣張（脹）。一二九

•承=（承。承）心下，清唾出，煩心，善毆（嘔），已毆（嘔）快也。數朒（衄），死。一三〇

•承瘕。輔脅交張（脹），〔四〕振寒汗出，類匈（胸）⿱麗走。〔五〕毆（嘔）沫聞臭，死。一三一

●承瘕。外發有傷，死。一三二

●承瘕。病腹心，死。一三三

●[風]瘕。善上下无常主也。一三四

●肌瘕。皮厚明〓（明明），其中蚖〓（蚖蚖）基，其[徵]如[肉]如羸（蠃），列而居少腹，〔六〕上而逆食，鳴如鼀（鼀）。一三五

●匈（胸）瘕。[北]（背）[膺]痛端相當也，以及兩[夜]（腋），振[寒]汗出，類心痹。〔七〕一三六

●腹瘕。痛而攣要（腰），[得]之勞，削（稍）行勞也。笄瘕之[合]氣也，〔八〕不死，數言。一三七

●血瘕。〔九〕畜痛中，案（按）之如以湯沃其兩股，類淫痹，〔一〇〕矦〓（呴呴）有音，〔一一〕案（按）之臂（避）手，死。一三八

●蚼瘕。時痛而腹熱，類苦母。一三九

●苦母。産於久瘧，〔一二〕類承瘕、[赤]瘕，骨∟如匕[枋]。〔一三〕一四〇

●勇（涌）瘕。環齊（臍）如[繙]（蟠），案（按）之喘〓（喘喘）動（動），類裹水。一四一

●水瘕。鳴窒〓（窒窒）淖〓（淖淖），〔一四〕其徵如鼀（鼀），以周要（腰），其痛也，類赤、蚼。一四二

●蠱瘕。其痛也，[如][有]貫之，蛭〓（咥咥）如有[齧]之，〔一五〕其徵如蟬如蠱。〔一六〕一四三

【●】氣瘕。〔一七〕其發從脊匈（胸）起，其痛幼〓（呦呦）也，腹張（脹）多氣，上而意（噫），下則氣。一四四

●字瘕。少腹痛，少下而不快，類小水。一四五

●庤（痔）瘕。少腹痛，時下農（膿）血，久腸辟（澼）之所産也。〔一八〕笄瘕。其發如有朿（刺）者，類腸辟（澼）痛之狀。一四六

●唐（溏）瘕。〔一九〕腹痛，善窘（窘）之[後]，〔二〇〕出黄而靡（糜），不亟之後，即恐遺之。一四七

【注　釋】

〔一〕《脈書》簡七至八：「其腹胗胗如膚張（脹）狀，鳴如鼃（蛙）音，膏叚（瘕）殹。」

〔二〕肩不，簡二二三手太陽經病證有「肩佁（似）否」，《靈樞・經脈》作「肩似拔」。

〔三〕承，即承瘕，爲瘕病之一，因暴食而得，證見心下撐脹。

〔四〕輔，夾。《詩・小雅・正月》：「乃弃爾輔。」馬瑞辰傳箋通釋引曾釗云：「輔，蓋伏兔別名。輔與兔聲近，故伏兔謂之輔。伏兔，車轐也，形如屐，所以夾持車軸。故輔引申之義亦爲夾持。」輔脅，即兩脅。交，一齊。

〔五〕匈（胸）𤶑，參簡四八：「匈（胸）𤶑，匈（胸）盈，不得息，亂心。」

〔六〕贏，讀爲「蠃」，謂如蠃之排列。《養生方》三四：「平陵吕樂道，贏（蠃）中蟲陰乾，治。」

〔七〕心痹，本篇簡五八：「心痹，心脊相直，寒而痛。」

〔八〕笄瘕，詳見簡一四六。笄，簪。簡九八有「荆（笄）狐」。

〔九〕《脈書》簡七：「在腸中，痛，爲血叚（瘕）。」

〔一〇〕《靈樞·百病始生》：「其著於伏衝之脈者，揣之應手而動，發手則熱氣下於兩股，如湯沃之狀。」淫痹，詳見簡六〇。

〔一一〕侯侯，讀爲「呴呴」，同「鮈鮈」，象喉中聲。

〔一二〕苦母，當即瘧母。《金匱要略·瘧病脈證并治》：「問曰：病瘧，以月一日發，當以十五日愈。設不差，當月盡解也。如其不差，當云何？師曰：此結爲癥瘕，名曰瘧母，急治之，宜鱉甲煎丸。」

〔一三〕匕枋，即枇柄，其形細長。匕，又作枇，祭祀所用木勺，以挑起鼎中牲體放於俎上者。《儀禮·士喪禮》：「乃枇載。」鄭玄注：「枇以出牲體，載而受於俎也。」枋同柄。《儀禮·士昏禮》：「酌醴加柶面葉，受醴面枋。」疏：「柶，枇類。枋，柶柄也。」

〔一四〕窐，同「洼」；淖淖，猶「濯濯」，皆象聲。《素問·氣厥論》：「涌水者，按腹不堅，水氣客於大腸，疾行則鳴濯濯如囊裹漿，水之病也。」《和齊湯法》簡一三八：「淖淖澮澮有殸（聲）。」

〔一五〕蛭蛭，讀爲「咥咥」。咥，《玉篇》：「齧也。」《集韵·屑韵》：「齧堅皃。」

〔一六〕蠱，《説文》：「腹中蟲也。」蠱瘕或即蟲瘕。《靈樞·厥病》：「腸中有蟲瘕及蛟蛕，皆不可取以小鍼。」

〔一七〕《脈書》簡七：「肘（疛），其從脊胷（胸）起，使腹張（脹），得氣而少可，氣叚（瘕）殹。」

〔一八〕腸辟，即「腸澼」，指痢疾。《脈書》簡九：「在腸，有農（膿）血，篡、脾（髀）、尻、少腹痛，爲腸辟（澼）。」

〔一九〕《脈書》簡八：「在腸中，痛，左右不化，泄，爲唐（溏）叚（瘕）。」

〔二〇〕窘，急迫。後，大便。《甲乙經》卷八第二：「奔肫……小腹與脊相控暴痛，時窘之後，中極主之。」

·寒中。〔一〕羣病之徒盡惡之，腹善張（脹），數後，善氣，其出麎（歷）適而泧沫不化，〔二〕胠下堅業〓（業業）也，〔三〕不耆（嗜）食。一四八

☐□張（脹）。食不下，氣數上，氣惡。一四九

【注　釋】

〔一〕《脈書》簡八至九：「在腸，左右不化，爲塞〈寒〉中。」

〔二〕䃺適，即「歷適」，同「滴瀝」，水稀疏下滴狀。沷沫，秦漢以後醫書多誤作「沃沫」。《靈樞・邪氣藏府病形》：「脾脈……微急爲膈中，食飲入而還出，後沃沫。」「犮」旁俗寫易誤爲「友」，與「夭」旁形近易互訛。

〔三〕胠，《説文》：「亦（腋）下也。」業業，壯大貌。《詩・小雅・采薇》「四牡業業」毛亨注：「業業然壯也。」

・尾帶。狀如帶，〔一〕即=（即即）也。一五〇

【・】肉帶。辛痛，〔二〕狀帶也，〔三〕多肉而赤。一五一

【注　釋】

〔一〕狀如帶，帶指腰帶。

〔二〕辛痛，《説文》：「辛，秋時萬物成而孰。金，剛，味辛，辛痛即泣出。」《武威漢代醫簡》八五：「四曰橐下濕而養，黄汁出，辛恿。」《新修本草》卷第二十「蕈草」：「主養心氣，除心温温辛痛，浸淫身熱。」

〔三〕狀，或讀爲「壯」，《説文》：「大也。」壯帶即大帶，《五十二病方》一三二：「大帶者，燔甾，與久膏而靡（磨），即傅之。」

・膏傰。〔一〕大而不堅，案（按）之左右辟（避）手。一五二

・肌傰。案（按）之堅，其上不平，多盈肉。一五三

・筋傰。小而堅，其中有繙（蟠）筋，案（按）之而痛。一五四

【注　釋】

〔一〕傰，或讀爲「團」，結聚之義。

馬尤。〔一〕狀（壯）尤也，大而痛亟長，其端即=（即即）赤白。一五五

・馬尤。骨脾（髀）之疾也，其本在骨中，其發骨脾（髀），出膚。一五六

・馬尤。當夜（腋），内潰死，外潰不死。一五七

・馬尤。當筋，不死。一五八

・馬尤。當面，薄（迫）死。一五九

•馬尤。當腹，死。一六〇

•馬尤。當節而潰，不死而久。一六一

【注釋】

〔一〕尤，讀爲「疣」，或作「肬」，《釋名·釋疾病》：「肬，丘也，出皮上，聚高如地之有丘也。」《脈書》簡五：「在戒，不能弱，爲閉，其塞人鼻耳目，爲馬蛕。」史常永《本味集》五一七頁：「馬，大也。朱駿聲《説文通訓定聲》馬字條注：『大都物之大者謂之馬，亦謂之牛，或謂之王也。』蛕，音尤，通蚘、肬、⿰尢頁，今作疣。馬蛕，猶言大疣。」《五十二病方》四五六至四六〇有「去人馬尤（疣）」。

•金傷〓（傷。傷）百節，斬絲骨，〔一〕死。一六二

•金傷〓（傷。傷）青上跬四寸，〔二〕跛。一六三

•金傷〓（傷。傷）頭角嬰脈，〔三〕旋。〔四〕一六四

•金傷〓（傷。傷）股，從辨䐃（䐃），死。一六五

【•金】傷。〔五〕斬纓脈，血出不止，死。一六六

•金傷〓（傷。傷）孅嬰，〔六〕青，陰不用。一六七

•金傷〓（傷。傷）臂臑，從辨䐃（䐃），死。一六八

•金傷。析頭傷⿰匕出（腦），〔七〕血出不止，死。一六九

•金傷〓（傷。傷）百節帶會，訊（迅）而死。〔八〕一七〇

☒□血二斗，死。〔九〕一七一

•金傷〓（傷。傷）三毛，從陰及陽脈，死。一七二

【注釋】

〔一〕絲骨，即系骨，實指氣管。《證治準繩·損傷門》：「嚨下之内爲肺，系骨者，累累然共十二。」

〔二〕跬，疑指踝上小腿外側，即衣圭所垂處。衣圭，漢代流行的一種衣飾。《漢書·江充傳》：「曲裾後垂交輸。」顔師古注：「如淳曰：交輸，割正幅，使一頭狹若燕尾，垂之兩旁，見於後，是《禮·深衣》續衽鉤邊。賈逵謂之衣圭。蘇林曰：交輸，如今新婦袍上挂全幅繒角割，名曰交輸裁也。如、蘇二説皆是也。」《釋名·釋衣服》：「婦人上服曰袿，其下垂者上廣下狹，如刀圭也。」

〔三〕嬰，讀爲「纓」，《説文》：「冠繫也。」冠繫起於頭角，結於頤下，以借指人迎脈及其延續到頭角附近之分支，故名纓脈。

〔四〕旋，眩暈。

〔五〕按上下文體例及文義，於「傷」前補「・金」。

〔六〕孅嬰，當讀爲「纖纓」，香囊之繫帶。楊慎《丹鉛續録》卷六：「古者婦人長帶，結者名曰綢繆，垂者名曰纖縭。」《爾雅・釋器》：「婦人之禕謂之縭。」郭璞注：「即今之香纓也。禕邪交落帶繫於體，因名爲禕。」繫香囊之帶亦謂之纓，結在腰腹，即纖纓，此借指腹股溝至小腹側方。

〔七〕析，破。

〔八〕訊，讀爲「迅」。《詩・邶風・雄雉》「雄雉於飛」鄭箋：「奮訊其形貌。」陸德明《釋文》：「訊，字又作迅。」

〔九〕該簡簡背距簡端九・五厘米有編痕遺留，據此推測「血」上約殘損三字。

・心痺。胭（咽）熱嗌乾，得之思膚〈慮〉、憂。一七三

・心痺。懁＝（懁懁）煩心而熱中，〔一〕得之思膚〈慮〉。一七四

・心痺。乾脣嗌，得之憂。一七五

・腎痺。乾嗌而渴，〔二〕得之憂。一七六

・胭（咽）痺。乾嗌，得之憂。一七七

・膏痺。善渴，身熱，弱（溺）白而渟（沌），〔三〕得之酒。一七八

・膏痺。酓（飲）少而弱（溺）多，得之酒若渴。一七九

・腸痺。食多，善飢而少氣，得之飢。一八〇

・小腸痺。弱（溺）多而赤，出鍉，〔四〕得之□。一八一

・小腸痺。弱（溺）赤，出鍉，少腹熱，得之抏（怵）愓（惕）恐。一八二

・胃單（癉）。食多而善飢，〔五〕得之飢。一八三

・氣單（癉）。身黃，皀（眼）黃，弱（溺）黃，得之失氣。一八四

・骨單（癉）。齒乾而均（垢），少氣，得之勞。一八五

•骨單（癉）。目不明（明），善䁆篼出，〔六〕身涅也，〔七〕得之勞。一八六

•[隋]單（癉）。[空][目]□[隋]，得之[宫]。一八七

•隋單（癉）。喉乾，弱（溺）清而黑以淳（沌），得[之]□。一八八

•隋單（癉）。目焦，兑眦〈眼〉，〔八〕得之宫。一八九

【•】□□□□[得][之]宫。一九〇

•隋單（癉）。目黄而[兑]，得之宫。一九一

•隋單（癉）。目赤而兑，得之宫。一九二

•[隋][單]（癉）。其目焦，得之[宫]。一九三

【•】隋單（癉）。空目蒙[眦]（眼），得之宫。一九四

•[内]單（癉）。後膏，不死。一九五

•内單（癉）。發於足，死。一九六

•内單（癉）。發脾（髀），久。〔九〕一九七

•内單（癉）。卒以不熱，死。一九八

•内單（癉）。弱（溺）膏，死。一九九

•風癉。狀无常主也，煩心，少氣，類狂疾，時寒時熱。二〇〇

【注　釋】

〔一〕慣，《説文》：「急也。」《外臺》卷四「雜黄疸方三首」引《古今録驗》九疸秦王散方：「心癉，煩心，心中熱。」

〔二〕《外臺》卷四九疸秦王散方：「腎癉，其人唇乾。」

〔三〕淳，讀爲「沌」，渾濁。《外臺》卷四九疸秦王散方：「膏癉，飲少小便多。」

〔四〕餛，讀爲「醍」，酒紅赤色。見簡六一「餛」注。《外臺》卷四九疸秦王散方：「脾癉，溺赤出少，心惕惕若恐。」

〔五〕《外臺》卷四九疸秦王散方：「胃癉，食多喜飲。」

〔六〕䁆篼，即目眵。《説文》「眵，目傷眥也。从目多聲。一曰曹兜。」段注：「䁆，各本訛作瞢，今依玄應正。䁆兜者，今人謂之眼眵是也。」

〔七〕涅，讀爲「熱」。詳見《裘錫圭學術文集》第四卷頁三七二至三七三論「炅」字。

〔八〕兑，讀爲「隧」。《禮記・檀弓下》「齊莊公襲莒於奪」鄭玄注：「隧、奪，聲相近，或爲兑。」「隧」通「邃」，《説文》：「深遠也。」《外臺》卷四九疸秦王散方：「髓瘅，目眶深，多嗜卧。」

〔九〕「發脾」二字下有容一字的空白。

十二經脈

•足大陽脈。毄（繫）足小指，循足𨿅（跗）外廉，出外果（踝）後胜（窐）中，循肥（腓）而[上]，[出]郄中以上，〔一〕其支者入州，〔二〕直者貫𡱂，夾脊以上，出項，[一〇一] 上頭角，夾頄，下顔頞，〔三〕毄（繫）目内眥〈眥〉。其病：頟（眴）盄（亂），顔痛，訙（鼽）肍（衄），〔四〕頭痛，北（背）痛，夾脊痛，脊强，要（腰）痛，𡱂[脽]（髀）痛，畤（痔），州痛，[一〇二] 郄痛，腨痛，〔五〕踵（踵）與果（踝）痛，足小指𦊆（痹），顛（癲）狂，回目〓（目，〔六〕目）莫（瞙）如毋見，[滅]目〓（目，目）瞢（矇），踵（衝）頭，〔七〕瘧，風。[一〇三]

【注釋】

〔一〕郄，《脈書》及《陰陽》甲乙本同，《足臂》作「𨛷（郄）」，并同「隙」。郄中，《靈樞・經脈》作「膕中」，當指膕窩，委中穴位置。《素問・刺腰痛篇》：「足太陽脈令人腰痛，引項脊𡱂背如重狀。刺其郄中，太陽正經出血。」王冰注：「郄中，委中也，在膝後屈處膕中央約文中動脈，足太陽脈之所入也。」

〔二〕州，竅也。《廣雅》：「州，臀也。」此指肛門。《素問・生氣通天論》：「天地之間，六合之内，其氣九州九竅、五藏、十二節，皆通乎天氣。」俞樾《讀書餘録・内經素問》：「按九竅二字，實爲衍文，九州即九竅也。……是古謂竅爲州。此云九州，不必更言九竅。九竅二字，疑即古注之誤入正文者。」《靈樞・經別》：「足太陽之正，別入於膕中，其一道下尻五寸，別入於肛。」

〔三〕頞，《説文》：「鼻莖也。」

〔四〕訙肍，同「鼽衄」，鼻塞不通或鼻出血。《靈樞・經脈》作「鼽衄」，《足臂》四作「𪖐汭」。

〔五〕腨，《説文》：「腓腸也。」《靈樞・經脈》作「踹」，《甲乙經》《太素》《素問》并作「腨」。

〔六〕回目，眼珠轉動。回，《説文》：「轉也。」

〔七〕踵，讀爲「衝」。踵頭，頭痛如撞。《脈書》簡一八作「衝頭」，《陰陽乙》一作「潼頭」，《靈樞・經脈》作「衝頭痛」。《廣雅・釋詁四》：「衝，揬也。」

•足少陽脈。毄（繫）足小指[次]指，循足𨿅（跗）上廉，上出外果（踝）前廉，以上出𨂁（膝）魚股外廉，出𩩲（髀），循脅而上，支者出肩博（膊），直者貫二〇四夜（腋），循頸而上耳前，毄（繫）目外眥〈眥〉。•其病：足小指之次指痛，足兌（跗）上廉痛，外果（踝）前痛，脛外廉痛，厀（膝）、魚股外廉痛，卑（髀）痛，〔一〕脅二〇五痛，匈（胸）痛，不可以反稷〈稷—側〉，〔二〕甚則匈（胸）脅爲盈，放（妨）心，汗出，无膏，〔三〕穜（腫）脅，足外反，此爲陽蹷，肑（腋）馮痛，〔四〕頸痛，耳前痛，瀨（顚）痛，〔五〕聾，二〇六胠（䏶），目外眥〈眥〉痛，頭角痛，振寒，瘧，頭痛，百節痛，瘛緰（縱—瘲）。〔七〕二〇七

【注　釋】

〔一〕卑，讀爲「髀」，大腿外側。《脈書》簡二一作「脾（髀）」，《靈樞·經脈》作「髀」。《説文》：「髀，股也。」

〔二〕稷，當作「稷」。《陰陽甲》六作「稷」，《陰陽乙》三作「則」，《脈書》作「㥞」，亦「㥞」之訛，并讀爲「側」，《靈樞·經脈》正作「側」。《札迻·吴越春秋·夫差内傳第五》：「曳腰聳距而稷其形。」孫詒讓按：「稷當讀爲側。側、稷聲近，假借字。」

〔三〕无膏，《靈樞·經脈》作「無膏澤」。

〔四〕馮，指腋下部位。本部位之疾病多作「馬」或「瘍」。《脈書》簡四：「病在夜（腋）下，爲馬。」《友理》簡六二：「少陽産瘻産瘍，脅外穜（腫）。」又作「馬刀」，《靈樞·經脈》：「膽足少陽之脈……是主骨所生病者……腋下腫，馬刀俠瘻。」

〔五〕瀨，同「顚」，上頜骨。詳見簡九〇注。

〔七〕瘛瘲，指抽搐病證。《素問·玉機真藏論》：「腎傳之心，病筋脈相引而急，病名曰瘛。」《説文》「瘛」段注：「小兒瘛瘲病也。《急就篇》亦云瘛瘲。師古云：即今癇病。按今小兒驚病也。瘛之言掣也，瘲之言縱也。《藝文志》有《瘛瘲方》。」

•足陽明（明）脈。毄（繫）中指，循足上端（腨）□外廉，〔一〕上乘厀（膝），出魚股之上廉，夾少腹上廉，上穿乳内廉，□夬（缺）盆，夾矦（喉）以上，回口，支者入二〇八鼻，直者夾鼻而上，毄（繫）目内眥〈眥〉。其病：洒=（洒洒）而寒，喜信（伸），數次〈吹—欠〉，颜黑，病至则恶人與火，聞木音則惖（惖—惕）然而驚，心二〇九惕，〔二〕欲蜀（獨）閉户牖而處，病甚則欲乘高而歌，棄衣而走，此爲骭蹷，目脝（睫），〔三〕朏（頔）□痛，〔四〕鼻膚（鼽），〔五〕訙（衄）胠（䏶）∟，齒痛，口避（辟），〔六〕領二一〇疾，〔七〕喉畀（痹），膺痛，瘍，〔八〕眴亂，乳痛，心與胠痛，腹外穜（腫），膚張（脹），氣折，佩痛，〔九〕魚股痛，厀（膝）寒痛，骭前痛，足□上痛，中指二一一畀（痹），目痛，脣痛，嗌外痛，風水，瘛痛，熱汗出，〔一〇〕面緰（縱），□陰，善笑，善揗面=（面，〔一一〕面）痛，頤痛，貜=（貜貜）而善顧。〔一二〕二一二

【注　釋】

〔一〕端，讀爲「腨」，其下一字位置原作「郄」，疑被刮削。《脈書》簡二三、《陰陽甲》九及《陰陽乙》四皆作「骭」，《足臂》一〇作「胻」，《靈樞·經脈》作「脛」。

〔二〕惕，讀爲「蕩」，動也。心惕欲獨閉户牖而處，《靈樞·經脈》作「心欲動，獨閉户塞牖而處」。

〔三〕脖，讀爲「焞」。《集韵》：「視不明。」《陰陽甲》一六至一七：「耳聾，煇煇脖脖。」原注：「形容聽覺混沌不清。」

〔四〕朏，讀爲「頔」。《廣雅·釋親》：「顴，頔也。」

〔五〕唐，讀爲「皻」，《玉篇》：「鼻上皰。」俗称「酒糟鼻」。

〔六〕口避，即口辟。《莊子·田子方》：「口辟焉而不能言。」司馬彪注：「辟，卷不開也。」

〔七〕領疢，《靈樞·經脈》作「頸腫」。《廣雅·釋親》：「領，頸，項也。」

〔八〕瘨，見簡二〇六「腨」注。

〔九〕佩，大佩，服飾名，挂於革帶，自小腹中央垂下。此借指大佩所覆蓋部位，當臍下小腹中央。簡二二〇足厥陰脈「夾佩以上，轂（繫）齊（臍）」義同。

〔一〇〕熱汗出，《靈樞·經脈》作「淫汗出」，疑「淫」爲「涅」之訛，「涅」讀爲「熱」。

〔一一〕揗，《説文》：「摩也。」

〔一二〕玃，同「玃」，猴類。顧，《説文》：「還視也。」《爾雅·釋獸》：「玃父善顧。」

·足大陰脈。轂（繫）大指，循足胕（跗）内廉，以上出内果（踝）前廉，循骭骨内廉，出郄（膝）内廉，循股内廉而上入腹，被腸胃，〔一〕轂（繫）嗌。其二一三病：心痛，心盈，煩心，詢謅□□腹□□腸惟□□□□□□□得後與氣則律然，〔二〕不耆（嗜）食，瘕削∟，〔三〕水，閉，善二一四怒，心惕，善悲，善恐，不耆（嗜）卧，〔四〕强吹（欠），三者同，死。唐（溏）渫（泄），後□不收，死。水與閉同，死。地氣也，死脈勿治。二一五

【注　釋】

〔一〕被腸胃，《脈書》簡三三及《陰陽乙》一〇作「被胃」，《陰陽甲》二〇作「彼（被）胃」。

〔二〕「得後」二字據《陰陽》甲乙本及《靈樞·經脈》釋。律然，《陰陽甲》二一作「怢然衰」，《陰陽乙》二〇作「逢然衰」，《靈樞·經脈》作「快然如衰」。

〔三〕瘕削，《靈樞·經脈》作「瘕泄」。

〔四〕不耆（嗜）卧，《脈書》簡一三五作「者〈耆〉卧」，《陰陽甲》二一作「不〇卧」，《陰陽乙》一一作「不卧」。

【•】足少陰脈。毄（繫）足心，出内果（踝）後胠（窒）中，〔一〕循肥（腓）而上膕内廉，〔二〕循陰股而上，夾脊内廉，□□□，上夾舌本。其病：口【熱】□□，〔三〕二一六□□痛，舌尺（坼）痛，〔四〕□單（癉），上氣，消單（癉），腎單（癉），不汗，黑＝（默默）者（嗜）卧，欬，竈（窮）詘，〔五〕坐而起則目瞙（𥆧）如毋見，〔六〕心如縣（懸），□□□【病】二一七【飢】，〔七〕不耆（嗜）食，善□欼＝（欼欼）不已，〔八〕氣喘□□□□□□□□□面麗（驪）黑，〔九〕【欬則】□【血】，此爲【骨蹷】☐〔一〇〕二一八

【注釋】

〔一〕出内踝後胠中，《足臂》一三作「出内踝窶（婁）中」。

〔二〕膕内廉，《靈樞·經脈》同，《陰陽甲》二八作「郄中央」，《足臂》一三作「𠛬中央」。

〔三〕熱，據《脈書》簡四一補。

〔四〕尺，《脈書》簡四一作「𣏌」，《足臂》一五作「輅」，《陰陽甲》三一作「㭒」，并讀爲「坼」，乾裂。《靈樞·經脈》作「乾」。

〔五〕窮詘，疑讀爲「躬屈」，身蜷曲。

〔六〕瞙，同「𥆧」。《脈書》簡四〇作「目𥆧如無見」。《靈樞·經脈》作「目𥆧𥆧如無所見」。

〔七〕病飢，據《脈書》簡四〇及《陰陽乙》一二補。《靈樞·經脈》作「若飢狀」。

〔八〕欼欼，疑讀爲「惙惙」，憂愁貌。《詩·召南·草蟲》：「憂心惙惙。」。

〔九〕麗，讀爲「驪」，《説文》：「馬深黑色。」段注：「《魯頌》傳曰：純黑曰驪。按引伸爲凡黑之偁，亦假黎、棃爲之。」麗黑，《脈書》簡四〇作「黯若灺色」，《陰陽甲》三〇作「黖若㸁色」，《陰陽乙》一二作「黖若炨色」，《靈樞·經脈》作「如漆柴」，《太素》卷八作「黑如地色」，《甲乙經》卷二第一上、《脈經》卷六第九作「黑如炭色」。

〔一〇〕欬則有血此爲骨蹷，其中缺字據《脈書》簡四〇至四一及《陰陽甲》三〇、《陰陽乙》一二至一三補。

【•足】蹷陰脈。〔一〕毄（繫）足大指□毛□上，乘【足跗】上廉，〔二〕去内果（踝）一寸，循胻内廉，上果（踝）【五寸】，〔三〕交大陰脈，上出魚股内【廉，觸少】二一九腹，〔四〕夾佩以上，毄（繫）齊（臍）。〔五〕其病：【丈夫則穨】山（疝）紀，〔六〕婦人則

暴少腹穜（腫）痛，要（腰）痛，不可[以]□[卬]（仰）。〔七〕善歓（飲），[甚]【則嗌乾，面疵，】〔八〕二二〇善弱（溺），足胕（跗）穜（腫），□，三病＝（病，病）有而心煩，死，勿治也。·有陽脈與之俱病，可治也。〔九〕三陰相亂，不過十日，死。〔一〇〕▨二二一

【注　釋】

〔一〕據本篇文例於簡首補「·足」。

〔二〕足胕，據《脈書》簡三六、《陰陽乙》一四補。

〔三〕五寸，據《陰陽甲》二四、《陰陽乙》一四補。

〔四〕上出魚股内廉觸少，據《陰陽甲》二五、《陰陽乙》一四及一五補。

〔五〕夾佩以上毄齊，《脈書》簡三七作「夾紼旁」。佩，即大佩；紼，即蔽膝。春秋至漢初，大佩與蔽膝懸挂部位重叠，均可借指臍下小腹中央部位。

〔六〕丈夫則積，據《脈書》簡三七、《陰陽乙》一五補。

〔七〕要痛不可以□卬，《脈書》簡三七、《陰陽甲》二六作「要（腰）痛，不可以卬（仰）」，《靈樞·經脈》作「腰痛不可以俯仰」。

〔八〕則嗌乾面疵，據《陰陽甲》二六、《陰陽乙》一五補。疵，《脈書》作「驪」。

〔九〕有陽脈與之俱病可治也，《脈書》《陰陽》同。《足臂》二三作「三陰病雜以陽病，可治」。

〔一〇〕《足臂》二一：「三陰之病亂，【不】過十日死。」《脈書》簡五〇、《陰陽脈死候》一：「陰病而亂，則不過十日而死。」

·手大陽脈。[毄]（繫）[手]小指，循臂骨下廉，出肘内廉，出臑〈臑〉[下]廉，上肩，循頸出耳後，屬目外眥〈眥〉。其所生病：頷穜（腫）痛，矦（喉）、二二二眥〈眥〉痛，胦痛，肩佁（似）否⌞，臑〈臑〉痛，〔一〕肘痛，頄痛，辟（臂）外痛，手北（背）痛。▨二二三

【注　釋】

〔一〕肩似否臑痛，《脈書》簡二七、《陰陽甲》一四至一五、《陰陽乙》七并作「肩以（似）脱，臑以（似）折」，《足臂》三〇作「臂外兼（廉）痛」，《靈樞·經脈》作「肩似拔，臑似折」。

【·】手少陽脈。毄（繫）□□[指]□上，出辟（臂）外【兩骨】之閒，〔一〕上骨下廉，[出][肘]，上臑〈臑〉外廉，出□□[屬]□□▨二二四與頄痛，聽後痛，〔二〕龍（聾），肩痛，瀨（顣）痛，〔三〕目外廉痛，臑〈臑〉痛，肘痛，辟（臂）外廉痛▨二二五

【注 釋】

〔一〕兩骨，該簡文殘缺處僅餘兩個字間隙，因據《陰陽甲》一六補。《脈書》作「廉兩骨」。

〔二〕聽後痛，《靈樞·經脈》作「耳後……皆痛」。

〔三〕顑痛，《脈書》簡三〇、《陰陽甲》一七、《陰陽乙》八、《靈樞·經脈》并作「頰痛」。

•手陽明（明）脈。毄（繫）次指與大指之上，出辟（臂）上廉，入肘中，乘腝〈臑〉出肩前廉，循頸穿頰，入口中。其病：齒齲痛，口辟，朏（頔）穜（腫），【目黃】，〔一〕二二六 口脣乾，矦（喉）畀（痹），鼻乾，肩前廉痛，腝〈臑〉痛，辟（臂）上廉痛，大指與次指畀（痹），顑痛，鑡（銛）鎋，〔二〕善笑，善循面〔三〕☐二二七

【注 釋】

〔一〕目黃，據《脈書》簡三一、《陰陽甲》十九、《陰陽乙》九補。

〔二〕鑡，同「銛」。詳見《裘錫圭學術文集》第二卷頁九一至九三「銛」字條。

〔三〕循，古同「揗」。見本篇簡二一二注。

•辟（臂）大陰脈。毄（繫）手掌中，循辟（臂）內陰兩骨之閒，上骨下廉，【筋之上，出】辟（臂）內陰，〔一〕至肞（腋）入心。其病：心滂=（滂滂）痛，〔二〕詐沃〈汧（肩）〉痛，〔三〕二二八 匈（胸）痛，瘕（瘕），肘痛，心煩，肘（疛），夬（缺）盆痛，四枝（肢）痛，甚則交手而戰，此爲辟（臂）蹷，膺痛。二二九

【注 釋】

〔一〕筋之上出，據《陰陽甲》三三、《陰陽乙》一六補。

〔二〕心滂滂痛，《脈書》四四作「心彭彭如痛」，《陰陽甲》三四作「心滂滂如痛」，《陰陽乙》一六至一七作「心滂滂【如】甬」，《靈樞·經脈》作「肺脹滿，膨膨而喘欬」。

〔三〕詐沃痛，《脈書》簡四五作「脊痛」，《陰陽甲》三五作「脊（肩）痛」、《陰陽乙》一七作「瘖甬」。沃，疑爲「汧」字之誤，與「肩」通。

•辟（臂）少陰脈。毄（繫）掌中，循辟（臂）內陰兩骨之閒，下骨上廉，筋之下，以上入肘內廉，出腝〈臑〉內陰，下出肞（腋），

下入心中。〔一〕其病：二三〇心痛，嗌乾，耆（嗜）歓（飲），脅痛，腝〈臑〉陰痛，〔二〕手无氣，〔三〕此爲臂𪘨。瘛廣但音。二三一

【注釋】

〔一〕下入心中，《脈書》簡四六、《陰陽乙》一八作「入心中」，《足臂》二七作「奏脅」。

〔二〕臑陰痛，《靈樞・經脈》作「臑臂内後廉痛厥」。

〔三〕手無氣，《靈樞・經脈》作「掌中熱痛」。

•心主之脈。毄（繫）掌中，上出辟（臂）中，出紂（肘）中，走夜（腋）下，□入匈（胸），循匈（胸）裏，上加大陰，上循䐧（喉）龍（嚨），下毄（繫）心。•其病：手熱，〔一〕紂（肘）䜌（攣），〔二〕夜（腋）痛，〔三〕心痛。二三二

【注釋】

〔一〕手熱，《靈樞・經脈》作「手心熱」。

〔二〕肘攣，《靈樞・經脈》作「臂肘攣急」。

〔三〕腋痛，《靈樞・經脈》作「腋腫」。

相脈之過

•相脈之過。〔一〕左手上果（踝）五寸而案（按）之，右手直果（踝）而單（彈）之，〔二〕應手如參舂，死。不至如食閒，死。〔三〕它脈盈，此獨虛，則【主病。它】二三三脈滑，〔四〕此獨䔧（澀），則主病。它脈静，此獨勭（動），則主病。脈固有勭（動）者，骭少陰、辟（臂）大陰、少陰也，主勭＝（動，動）疾則病，此二三四所以論有過之脈也，〔五〕其餘必謹察視當脈之〖過〗。〔六〕•三陽，天氣也，其病唯（雖）破骨絶筋削〈列—裂〉膚，不死。•凡三陰，地氣也，二三五死脈也，陰病而亂，則不過十日而死。三陰腐臧（藏）煉（爛）腸而主殺。蜀（獨）煩心，死。㬵（脹）悶而不得後，死。㬵（脹）而腸辟（澼），危死。二三六病熱中而腸辟（澼），危死。心煩與㬵（脹）俱，死。足少陰之脈，三勭（動）一止，則三日而死。七勭（動）一止，則七日而死。不得通與心煩俱，死。二三七

【注釋】

〔一〕相脈之過，與此後「所以論有過之脈也」相應。《脈書》簡六三作「相脈之道」。

〔二〕《素問·三部九候論》：「以左手足上，上去踝五寸按之，庶右手足當踝而彈之。」

〔三〕應手如參春死不至如食閒死，《脈書》及馬王堆《脈法》無此十二字。《足臂》二一至二二足厥陰脈：「循脈如三人參春，不過三日死。」

〔四〕主病它，三字據《脈書》簡六三補。

〔五〕《素問·脈要精微論》：「診法常以平旦，陰氣未動，陽氣未散，飲食未進，經脈未盛，絡脈調勻，氣血未亂，故乃可診有過之脈。」

〔六〕其餘必謹察視當脈之，《脈書》簡六四至六五作「其鎟（餘）謹視當脈之過」。按此，「之」下當補「過」字。

閒別脈

【•】閒別大陽脈。出尻，繚要（腰），〔一〕出臾⿰口頁，出上脣上齒。〔二〕口漬，穜（腫）⿰口頁，眴目，上齒瘑（齲），上脣痛，顛狂，[北]（背）痛，要（腰）痛，尻痛，胠痛，瘧，單（癉）。二三八

【注　釋】

〔一〕繚，繞。

〔二〕《靈樞·寒熱病》：「足太陽有入頄遍齒者，名曰角孫，上齒齲取之，在鼻與頄前。」

•閒別大陰脈。出尻，繚婢（髀），出深貪。齊（臍）上痛，奏於心，〔一〕痛山（疝），折瘁（癃），遺弱（溺），久（灸）大陰。二三九

【注　釋】

〔一〕《靈樞·經脈》：「脾足太陰之脈……其支者，復從胃，別上膈，注心中。」

•閒別少陰脈。出⿰口睪，出少腹，出□胃∟、肝、亢狼，〔一〕奏杏〈舌〉本。〔二〕肻、亢狼痛，〔三〕寒中，内崩，舌乾希，〔四〕久（灸）少陰。二四〇

【注　釋】

〔一〕亢狼，疑讀爲「頏顙」。《靈樞·營氣》：「上循喉嚨，入頏顙之竅。」張志聰《靈樞集注》：「頏顙者，齶之上竅，口鼻之氣及涕唾，從此相通。」按，《靈樞·經脈》：「肝足厥陰之脈……過陰器，抵小腹，挾胃屬肝絡膽，上貫膈，布脅肋，循喉嚨之後，上入頏顙。」與此閒別脈循行相似，然彼言「厥陰脈」，與此言「少陰脈」有异。《史記·扁鵲倉公列傳》診齊章武里曹山跗病：「又灸其少陰脈，是壞肝剛絶深。」是證依倉公所

學，少陰脈亦與肝相關。

〔二〕《靈樞・經脈》：「腎足少陰之脈……其直者，從腎上貫肝膈，入肺中，循喉嚨，挾舌本。」《靈樞・經別》：「足少陰之正……直者，繫舌本。」

〔三〕肏，字形與《銀雀山・論政論兵之類・文王與太公》簡一三五四「肏而廉」，簡一三五五「肏□之用」「肏者」之「肏」字同，釋爲「貪」。按，「貪」當指某身體部位，見上條簡二三九「出深貪」。

〔四〕希，讀爲「晞」，《方言》：「膊、曬、晞，暴也……暴五穀之類。秦晉之間謂之曬，東齊、北燕、海岱之郊謂之晞。」

●閒別齒脈。出頸上，出□，下脣，下齒。〔一〕口潰、疹（胗），〔二〕瘺（齲），久（灸）齒脈乘手北（背）者。〔三〕二四一

【注釋】

〔一〕《靈樞・經脈》：「大腸手陽明之脈……其支者，從缺盆上頸貫頰，入下齒中。」《靈樞・寒熱病》：「臂陽明有入頄遍齒者，名曰大迎，下齒齲取之。」臂陽明，在《脈書》《陰陽》中名「齒脈」。

〔二〕疹，讀爲「胗」，《說文》：「脣瘍也。」

〔三〕《史記・扁鵲倉公列傳》：「齊中大夫病齲齒，臣意灸其左大陽明脈。」

●閒別辟（臂）陽脈。出頸下，出頭耳上，奏顔＝（顔。〔一〕顔）、肩博（髆）痛，久（灸）辟（臂）陽。二四二

【注釋】

〔一〕《靈樞・經脈》：「三焦手少陽之脈……其支者，從膻中上出缺盆，上項，繫耳後直上，出耳上角，以屈下頰至䪼。」

●閒別辟（臂）陰脈。出㰦，〔一〕奏心。〔二〕㰦痛，心痛，久（灸）辟（臂）陰。〔三〕二四三

【注釋】

〔一〕㰦，疑即「脥」字异體，同「胠」。《集韵》：「胠，腋下也。亦作脥。」

〔二〕《靈樞・經別》：「手少陰之正，別入於淵腋兩筋之間，屬於心。」

〔三〕《里耶秦簡》1224：「五┗一曰啓兩臂陰……」

【•】閒別肉理脈。〔一〕出腗（髀），出肩祭（際），之豊（曲）頰＝（頰〔二〕。頰）匈（胸）脅痛，上氣，頸痛，卑（髀）痛，久（灸）肉環。二四四

【注　釋】

〔一〕《素問・刺腰痛論》：「肉里之脈，令人腰痛，不可以欬，欬則筋縮急，刺肉里之脈爲二痏，在太陽之外，少陽絶骨之後。」

〔二〕《脈書・下經》簡二〇四：「足少陽脈……出卑（髀），循脅而上，支者出肩博（髆）。」《靈樞・本輸》：「足少陽在耳下曲頰之後。」

【•】閒別贊。出深，離朏（頔），素鼻＝（鼻。〔一〕鼻）乾，朏（頔）痛，匈（胸）脅痛，厀（膝）痛，久（灸）贊。二四五

【注　釋】

〔一〕素，讀爲「索」，《玉篇》：「散也。」《靈樞・經脈》：「脾足太陰之脈……連舌本，散舌下。」另，此脈循行參見《靈樞・經脈》：「小腸手太陽之脈……其支者，别頰上頔抵鼻，至目内眦，斜絡於顴。」

【•】閒別迎脈。出頸下，出夬（缺）盆，奏迎。〔一〕夬（缺）盆痛，久（灸）迎。二四六

【注　釋】

〔一〕《靈樞・經脈》：「胃足陽明之脈……其支者，從大迎前下人迎，循喉嚨，入缺盆。」與此循行部位相同，而方嚮正相反。

【•】閒別足大陰。毄（繫）□□果（踝）後廉，上循肥（腓）□□出肱〈膕〉外廉，〔一〕出脾（髀）下廉，上尻外廉，〔二〕屬大陽。其病：外果＝（踝，踝）上痛，肥（腓）外□二四七痛，肱〈膕〉外廉、脾（髀）下痛，尻外廉痛。二四八

【注　釋】

〔一〕肱〈膕〉，據後文「肱〈膕〉外廉痛」補。「肱」爲「膕」字之誤。膕外廉，當即膕窩外側。《素問・刺腰痛論》：「刺解脈，在膝筋肉分間郄外廉之横脈出血，血變而止。」

〔二〕《素問・繆刺論》：「邪客於足太陰之絡，令人腰痛，引少腹控胗，不可以仰息，刺腰尻之解，兩胂之上，是腰俞。」王冰注：「足太陰之絡，從髀合陽明，上貫尻骨中，與厥陰、少陽結於下髎，而循尻骨内入腹，上絡嗌，貫舌中。」

・足大陽絡。出肩甲（胛）下廉，繞胸，屬乳下。〔一〕其病：肩甲（胛）下廉痛，匈（胸）衡痛。二四九

【注釋】

〔一〕《素問・繆刺論》：「邪客於足太陽之絡，令人頭項肩痛。」又云：「邪客於足太陽之絡，令人拘攣背急，引脅而痛。」新校正云：「按全元起本及《甲乙經》引脅而痛下，更云：內引心而痛。」

・足陽明（明）脈支者。貫面目而□□□□□少陽在耳後者。〔一〕其病：面痛，目痛，頭□痛，夾頭外廉□□□二五〇咽內穜（腫），辟□□□□□□□□□□痛。二五一

【注釋】

〔一〕《靈樞・經脈》：「胃足陽明之脈……却循頤後下廉，出大迎，循頰車，上耳前，過客主人，循髮際，至額顱。」

散簡

☒小指痛。☒二五二

（簡二五三、二五四，無字迹。釋文從略。）

逆順五色脈臧驗精神

【説 明】

本篇經綴合整理共有六十一支編號簡。本篇竹簡皆殘，從殘存編繩情况看，其形制爲兩道編繩，編繩大致等分整簡爲三段。以此編繩形制推算，其平均簡長約三〇厘米，約合秦漢尺一尺三寸。簡寬約〇・七七厘米，簡厚〇・一厘米。文字皆書於竹黄一面，竹簡編痕處未見明顯契口。

本篇簡文有「逆順五色脈臧驗精神」，概括全篇主旨，故整理者取作題名。淳于意所傳書有《逆順》《五色》，《史記・扁鵲倉公列傳》淳于意診齊王侍醫遂病，曰：「扁鵲雖言若是，然必審診，起度量，立規矩，稱權衡，合色脈表裏有餘不足順逆之法，參其人動静與息相應，乃可以論。論曰：陽疾處内，陰形應外者，不加悍藥及鑱石。」所論恰可與本篇内容相對照，可視爲理解本篇之綱領。

本篇内容與《脈書・上經》有相承關係，包括五色脈診、表裏逆順、五藏虚實、脈藏配屬及石、犮法之運用等，而語言較爲通俗淺易，似爲《上經》之訓詁。此外，簡文又見「石且（疽），大（太）上石神，石神必已」，推測其與淳于意所傳《石神》一書可能也有關聯。

•病之臧（藏）六府，〔一〕二虛四逆，〔二〕二谷四谿，〔三〕虛者欲虛，府者欲實，府實則病☐，府☐☐☒一

逆順五色脈臧（藏）驗精神。二

【注 釋】

〔一〕六府，《素問·脈要精微論》：「觀五藏有餘不足，六府强弱，形之盛衰，以此參伍，决死生之分。夫脈者，血之府也，……頭者精明之府，頭傾視深，精神將奪矣。背者胸中之府，背曲肩隨，府將壞矣。腰者腎之府，轉搖不能，腎將憊矣。膝者筋之府，屈伸不能，行則僂附，筋將憊矣。骨者髓之府，不能久立，行則振掉，骨將憊矣。得强則生，失强則死。」按此，脈、頭、背、腰、膝、骨恰爲「六府」。

〔二〕二虛，按髹漆經脈人文字標注的部位，指兩乳內側。《太素·十五絡脈》：「胃之大絡，名曰虛里。」杨上善注：「虛，音墟。虛里，城邑居處也。此胃大絡，乃是五藏六府所稟居處，故曰虛里。」

〔三〕二谷，按髹漆經脈人文字標注的部位，指兩髀後凹陷處。四谿，指四肢肘、膝後窩。《太素·氣穴》：「分肉之大會爲谷，肉之小會爲谿，肉分之間，谿谷之會，以行營衛，以會大氣。」楊上善注：「以下言分肉相合之間，自有大小。大者稱谷，小者名谿，更復小者以爲溝洫，皆行營衛，以舍邪之大氣也。」《素問·五藏生成篇》：「此四肢八谿之朝夕也。」王冰注：「谿者，肉之小會名也。八谿，謂肘、膝、腕也。」與髹漆經脈人的標注略异。

人一息脈二動（動），曰平。〔一〕三壹

•人一息脈四動（動），四〖=〗澶=（四澶，四澶）者奪血。〔二〕四壹

•人一息脈六動（動），曰重=（重，重）者死。〔三〕五壹

•人再息脈一動（動），曰離=澶=（離澶，〔四〕離澶）奪☒六壹

•人四息脈一動（動），曰⿰亻橆=（橆，橆）者死。〔五〕七壹

【注 釋】

〔一〕指人一呼氣，脈動兩次，此爲正常人的脈象。息，《漢書·蘇武傳》：「武氣絶，半日復息。」顔師古注：「息謂出氣也。」《難經集注·十四難》：「至之脈，一呼再至曰平。」

〔二〕原簡文僅「澶」字下有重文符號，據文例，「四」字下當脱一重文符號，故據補。又，按文例「四」前或脱「曰」字。

〔三〕重，重疊，重複。《周易》兩卦相疊爲重卦，凡六爻。人一息脈六動，亦名爲重。《素問·平人氣象論》：「人一呼脈四動以上曰死。」

〔四〕離澶，詳見《上經》「再員（損）離亶」注。澶，亦讀爲「顫」。

〔五〕無，疑同「橆」，「橆」「無」古今字。天回醫簡中多用「无」字，亦可見「橆」字（如《犮理》簡一二一、簡四五）。

人一息脈三動（動），曰參=擅=（參擅，參擅）者奪精。〔一〕三貳

•人一息脈一動（動），曰少氣。〔二〕四貳

•人三息脈一動（動），曰静=（静，静）者奪血。〔三〕五貳

☐五息脈一動（動），曰絶，不至，死。〔四〕六貳

•人一息脈五動（動），曰暴=（暴，〔五〕暴）者奪精，死。七貳

【注釋】

〔一〕擅，讀爲「顫」，振動。與「澶」字同。故脈三動名爲「三顫」，四動名爲「四顫」。

〔二〕《脈經·診損至脈》：「脈一損一乘者，人一呼而脈一動，人一息而脈再動……氣短不能周遍於身，苦少氣，身體懈墮矣。」

〔三〕静，詳見《上經》「參員（損）曰争」注。

〔四〕《素問·平人氣象論》：「脈絶，不至，曰死。」《脈經·診損至脈》：「脈五損者，人再息復一呼而脈一動……故曰絶。絶者，氣急，不下床，口氣寒，脈俱絶，死矣。」簡六原斷作兩截，二殘簡間相隔距離依本篇竹簡形制及簡六貳編繩位置推測，約可容三字，據上下文例，似可在二簡之間補「□·人」。

〔五〕暴，《素問·五常政大論》：「伏明之紀……其用暴。」王冰注：「速也。」

•相死脈者，足手之陰。〔一〕病不表，不可以鑱石。〔二〕病不裹〈裏〉，不可以每（毒）藥。〔三〕不表不裹〈裏〉者，死☐〔四〕八

【注釋】

〔一〕《脈書》簡五〇：「•凡三陰，地氣殹，死脈殹，腐臧（藏）闌（爛）腸而主殺。」《素問·經脈别論》：「脈有陰陽……所謂陰者，真藏其見則爲敗，敗必死。所謂陽者，胃脘之陰陽。别於陽者，知病之處；别於陰者，知死生之期。三陽在頭，三陰在手。」按此，「足手之陰」當指手足内側的動脈，屬三陰脈，如太淵（即寸口）、太溪等處，診此可候五藏之氣，以知死生之期。

〔二〕鑱石，砭石之异名。《説文》：「鑱，鋭也。」《太素·人迎脈口診》：「惡於鑱石者，不可與言至巧。」楊上善注：「鑱，仕監反，鈹也。其病非鍼

石不爲而惡之者，縱岐、黄無所施其功。」《素問・寶命全形論》新校正引全元起注云：「砭石者，是古外治之法，有三名，一鍼石，二砭石，三鑱石，其實一也。古來未能鑄鐵，故用石爲鍼，故名之鍼石，言工必砥礪鋒利，製其小大之形，與病相當。黄帝造九鍼，以代鑱石。上古之治者，各隨方所宜，東方之人多癰腫聚結，故砭石生於東方。」

〔三〕《鶡冠子・世賢》：「若扁鵲者，鑱血脈，投毒藥，副肌膚閒，而名出聞於諸侯。」《素問・湯液醪醴論》：「岐伯曰：當今之世，必齊毒藥攻其中，鑱石鍼艾治其外也。帝曰：形弊血盡而功不立者何？」《史記・扁鵲倉公列傳》：「尸奪者，形弊；形弊者，不當關灸鑱石及飲毒藥也。論曰：陽疾處內，陰形應外者，不加悍藥及鑱石。」《素問・奇病論》：「所謂無損不足者，身羸瘦，無用鑱石也。」

〔四〕《靈樞・壽夭剛柔》：「陰陽俱動，乍有形，乍無形，加以煩心，命曰陰勝其陽，此謂不表不裏，其形不久。」《素問・奇病論》：「所謂五有餘者，五病之氣有餘也；二不足者，亦病氣之不足也。今外得五有餘，內得二不足，此其身不表不裏，亦正死明矣。」

• 臧（藏）生氣＝（氣，氣）生肉＝（肉，〔一〕肉）生脈＝（脈，脈）生血。〔二〕九

• 凡壅（癰），其在皮爲□，至脈爲癘，〔三〕至肉爲痤，〔四〕至筋〖爲〗癰，至骨爲大癰。〔五〕一〇

• 凡五色，以觀五臧（藏）之氣，有餘不足，用此莭（節）之。〔六〕一一

【注釋】

〔一〕《管子・水地》：「五藏已具，而後生肉。脾生隔，肺生骨，腎生腦，肝生革，心生肉。」

〔二〕《管子・水地》：「水者，地之血氣，如筋脈之通流者也。」

〔三〕《素問・脈要精微論》：「脈風成爲癘。」《素問・風論》：「癘者，有榮氣熱胕，其氣不清，故使其鼻柱壞而色敗，皮膚瘍潰。」

〔四〕痤，《説文》：「小腫也。」《玉篇》：「癤也。」《太素・調陰陽》楊上善注：「痤，癰之類，然小也，俗謂之癤子。」

〔五〕大癕，《靈樞・邪氣藏府病形》：「腎脈急甚……濇甚爲大癰。」大癰，《太素》作「大癕」。按腎主骨，與本簡「至骨爲大癰」醫理相合。

〔六〕《素問・脈要精微論》：「切脈動静，而視精明，察五色，觀五藏有餘不足，六府强弱，形之盛衰，以此參伍，決死生之分。」

• 心出辟（臂）少陰，〔一〕肺出辟（臂）大陰，〔二〕腎出骭少陰，〔三〕胃出足大陰。〔四〕一二

【注釋】

〔一〕臂少陰脈動處，以候心氣。《素問・三部九候論》：「中部人，手少陰也……人以候心。」王冰注：「在掌後鋭骨之端，神門之分，動應於手也。」《太素》卷十四楊上善注：「在極泉、少海二處，以候心氣也。」

〔二〕臂大陰脈動處，以候肺氣。《素問・三部九候論》：「中部天，手太陰也……天以候肺。」王冰注：「在掌後寸口中，是謂經渠，動應於手。」楊上善注：「在中府、天府、俠白、尺澤四處，以候肺氣。」《上經》簡一二壹：「金之甬（通）天氣爲天府。」簡一三壹：「臂之大侌（陰）爲脈口。」

〔三〕骭少陰脈動處，以候腎氣。《素問・三部九候論》：「下部地，足少陰也……地以候腎。」王冰注：「在足内踝後跟骨上陷中，太谿之分，動應手。」楊上善注：「在大谿一處，以候腎氣。」《脈書》簡三九：「少陰之脈……毄（繫）於腎。」

〔四〕足大陰脈動處，以候胃氣。《素問・三部九候論》：「下部人，足太陰也……人以候脾胃之氣。」王冰注：「候胃氣者，當取足趺之上、衝陽之分，穴中脈動乃應手也。」按衝陽穴屬足陽明胃經，而古脈書以足太陰脈屬胃，如《脈書》簡三三：「泰陰之脈，是胃脈殹，被胃，下出魚股之陰下廉，腨上廉，出内踝之上廉。」按其所出「魚股之陰下廉」，正當箕門穴位置，合於王冰注脾脈「在魚腹上趨筋間，直五里下、箕門之分，寬鞏足單衣，沉取乃得之，而動應於手也」。

凡氣之所道生者，〔一〕當道其□□。故曰青乘青，曰氣在筋，若亡其外，曰傷肝。黑【乘黑，曰在骨，亡外曰傷】一三腎。〔二〕白乘白，曰在皮，亡外曰傷肺。黃乘黃，自〈曰〉在肉，亡外曰傷朏（脾）。赤乘赤，曰在脈，☐〔三〕一四

☐乘白，胃（謂）之少氣，病在皮。黃☐一五

也，冬日手裏清表煖，此得順也。〔四〕冬臧（藏）陰，夏并陽，此順之至〔五〕☐一六

【注釋】

〔一〕指氣之所由生。《禮記・大學》「是故君子有大道」鄭玄注：「道，行所由。」下文「所道來」道字義同。《素問・調經論》：「實者何道從來？虛者何道從去？虛實之要，願聞其故。」參見《和齊湯法》簡一二七注。

〔二〕乘黑曰在骨亡外曰傷，按本篇形制，該簡殘斷處距簡末端約六・五厘米，缺八九字，因據上下文義補此九字。

〔三〕曰在脈，據上文義，後當接「亡外曰傷心」。《素問・五藏生成篇》：「色味當五藏：白當肺，辛；赤當心，苦；青當肝，酸；黃當脾，甘；黑當腎，鹹。故白當皮，赤當脈，青當筋，黃當肉，黑當骨。」

〔四〕《素問・通評虛實論》：「問曰：何謂順則生，逆則死？答曰：所謂順者，手足温也；所謂逆者，手足寒也。」「帝曰：脈實滿，手足寒，頭熱，何如？答曰：春秋則生，冬夏則死。」

〔五〕《素問・四氣調神大論》：「所以聖人春夏養陽，秋冬養陰，以從其根。」從，《太素・順養》作「順」。

·水必生於胃，風者汗=出=（汗出，汗出）故令脈虛。一七

·心氣者赤，肺氣者白，肝氣者青，胃氣者黃，腎氣者黑，〔一〕故以五臧（藏）之氣產□▨一八

【注　釋】

〔一〕《靈樞·五色》：「以五色命藏，青爲肝，赤爲心，白爲肺，黃爲脾，黑爲腎。」《周禮·疾醫》：「以五氣、五聲、五色視其死生。」鄭玄注云：「三者劇易之徵，見於外者。五氣，五藏所出氣也。肺氣熱，心氣次之，肝氣凉，脾氣温，腎氣寒。五聲，言語宫商角徵羽也。五色，面貌青赤黃白黑也。察其盈虛休王，吉凶可知。審用此者，莫若扁鵲、倉公。」五色，爲五藏精氣外現於面，如《素問·脈要精微論》：「夫精明、五色者，氣之華也。」《史記·扁鵲倉公列傳》倉公診齊丞相舍人奴病：「脾氣周乘五藏，傷部而交，故傷脾之色也，望之殺然黃，察之如死青之茲。所以至春死病者，胃氣黃，黃者土氣也，土不勝木，故至春死。」言「胃氣黃」，與本簡正合。

張（脹）之所道生，常起此。五臧（藏）九竅（竅）之所道相使，胃蜀（獨）爲本。胃□▨一九主九竅之原也。胃氣盈則張（脹），綎溲不利，〔一〕故胃者，平則安，〔二〕不足則身□▨二〇

【注　釋】

〔一〕綎溲，同「涇溲」。「綎」與「涏」通。《釋名·釋水》：「水直波曰涇。涇，徑也，言如道徑也。」《爾雅·釋水》：「直波爲徑。」郭注：「有徑涏。」《集韵·回韵》：「洴涏，小水。一曰波直皃。」溲，二便之通稱，《史記·扁鵲倉公列傳》有「大小溲」及「前後溲」之謂。《素問·厥論》：「厥陰之厥，則少腹腫痛，腹脹，涇溲不利。」《素問·調經論》：「形有餘則腹脹，涇溲不利，不足則四支不用。」《攴理》簡一三、一四、一五、一八作「涅瘦」「涅叟」或「涅溲」，「瘦」「叟」「溲」并通。

〔二〕《太素·卧息喘逆》：「陽明者胃脈也，胃者六府之海也，其氣亦下行，陽明逆，不得從其道，故不得卧。《上經》曰：胃不和則卧不安。此之謂也。」胃不和則卧不安，即「胃者平則安」反言之。《素問·逆調論》「上經」作「下經」。王冰注：「《下經》，上古經也。」

虛則悲，心氣實則樂。〔一〕肺氣虛則息利，肺氣盈則氣耑（喘）。〔二〕肝氣▨二一〔三〕氣虛則懕，腎氣盈則張（脹）。〔四〕脾氣虛則四支（肢）不▨二二穜（腫），亓（其）身股脛穜（腫），梃溲不利。〔五〕▎二三

【注　釋】

〔一〕本段内容見於《靈樞·本神》及《太素》卷六首篇、《甲乙》卷一第一等，文字略异。《太素》卷六首篇：「心氣虛則悲，實則笑不休。」楊上善

注：「肝爲木藏，主悲哀也；心爲火藏，主於笑也。木以生火，故火子虚者，木母乘之，故心虚悲者也。」按「笑不休」與本簡「樂」對應。

〔二〕《太素》卷六首篇：「肺氣虚則息利少氣，實則喘喝胸憑仰息。」楊上善注：「肺主五藏穀氣，亦不受他乘，故虚則喘息利而少氣，實則胸滿息難也。」蕭延平按：「息利，《靈樞》作鼻塞不利，《甲乙經》作鼻息不利。」據本簡文當以《太素》作「息利」爲是。耑，原字形誤作「采」，當讀爲「喘」。盈則氣喘，與「實則喘喝」義同。

〔三〕《太素》卷六首篇：「肝氣虚則恐，實則怒。」據此可補本簡闕文。

〔四〕《太素》卷六首篇：「腎氣虚則厥，實則脹，五藏不安。」厥，本簡文作「蹷」，詳見《下經》簡四三注。據此，則該簡首字之前當接「腎」字。

〔五〕《太素》卷六首篇：「脾氣虚則四肢不用，五藏不安，實則脹，經溲不利。」楊上善注：「溲，小留反。營，血肉也。脾主水穀，藏府之主，虚則陽藏四肢不用，陰藏不安。實則脹滿及女子月經并大小便不利，故以他乘致病也。」蕭延平按：「則脹，《靈樞》作則腹脹；經溲，《甲乙》作涇溲。」按本簡文作「【盈則】穜（腫）」，較「脹」義勝。梃，同「涏」，參本篇簡二〇注一。「利」下相隔六字左右有一處豎筆墨迹，該簡之後爲石法與犮法内容，此墨迹或因分章而有意爲之。

•犮者，去洫以平盈。〔一〕石者，客有余（餘）以驗鈞。〔二〕⍁二四

擇之。所胃（謂）脈不盈者，亓（其）臧（藏）虚，脈不應病。〔三〕此□⍁二五

血。犮不當俞，胃（謂）之亡＝氣＝（亡氣。亡氣）則佝（眴），奪血則癃〈蹷〉。□⍁〔四〕二六

【注　釋】

〔一〕洫，讀爲「溢」。馬王堆帛書《經法·名理》七一下：「建於地而洫（溢）於天，莫見其形。」

〔二〕客，《靈樞·小鍼解》：「客者，邪氣也。」又，「邪勝則虚之者，言諸經有盛者，皆寫其邪也。」客有餘，即邪勝，諸經有盛也。鈞，《呂氏春秋·功名》：「取則行鈞也。」高誘注：「鈞，等也。」與「均」同義。

〔三〕《犮理》簡一二：「陰陽之脈，擇盛者而石之。」

〔四〕《犮理》簡二一：「應輸而[石]脈則蹷。」癃，原或寫作「應」，後削下部「心」而爲「足」，意欲改作「蹷」字。

•凡石且（疽）者，先石亓（其）氣之所道來，以捐亓（其）熱，〔一〕傷小創大曰傷＝於＝石＝（傷於石，〔二〕傷於石）⍁二七＝不＝利＝

（□不利，□不利）者益穜（腫）。已石傷，洒以湯＝（湯，湯）欲亓（其）寒温適〈適〉。〔三〕石病者，寒則□⍁二八

•石且（疽）。大（太）上石〓神〓（石神，石神）必已。〔四〕亓（其）次石〓血〓（石血，石血）得分。〔五〕亓（其）下石〓農〓（石膿，石膿）十一活。〔六〕故□⧄二九

農〓（膿，膿）則府（腐）。故石者，不可不節。洒傷，寒温不可不適〈適〉。此石且（疽）大數。⧄三〇

者石下，〔七〕中者石中，長者石上，有脈俞之石所道來。三一

【注釋】

〔一〕捐，除去。《史記·孫子吳起列傳》：「明法審令，捐不急之官。」

〔二〕《脈書》言「砭有四害」：「二曰農（膿）淺而𥐚（砭）深，胃（謂）之泰（太）過……四曰農（膿）小而𥐚（砭）大，胃（謂）之泛，泛者傷良肉殹。」《靈樞·官鍼》：「病淺鍼深，内傷良肉，皮膚爲癰……病小鍼大，氣瀉太甚，疾必爲害。」

〔三〕洒，《説文》：「滌也。」湯，熱水。

〔四〕《素問·寶命全形論》：「一曰治神。」楊上善注：「魂神意魄志，以神爲主，故皆名神。欲爲鍼者，先須理神也。」

〔五〕分，半。得分，謂半死半活。

〔六〕《靈樞·玉版》：「膿以成，十死一生。」

〔七〕按文義此前當接「少」字。《素問·方盛衰論》：「雷公請問：氣之多少，何者爲逆，何者爲從？黄帝答曰：陽從左，陰從右，老從上，少從下。」少者從下爲順，老者從上爲順，故石法當順其道而行之。

•骨痹者，痛而穜（腫）而寒熱，塞〈寒〉則痛甚，熱則煩心。不寒而徒熱，必爲⧄〔一〕三二

者，此得之濕與寒。三三

肉痹者，熱而痛，熱俞（愈）痛俞（愈），熱甚痛甚。亓（其）當痛者，色赤若黄，故友亓（其）□⧄三四

石亓（其）絡脈之加病者，此得之暑與熱。⧄三五

⧄□亓（其）輸之當病者，得之飢勞。⧄三六

亓（其）并乃可。氣不足，病氣不足，刑（形）氣不足，曰不可石也。〔二〕□⧄三七

勝，應八風之變，〔三〕骨肉之生，筋脈之分，血氣之俞，〔四〕故石之所宜⧄三八

【注釋】

〔一〕按簡三四「肉痹者，熱而痛」，此下似可補「肉痹」。

〔二〕《靈樞·根結》：「形氣不足，病氣不足，此陰陽氣俱不足也，不可刺之。刺之則重不足，重不足則陰陽俱竭，血氣皆盡，五藏空虛，筋骨髓枯，老者絶滅，壯者不復矣。」

〔三〕按《犮理》簡二七「此四時之勝也」，此上當接「四時之」。《素問·脈要精微論》：「岐伯曰：此寒氣之腫，八風之變也。帝曰：治之奈何？岐伯曰：此四時之病，以其勝治之愈也。」《素問·玉版論要篇》：「八風四時之勝，終而復始，逆行一過，不復可數，論要畢矣。」四時、八風并舉，與此同例。

〔四〕指五藏氣血輸注於體表對應的部位。《太素·知鍼石》：「五曰知輸藏血氣之診。」楊上善注：「輸，爲三百六十五穴者也。藏，謂五藏血氣。診，謂經絡脈診候之也。」輸，《素問·寶命全形論》作「府」。

•犮項者，〔一〕肌二髮一。•犮脅者，〔二〕肌二骨一。•汗出蹷。三九
盈，犮項⿱殳女。〔三〕四〇

【注　釋】

〔一〕施術部位當爲項部後髮際處。

〔二〕施術部位當爲脅部肋骨與肋間隙交接處。

〔三〕⿱殳女，讀爲「宛」。《詩·陳風·宛丘》馬瑞辰傳箋通釋：「宛之言椀，其形如仰盂然，故《釋名》謂如偃器，偃即仰也。既如仰器，則其形爲四方高、中央下也……蓋四方隆起則中央低下，如有所宛蓄者然。」《甲乙》及《素問》王冰注言腧穴定位，常云「宛宛中」，當與此同。《素問·熱論》「其脈連於風府」王冰注：「風府，穴名也，在項上入髮際同身寸之一寸宛宛中是。」

•犮之方，病淺石而犮之，病深則犮而石之。血多，壹傅之；血少☐四一
創煖如常膚，〔一〕勿復犮。壹創清，〔二〕不可不=復=（不復，不復）則病移痛，此犮之大數☐四二

【注　釋】

〔一〕創，《玉篇》：「傷也。」《釋名·釋疾病》：「戕也，戕毁體使傷也。」此指犮後的創口。《内經》「痏」字，指鍼孔或灸瘡，義近於此。煖，同「暖」。

〔二〕清，冷。與上文「煖」相對而言。

□不當大俞及經脈者，〔一〕可石。當俞脈，不可石＝（石，石）死。黑乘青□☒四三

【注釋】

〔一〕經脈，此與「大俞」并舉，當指人體上的主脈。

·凡石㕅，參亓（其）人疾徐怒喜，〔一〕有余（餘）不足，〔二〕乃可以言此。石☒四四

氣奪人精，不可不謹，以其美惡、少長相移，〔三〕㕅石畢此。〔四〕☒四五

【注釋】

〔一〕指病人的性情。《靈樞·邪客》：「故本腧者，皆因其氣之虛實疾徐以取之，是謂因衝而瀉，因衰而補。」《靈樞·百病始生》：「夫百病之始生也，皆生於風雨寒暑，清濕喜怒。喜怒不節則傷藏，風雨則傷上，清濕則傷下。」

〔二〕指病人身體和精氣的盛衰。《靈樞·陰陽二十五人》：「審察其形氣有餘不足而調之，可以知逆順矣。」參本篇簡三七。

〔三〕移，《吕氏春秋·蕩兵》「工者不能移」高誘注：「易也。」

〔四〕據剖視圖及文義，此簡當爲本篇末簡。《靈樞》常云「鍼道畢矣」「刺道畢矣」。按，此下散簡中的「八風」内容相對獨立，與本篇其他部分書風相异，據剖視圖亦難確定其編聯位置，故置於篇末。

散簡

·西北風之風。惡風□☒四六

·東風之風。惡風，見風頭痛，煩心☒四七

·南風之風。不惡風，見風體（體）恙（癢），色赤而孨（孱），煩心，不耆（嗜）食，□☒四八詘信（伸）。孨（孱）者幾也。〔一〕四九

不煩心而頸項痛。五〇

·東南風之風。惡風，見風身㙯（熱），頭痛，少氣而汗出不已，☒五一

☒□痛佝（眴），煩心，口乾，其見風也，□☒五二

東北風之風。惡風，身㙯（熱）多汗，不煩心而身臑〈腝—耎〉節痛，汗出則☒五三

【注釋】

〔一〕孨，微弱。《説文》：「謹也。」段注：「引申之義爲弱小。」幾亦微也。

☒□經脈五十安□惡犮亓（其）☒五四

☒⿱埶夊（熱）毋汗五五

☒病氣☒五六

可犮也。五七

☒治自已。五八

☒和☒五九

（簡六〇、六一，無字迹。釋文從略。）

友理

【説　明】

本篇經綴合整理共有七十六支編號簡，竹簡以兩道編繩編聯，編繩大致等分整簡爲三段。平均簡長約二七・八厘米，約合秦漢尺一尺二寸，簡寬約〇・八四厘米，簡厚約〇・一厘米。文字皆書於竹黄一面，竹簡編痕處未見明顯契口。

此部分内容包括「犮理」「四時」「五痹」「五風」「五死」等章，主要論述諸病診候與石、犮兩種古治法。其中除「四時」一章可與《素問・金匱真言論》相對照之外，其餘多爲傳世文獻所亡佚的内容，尤其是石、犮之法。從簡文内容可知，其病應輸，則以犮法「犮其輸」；其病脈盛，則以石法「石其脈」。故石法應是砭法，而犮法或爲灸法，「石」「犮」并論猶《倉公傳》「砭灸」合稱，兩者同爲西漢以前經脈醫學所采用的主要治法。此部分簡未見題名，其形制與《脈書・上經》基本一致，其書寫風格與《脈書・上經》的一種字跡相近。整理者根據首章標題將本篇命名爲《犮理》。

夊理∟。〔一〕其一曰：心使刑（形），九讀（竇）皆從∟；〔二〕心不使刑（形），九讀（竇）不通。心應輸，則夊其一

【輸】，心不應輸則石其脈。應輸而石脈則䕯，不應☒〔三〕二

少氣而佝（眴）。〔四〕三

【注釋】

〔一〕夊，古治法，後世醫書失載，疑爲灸法之异稱。按《逆順》簡二四：「夊者，去衁以平盈。石者，客有余（餘）以驗鈞。」此章雖名「夊理」，實統夊、石之法而言之。

〔二〕讀，讀爲「竇」，義同「竅」。竇，《説文》：「空也。从穴，瀆省聲。」段注：「空、孔古今語，凡孔皆謂之竇，古亦借瀆爲之。」《管子・心術上》：「心之在體，君之位也。九竅之有職，官之分也。心處其道，九竅循理。」

〔三〕「䕯不應」三字據簡二五簡背反印文補釋。

〔四〕《逆順》簡二六：「夊不當俞，胃（謂）之亡氣。亡氣則佝（眴），奪血則䕯。」

二曰：肺息。其肺之息也，匈（胸）倀（脹）虚盈。〔一〕俞虚，欬而積＝（積積）。〔二〕其在輸，夊輸。其亡四俞，石其脈。其亡脈、俞也，石其舌。〔三〕其脈、輸、舌皆不盛，曰死。五

【注釋】

〔一〕虚，按髹漆經脈人像文字標注的部位，指兩乳内側，與《素問》中所言「虚里」位置相當。按下文簡二四「虚欲虚」，則「虚」不欲盈，盈則爲病。

〔二〕積，讀爲「嘖」。《讀書雜志・餘編下・文選》「靁歎積息」條：「積，猶嘖也，太息之聲也。」（頁二六九〇）

〔三〕《靈樞・寒熱病》：「……胸滿不得息，取之人迎。暴喑氣鞕，取扶突與舌本出血。」《素問・刺瘧論》：「十二瘧者，其發各不同時，察其病形，以知其何脈之病也。先其發時如食頃而刺之……不已刺舌下兩脈出血。不已刺郄中盛經出血，又刺項已下俠脊者必已。舌下兩脈者，廉泉也。」按，其治法分取「郄中盛經」「項已下俠脊者」「舌下兩脈」刺之，即對應簡文所謂之「脈」「輸」「舌」也。

三曰：肝痛。其痛勭（動）胠；其不勭（動）胠也，口□而苦，齒脡，〔一〕肉黃。〔二〕其在俞，犮 六

其食宜□糅（糙）食□米，〔三〕則肉不黃，齒不脡。七

【注釋】

〔一〕脡，讀爲「挺」，緩也。詳見《下經》簡四「梃解」注。齒脡，指牙齒鬆動。

〔二〕《脈書》簡三一至三二：「齒脈……其所産病：齒痛，朏（䪼）穜（腫），目黃，口乾，臑痛，爲五病。」按此，作「目黃」義長。

〔三〕糅，同「糙」，未舂的粗米。

四曰：胃痛。食疾□不出。其痛也，徒痛而不應輸，則石其脈，應則犮其 八 俞。不應脈、輸則盈瘙（癃），不得出，宜除而已。〔一〕九

【注釋】

〔一〕《韓非子·説林》：「巫咸雖善祝，不能自祓也，秦醫雖善除，不能自彈也。」又《八説》：「夫沐者有弃髮，除者傷血肉。」又《六反》：「不彈痤飲藥，則身不活，病不已矣。」又《外儲説右上》：「夫痤疽之痛也，非刺骨髓，則煩心不可支也；非如是，不能使人以半寸砭石彈之。」《淮南子·説山》：「病者寢席，醫之用鍼石，巫之用糈藉，所救鈞也。」高誘注：「石鍼所砥，彈人癕痤，出其惡血。」由上可知，除即「彈人癕痤，出其惡血」之砭術。鍼石、砥石，皆砭石之异名。《靈樞·九鍼十二原》「宛陳則除之」，即言此法也；宛陳，亦指惡血。《經脈》簡一二：「欬上氣，㽹脅盈，則除臂陽明。頸項痛，則除臂太陽。」按此，除亦指刺脈放血之法。

五曰：腎痛。宿（縮）膹（脊）而佝（眗），痛而空直（膗）出。〔一〕宿（縮）膹（脊）也，汗出而不流。其空直（膗）也，□ 一〇 則□陰寺（痔）痛。其脈之勭（動）静□〓，其骨之爲酸□□節族而止。如此者，宜 一一 美食而數石之。陰陽之脈，擇盛者而石之。〔二〕其輸，擇急者而犮之。其在府，干 一二 得〓涅〓瘦〓（得涇溲，〔三〕得涇溲）則石脈。其宿（縮）膹（脊），則犮其俞，宿（縮）膹（脊）而石脈，則氣不足而亡見。一三

輸而不瘦（溲），其在脈也，石脈而涅（涇）瘦（溲）多。故不瘦（溲）則石之，久利則犮之。一四

涅（涇）叟（溲）不利而犮俞，則盈痕（脹）而蹷，此石五臧（藏）之病□ 一五

【注釋】

〔一〕直，讀爲「膗」，指直腸。詳見《五十二病方》二七五「巢塞直（膗）者」原注，另《五十二病方》二七八：「痔者其直（膗）旁有小空。」

《靈樞・淫邪發夢》：「客於胞脯，則夢溲便。」

〔二〕《脈書》簡六六：「治病之法，視先發者而治之。數脈俱發病，則擇其甚者而先治之。」

〔三〕浧瘦，讀爲「溼溲」，指大小便。見《逆順》簡二〇「綎溲」注。

⧄□□□曰：心志□□，族（腠）理發㴝，〔一〕陷谷相通。其年廿以上，五十以下，其志行一六衷（充）俗（裕），其心不暴。如此者，唯（雖）甚病，可石也。五曰：年五十，用□其心能運仁，而不可一七以上，六十以下，其所病非杅〈扜－妨〉於食歙（飲），非害於浧（溼）溲也，其爲人暴悍人而耐∟，〔二〕曰五臧（藏）一八揣，〔三〕爲石之則謹視陽明。若逆陽【明】甚盛，則石之；逆陽明不盛，擇其北（背）俞盛者；一九不盛，友其夾營而毋暴也。〔四〕□其宅俞脈也，〔五〕石而胃痛者，族（腠）理空虛，色白而〔六〕□⧄二〇

【注釋】

〔一〕族理，即腠理。「族」「湊」音義相通。《白虎通義・宗族》：「族者，湊也，聚也，謂恩愛相流湊也。」《莊子・養生主》「每至於族」郭象注：「交錯聚結爲族。」是族從會聚得義。《金匱要略・藏府經絡先後病脈證第一》：「腠者，是三焦通會元真之處，爲血氣所注；理者，是皮膚藏府之紋理也。」腠，義同湊。

〔二〕疑第二個「人」字涉上而衍，當作「其爲人暴悍而耐」。耐，能也。

〔三〕揣，當與「墮」通。《莊子・大宗師》「墮肢體」成玄英疏：「墮，毀廢也。」

〔四〕夾營，疑即腋淵。夾，同「胠」，腋下。參《下經》簡二四三注。營，與「環」通；淵，《說文》：「回水也。」亦與「環」通。另參後文簡二六「夾淵」注。

〔五〕宅，疑讀爲「石」。「宅」爲定母鐸部，「石」爲禪母鐸部，音近可通。本句應連下「石而胃痛者」讀。《逆順》簡四三：「當俞脈，不可石。」

〔六〕此簡「俞脈也石而」五字左半部分被簡六九簡背黏去，經圖像合成，反印文痕迹與正文字迹稍有半毫米左右错位。

心至爲汗，〔一〕不出而友其心俞＝（俞。俞）不盈，心主不實，不可石也。肺痛者，目薯（矇），〔二〕鼻口二一之氣∟，〔三〕□□其爲痛□而䊢（無）知寒，曰□不知所欲，汗而石其二二人族。凡人五臧（藏）九竅六輸，〔四〕二虛二咎，四府四逆＝（逆，逆）欲利，府欲實，輸二三欲通移，虛欲虛，〔五〕此人容刑（形）

之數。〔六〕五臧（藏）氣得，九竅通利。〔七〕二四

【注釋】

〔一〕《素問·宣明五氣篇》：「五藏化液，心爲汗。」

〔二〕⿱曹目，《説文》：「目眵也。」段注：「云目蔽垢。」今作「⿰目蔑」。《吕氏春秋·盡數》：「氣鬱處目，則爲蔑爲盲。」高誘曰：「蔑，眵也。」

〔三〕「之氣」二字下似有一段空白，其長度約可容六字。

〔四〕六輸，按髹漆經脈人像背部標注有心、肺、肝、胃、腎五藏腧穴的位置，《靈樞·背腧》篇中除「五藏之腧出於背者」外，尚有「胸中大腧在杼骨之端」，疑合之即所謂「六輸」。《靈樞·百病始生》：「卒然外中於寒，若内傷於憂怒，則氣上逆，氣上逆則六輸不通，温氣不行，凝血蕴裹而不散，津液濇滲，著而不去，而積皆成矣。」按，「温」當作「温」，即《足臂》之「脈」字。

〔五〕《逆順》簡一：「·病之臧六府，二虚四逆，二谷四谿，虚者欲虚，府者欲實，府實則病□，府虚□〼」「二虚二谷四府」六字據簡二九簡背反印文補釋。

〔六〕容刑，猶形容，此指人的形體。數，北大秦簡《陳起》篇：「今夫疾之發於百體（體）之封（樹）殹（也），自足、胻、腂（踝）、厀（膝）、股、脾（髀）、瞀（髖）、族（脊）、脊、背、肩、應（膺）、手、臂、肘、臑、耳、目、鼻、口、頸、項，苟智（知）其疾發之日，蚤（早）莫（暮）之時，其瘳與死畢有數，所以有數故可（何）殹（也）？」此處指人體重要部位與治法之間的對應規律。

〔七〕得，《禮記·王制》「必參相得也」鄭玄注：「得，猶足也。」《難經集注·三十七難》：「五藏不和，則九竅不通。」《吕氏春秋·開春論》：「飲食居處適，則九竅、百節、千脈皆通利矣。」高誘注：「通利，不壅閉，無疾病矣。」

四　時

四時。冬犮筋骨，則春不癉，不穜（腫）頭，〔一〕不顛疾。〔二〕春犮□∟，石□脈，則夏不匈（胸）脅痛，二五□上氣。〔三〕夏犮夾淵，〔四〕石大（太）陰，則秋不肩北（背）痛。〔五〕秋犮六輸，石大（太）陽則二六冬不筋骨痛，四支（肢）不困。〔六〕此四時之勝也。〔七〕二七

【注釋】

〔一〕穜，同「腫」。腫頭，同「腫首」。《素問·厥論》：「巨陽之厥，則腫首頭重，足不能行，發爲眴仆。」

〔二〕顛疾，同「巔疾」。《素問·金匱真言論》：「東風生於春，病在肝，俞在頸項……春氣者病在頭……故春善病鼽衄。」腫頭、顛疾，即病在頭。

〔三〕《素問・金匱真言論》：「南風生於夏，病在心，俞在胸脅……夏氣者病在藏……仲夏善病胸脅。」

〔四〕夾淵，字形與髹漆經脈人像兩腋下銘文相同。《靈樞》有「淵腋」，與此位置相當。《靈樞・經脈》：「脾之大絡，名曰大包，出淵腋下三寸，布胸脅。」《靈樞・經別》：「手少陰之正，別入於淵腋兩筋之間，屬於心，上走喉嚨，出於面，合目内眥，此爲四合也。」《千金要方》卷二十九第一「泉腋」注引中風卷云：「腋門在腋下攢毛中。一名泉腋，即淵腋是也。」《劉涓子鬼遺方》作「腋淵」，如卷一：「手陽明脈有腫癰，在腋淵一歲死，發膿三歲死。」

〔五〕《素問・金匱真言論》：「西風生於秋，病在肺，俞在肩背……秋氣者病在肩背……秋善病風瘧。」

〔六〕《素問・金匱真言論》：「北風生於冬，病在腎，俞在腰股……冬氣者病在四支……冬善病痹厥。」

〔七〕《素問・金匱真言論》：「所謂得四時之勝者，春勝長夏，長夏勝冬，冬勝夏，夏勝秋，秋勝春，所謂四時之勝也。」以五行釋「四時之勝」，與本簡内容名同實异。

冬氣者，在筋骨，故犮筋欲出汗。其犮筋，必當肉。其犮骨，必當輸。是故二八犮骨欲□，犮筋欲出汗＝（汗，汗）不出則風。犮輸不至則膭（脊）痛。〔一〕所胃（謂）輸者，膭（脊）二九之輸也。所胃（謂）肉者，六輸之肉也。此石犮冬氣者也。三〇

【注　釋】

〔一〕膭，同「脊」。《引書》51：「引要（腰）甬（痛），兩手之指夾膭（脊），力以印（仰），極之。」

五　痹

五痹ㄴ。骨痹者，〔一〕其在骨也，痛䖝（癢）而不知其所在。其爲狀也，林樂酸甘。〔二〕其三一痛也，心一恐一喜。如此者，百日之内可犮石也，過此者不可爲也。此三二盈百日，則爲筋雎（疽）〔三〕。三三

筋痹者，〔四〕其爲痛，一疾一徐，一宿（縮）一信（伸）。宿（縮）則汗出，信（伸）則振寒，痛則惡歐（嘔）。肆時三四□□口，蜀（屬）舌本□。如此者，宜食酸減ㄴ，石心＝陽＝（心陽。心陽）不盛＝（盛，盛）犮頂□□三五□之□脈不盛，犮其膭（脊），□其肩禺（髃），齊（臍）以下，還帶而止。〔五〕三六

風痹者，〔六〕其爲痛也，從（縱）而痹。其痛也，心怒而失慮，喜而俞（愈）ㄴ，恐而甚。三七

肌膚痹者，〔七〕其在膚，䖝（癢）而疥騷；其在肌也，傷疕。如此者，其族（腠）理面盈三八肥，其爲痛，瘀＝（瘀瘀）而汗出不流，

其叟（溲）赤，石其蜃＝陰＝（蜃陰。蜃陰）不盛，犮其俞＝（俞。俞）脈不盛而〔八〕三九宜歙（飲）藥。四〇

【注　釋】

〔一〕《素問·長刺節論》：「病在骨，骨重不可舉，骨髓酸痛，寒氣至，名曰骨痹。」

〔二〕林樂，義同「淫濼」。《素問·五常政大論》：「凝慘凓冽，則暴雨霖霪。」《靈樞·厥病》：「風痹淫濼，病不可已者，足如履冰，時如入湯中，股脛淫濼。」《素問·骨空論》：「淫濼脛痠，不能久立。」王冰注：「淫濼，謂似酸痛而無力也。」《太素·骨空》原文無「脛痠」，楊上善注：「淫濼，膝胻痹痛無力也。」

〔三〕《下經》簡六：「淫氣箸（著）痹產且（疽）。」

〔四〕《素問·長刺節論》：「病在筋，筋攣節痛，不可以行，名曰筋痹。」

〔五〕還，《方言》卷三：「迨、還，及也。東齊曰迨，關之東西曰還，或曰及。」

〔六〕《靈樞·壽夭剛柔》：「病在陽者命曰風，病在陰者命曰痹，陰陽俱病命曰風痹。」《靈樞·厥病》：「風痹淫濼，病不可已者，足如履冰，時如入湯中，股脛淫濼，煩心頭痛，時嘔時悗，眩已汗出，久則目眩，悲以喜恐，短氣不樂，不出三年，死也。」「風痹者」三字據簡三六正面反印文補釋。

〔七〕《靈樞·刺節真邪》：「虛邪之中人也，洒淅動形，起毫毛而發腠理。……摶於皮膚之間，其氣外發，腠理開，毫毛搖，氣往來行，則爲癢。留而不去，則痹。」《素問·長刺節論》：「病在肌膚，肌膚盡痛，名曰肌痹。」

〔八〕俞，據簡五二簡背反印文補釋。

五　風

五風。骨風，其遇風不惡，其犯温（慍）寒。不欲如此者，宜數犮車＝涂＝（車涂，車涂）不犮，〔一〕四一先常（當）石少＝陰＝（少陰，少陰）不盈，犮其俞＝（俞。俞）脈不盛，除而已。四二

筋風者，其禺（遇）風寒，析（淅）而勭（動）心，〔二〕其心湯＝（蕩蕩）而善椣（悏）。〔三〕其爲寒已，尚析（淅）。其爲四三肉風者，惡風温（慍）寒，遇風則膚痛，𫜫（腦）不盈，其心一恐一復，恐則汗出。如此四四者，唯（雖）甚病可犮石乚。所胃（謂）骨肉相稱者，肥臞（臞）適也。所胃（謂）筋脈實者，詘（屈）信（伸）羴（無）四五

肌風者，其遇風則汗出星（腥），頭痛，寒則四支（肢）□□□□，石嬰脈，〔四〕□□＝四六脈乚。嬰脈不盛而犮其俞＝（俞，俞）不

實而善□□之。四七

脈風者，其脈赤白，其遇風寒不樂，首臥則汗出。如此者，陰陽之脈，擇四八盛者而石之。其脈不盛，美食而谿之，先其汗出＝（出，出）汗。四九

發膚之風者，其爲風□□其遇風寒好悲，其起居作（乍）失（佚）作（乍）勞＝（勞，勞）則□五〇

【注　釋】

〔一〕「骨風其遇風不惡」「犯温寒不欲如此」十四字據簡三二反印文補釋。

〔二〕淅，寒貌。醫書多見言「洒淅」「洒洒淅淅」。《素問・刺瘧》：「足陽明之瘧，令人先寒，洒淅洒淅。」

〔三〕蕩蕩，心動貌。楧，讀爲「愥」，《集韵》：「懼也。」

〔四〕嬰脈，即纓脈，指頸部人迎脈。《靈樞・寒熱病》：「頸側之動脈人迎。人迎，足陽明也，在嬰筋之前。」《素問・通評虚實論》：「癰不知所，按之不應手，乍來乍已，刺手太陰傍三痏與纓脈各二。」王冰注：「纓脈亦足陽明脈也，近纓之脈，故曰纓脈。纓，謂冠帶也，以有左右，故云各二。」《説文》：「纓，冠系也。」段注：「以二組系於冠，卷結頤下是謂纓。」又代指病名，作「瘿」。《脈書》簡四：「（病）在頤下，爲瘿。」位置與段注合。

五　死

五死。病有五死，一曰刑（形）死，二曰氣死，三曰心死，四曰志死，五曰神死。☒五一

☒□□□所不足也。所胃（謂）氣死者，瘛而佝（眴）目也。〔一〕所胃（謂）心☒五二

☒所胃（謂）志死者，不敢明（明）用目，刑（形）區（軀）四支（肢）不能相使也。〔二〕所胃（謂）五三

☒氣志悲恐乚。此五者備具，萬全必死。〔三〕☒五四百全必死。三焉，十全必死。有五焉，□火，起所不足，可瘉（愈）也。不已，〔四〕五五起所有餘，曰治；起所不足，曰死。〔五〕五六

【注　釋】

〔一〕指筋脈痙攣且頭暈目眩。瘛，《素問・玉機真藏論》：「腎傳之心，病筋脈相引而急，病名曰瘛。」眴目，即目眩。

〔二〕《靈樞・經脈》：「五陰氣俱絶則目系轉，轉則目運，目運者爲志先死，志先死則遠一日半死矣。」《千金要方》卷十九第四：「扁鵲曰：五陰氣俱絶，不可治。絶則目系轉，轉則目精奪，爲志先死，遠至一日半日，非醫所及矣。」

〔三〕此下殘缺，據下文可補「四焉」二字。

〔四〕「百全」以下「足」字以上十六字據簡三三簡背反印文補釋。

〔五〕《素問·方盛衰論》：「起所有餘，知所不足。度事上下，脈事因格。是以形弱氣虛，死。形氣有餘，脈氣不足，死。脈氣有餘，形氣不足，生。」

▨相死靨陰出病□▨五七

數瘦（溲），足跗穜（腫）。〔一〕五八

▨□有此五者，煩心則死。□□之□▨五九

□則死。脈絶如食閒，不過三日則死。煩心與腹伥（脹）具（俱），則死∟。唐（溏）叚（瘕）〔二〕六〇

▨□□之病襍（雜）陽病，可治。陽病北（背）如流汇則死，陽病析膚絶□六一而不襍（雜）陰，不死∟。〔三〕大陽産寒∟。少陽産瘻·産瘍，脅外穜（腫），目外前〈背〉痛。〔四〕陽六二

【注　釋】

〔一〕《足臂·足厥陰脈》二〇：「其病：病脞瘦，多弱（溺），耆（嗜）歙（飲），足柎（跗）穜（腫），疾畀（痹）。」

〔二〕《足臂·足厥陰脈》二一至二三：「扁（偏）有此五病者，有（又）煩心，死。三陰之病亂，【不】過十日死。揗温（脈）如三人參舂，不過三日死。温〈温（脈）〉絶如食頃，不過三日死。煩心，有（又）腹張（脹），死。不得卧，有（又）煩心，死。唐（溏）叚（瘕）泄恒出，死。」

〔三〕《足臂·足厥陰脈》二三至二四：「三陰病雜以陽病，可治。陽病北（背）如流湯，死。陽病折骨絶筋（筋）而無陰病，不死。」

〔四〕《足臂·足泰陽脈》四：「其病……顮（顔）寒。」《足臂·足少陽脈》八：「其病……産馬（瘍），缺盆痛，瘷（瘻），聾，腯（枕）痛，耳前痛，目外漬〈眥〉痛，脅外穜（腫）。」

散　簡

□□□目心口□鼻耳□□□涅（涇）溲无常□欲□□□□□□□□□黃□六三

▨□出□陽，其食宜□，其□□□□氣□□□□□盛□六四

▨□□犮之。六五

▨此者犮其落（絡）脈六六

□□寒□□□□出少陰□足下☒六七

禁毋洇□六八

（簡六九至七六，無字迹或字迹難以釋讀。釋文從略。）

刺數

【説　明】

本篇共有四十八支編號簡，其中二十五支完整簡，以三道編繩編聯，竹黄一面有上、中、下三道契口，中契口位於上、下契口正中，上契口距簡頭約一・三厘米，下契口距簡尾約一・七厘米。上下編繩處右側有契口，簡背有較爲連貫的劃痕。平均簡長約三〇・二厘米，約合秦漢尺一尺三寸，簡寬約〇・八厘米，簡厚約〇・一厘米。文字皆書於竹黄一面，字體爲接近隸定之後的隸書。本篇未見題名，整理者根據簡文「剌（刺）數，必見病者狀，抳（切）視病所」及全篇主旨，將其命名爲《刺數》。

「刺數」之義，後見於《素問・繆刺論》。《太素・量繆刺》楊上善注：「數，法也。」《黄帝内經明堂・手太陰》楊上善注：「剌，箴也，謂以鍼剌之。」可見「刺數」即刺法之義。天回醫簡中多次出現「數」的概念，這正是扁倉醫學慣用的術語，合於《史記・太史公自序》「扁鵲言醫，爲方者宗，守數精明；後世循序，弗能易也，而倉公可謂近之矣」的叙録。

本篇卷帙較爲完整，按内容和體例可分爲總論和分論兩部分，記載了刺法總則及四十餘種病證的刺法。其中某些刺法與《史記》所載淳于意鍼刺之法相合。所刺部位可與髹漆經脈人像體表所鑿刻的圓點相印證。

脈刺（刺），〔一〕深四分寸一，閒相去七分寸一。〔二〕脈刺（刺），箴（鍼）大如緣葴（鍼）。〔三〕分刺（刺），〔四〕□大□，閒相去少半寸。〔五〕刺（刺）水，〔六〕葴（鍼）大如履葴（鍼），〔七〕□三寸。一

【注　釋】

〔一〕《靈樞·官鍼》：「病在脈，氣少當補之者，取以鍉鍼於井滎分輸。」與本簡「脈刺」之法同類；又有「經刺」「絡刺」之别：「凡刺有九，以應九變……三曰經刺，經刺者，刺大經之結絡經分也。四曰絡刺，絡刺者，刺小絡之血脈也。」

〔二〕深四分寸一，指鍼刺的深度爲四分之一寸；閒相去七分寸一，指鍼刺部位的間距爲七分之一寸。按秦漢時代的標準常用尺度，一寸長二·三厘米，故「四分寸」約爲〇·五六厘米，「七分寸」約爲〇·三三厘米。

〔三〕緣，《説文》：「純也。」段注：「此以古釋今也，古者曰衣純，見經典，今曰衣緣。緣其本字，純其叚借字也。緣者，沿其邊而飾之也。」緣鍼，指縫衣緣所用之鍼。

〔四〕《靈樞·官鍼》：「病在分肉閒，取以員鍼於病所。」「凡刺有九，以應九變……五曰分刺，分刺者，刺分肉之間也。」本篇簡四：「所胃（謂）分刺，刺分肉閒也。」所釋相合。

〔五〕少半，指三分之一。《史記·項羽本紀》：「漢有天下太半。」《集解》引韋昭曰：「凡數三分有二爲太半，一爲少半。」《算數書》一四：「諸分之……當少半者，三其母。」少半寸，約爲〇·七七厘米。

〔六〕《靈樞·官鍼》：「病水腫不能通關節者，取以大鍼。」與本簡「刺水」之法同。

〔七〕履鍼，指織履所用之鍼。

刺（刺），血不當出，刺（刺）輒以指案（按），〔一〕有（又）以脂肪寒〈塞〉之，〔二〕勿令得風。二

【注　釋】

〔一〕《靈樞·邪氣藏府病形》：「刺濇者，必中其脈，隨其逆順而久留之，必先按而循之，已發鍼，疾按其痏，無令其血出，以和其脈。」用手指按壓鍼孔止血的方法，與本簡相同。

〔二〕《靈樞·癰疽》：「發於腋下赤堅者，名曰米疽。治之以砭石，欲細而長，疏砭之，塗以豕膏，六日已，勿裹之。」《五十二病方》一四：「令傷毋（無）般（瘢），取彘膏、□衍并治，傅之。」用動物脂肪外敷的傷後處理法，與本簡相同。

抌（切）病所在。〔一〕脈熱、勭（動）不與它脈等，其應手也疾。盛則勭（動），其應手疾，其虚則徐。〔二〕病不已，閒日復之；病

□三巳，止。所胃（謂）分刾＝（刾，刾）分肉閒也。四

【注　釋】

〔一〕扎，同「切」。《靈樞·刺節真邪》：「用鍼者，必先察其經絡之實虛，切而循之，按而彈之，視其應動者，乃後取之而下之。」

〔二〕《靈樞·經脈》：「脈之卒然動者，皆邪氣居之，留於本末。不動則熱，不堅則陷且空，不與衆同，是以知其何脈之動也。」

刾（刺）數。〔一〕必見病者狀，扎（切）視病所，乃可循察。〔二〕病多相類而非，其名衆，〔三〕審察診病而葴（鍼）之，病可俞（愈）也；不審五其診，葴（鍼）之不可俞（愈）。治貴賤各有理。〔四〕六

【注　釋】

〔一〕即刺法。刺，《黄帝内經明堂·手太陰》楊上善注：「刺，箴也，謂以鍼刺之。此知反。箴，音鍼之。」數，《太素·量繆刺》楊上善注：「數，法也。」

〔二〕循，順也。《太素·量繆刺》：「凡刺之數，必先視其經脈，切而順之，審其虛實而調之。」

〔三〕《史記·扁鵲倉公列傳》：「問臣意：所診治病，病名多同而診异，或死或不死，何也？對曰：病名多相類，不可知，故古聖人爲之脈法……乃別百病以异之，有數者能异之，無數者同之。」

〔四〕《靈樞·根結》：「刺布衣者，深以留之；刺大人者，微以徐之。」《靈樞·壽夭剛柔》：「刺布衣者，以火焠之；刺大人者，以藥熨之。」治療不同階層的病人，采用的治法各有區別。

要（腰）腹痛，寒熱。兩胻陽明、少陽各五〔一〕。七

【注　釋】

〔一〕寒熱，指惡寒發熱并見的病證。《史記·扁鵲倉公列傳》：「濟北王侍者韓女病要背痛，寒熱，衆醫皆以爲寒熱也。」

血齲＝（齲。〔一〕齲）在上，兩耳前少陽；〔二〕在下，頰陽明各五。〔三〕八

【注　釋】

〔一〕《脈書》簡三：「在齒，痛，爲虫〈蟲〉禹（齲）；其癰，爲血禹（齲）。」

〔二〕耳前少陽，即耳前動脈搏動處，位置略當於耳門穴。《甲乙經》卷十二第六：「上齒齲，兑端及耳門主之。」

〔三〕頰陽明，即兩頰動脈搏動處，位置略當於大迎穴。《靈樞・寒熱病》：「臂陽明有入頄遍齒者，名曰大迎，下齒齲取之。」

頸項[目]鼻□□痛，[泣]出，肍（鼽）肕（衄）。〔一〕項距（鉅）陽各五。〔二〕九

【注　釋】

〔一〕鼽，《釋名・釋疾病》：「鼻塞曰鼽。鼽，久也。涕久不通，遂至窒塞也。」

〔二〕《靈樞・口問》：「泣出，補天柱經俠頸。」頸，《太素》作「項」。與本簡刺法相合。《甲乙經》卷七第一中：「頸痛，項不得顧，目泣出，多眵䁾，鼻鼽衄，目内眦赤痛，氣厥耳目不明，喉痹傴僂，引項筋攣不收，風池主之。」與本簡主治相似，所取部位略异。

積＝（癩。癩）山（疝），〔一〕暴ㄴ，〔二〕侖，〔三〕⿸疒夆（癃），〔四〕轉胞。〔五〕兩胻瘚（厥）陰各五。〔六〕一〇

【注　釋】

〔一〕積，即㿗疝，或稱癩疝。《釋名・釋疾病》：「陰腫曰隤，氣下隤也。又曰疝，亦言詵也，詵詵引小腹急痛也。」

〔二〕暴，《脈書》簡一〇：「前出如拳，爲暴。」前，指前陰。今謂之阴道壁脱垂。

〔三〕侖，或作「淪」「⿸疒侖」。詳見《和齊湯法》簡九一「侖」注。

〔四〕⿸疒夆，同「癃」，指小便不利。《説文》《釋名》用「痳」字。

〔五〕轉胞，詳見《下經》簡七二注。

〔六〕本簡所載的病證及刺法與《史記・扁鵲倉公列傳》倉公診齊北宫司空命婦出於氣疝病相合。

心痛悗。兩辟（臂）、胻大陰各五，〔一〕若心落（絡）。一一

【注　釋】

〔一〕悗，煩悶。《下經》簡二一三至二一四：「足大陰脈……其病心痛，心盈，煩心」；《下經》簡二二八：「辟（臂）大陰脈……其病心滂滂痛……心煩。」

血。因血在所，以劇昜（易）爲數。一二

心腹盈。□心落（絡）各五，罟足手大陰。〔一〕一三

【注釋】

〔一〕《陰陽乙》一〇：「巨（鉅）陰胴（脈）……是勭（動）則病：上當走心，使腹張（脹）。」

顛疾。兩辟（臂）、胻陽明，項鉅陽各五。〔一〕一四

【注釋】

〔一〕顛疾，指癲癇病。《靈樞·癲狂》：「癲疾始作而引口啼呼、喘、悸者，候之手陽明、太陽，左强者攻其右，右强者攻其左，血變而止。癲疾始作先反僵，因而脊痛，候之足太陽、陽明、太陰、手太陽，血變而止。」又，「筋癲疾者……刺項大經之大杼」，「脈癲疾者……灸之挾項太陽」。

肮痹。〔一〕兩胻陽明、兩肩陽明落（絡）二所，〔二〕北（背）鉅陽落（絡）各□。一五

【注釋】

〔一〕肮痹，當指喉痹。肮，讀爲「亢」，《說文繫傳》徐鍇注：「喉嚨也。」按《脈書·下經》足陽明脈、手陽明脈所主病，均可見「侯畀（喉痹）」。

〔二〕《靈樞·雜病》：「喉痹，不能言，取足陽明；能言，取手陽明。」《甲乙經》卷十二第二：「暴瘖氣硬，喉痹咽痛，不得息，飲食不下，天鼎主之。」按天鼎穴在缺盆上的頸外側部，屬手陽明經，與本簡「肩陽明落（絡）」位置相當。

鼻。〔一〕因所在，以劇易爲數。一六

【注釋】

〔一〕鼻，疑與「痹」通，鼻、痹皆从畀得聲。

鬲（隔）中。〔一〕兩辟（臂）、兩胻大陰各五，〔二〕及督。一七

【注釋】

〔一〕鬲中，指飲食不下、隔塞不通的病證，亦寫作「隔中」或「膈中」。《脈書》簡五：「在胃管（脘），癰，爲鬲（隔）中。」《靈樞·四時氣》：「飲

食不下，鬲塞不通，邪在胃脘。」胃脘，《太素》作「胃管」。按，《逆順》簡一二：「胃出足大陰。」

〔二〕《靈樞·邪氣藏府病形》：「脾脈急甚爲瘛瘲；微急爲膈中，食飲入而還出，後沃沫。」《靈樞·根結》：「膈洞者取之太陰。」膈指膈中；洞指洞下，食已即泄。

[𩐋]。兩胻陽明各五，有（又）因所在。〔一〕一八

【注　釋】

〔一〕《史記·扁鵲倉公列傳》：「菑川王病，召臣意診脈，曰：蹶，上爲重，頭痛身熱，使人煩懣。臣意即以寒水拊其頭，刺足陽明脈，左右各三所，病旋已。」

要（腰）北（背）痛。桼（膝）、北（背）距（鉅）陽各五。〔一〕一九

【注　釋】

〔一〕《素問·刺腰痛篇》：「足太陽脈，令人腰痛引項脊尻，背如重狀。刺其郄中，太陽正經出血，春無見血。」「腰痛俠脊而痛，至頭几几然，目䀮䀮欲僵仆，刺足太陽郄中出血。」足太陽郄中，即委中穴，在膝後部膕窩中，與本簡「膝鉅陽」相當；《甲乙經》卷七第一中：「頸項痛不可以俯仰……腰背痛，大杼主之。」按大杼穴在背部，屬足太陽經，與本簡「背鉅陽」相當。

嗌痛。〔一〕不可咽，不[甚]，刺（刺）辟（臂）陽明、胻陽明各五；〔二〕甚[而]⿰木農（農—膿），因之。二〇

【注　釋】

〔一〕嗌，《説文》：「咽也。」

〔二〕參見本篇簡一五「胻痹」注。

騷。〔一〕兩辟（臂）内筋閒，〔二〕交胻[次]□者各五。二一

【注　釋】

〔一〕《脈書》簡一五：「身病養，農（膿）出，爲騷。」

〔二〕《靈樞・經脈》：「心主手厥陰心包絡之脈……其支者……入肘中，下臂行兩筋之間，入掌中，循中指出其端。」又云：「手心主之別，名曰内關，去腕二寸，出於兩筋之間。」按，「兩臂内筋閒」乃手心主脈循行部位。

女子腹中如捲。〔一〕兩胕癧（癧）陰足大指贊毛上各五。〔二〕二二

【注釋】

〔一〕捲，讀爲「拳」，或讀爲「厥」。厥陰，《足臂》一九至二〇作「帣陰」。帣，《説文》：「囊也。今鹽官三斛爲一帣。」詳見《裘錫圭學術文集》第二卷頁九三至九五「帣」字條。

〔二〕贊，讀爲「攢」，《説文》段注：「欑、菆、叢皆聚意。」《千金要方》卷八第二：「掖門，在掖下攢毛中一寸。」《下經》簡二一九：「【・足】癧陰脈，毄（繫）足大指叢毛□上。」按此即爲足厥陰肝經之大敦穴。《甲乙經》卷九第十一：「陰跳，遺溺，小便難而痛，陰上入腹中，寒疝，陰挺出偏大，腫，腹臍痛，腹中悒悒不樂，大敦主之。」

逆氣。〔一〕兩辟（臂）、胕陽明各五，及督。二三

【注釋】

〔一〕即厥逆。《説文》：「瘚，屰气也。」《釋名・釋疾病》：「厥，逆氣從下厥起上行，入心脅也。」

轉筋。足鉅陽落（絡）各五。〔一〕二四

【注釋】

〔一〕《甲乙經》卷十一第二：「癲疾僵仆，轉筋，僕參主之。」卷十一第四：「霍亂轉筋，金門、僕參、承山、承筋主之。」諸穴皆屬於足太陽經，其中金門、僕參位於足外踝下方，與本簡「足鉅陽落」位置相當。

口昣（胗）。〔一〕因剌（刺）之八。二五

【注釋】

〔一〕胗，《説文》：「脣瘍也。」宋玉《風賦》：「中脣爲胗，得目爲蔑。」

風。〔一〕㓨（刺）頭鉅陽陜（夾）頄各十。〔二〕二六

【注釋】

〔一〕《脈書》簡一三至一四：「身痛，面盈，爲風。」

〔二〕《下經》簡二〇二足太陽脈：「上頭角，夾頄，下顔頞。」按此位置略當於攢竹穴。《素問・骨空論》：「從風，憎風，刺眉頭。」王冰注：「謂攢竹穴也，在眉頭陷者中，脈動應手，足太陽脈氣所發。」

短氣。不㓨（刺）。〔一〕二七

【注釋】

〔一〕短氣，與「少氣」同屬氣不足的虛證。《太素・人迎寸口診》：「少氣者，脈口、人迎俱少而不稱尺寸也，如是則陰陽俱不足。補陽則陰竭，寫陰則陽脱。如是者可將以甘藥，不愈，可飲以至齊。」《靈樞・邪氣藏府病形》：「諸小者，陰陽形氣俱不足，勿取以鍼，而調以甘藥也。」言氣不足的虛證不适用鍼刺治法。

頭痛。耳前少陽，〔一〕若頭距（鉅）陽頰（夾）頄各五。二八

【注釋】

〔一〕《甲乙經》卷九第一：「厥頭痛，痛甚，耳前後脈涌，有熱，寫其血，後取足少陽。」

痿。因所在，十，手足皆在少陽＝（陽、陽）明。〔一〕二九

【注釋】

〔一〕《素問・痿論》：「治痿者獨取陽明。」《靈樞・口問》：「痿厥心悗，刺足大指間上二寸留之，一曰足外踝下留之。」按足大指間上二寸爲内庭穴，屬足陽明經。《甲乙經》卷十第四：「痿厥寒，足腕不收，躄，坐不能起，髀樞脚痛，丘墟主之。」按丘墟穴在足外踝前下方，屬足少陽經。

佝（眴）。〔一〕項鉅陽、胻陽明各五。〔二〕三〇

【注釋】

〔一〕眴，與「眩」通。《説文》：「眩，目無常主也。」

〔二〕《素問・厥論》：「巨陽之厥，則腫首頭重，足不能行，發爲眴仆。」《甲乙經》卷十第二下：「眩，頭痛重，目如脱，項似拔，狂見鬼，目上反，項直不可以顧，暴攣，足不任身，痛欲折，天柱主之。」與本簡刺法取「項鉅陽」同。

涕出。辟（臂）陽明、項鉅陽各五。〔一〕三一

【注釋】

〔一〕《靈樞・口問》治「人之哀而泣涕出者」取天柱穴，與本簡刺法取「項鉅陽」同。

欬上氣。兩辟（臂）陽明各五，〔一〕若也〈心〉落（絡）。三二

【注釋】

〔一〕《素問・五藏生成篇》：「欬嗽上氣，厥在胸中，過在手陽明、太陰。」天回《經脈》簡一二：「欬上氣，匈脅盈，則除臂陽明（明）。」

肘＝（疛。〔一〕疛）者，齊（臍）下痛，有積〈積〉。因病在所，〔二〕刾（刺）之五。三三

【注釋】

〔一〕肘，讀爲「疛」，《説文》：「小腹疾。」《呂氏春秋・盡數》：「處腹則爲張、爲疛。」高誘注：「疛，跳動。皆腹疾。」按畢沅注，疛與擣通。《脈書》簡七：「肘（疛），其從脊胷（胸）起，使腹張（脹），得氣而少可，氣叚（瘕）殹。」

〔二〕《太素・雜刺》：「病在小腸者有積，刺腹臍以下，至少腹而止。」

厀（膝）攣痛。因痛所，以劇昜（易）爲數。〔一〕三四

【注釋】

〔一〕《靈樞・雜病》：「膝中痛，取犢鼻，以員利鍼，發而間之，鍼大如氂，刺膝無疑。」

膚張（脹）。〔一〕足大陰、陽明各五。〔二〕三五

【注　釋】

〔一〕《脈書》簡一三：「身、面、足、胻盡盈，爲廬（膚）張。」

〔二〕《靈樞經・脹論》：「營氣循脈，衛氣逆爲脈脹；衛氣并脈，循分爲膚脹。三里而寫，近者一下，遠者三下，無問虛實，工在疾寫。」《甲乙經》卷八第四：「腹中氣盛，腹脹逆（《千金》作水脹逆），不得卧，陰陵泉主之。水中留飲，胸脅支滿，刺陷谷，出血，立已。水腫脹皮腫，三里主之。」按陰陵泉屬足太陰經，陷谷、三里屬足陽明經。

單（癉）。兩辟（臂）大陰、兩胻陽明各五。〔一〕三六

【注　釋】

〔一〕癉，指熱病。《靈樞・寒熱病》：「腋下動脈，臂太陰也，名曰天府……暴癉內逆，肝肺相搏，血溢鼻口，取天府。」《甲乙經》卷十一第六：「陰氣不足，熱中消穀善饑，腹熱身煩狂言，三里主之。」胻陽明，當指足三里。

嫁。〔一〕案所在，刾（刺）頭三。三七

【注　釋】

〔一〕嫁，疑讀爲「瘕」，指腹中結塊病。《史記・扁鵲倉公列傳》倉公診齊中尉潘滿如病少腹痛曰：「遺積，瘕也。」《索隱》：「劉氏音加雅反，舊音遐，鄒氏音嫁。」《正義》：「龍魚河圖云：犬狗魚鳥不熟食之，成瘕痛。」

瘧病多卧。〔一〕兩胻陽明、少陽各五。三八

【注　釋】

〔一〕《素問・刺瘧篇》：「足少陽之瘧，令人身體解㑊……刺足少陽。」《太素・尺寸診》：「尺脈緩濇者，謂之解㑊安卧。」《太素・四時脈形 真藏脈形》「大過則令人解㑊」楊上善注：「解，音懈。㑊，相傳音亦，謂怠惰運動難也。」與「多卧」義合。

聾。兩辟（臂）少陽各五。〔一〕三九

【注　釋】

〔一〕臂少陽脈，《陰陽十一脈灸經》及《脈書》稱「耳脈」，所主病皆有聾。《甲乙經》卷十二第五：「耳聾，兩顳顬痛，中渚主之。耳焞焞渾渾，聾

無所聞，外關主之。卒氣聾，四瀆主之。」按中渚、外關、四瀆均屬手少陽經。

身盈。在肌分刾（刺），在胻＝（胻胻）刾（刺）。四〇

口唫（噤）。頭少陽各五。〔一〕四一

【注釋】

〔一〕唫，讀爲「噤」，口閉而不能開。《甲乙經》卷十第二下：「頸頷榰滿，痛引牙齒，口噤不開，急痛不能言，曲鬢主之。」曲鬢，在耳上鬢髮邊際的彎曲處，屬足少陽經，是足太陽、少陽兩經的交會穴。

厀（膝）中鳴。因鳴所刾（刺）之。四二

⿰足叚下痛。〔一〕因病所在，刾（刺）之四。四三

【注釋】

〔一〕⿰足叚，《説文》：「足所履也。」指足跟部。

狂。兩辟（臂）、兩胻陽明各五。〔一〕四四

【注釋】

〔一〕《靈樞·癲狂》：「狂始生，先自悲也，喜忘苦怒善恐者，得之憂飢，治之取手太陰、陽明，血變而止，及取足太陰、陽明。」《靈樞·刺節真邪》：「大熱遍身，狂而妄見、妄聞、妄言，視足陽明及大絡取之，虚者補之，血實者寫之。」《甲乙經》卷七第一：「狂歌妄言，怒，恶人與火，罵詈，三里主之。」按足三里在膝下三寸、胻外廉，屬足陽明經。

水。〔一〕鉅陽落（絡）與腹陽明落（絡）會者各七。四五

【注釋】

〔一〕《脈書》簡一三：「腹盈，身、面、足、胻盡肖（消），爲水。」

閉，不得出。兩足少陰、鉅陽落（絡）各五。〔一〕四六

【注釋】

〔一〕《脈書》簡五：「在戒，不能弱（溺），爲閉。」《靈樞・癲狂》：「内閉不得溲，刺足少陰、太陽與骶上以長鍼。」

腸痛⌐，寒中，〔一〕唐（溏）泄，〔二〕腸辟（澼）⌐，〔三〕善腸積（㿉），〔四〕舌癰。兩胻少陰各五。〔五〕四七

【注釋】

〔一〕《脈書》簡八至九：「在腸，左右不化，爲塞〈寒〉中。」《靈樞・五邪》：「邪在脾胃……陽氣不足，陰氣有餘，則寒中，腸鳴腹痛。」《靈樞・禁服》：「寸口三倍，病在足太陰……盛則脹滿，寒中食不化。」

〔二〕唐泄，即溏泄，指大便稀薄。《脈書》簡三五：「泰陰之脈……其所産病……唐（溏）泄死。」

〔三〕腸辟，即腸澼，參《下經》簡一四六注。

〔四〕腸積，又作「腸穨」或「腸㿗」，指脱肛。《脈書》簡一一：「其癰上下鳴，爲腸積。」《靈樞・邪氣藏府病形》：「脾脈……濇甚爲腸㿗。」《太素・五藏脈診》作「腸穨」，楊上善注：「廣腸脱出，名曰腸頹。」

〔五〕按《靈樞》寒中、溏泄、腸積等病證，皆爲足太陰脈所主。惟足少陰脈「挾舌本」，舌癰當爲其所主。而《下經》簡一四〇：「閒別少陰脈……寒中，内崩，舌乾希，久（灸）少陰。」似爲本簡刺法所本。

脛（痓）。〔一〕北（背）鉅陽落（絡）各五。〔二〕四八

【注釋】

〔一〕痓，病名。《金匱要略・痓濕暍病脈證第二》：「太陽病，發汗太多，因致痓。」「病者，身熱足寒，頸項强急，惡寒，時頭熱，面赤，目赤，獨頭動摇，卒口噤，背反張者，痓病也。」

〔二〕《素問・繆刺論》：「邪客於足太陽之絡，令人拘攣背急，引脅而痛。刺之從項始數脊椎，俠脊疾按之，應手如痛，刺之傍，三痏，立已。」

治六十病和齊湯法

【說　明】

本篇經綴合整理共有二百一十二支編號簡。以三道編繩編聯，竹黄一面有上、中、下三道契口，中契口位於上、下契口正中，上契口距簡頭約一・四厘米，下契口距簡尾約一・七厘米。平均簡長三四・三厘米，約合秦漢尺一尺五寸，簡寬約〇・八厘米，簡厚約〇・一厘米。文字皆書於竹黄一面，極少量竹簡有簡背劃痕。

此部分簡未見題名，有目録簡十五支。目録簡分四欄書寫，共録六十種病。內容涵蓋風、痹、山（疝）、內瘴、消渴、傷中、金傷、女子瘕、嬰兒瘛等內、外、婦、兒各科疾病。每病之下列一方至數方不等，共計一〇五方，包括藥方一〇一首，祝由方四首。整理者根據其內容主要爲論述藥物的炮製與配伍、方劑的製作與服法，并參《史記・扁鵲倉公列傳》淳于意所傳有《和齊湯法》一書，意即「和調分劑得宜，以作湯液之法」，故將其命名爲《治六十病和齊湯法》。

【治痹一】〔一〕一壹

【治頤二】〔二〕二壹

治瘕三三壹

治心腹承瘕四四壹

治腹後膏成農（膿）者五五壹

治金傷六六壹

治益氣輕勁七七壹

治風八八壹

治風聾九九壹

止風汗十一〇壹

治風熱中十一一一壹

治寒热十二一二壹

治上氣十三一三壹

治欬十四一四壹

治鼠十五一五壹

治積（癩）山（疝）十六一貳

治女山（疝）十七二貳

治腸山（疝）十八三貳

止內傰（崩）十九四貳

治女子不月廿五貳

治淪廿一六貳

治黃癉廿二七貳

治石瘁（癃）廿三八貳

治寒熱欬醪廿四九貳

治目多泣廿五一〇貳

治白徙廿六一一貳

歙（飲）消石廿七一二貳

治下氣廿八一三貳

治身大疕廿九一四貳

治四支（肢）攣詘（屈）卅一五貳

治鮮（癬）卅一一叁

治腸〈湯〉已身之不用者卅二二叁

治傷歙（飲）卅三三叁

治傷寒足清養（癢）者卅四四叁

治身疕傷卅五五叁

治過及惡傷卅六六叁

治嬰兒閒（癇）卅七七叁

治靨卅八八叁

治溫病卅九九叁

治傷肺卌一〇叁

治風偏清卌一一一叁

治大伏蜡蜴（蛟）蛕卌二一二叁

治心腹卌三一三叁

治逆氣卌四一四叁

治內消歙（飲）少溺多者卌五一五叁

治消渴卌六一肆

治字難者卌七二肆

治女子瘕卌八三肆

治風癉卌九四肆

治內癉五十五肆

治內風五十一六肆

治傷中五十二七肆

治內傰金傷赤淪五十三八肆

治隔中五十四九肆

治內瘀五十五一〇肆

治風痹初發五十六一一肆

治暴血＝（血血）痹五十七一二肆

治心暴痛五十八一三肆

治氣暴上走嗌五十九一四肆

治泄而煩心六十〔三〕一五肆

【注釋】

〔一〕原簡殘斷，據該病簡文內容擬補。

〔二〕原簡殘斷，據簡三七簡首「二治頤」補。

〔三〕「心」字右上方兩個不明顯的小墨點，與簡一二一「血」後重文號似不同，此處不作重文號處理。

一　治風痹汗出方。〔一〕水三石，陳粟三斗，鹽三斗，煮之，每釀水一石，粟、鹽各一斗，三沸三襄（釀），前美食，齊（濟）取亓（其）汁一六浴之，〔二〕已，復美食，毋令汗出。一七

【注　釋】

〔一〕風痹，參《犮理》簡三七「風痹」注。

〔二〕齊，或作「濟」，義爲過濾去滓。濟與泲通。《周禮·天官·酒正》：「辨五齊之名。」賈公彦疏：「五齊，有滓未泲之酒也。」又「辨四飲之物，一曰清。」鄭玄注：「清，謂醴之泲者。」孫詒讓正義：「凡泲，皆謂去其滓。」《傷寒論》湯方煎服法屢言「去滓」，義同此。

•治心痹。〔一〕蜀枺（椒）六分，少辛四分，〔二〕圭（桂）、薑各二分，杏核中實、蕉荚各一分，〔三〕合和，則（莭）半一分，〔四〕并合和，一八以方寸匕取藥，直（置）温酒中畬（飲）之。一九

【注　釋】

〔一〕《下經》簡五八：「心痹，心脊相直，寒而痛。」《靈樞·官鍼》：「偶刺者，以手直心若背，直痛所，一刺前，一刺後，以治心痹。」

〔二〕少辛，《廣雅·釋草》：「細辛也。」

〔三〕蕉荚，即皂荚。《本經》皂荚：「主風痹死肌。」《房内記》「内加」（九）及「約」（一六、一九、二〇、二二）亦有蕉荚。

〔四〕則，讀爲「莭」，即附子，係烏頭的側根。《本經》：「主風寒欬逆邪氣，温中，金瘡，破癥堅，積聚，血瘕，寒濕，踒躄，拘攣，膝痛不能行步。」按本篇，莭所主治有痹寒、心痹、筋痹、下氣、沓欬、欬逆氣、欬、寒熱欬、風偏清等病。

則負（倍）一物，[幷]合之，常先餔食以厚酒一杯，畬（飲）如小棗。已畬（飲），温衣卧，㢈（摩）痹所在，汗出定，二〇起。•弓（芎）竆（藭）主筋，黄脂主脂，白蘞（蘞）主骨，病所在負（倍）亓（其）藥。〔一〕•亓（其）一曰，取方（房）葵四，蜀枺（椒）四，細辛、勺（芍）藥、二一白（柏）實十六，舂之孰（熟），即取所合藥，并入蜀枺（椒）中，有（又）孰（熟）撓，〔二〕抍（研）磑之，〔三〕以孰（熟）爲故，取一料，〔四〕以[䗪]（䗪—蜜）完（丸），二二⧄[再]畬（飲）簪頭一，〔五〕日三畬（飲），稍益，以知爲齊（劑）。二三

【注　釋】

〔一〕黄脂，即黄耆，脂與耆通。《五十二病方》二八四「骨雎（疽）倍白簽（蘞），【肉】雎（疽）【倍】黄蓍（耆）」，與本方「黄脂主脂，白蘞主

骨，病所在負亓藥」互證。

〔二〕撓，《荀子·議兵》「以指撓沸」，楊倞注：「攪也。」

〔三〕磑，《説文》：「䃺也。」《説文》「䃺」段注：「今字省作磨，引伸之義爲研磨。」

〔四〕料，當即小斗，用如量詞。漢制有大、小斗。

〔五〕簪頭，量制單位，相當於三分之一刀圭。《醫心方》引《范汪方》：「二麻子爲一小豆，三小豆爲一梧實，二十黍粟爲一簪頭，三簪頭爲一刀圭，三刀圭爲一撮，三撮爲一寸匕，五撮爲一夕，十夕爲一合。」約當今制〇·一六毫升。

⧄□□□□□□□□半，卒飴半斗，〔一〕則（蒯）五果（顆），圭（桂）二尺，畺（薑）十果（顆），[園]半斗，桼（漆）四分升一，卵七，入此二四⧄[中]，直（置）方（鈁）甑中，𤸷（壅）以大豆，與方（鈁）鈞（均），〔二〕炊三沸，藥孰（熟），齊（濟）取亓（其）汁，稍温酓〓（飲，飲）三分升一，日再。二五

【注　釋】

〔一〕卒，當讀爲「猝」。卒飴，即煎熬時間較短而稀薄的飴糖，又稱暴飴、薄飴、水餳。《齊民要術》引東漢崔寔《四民月令》：「十月，先冰凍，作凉餳，煮暴飴。」繆啓愉注：「凉餳是乾硬的凍餳，即硬飴。暴飴是速成的薄飴。餳固態而飴稀薄。」

〔二〕均，平也。與鈁均，與鈁口平齊。

⧄治風痹扁（偏）枯。〔一〕淳酒三斗，飴半斗，生畺（薑）五果（顆），則（蒯）五果（顆），圭（桂）尺五寸，桼（漆）半升，黎（利）如三寸，〔二〕卵十。父（㕮）且（咀）二六藥，破卵，并，入方（鈁）酒中，〔三〕直（置）甗中，𤸷（壅）以大豆至頸，炊令三沸，挍，〔四〕酓（飲）亓（其）汁。陰乾亓（其）宰（滓），乾，屑（屑），三二七指最（撮）一，以爲後飯。禁葷、〔五〕彘肉、鮮魚。節（即）復爲，以則（蒯）十果（顆）。烝（蒸）藥之時，令人操大箸從方（鈁）二八口撟（攪），毋[令]藥不散（散）。二九

【注　釋】

〔一〕偏枯，即半身不遂。《金匱要略·中風歷節病脈證并治第五》：「夫風之爲病，當半身不遂，或但臂不遂者，此爲痹。」《靈樞·熱病》：「偏枯，身偏不用而痛，言不變，志不亂，病在分腠之間。」

〔二〕黎如，簡五九作「利如」，即防葵，又作房葵。《吴氏本草經》房葵：「一名利如。」《千金翼方》「柏子仁丸」用防葵，治産後半身枯悴。又《吴

氏本草經》桔梗：「一名利如。」亦備一說。

〔三〕方，讀爲「鈁」，即方壺。盛酒或盛水器。信陽楚簡2—01：「二青方（鈁）。」《説文》：「鈁，方鍾也。」漢代稱大腹圓形壺爲鍾，方形壺爲鈁。

〔四〕挍，《説文》：「推也。」段注：「謂排擠也。」

〔五〕葷，《説文》：「臭菜也。」段注：「謂有氣之菜也。《士相見禮》：夜侍坐，問夜膳，葷，請退可也。注：葷，辛物，葱薤之屬，食之以止卧。」

☑治痹寒。〔一〕醇酒二斗，〔二〕則（莿）二百果（顆），父（㕮）且（咀），奮（擣），漬淳酒中，卒（晬）亓（其）時，孰（熟）捉令宰（滓）乾，取美棗一斗漬三〇藥中，暴（曝）乾，復漬以盡渴（竭），乾，取如赤豆吞，稍益，以知身爲齊（劑）。可以治欬。三一

【注釋】

〔一〕《靈樞·四時氣》：「著痹不去，久寒不已，卒取其三里。」《靈樞·壽夭剛柔》：「寒痹之爲病也，留而不去，時痛而皮不仁。」

〔二〕醇，《説文》：「不澆酒也。」段注：「凡酒沃之以水則薄，不襍以水則曰醇。」

•涂痹。取堯膏一杯，石衣一杯，〔一〕白茝（芷）一杯，合，直（置）鼎中煎之，煎善，酒以涂之，炙之。三二

【注釋】

〔一〕石衣，《新修本草》烏韭：「此物，即石衣也。」《本經》烏韭：「主皮膚往來寒熱。」

•筋。治筋痹。〔一〕酸棗霰（覈—核）、起實各四分，〔二〕校〈枝〉草、白蘞（蘝）、勺（芍）藥、龍纍各三分，〔三〕則（莿）、礜、商律各二分，〔四〕圭（桂）、畺（薑），三三白參、〔五〕赤參各一分，〔六〕皆冶，合和，以方寸半匕取藥，直（置）酒中酓（飲）之，衰益，以知毒爲齊（劑），日再酓（飲）。禁。〔七〕三四校〈枝〉草，戴椹。〔八〕三五

【注釋】

〔一〕「治」前「筋」字書於編繩上天頭处，或有小篇題之義。

〔二〕起實，即薏苡仁。《别録》薏苡人：「一名起實。」《本經》薏苡子：「治筋急拘攣，不可屈伸，風濕痹。」簡一五六作「起以（苡）」。

〔三〕龍纍，當即蓬虆。《别録》蓬虆：「一名陵虆。」陵通龍，參《同源字典》頁三二七。

〔四〕商律，疑即商陸。《本經》商陸主治「疝瘕痹」。

〔五〕白參，即沙參。《别録》沙參：「一名白參。」

〔六〕赤參，即丹參。《别録》丹參：「一名赤參」，治「腰脊强，脚痹」。

〔七〕禁，慎勿輕傳之義。《武威漢代醫簡》三四：「☑鬲上當歐，在鬲下當下泄。良，禁，勿忘（妄）傳也。」八四乙白水侯方：「良，禁，千金不傳也。」

〔八〕枝草，戴椹均爲黄耆之异名。《本經》黄耆：「一名戴糝。」《説文》：「糝，古文糂从參。」《别録》黄耆：「一名芰草。」芰當作芰，同枝。齊語脂、支兩部關係密切，「支」聲（支部）可讀爲「耆」聲（脂部）。《釋名·釋飲食》：「豉，嗜也。五味調和須之而成，乃可甘嗜也。故齊人謂豉聲如嗜也。」又《别録》旋覆花：「一名戴椹」，亦備一説。

• 治腐痹方。〔一〕陳堯脂，冶礜三，黄芩一，合和，膏絮以窒傷空。〔二〕三六

【注釋】

〔一〕腐痹，似指痹證而見肢體潰爛者。

〔二〕窒，塞。

二 治頣。〔一〕取良叔（菽）、麥麫，〔二〕取白者一升，馬適（蹄）一升，〔三〕壽（擣）蒸一升，合和以涂之，以桑炭炙之，不過再爲而已〓（已。已）試。三七

【注釋】

〔一〕頣，秃病。《集韵·很韵》：「頣，或作顉。」《説文》：「顉，秃也。」

〔二〕麫，疑讀爲「麱」。《説文》：「麱，麥覈屑也。」段注：「謂其糜碎礳之尚未成末，麩與麵未分，是爲麱。」《養生方》一五二：「治雲母」、銷松脂等，并以麥麱抏（丸）之。」一六四至一六五：「即浚□【□□】麱、黍、稻【□□】□各一斗。」

〔三〕《千金要方》卷十三第八治赤秃：「馬蹄灰末，臘月豬脂和，敷之。」。

三 治瘕。〔一〕石脂，冶之，〔二〕以三指最（撮），直（置）温酒中酓（飲）之，日三，服藥七八十日而止，已，食魚膾，茹□。三八

【注釋】

〔一〕瘕，腹中積聚結塊之病。《下經》有瘕病十七種。

〔二〕石脂，《本經》記載有青、赤、黃、白、黑五色石脂，未見主治瘕病者。

四　治心腹承瘕，〔一〕字余（餘）病，〔二〕少腹痛，此皆有積，案（按）之應手，方（妨）食，及暴血在心腹，及氣暴上，腹盈，放（妨）息者，大三九□□□棗，乾，旦先食，破一完（丸）淳酒中酓（飲）之。每出，㱃（飲）縻（糜）一杯；〔三〕出止，飢欲食，肋□□□□□羹□□皆可，㱃（飲）薄四〇酒十日，復如故；出少，益㱃（飲）二完（丸），出節（即）數，㱃（飲）縻（糜）如前；欲壹㱃（飲），五六出。㱃（飲）食必温，溲必於内中，〔四〕置炭亓（其）下，四一苴以絮若皮而躧之，〔五〕入内而卧。節（即）起行，躧之内；節（即）寒，以炭温之，而静意毋與人言，令四二人煩心，强毋歐（嘔）；節（即）除下＝（下，下）於内中，以器臾之，〔六〕若之外，爲穿究（兑），〔七〕善蔽，勿令風，除氣下＝（下，下）酓（飲）孰（熟）四三□半杯，腹定而食，毋麤食；莭（即）渴，酓（飲）梳（粥），毋酓＝漿＝（飲漿，〔八〕飲漿）則腸辟（澼）。已吞完（丸），即爲梳（粥），〔九〕米一而水十一，煏四四□於炭上，〔一〇〕梳（粥）䭇（纔）孰（熟），舉而濫寒水中，〔一一〕令水幾與鼎脣齊，病者除下數而轉筋，舉鼎煏四五⧄暴血，氣暴上，腹盈痛，方（妨）息者，壹酓（飲）藥，病＝已＝（病已，病已）三日而復故，〔一二〕四六⧄□亓□□□之。禁毋酓（飲）酒，毋寒酓（飲）食、辛、葷、魚、彘肉□□已。十月如故，所以料藥小斗〔一三〕四七容六十四黍粟，〔一四〕備（滿）然盈。·亓（其）病當心，痛放（妨）食者，·已試。廢丘庫里大夫愛，〔一五〕壹吞二完（丸），病已。四八亓（其）病氣暴上，腹盈痛，放（妨）息者，已試。廢丘蒼里夫＝（大夫）□，壹吞二完（丸），病已。亓（其）病當心胠，〔一六〕四九有積，案（按）之應手，放（妨）食者，已試。廢丘卜里人婢，再吞各三完（丸），病已。五〇

【注釋】

〔一〕承瘕，參《下經》簡一二九至一三三。

〔二〕字餘病，産後病。《下經》簡七五：「女子已乳而復盈，餘病也。」

〔三〕糜，稠粥。簡一五一：「爲靡（糜），即米一升，水三升，成靡（糜）五升。」

〔四〕內，室內。《靈樞・壽夭剛柔》：「起步內中，無見風，每刺必熨，如此病已矣。」

〔五〕苴，《說文》：「履中艸。」《經義述聞・爾雅下・菌蘆》王引之按：「苴者，藉也，謂以草藉履底。」（頁一六九七）躧，《漢書・雋不疑傳》「躧履相迎」注：「履不著跟曰躧。」

〔六〕叟，疑讀爲「受」。

〔七〕究，同「兑」，穴也。《老子》五十六章：「塞其兑，閉其門。」兑，《郭店楚墓竹簡・老子》作「逸」，馬王堆帛書乙本《老子》作「垸」，《北京大學藏西漢竹書・老子》作「脱」。《說文》「兑」段注：「借爲閱字，閱同穴。」

〔八〕漿，同「漿」，或稱酢漿、截漿，古代一種釀製的帶酸味的飲料。《說文》：「酢漿也。」《周禮・天官・酒正》「漿」鄭玄注：「今之截漿也。」

〔九〕𥻗，當爲「𩱛」或「鬻」之省文，同「粥」。按下文「米一而水十一」，此指稀粥。

〔一〇〕煏，《玉篇》：「火乾也。」據簡四五「煏」字形釋。

〔一一〕濫，漬也。《國語・魯語》：「宣公濫於泗淵。」注：「漬罟於泗水之淵，以取魚也。」

〔一二〕本方方劑組成之簡文缺失。簡四〇至四五記述服藥方法、服藥後的反應及調養，內容相對獨立，與上下簡皆不能直接連讀，據文義亦有可能續於「卅三治傷欬（飲）方」簡一一九之後。今置於此，係據揭剥示意圖之層級關係所作的編聯。

〔一三〕料，稱量。《說文》：「量也，從斗，米在其中。」段注：「量者，稱輕重也。稱其輕重曰量，稱其多少曰料，其義一也。……引申之，凡所量度豫備之物曰料。」

〔一四〕黍粟，度量衡的基本單位，漢制一黍粟約合今制長二・三毫米、容〇・〇〇八毫升、重六・二五毫克。此處用爲容量，六十四黍粟，當漢制一刀圭，約合今制〇・五毫升。

〔一五〕廢丘，地名。《漢書・地理志》：「扶風槐里縣，周曰犬丘，懿王所都也。秦曰廢丘，漢高祖三年更名。」治今陝西省興平市東南。（《漢書地理志彙釋》，頁四五）按，據《文匯報》二〇一九年二月二十一日報道，經考古發掘最新確定：東馬坊遺址即當年「雍王」章邯都城「廢丘」，而非陝西興平南佐遺址。

〔一六〕胠，《說文》：「亦（腋）下也。」

五　治腹後膏成農（膿）者。〔一〕取鯉魚長尺者二枚、膠一斤、水一斗，并煮，再沸，蓋，直（置）之清地，酓（飲）亓（其）汁，五一 食亓（其）魚而卧。〔二〕五二

【注釋】

〔一〕腹後膏，指腹後壁的脂肪層。

〔二〕《外臺》卷二十四：「又凡腫已潰未潰者方：以膠一片，水漬令軟納納然，稱腫之大小，貼，當頭上開孔。若已潰還合者，膿當被膠，急撮之，膿皆出盡。未有膿者，腫當自消矣。又方：燒鯉魚作灰，酢和，塗之一切腫上，以差爲度，至良。」

六　治金傷。〔一〕熬蜀椕（椒）、〔二〕弓（芎）窮（藭），冶椕（椒）二、弓（芎）窮（藭）一，合，入刀刲（圭）一酒二斗[中]，[酓]（飲）之。燔冶鯆魚頭二分，〔三〕人[髮]一分，以傅五三傷，裹以彘生膏。肉生半，傷即乾矣。乾者，冶龍骨以傅傷。毋以彘膏而用羊煎脂，以黍米爲糜，五四▨□□熬蠶矢，〔四〕冶犬膽和傅粈▨〔五〕五五而以熏傷。禁魚、彘馬肉、葷。生肉，黍〈桼〉、節頸（莖），〔六〕入女子布温酒，〔七〕酓（飲）之。五六

【注釋】

〔一〕金傷，即金創。《漢書·藝文志》有「《金創瘲瘛方》三十卷」。《金匱要略·藏府經絡先後病脈證第一》：「千般疢難，不越三條：……三者，房室、金刃、蟲獸所傷。」

〔二〕熬，《説文》：「乾煎也。」《方言·第七》：「凡以火而乾五穀之類，自山而東，齊楚以往，謂之熬。」

〔三〕鯆魚，疑即鱅魚，此魚頭大，俗稱「胖頭魚」。《本草綱目》鱅魚：「此魚中之下品，蓋魚之庸常以供饈食者，故曰鱅，曰鱃……食之已疣。」

〔四〕蠶矢，一名蠶沙，《别録》主治「風痹癮疹」。《外臺》卷四十蜘蛛咬方，用晚蠶沙等藥以和塗咬處。

〔五〕犬膽，《别録》主治「痂瘍惡瘡」。《五十二病方》三三六：「治肦膫，取陳赤叔（菽），冶，以犬膽和，以傅。」

〔六〕生肉，長肉。黍，當爲「桼」之訛。節，參簡七七「達桼」、簡一八八「節華」、簡五八「節皮」注。《養生方》一五四：「【醪利中】：取桼、【節】之莖，少多等，而【□□□□□□□□□□】□其清汁四斗半，【□□】。」

〔七〕女子布，女子月經布，簡一二六治嬰兒瘛方内稱「月布」。又稱「經衣」。《本草拾遺》經衣：「主驚，瘡血湧出，取衣熱炙熨之。」

七　益氣，令人輕勁。〔一〕厲（癘）者百日，〔二〕息癭七十日，〔三〕内單（癉）者、〔四〕顛疾者卌日，〔五〕痹廿日，癰欬五日。〔六〕取犂（犂—藜）盧（蘆）、礜各半，五七

【注釋】

〔一〕益氣，增益氣力。輕勁，輕快有力。《靈樞·海論》：「髓海有餘則輕勁多力。」《本經》藥物主治常見「益氣」「輕身」等。

〔二〕癘，病名。《脈書》簡一五：「四節疕如牛目，麋（眉）突（脫），爲厲（癘）。」又稱癘風，《素問・風論》：「癘者，有榮氣熱胕，其氣不清，故使其鼻柱壞而色敗，皮膚瘍潰。風寒客於脈而不去，名曰癘風。」

〔三〕息瘻，當指生息肉不愈，久而成膿潰漏的病證。

〔四〕癉，熱病。《漢書・藝文志》有「《五藏六府癉十二病方》四十卷」。

〔五〕顛，癲癇。《素問・奇病論》：「帝曰：人生而有病巔疾者，病名曰何？安所得之？岐伯曰：病名爲胎病，此得之在母腹中，時其母有所大驚，氣上而不下，精氣并居，故令子發爲巔疾也。」

〔六〕《素問・大奇論》：「肺之雍，喘而兩胠滿。」以上癘、癉、巔疾諸病亦見於《素問・脈要精微論》：「風成爲寒熱，癉成爲消中，厥成爲巔疾，久風爲飧泄，脈風成爲癘，病之變化，不可勝數。」

烏喙、〔一〕桔梗、圭（桂）、畺（薑）、牛厀（膝）、厚柎（朴）、細辛、勺（芍）藥、節皮、〔二〕白斂（蘞）、戴糂、蜀林（椒）、蕉莢、石膏、茲（慈）石、苦浘（參）、卑（菝）挈〈挈—葜〉〔三〕、朱（茱）五八臾（萸）、此（紫）浘（參）、桼（漆）、柴茈、方（防）風、姓鼠、拳（卷）柏各一分，利如二分。・凡廿四物，〔四〕皆治，合和，孰（熟）撓，毋令每最（撮）五九〔五〕

【注　釋】

〔一〕烏喙，即烏頭。《本經》烏頭「一名烏喙」，又「主中風惡風，洗洗出汗，除寒濕痹，欬逆上氣，破積聚寒熱」。統計《和齊湯法》烏喙主治，有風水、風痹、逆氣、氣暴上走嗌，與《本經》烏頭主治合。

〔二〕節皮，《别録》節華：「皮，主脾中客熱氣。」參見簡七七「達桼」注。

〔三〕卑挈，即菝葜。《急就篇》「栝樓」顔師古注：「鄭康成以爲菝挈，非也」，王應麟補注：「菝，步八反。《本草》菝葜。挈，口黠反。」《别録》菝葜：「益血气。」

〔四〕廿四物，疑誤，實計得二十五種藥物。

〔五〕按五八、五九兩簡，上無所承，據書寫風格及揭剥示意圖位置，當屬「益氣方」條目下，暫置於此。

・治益氣。取鹿腸、〔一〕則（萴）各一分，犂（犂—利）如，牛厀（膝）、卑（菝）挈〈挈—葜〉、山朱（茱）臾（萸）、桔梗、圭（桂）、蜀林（椒）、白茝（芷）、細辛各二分，六〇以截一駟，〔二〕煮棗卅，沸之，取汁，以餅藥，大如人耳，厚少半寸，陰乾之，服藥，

大如赤豆，屑（屑）以爲後飯。六一

【注　釋】

〔一〕鹿腸，即玄參。《吴氏本草經》玄參：「一名鹿腸。」《别録》同。《本經》：「補腎氣。」

〔二〕截，參本篇簡四四「潒」注。一驷，四分之一斗。《墨子·雜守》：「四食，食二升半。」「四」同「驷」。

八　治風。〔一〕石脂七分，蜀枺（椒）五分，方（防）風、細辛各四分，厚柎（朴）五分，陳朱（茱）臾（萸）一分，圭（桂）十分，薑六分，皆治合，六二三指撮直（置）温酒一杯中，日三歓（飲），病已，止。　精。六三

【注　釋】

〔一〕風，風病。《太素·諸風數類 諸風狀論》：「風之傷人，或爲寒熱，或爲熱中，或爲寒中，或爲癘，或爲偏枯，或爲賊風也。其病各异，其名不同。」《下經》簡四：「凡寒氣乍在乍亡者，風也。」《下經》有風病十七種。

[風][水]方。〔一〕[用]犂（犂—藜）盧（蘆），屑（屑）二料，烏喙，屑（屑）三料，已屑（屑）石膏，有（又）孰（熟）拼（研）之四料，半夏，屑（屑）五料，乾畺（薑），屑（屑）四六四料，菌（箘）圭（桂），〔二〕削去亓（其）上之皮到脝者，〔三〕屑（屑）之二料，皆并合撓之，有（又）入臼中，孰（熟）拼（研）磑之，有（又）取蜀枺（椒）中，〔四〕六五[皆]并和，丸如梧實，先餔吞，以知爲齊（劑）。六六

【注　釋】

〔一〕風水，病名。《素問·水熱穴論》：「勇而勞甚則腎汗出，腎汗出逢於風，内不得入於藏府，外不得越於皮膚，客於玄府，行於皮裏，傳爲胕腫，本之於腎，名曰風水。」

〔二〕菌圭，即箘桂。《楚辭·離騷》：「雜申椒與菌桂兮」，洪興祖補註：「《本草》有菌桂，華白蘂黄，正圓如竹，菌一作箘，其字從竹。」《本經》箘桂：「主治百病，養精神，和顔色，爲諸藥先娉通使。」

〔三〕脝，疑是「肉郭（廓）」之「郭」專字。《證類》「牡桂」引《圖經本草》：「其嫩枝，皮半卷，多紫肉，中皺起，肌理虚軟，謂之桂枝。又名肉桂，削去上皮，名曰桂心，藥中以此爲善。」

〔四〕中，入臼中，承前省。

九　治風聾。〔一〕屑（屑）細辛、畺（薑）、圭（桂）、蜀⿰木尗（椒）、土瓜并蕉荚等，〔二〕并合撓，取一刀圭，以緜（綿）絮薄裹以竄。〔三〕六七

【注　釋】

〔一〕《諸病源候論·耳風聾候》：「足少陰，腎之經，宗脈之所聚，其氣通於耳。其經脈虛，風邪乘之，風入於耳之脈，使經氣痞塞不宣，故爲風聾。」

〔二〕土瓜，即王瓜。《本經》王瓜：「愈聾。一名土瓜。」

〔三〕竄，將藥塞入病灶。《史記·扁鵲倉公列傳》：「即竄以藥，旋下，病已。」《集韵》：「竄，入穴也。」

十　止風汗出方。〔一〕取厲（蠣）合（蛤）、〔二〕石膏相半，裹之，大如中李；取美潤、〔三〕酒相半，合而一小杯；燒一鮑六八魚，〔四〕卒（淬）之亓（其）中，令温；直（置）藥亓（其）中，酓（飲）之，居温室。〔五〕六九

【注　釋】

〔一〕《逆順》簡一七：「風者汗出，汗出故令脈虛。」

〔二〕厲合，讀爲「蠣蛤」，即牡蠣。《本經》牡蠣：「主傷寒寒熱，温瘧洒洒……一名蠣蛤。」

〔三〕潤，疑讀爲「酎」，《說文》：「三重醇酒也。」段注：「謂用酒爲水釀之，是再重之酒也。次又用再重之酒爲水釀之，是三重之酒也。」

〔四〕鮑魚，即醃製之魚。《說文》：「鮑，饐魚也。」段注：「饐，飯傷濕也。故鹽魚濕者爲饐魚。」《釋名·釋飲食》：「鮑魚，鮑，腐也，埋藏奄使腐臭也。」

〔五〕《外臺》卷十五引《延年秘録》：「療風虛止汗，石膏散方：石膏，研，甘草，炙，各四分，上二味，合擣下篩爲散，先食，以漿水服方寸匕，日三，夜再服，忌海藻、菘菜等。」《醫心方》引《古今録驗》同。

【十一　治】風熱中。〔一〕苦〈苦〉蔞四分，〔二〕消石三分，〔三〕小⿰木尗（椒）、〔四〕圭（桂）、兔絲實各一分，提（知）母二分，〔五〕合和，以方寸匕取藥，直（置）七〇⧄【□□□□□□】□□酓（飲），已。〔六〕七一

【注　釋】

〔一〕風熱中，病名。《素問·風論》：「風之傷人也……或爲熱中……風氣與陽明入胃，循脈而上至目内眥，其人肥則風氣不得外泄，則爲熱中而目黄。」「十一治」，據目録簡補。

〔二〕苦蔞，即栝樓。《本經》栝樓：「主消渴，身熱煩滿，大熱。」

〔三〕消，據殘筆及本篇簡一二一「消石」之「消」字釋。簡一七〇「治内癉」，亦土蔞、消石同用。消石，參本篇簡一一〇注。

〔四〕小椒，即蜀椒。《武威漢代醫簡》九一甲有小椒，《本草綱目》蜀椒下附方亦有作「小椒」者。《本草經集注》秦椒：「或呼爲大椒。」則秦椒爲大椒，蜀椒爲小椒。

〔五〕提母，即知母。《吴氏本草經》知母：「一名提母。」《本經》知母：「主消渴熱中。」

〔六〕按本篇竹簡形制，上端約殘七字。

十二　治當寒，□□□勺（芍）藥、白藴（蘞）各三，方（防）風、山茱、〔一〕白茝（芷）各二，則（萴）、礜、商律各一，〔二〕合和，以清膠完（丸）之，大七二如起實，旦莫（暮）先餔食，吞五完（丸），衰益，〔三〕以知毒爲齊（劑）。七三

【注釋】

〔一〕山茱，即朮。《本經》朮：「一名山薊……治風寒濕痹。」

〔二〕則礜商律各一，據本篇簡三三相同藥物字形補釋。

〔三〕衰，《淮南子·説林訓》：「大小之衰然。」高誘注：「差也。」衰益，依差等遞增。參「稍益」。

·治寒熱。〔一〕山茱三，小株（椒）二分，厚柎（朴）、少辛、則（萴）、礜、圭（桂）、畺（薑）、桔梗、朱（茱）臾（萸）各一分，合和，以棗膏完（丸）之，七四大如起實。服吞之，始吞十完（丸），衰益，以知毒爲齊（劑）。七五

【注釋】

〔一〕寒熱，病名。《素問·風論》：「風氣藏於皮膚之間，内不得通，外不得泄。風者，善行而數變，腠理開則洒然寒，閉則熱而悶。其寒也，則衰食飲；其熱也，則消肌肉，故使人怢慄而不能食，名曰寒熱。」

·□汗寒熱。取瞻諸一，〔一〕圭（桂）二尺，畺（薑）五果（顆），桼（漆）一合，肉醬（醬）一升，牛脅肉三升，麻垸（麲）三升，〔二〕蘗垸（麲）三升，〔三〕七六鹽一升，穀〈穀〉ㄴ〔四〕、達桼（漆）ㄴ、〔五〕柳，莝（剉）之各二斗，精村（刌）亓（其）肉，桼（漆）而炙之令黄，取賁（黂）、蘗汧，〔六〕得汁六升，合而樵〈樵（膲）〉七七之孰（熟）。〔七〕淖炊黄粱飯＝（飯，〔八〕飯）而食樵

〈檇（臇）〉，已飯，畬（飲）美酒。已，煮穀〈穀〉∟、劈泰（漆）∟、柳，浴之，温衣而卧，令汗出，七八稍去衣。欲食，淖炊黄粱飯，亨（烹）□□若羊羹，食毋自令厭。毋出户，十日反（返）故食。七九

【注釋】

〔一〕瞻諸，即蟾蜍。《爾雅·釋魚》：「鼁䵷，蟾諸。」郭璞注：「似蝦蟇，居陸地。」

〔二〕⿰麥完，《玉篇》：「麥䴵也。」麻⿰麥完，即用麻子所製之䴵。《周禮·天官·疾醫》鄭玄注：「五穀，麻、黍、稷、麥、豆也。」麻亦五穀之一，可以造䴵。

〔三〕蘖，《説文》：「牙米也。」「米，粟實也。」蘖⿰麥完即以粟米所製之䴵，《齊民要術·作菹藏生菜法第八十八》載有以秫稻米造女䴵之法。《天工開物》云：「古來䴵造酒，蘖造醴，後世厭醴味薄，遂至失傳。」

〔四〕穀，即楮樹，亦稱構樹。《别録》楮實：「莖，主癮疹癢，單煮洗浴。」

〔五〕達泰，下文簡七八作「劈泰」。達、劈通，帛書《老子乙本·道經》六七「善行者无達迹」，《老子甲本》一四四「達」作「劈」。《别録》節華：「味苦無毒，主傷中，痿痹，溢腫。皮，主脾中客熱氣。一名山節，一名達節，一名通桼。十月采，暴乾。」達漆，劈漆、山節、達節、通桼當爲一物。參本篇簡一八八「節華」、簡五六「節」、簡五八「節皮」注。

〔六〕貣，讀爲「蟦」。「蟦」「蘖」分别指上文麻垸、蘖垸。《爾雅·釋草》：「蟦，枲實。」邢昺疏：「蟦者，即麻子名也。」汧，同「研」，加水研磨。

〔七〕樵，疑爲「檇」之误，讀爲「臇」。臇，《説文》段注：「少汁臛也。」即汁少的羹。

〔八〕《爾雅·釋言》：「鬻，糜也。」郭璞注：「淖糜。」陸德明《釋文》：「淖，濡甚也。」此言炊黄粱飯甚軟。參見簡四〇「糜」注。

十三　治上氣。〔一〕美酒二斗半，棹（卒）飴半斗，棗半斗，茈（紫）菀（菀）五幷〈幵—葉〉，〔二〕圭（桂）二尺，薑五果（顆），彘煎脂半升，父（㕮）且（咀）；段（煅）亓（其）圭（桂）、八〇薑、菀（菀）；壁（擘）亓（其）棗，合。分以爲三分，置一分，炊令沸，止火，入一分。凡三分，濟取亓（其）汁，畬（飲）之。八一

【注釋】

〔一〕《脈書》簡六：「在肺，爲上氣、欬。」《周禮》「冬時有嗽上氣疾」鄭玄注：「嗽，欬也。上氣，逆喘也。」

〔二〕幷，當作幵，讀爲葉。《説文》：「葉，小束也。」參《五十二病方·痒病》一九五「韰（薤）一拼（葉）」注。

十四　治欬。取紫菀（菀）十隻，陳肉醬（醬）以完（丸）之，大如羊矢。服吞之，始吞一，不知，吞二，不知，吞三。八二

治沓欬。〔一〕蒐（菀）二隻，則（萴）一果（顆），皆肩（屑），七分之；以所常溲涂完（丸）之，〔二〕以爲七完（丸）；燔一使赤，卒（淬）一入淳酒中，歙（飲）□之。〔三〕八三　一曰，取屏前弱（溺）涂，〔四〕丸之五十，燔令火，〔五〕卒（淬）之美酒中，畬（飲）之。八四

【注釋】

〔一〕沓，《玉篇》：「重叠也。」沓欬，反覆不停地欬嗽。《史記·扁鵲倉公列傳》安陽武都里成開方病「沓風」。

〔二〕涂，同「塗」，《説文》：「泥也。」

〔三〕□，原作「兒」，其上有塗抹痕迹，疑衍。之，書於編繩之下地脚處，其墨迹濃淡、書風皆與前文不同，當爲後補之字。

〔四〕屏，讀爲「庰」，厠也。《急就篇》：「屏厠清溷糞土壤。」《隨州孔家坡漢墓簡牘·日書》一三二一：「屏圂：屏圂良日，戊寅，辰，申，戌。己丑、癸□□爲屏圂。」

〔五〕燔令火，義同上「燔一使赤」。

十五　治鼠。〔一〕取生鼠，〔二〕剥去亓（其）腸；冶礜，直（置）亓（其）腹中，置之鑪（鬲）中，以一鑪（鬲）蓋而涂之，〔三〕炊以桑薪，三日出而冶八五之。以方寸匕取藥，直（置）温酒一杯中，畬（飲）之，衰益。〔四〕八六

【注釋】

〔一〕鼠，即鼠瘻，瘰癧破潰流膿，經久不愈，漏口形似鼠穴，故名。《淮南子·説山》：「貍頭愈鼠，雞頭已瘻。」高誘注：「鼠齧人創，貍愈之。瘻，頸腫疾。雞頭，水中芡，幽州謂之鴈頭，亦愈之也。」《靈樞·寒熱》：「寒熱瘰癧在於頸腋者，皆何氣使生？岐伯曰：此皆鼠瘻寒熱之毒氣也，留於脈而不去者也。」

〔二〕生鼠，即活鼠。《肘後備急方》治鼠瘻方：「取鼠中者一枚，亂髮如雞子大，以三歲臘月豬脂煎之，令鼠骨肉及髮消盡，半涂之，半酒服，鼠從瘡中出。姚云：秘不傳之法。」

〔三〕涂，同「塗」，《釋名·釋宫室》：「塗，杜也，杜塞孔穴也。」《靈樞·壽夭剛柔》：「置酒馬矢熅中，蓋封塗，勿使泄。」

〔四〕《關沮秦漢墓簡牘》三七二：「已鼠方：取大白礜，大如母（拇）指，置晉斧（釜）中，涂而燔之，毋下九日，冶之，以▨」

十六　治積（癪）山（疝）。〔一〕取茈（紫）帚（參）七分，少辛四分，厚柎（朴）二分，杏核中實、圭（桂）、蜀林（椒）、蕉荚各一

分，合和。以方寸半刀〈匕〉取藥，八七直（置）温酒中，畬（飲）之。衰益，以知毒爲齊（劑）。•亓（其）一曰，治山（疝）。取縠〈穀〉大把二，乾薑三果（顆），圭（桂）二尺，勺（芍）藥五寸，棗半斗，八八𣴎酒三斗，合和。以爲三釀三沸，濟取汁，畬（飲）之。日再畬=（飲，飲）一升。衰益，以知毒爲齊（劑）。八九

【注　釋】

〔一〕穨，同「癩」，亦作「頹」「隤」。《釋名·釋疾病》：「陰腫曰隤，氣下隤也。又曰疝，亦言詵也，詵詵引小腹急痛也。」

☐治山（疝）。〔一〕少腹痛，引要（腰）脾（髀）痛，前後溲難，如痒（癃）狀。〔二〕屑（屑）大黄二，黄芩、狀〈伏—茯〉靈（苓）、土蔞根、〔三〕蜱蛸各一，〔四〕并合撓。温醇九〇【酒】二升，取藥一合入中，撓。莫（暮）毋食，旦先食畬（飲）之。侖再出，〔五〕畬（飲）粇（粥），藥力必而食。〔六〕•禁鮮魚、彘肉、葷。九一

【注　釋】

〔一〕疝，病名，以心腹痛爲主證。《漢書·藝文志》有「《五藏六府疝十四病方》四十卷」，顔師古注：「疝，心腹氣病。」《諸病源候論·諸疝候》：「疝者，痛也。」《下經》有「心疝」「腸疝」。

〔二〕《史記·扁鵲倉公列傳》齊郎中令循病，倉公診其爲「湧疝也，令人不得前後溲」，與本簡病證相似。

〔三〕土蔞，疑爲栝樓。《本經》栝樓：「一名地樓。」簡一七〇作「土蔞」。

〔四〕蜱蛸，即桑螵蛸。《爾雅·釋蟲》蜱蛸：「一名蟳蟭。蝗蠰卵。」《本經》桑螵蛸：「主傷中，疝瘕。」

〔五〕侖，承上文「前後溲難」，此當指二便所出惡物。本篇簡九九、簡一六七、簡一七七、《五十二病方》二〇四皆作「淪」。《下經》簡八七、簡八八作「瘺」。侖再出，本篇簡一四五「㒸再出」，疑同。

〔六〕粇，當爲「鬻」或「鬻」之省文，同「粥」。按本篇簡一一「米一而水十」，此指稀粥。必，確定。言藥已起效。

【十七】　治女山=（疝。〔一〕山）芥☐分，魁合（蛤）三分，則（蒴）一，皆冶，合和。以方寸匕取藥，直（置）温酒一杯中，畬（飲）之，旦莫（暮）常先餔食。•山芥，茉也。〔二〕九二

【注　釋】

〔一〕《史記·扁鵲倉公列傳》齊北宫司空命婦出於病，倉公診其爲「病氣疝，客於膀胱，難於前後溲，而溺赤。病見寒氣則遺溺，使人腹腫。」「十

七」，據目録簡補。

〔二〕《吴氏本草經》：「朮，一名山芥。」《本經》：「朮，一名山薊。」「芥」「薊」通。

十八　治腸山（疝）。〔一〕取乾桼（漆）八，茈（紫）淲（參）七，黄芩六，勺（芍）藥四，圭（桂）、畺（薑）各二，半夏一，合和。以方寸匕，直（置）酒中，酓（飲）之，日九三三，以知毒爲齊（劑）。九四

【注　釋】

〔一〕《下經》簡六七：「腸山（疝），少腹痛，菀府偏上，欲之後。」

十九　止内傰（崩）方。〔一〕取麻，〔二〕小熬之，摩（磨）取亓（其）中膏二升，以美酒粲（餐）之，〔三〕先旦莫（暮）食。·亓（其）一曰，取狗肝，薄葉（牒）之，〔三〕以九五炭燒枱鐵赤，直（置）葉（牒）肝亓（其）上，使肝乾，一合直（置）半杯酒中，酓（飲）之，節（即）已。　·枱鐵，鐅也。〔四〕九六

【注　釋】

〔一〕内傰，或指前後陰下血之病。《下經》簡七〇：「内傰，弱（溺）赤，足善栗，行不安地，數後血。」傰，或作備。《上經》簡二〇：「未已而使内，汗幾筋脈，女□得之備□。」《素問·陰陽別論》：「陰虚陽搏謂之崩。」王冰注：「陰脈不足，陽脈盛搏，則内崩而血流下。」

〔二〕麻，即麻子，按李時珍説，即《本經》麻蕡。《本經》麻蕡：「主五勞七傷，利五藏，下血，寒氣。」《千金要方》卷八第八麻子酒，主婦人帶下，月水往來不調。唐·昝殷《食醫心鑑》治妊娠損動下血不止煩悶方：「右以冬麻子一升炒，以水二升研濾取汁。」

〔三〕葉，讀爲「牒」，《説文》：「薄切肉也。」

〔四〕鐅，《説文》：「河内謂臿頭金也。」《方言》第五：「臿，……東齊謂之梩。」郭璞注：「江東又呼鍫（鍬）刃爲鐅。」

廿　治女子不月，自以爲有子，至十歲无有，〔一〕復（腹）大。蔓先洗，〔二〕教取麥鞠（麴），〔三〕肩（屑），三指撮至節，〔四〕直（置）美酒中歓（飲）之，廿九七日已。令。出土黄洛，已試。九八

【注　釋】

〔一〕歲，疑爲「月」之訛。

〔二〕蔓，疑爲茜根。陸璣《毛詩草木鳥獸蟲魚疏》：「茹藘，茅蒐，蒨草也，一名地血，齊人謂之茜，徐州人謂之牛蔓。」《别録》茜根：「主止血內崩，下血。」又《吴氏本草經》：「青囊，一名蔓。」皆存疑待考。

〔三〕鞠，《集韵》：「酒母也。」《别録》小麥：「以作麴。」

〔四〕「至節」二字據簡一一六簡背反印文補釋。

廿一 治女子淪及內傰及弱（溺）血者。〔一〕取穀三把，以淳酒一斗，三⿰氵乃煮之孰（熟），〔二〕浚（挍）而歙（飲）亓（其）汁，已。嘗試。毋禁。精。九九

【注釋】

〔一〕女子淪，即帶下病。《下經》簡八七：「女子白瘉，其出，不痛而多，其白，不清而星（腥）臭。」簡八八：「女子紅瘉，赤白半。」參簡九一「侖」注。

〔二〕三⿰氵乃煮，又見簡一一三、簡一九八，《五十二病方》一八九同，二〇二作「三乃煮」。⿰氵乃，疑讀爲「洏」，同「渜」，即經温煮之淘米水。《說文》「洏」段注：「洏與渜音近。耎從而聲也。」《儀禮·士喪禮》「渜濯弃于坎」賈公彥疏：「潘水既經温煮，名之爲渜。」「渜」之「温煮」，與簡一一二一「三温煮」合。温，疑讀爲「醖」，《說文》：「釀也。」與簡一一六「三沸三襄（釀）」、簡八九「三釀三沸」皆合。

廿二 治黃單（癉）。〔一〕取黃牡牛弱（溺）歙（飲）之。能多歙（飲）之，亟已。一〇〇

【注釋】

〔一〕即黃疸。《脈書》簡一三：「內癉，身痛，艮（眼）蚤（爪）黃，弱（溺）赤，爲黃癉（疸）。」

廿三 治石⿸疒夆（癃）。〔一〕黍米一升，水二升以積（漬）黍米，卒（晬）亓（其）日，漒（滰）取亓（其）汁，〔二〕以煮萴、密芳、〔三〕榮撍一枚，藥銷（稍）孰（熟）。宿毋食，漒（滰），歙（飲）其汁，一〇一不過四五日即已矣。已試。榮撍，螌蝥也。〔四〕一〇二

【注釋】

〔一〕《武威漢代醫簡》九：「石⿸疒夆出石。」《下經》簡五四：「石⿸疒夆（癃），弱（溺）且出且止，且多且少，善栗而痛。」《釋名·釋疾病》：「痳，懍也，小便難懍懍然也。」後世稱爲「石淋」。

〔二〕漒，讀爲「滰」，《說文》：「浚乾漬米也。」此指濾出藥液。

〔三〕密芳，當即蜜蜂。

〔四〕螌蝥，即斑蝥。《本經》斑蝥：「破石癃。」「已試」「榮擠」之間有較大間隔。

廿四・治寒熱欬𨣧。〔一〕取款冬、菀各百隻，〔二〕則（萴）五十果（顆），牛厀（膝）大把；煮以水九斗，令三費（沸），濟亓（其）汁；露之一宿，清[徵]（澂），以漬[麥]一〇三[鞠]（麴）四斗，封[涂]之。[八]日，濟取亓（其）汁，爲炊稻米、黍米[相]半七斗，釀之一宿；炊六斗，釀之一宿；炊五，釀之一宿；炊四斗，一〇四釀之一宿；炊三斗，釀之一宿。取薑十果（顆），圭（桂）五尺，蜀株（椒）、少辛各一升，緩裹以縠，〔三〕與再釀俱入。初食一升，衰益，以知每〈毒〉爲齊（劑）。一〇五

【注　釋】

〔一〕𨣧，《説文》：「汁滓酒也。」類似今之𨣧糟。

〔二〕菀，《急就篇》顔師古注：「謂紫菀也。」本篇内又作紫菀、茈菀、菀。《本經》紫菀：「主欬逆上氣。」

〔三〕縠，《説文》：「細縳也。」段注：「今之縐紗，古之縠也。」

廿五　治目多泣。取股（羖）羊角、〔一〕少辛相半，肩（屑）之，以方寸匕取藥，直（置）酒中，歓（飲）之。取鯉魚膽，陷絮亓（其）中，陰乾之，傅之，炙巾以尉（熨）目。一〇六

【注　釋】

〔一〕股，讀爲「羖」，指黑色公羊。《本經》羖羊角：「治青盲，明目。」

【廿六　治白徙】。〔一〕□□□□□[各]盈四指，接取善棗一掬，潰而以水半參，〔二〕煮之使靡（糜），去莘（滓）；以汁和無（蕪）荑、狼牙，〔三〕合〈令〉如稠一〇七粥（粥）。莫（暮）毋食，明（明）日中餔藥，呻（吞）之；藥盡，以棗餘汁漱（漱），入之勿吐；到莫（暮）乃食＝（食，食）飯毋羹、歓（飲）水漿（漿），明（明）食乃粥（粥）。禁毋食肉、葷廿一〇八[日]。[此]壹食藥，支八九歲。〔四〕一〇九

【注　釋】

〔一〕「廿六　治白徙」，據目録簡補。白徙，即白癬。《釋名・釋疾病》：「癬，徙也，浸淫移徙處日廣也，故青徐謂癬爲徙也。」《五十二病方》一三〇白瘧：「白瘧者，白毋（無）奏（腠）。」似今之白癜風。

〔二〕潰，破。半參，六分之一斗。《墨子·雜守》：「參食，食參升小半。……六食，食一升大半。」參食量一參，六食量即半參。

〔三〕蕪荑，即山榆之莢，古用以作醬。《本經》：「治五内邪氣，散皮膚骨節中淫淫行毒，去三蟲，化食。」狼牙，一名「牙子」。《本經》：「治邪氣，熱氣，疥瘙，惡瘍，瘡痔，去白蟲。」《證類》引徐之才《藥對》：「狼牙，蕪荑爲之使。」

〔四〕支，謂藥力持續，猶言「管用」。《養生方》一二三：「以三指最（撮）一爲後飯百日，支六七歲。」

【廿七】歙（飲）消石方。〔一〕取湯一升置杯中，消石半升，置湯中，蓋，毋使見風，撓澤（釋），歙=之=（飲之。飲之）之使人泄，三出之後即渴，温秥汁、〔二〕莘（滓）相半，一一〇☐☐☐過一杯；〔三〕五出之後，渴欲歙（飲），少多自適。全一日毋食它食，一日之後，毋食清，〔四〕毋歙（飲）酒，毋食采（菜），毋食雞肉、彘肉、葷。一一一

【注釋】

〔一〕「廿七」，據目録簡補。消石，即芒硝。《本經》消石：「治五藏積熱，胃脹閉，滌去蓄結飲食，推陳致新，除邪氣。」《本草綱目》朴硝：「此物見水即消，又能消化諸物，故謂之消。」《和齊湯法》治風熱中、心腹爲病、内癉等病方中，亦用消石。

〔二〕秥，《龍龕手鏡》：「音班，義闕。」秥，疑讀爲「麸」。《説文》：「麸，麥甘鬻也。」《釋名·釋飲食》：「煮麥曰麸。」「麸」易義符「麥」作「米」則爲「秥」，當是米粥。

〔三〕☐☐，按上下文義，簡端所殘或作「飲毋」二字。

〔四〕清，冷。此指冷食。

廿八 治下氣。取白昌根七尺，圭（桂）尺，蒴一果（顆），并治，三指撮，每旦歙（飲）。白昌，一名曰三白。〔一〕一一二

【注釋】

〔一〕白昌，據本條自注「一名曰三白」，應爲三白草。《本草經集注》牽牛子：「又有一種草，葉上有三白點，世因以名三白草。其根以治脚下氣，亦甚有驗。」另，《新修本草》：「商陸，一名白昌。」存疑待考。

廿九 已身病大疕方。〔一〕取柏葉巫（剉）之，舂之木臼中，孰（熟）之，可一石所。以美酒六斗，三沥煮之；已，浚（挼），温汁令熱，以泅（洗）疕。百日已。一一三

【注釋】

〔一〕疕，《廣雅·釋言》：「痂也。」《脈書》簡一二有在胻之疕，簡一五有「四節疕」，《五十二病方》四二〇有「身疕」。

卌　已人身及四支（肢）攣詘（屈）不可信（伸）者方。〔一〕取新金盂以盛美醯，〔二〕盂生青，即取盂生青善臧（藏）之；〔三〕取大一一四如桃，即有病攣詘（屈）不信（伸），以青摩之。有（又）可以治面辟，以傅之。·公孫方。一一五

【注釋】

〔一〕《素問·痹論》：「痹……在於筋則屈不伸。」

〔二〕金盂，即銅盂。醯，即醋。《別録》醋：「醋酒爲用，無所不入，逾久逾良。亦謂之醯。以有苦味，俗呼爲苦酒。」

〔三〕盂生青，即銅青。《本草拾遺》銅青：「生熟銅皆有青，即是銅之精華，大者即空緑，以次空青也。銅青獨在銅器上，緑色者是。」

卌一　治鮮（癬）。取白茝（芷），以美酸漬之十餘日，〔一〕取以施之。已試，行。都昌跳青方。〔二〕一一六

【注釋】

〔一〕酸，《説文》：「酢也。關東謂酢曰酸。」《説文》「酢」段注：「酢本截漿之名。引申之，凡味酸者皆謂之酢。……今俗皆用醋。」

〔二〕都昌，地名，春秋時設城邑，爲齊七十二城之一，今屬山東濰坊昌邑市。

卌二　治湯。〔一〕取黍米四斗，善炊，賁（饙）而勿孰（熟）；〔二〕令兩男嬰兒、兩女嬰兒噍（嚼）之，直（置）盆中，沃以水四斗，撓，濟取其汁；一一七置四升釸（釜）中，加余（餘）汁上，炊令至四升側，濟取亓（其）汁，歙（飲）之。已歙（飲）而卧，令人摩（摩）身之不用者。〔三〕一一八

【注釋】

〔一〕目録簡作「治腸已身之不用者」。按此「腸」字誤，當作「湯」。

〔二〕賁，讀爲「饙」。蒸至半熟的飯。《玉篇》：「饙，半蒸飯也。」《爾雅·釋言》：「饙，餾，稔也。」郭璞注：「今呼餐飯爲饙，饙熟爲餾。」《齊民要術·造神麴并酒第六十四》：「大率中分米：半前作沃饙，半後作再餾黍。純作沃饙，酒便鈍；再餾黍，酒便輕香。是以須中半耳。」

〔三〕《五十二病方》三一七：「□闌（爛）者，爵（嚼）蘗米，足（捉）取汁而煎，令類膠，即冶厚柎和傅。」原注：「爛，燒傷。」

卌三　治傷歙（飲）方。〔一〕大戟七分，芫華六分，茈（紫）蒿（參）五分，茉三分，商律二分，桂一分，合和；以水漬虆，捉取亓（其）汁，以完（丸）藥一一九

【注　釋】

〔一〕傷飲，《金匱要略·痰飲欬嗽病脈證并治第十二》：「問曰：四飲何以爲异？師曰：其人素盛今瘦，水走腸間，瀝瀝有聲，謂之痰飲；飲後水流在脅下，欬唾引痛，謂之懸飲；飲水流行，歸於四肢，當汗出而不汗出，身體疼重，謂之溢飲；其人欬逆倚息，短氣不得卧，其形如腫，謂之支飲。」按《金匱要略》治懸飲之十棗湯，亦用大戟、芫華。

【卌四　治傷寒】而足清養（癢）者。〔一〕取桐根、蛇牀莖（剉）各一斗，鹽一升，煮以水六斗，一潰（沸），濟取亓（其）汁，以漬足，已，炙巾尉（熨）之。一二〇

【注　釋】

〔一〕『卌四治傷寒』，據目録簡補。

【卌五】　身有疵傷。〔一〕取柳、楊、荊、藜枝葉，莖（剉）長寸，以水洎〔二〕，三温煮而浴若洗之。亓（其）甚者，莖（剉）穀、柏支（枝）以益此四物者，并一二二煮，洗浴如前。亓（其）在手也，以黎（藜）蘆、巴叔（菽）、〔三〕桔梗、蜀林（椒）、木闌（蘭）乚、狂棪乚，凡六物，皆等，屑（屑）之；以室山，凡三物以一二三□□，大如浚（酸）棗乚。晦（每）食先呻（吞）一垸（丸）乃食，一日呻（吞）三垸（丸）。欲亓（其）益也，莫（暮）卧復吞，自央食芳脂，〔四〕垸（丸）一二三大如桃。已，□藥湯，以手摩之。·獨煮穀〈穀〉若柏赤〈亦〉可。甚精，已試。息生=（生生）方。一二四

【注　釋】

〔一〕卌五，據目録簡補。疵傷，按目録簡當作「疕傷」。疕傷，或作「疕瘍」。《周禮·醫師》：「凡邦之有疾病者、疕瘍者造焉。」疕，參見簡一一三注。

〔二〕洎，《説文》：「灌釜也。」

〔三〕巴叔，即巴豆。《廣雅·釋草》：「巴尗，巴豆也。」「尗」「叔」「菽」并通。

〔四〕芳脂，指肥甘厚味。《清華大學藏戰國竹簡（伍）·湯處於湯丘》：「絶飭旨以飿（餟）。」

【卌】六　治過及惡傷。〔一〕取橐垸（䘏）肩（屑）之，以凋煎之，令可以塗面。以塗之，去，輒更施之。⊡已試，行。•濟北守丞方。〔二〕一二五

【注釋】

〔一〕「卌」，據目録簡補。過，疑讀爲「喎」。《說文》：「咼，口戾不正也。」與下文「塗面」相應。惡傷，當即惡瘡。

〔二〕濟北，秦時置郡，西漢初有濟北國，地跨濟水南北，其建置幾經更迭，後分爲平原、泰山二郡。

【卌】七　治嬰兒閒（癇）方。〔一〕漬黍米，取瀆汁六斗，漬月布亓（其）中，令色如赤叔（菽）汁，浞（捉），去布；因莝（剉）穀莖五斗，茱三罷（把），父（㕮）且（咀），段（煅），并內（入）汁一二六中；炊如孰（熟）羹狀，汁可四斗，灑〈漉〉去宰（滓），置新煎彘膏一升半汁中，撓。適寒温以浴嬰兒，道顛上灌，摩下至足，〔二〕以孰（熟）一二七爲故。已，□□馬下齒，燔冶，三指最（撮）乚，温所浴汁半杯，置亓（其）中，以歓（飲）嬰兒。温衣卧，汗出畢，起乚。病未已，復温故汁，一二八浴、歓（飲）如此。不過三，必已；汗不出，不可已。〔三〕一二九

【注釋】

〔一〕「卌」，據目録簡補。閒，同「癇」。《脈書》簡一五、一六：「身時僨，沫出，羊鳴，□□□□見（？），不能息，爲癋；反折，爲閒（癇）。」

〔二〕道，由。北大秦簡《魯久次問數於陳起》：「道頭到足，百體（體）各有笥（司）殹（也）。」（04—136）《論語·泰伯》：「民可使由之，不可使知之。」《郭店楚墓竹簡·尊德義》簡二一至二二作「民可使道之，而不可使智（知）之」。

〔三〕《五十二病方》四八至五〇：「嬰兒病閒（癇）方：取靁（雷）尾〈戻（矢）〉三果（顆），冶，以豬煎膏和之。小嬰兒以水【半】斗，大者以一斗，三分藥，取一分置水中，撓，以浴之。浴之道頭上始，下盡身，四支（肢）毋濡。而日一浴，三日已。已浴，輒弃其水圂中。閒（癇）者身熱而數驚，頸脊强而復（腹）大。□閒（癇）多衆，以此藥皆已（已）。」

卌八　治蹷。〔一〕肩（屑）勺（芍）藥、方（防）風、細辛、蜀林（椒）、薑、桂各六撮，〔二〕伏（茯）霝（苓）三撮，并合撓。先旦夕食，温美酒一杯，歓（飲）藥二撮，日再。病已，止。禁。一三〇

【注釋】

〔一〕蹷，《吕氏春秋·重己》：「多陰則蹷。」高誘注：「逆寒疾也。」《史記·扁鵲倉公列傳》：「故暴蹷而死。」《正義》引《釋名》：「蹷，气从下蹷起

上行，外及心脅也。」《下經》簡四三：「蹷，寒氣在肌膚閒，肘厀（膝）以下寒，蚤（爪）盡死而煩心。」

〔二〕撮，量名。《漢書・律曆志》應劭注：「四圭曰撮。」一撮約合今制二毫升。

卅九　治温病發。〔一〕以水半斗，煮米一升，米毚（纔）孰（熟），捉以巾，取汁；毀雞卵一，〔二〕沃汁中，孰（熟）撓，復炊孰（熟）。適寒温，盡歙（飲）之，温衣卧，汗出至足，已。一三一

【注　釋】

〔一〕温病，《脈書》簡一四：「頭、身痛，汗不出而渴，爲温。」

〔二〕毀，破。《周髀算經》卷上：「或毀方而爲圓，或破圓而爲方。」

卌　治傷肺。〔一〕取狗肺精切之，生叔（菽）半斗，菀五隻，蔄五果（顆），棗五十，飴三□，醇酒一斗半，彘脂半升，皆父（㕮）且（咀）之；以菀、蔄萆（箄）甑，〔二〕襍（雜）施亓（其）叔（菽）、藥，一三二承甑下以鍪臾；〔三〕每烝（蒸）以癧（瀝）酒灑之，〔四〕以盡酒，視叔（菽）孰（熟），去藥而食亓（其）叔（菽）、肉，歙（飲）亓（其）癧（瀝），初歙（飲）半升，稍益，以知爲濟（劑）。可治欬逆氣。一三三

【注　釋】

〔一〕傷肺，參見《上經》簡二七「傷肺」注。

〔二〕箄，《説文》：「蔽也，所以蔽甑底。」此爲以菀、蔄爲甑箄之義，用如動詞。

〔三〕鍪，炊器，似釜而小，頸肩部有耳。臾，疑讀爲「斞」，或作「庾」，容器。《周禮・冬官・考工記・弓人》：「絲三邸，漆三斞。」《小爾雅》：「四豆爲區，四區曰釜，二釜有半曰庾。」

〔四〕癧，同「瀝」。瀝酒，過濾後的酒。《楚辭・大招》：「吴醴白櫱，和楚瀝只。」王逸注：「瀝，清酒也。」此處指滴瀝滲下的酒。

卌一　治風偏清之方。〔一〕取癧（瀝）酒三斗，菀五幷〈幵—栞〉，蔄十果（顆），乾薑十果（顆），桂二尺，雞卵七，桼（漆）三分升一，卒飴半斗，棗半斗，辟（擘）一三四之；潰亓（其）卵，父（㕮）且（咀）其藥，并置金壺中；洎鈫（釜），加甑亓（其）上，置壺甑中，癰（壅）以良叔（菽），與壺口濟（齊）；炊以桑脩（條），〔二〕撓之，三潰（沸），一三五濟取亓（其）汁，臧（藏）之。削

（稍）温而歓（飲）之，始歓（飲）半升，衰益，以知每〈毒〉爲齊（劑）。摩（摩）亓（其）清，勿蚤（搔）。一三六

【注　釋】

〔一〕風偏清，中風而見半身發冷。參簡二六「治風痹扁（偏）枯」方。

〔二〕桑，字形與帛書《五行》一五「尸叴在桑」之「桑」同，據釋。

卌二　治心腹爲病也，如大伏蜡敫（蛟）蛕，〔一〕勭（動）如蚖、蚔〈蜥〉蝪〈蜴〉者，〔二〕此皆在腸中，及承瘕諸它瘕之勭（動），如鼪（鼠）蛫（鼃）竈（竈—䵶）成蟲者，〔三〕一三七揣（摶）勭（動）勭，能息，〔四〕案（按）之避手，淖〓澮〓（淖淖澮澮）有殸（聲），〔五〕不耆（嗜）食。此其在通天也，曰死病也。及心甬（痛）痹，此皆在腸心肝肺一三八之閒，不昜（易）別部也，人猥謂之心腹病。〔六〕久者十餘歲，及水、諸張（脹）皆難治也，其實皆與腹心同藥治之。以旦未一三九食，取消石大如桃，入温漿（漿）若水一杯中，歓（飲），出，日一，此已其病在心腹肝肺閒；已食，有（又）取丹蔘（參）、莎（沙）蔘（參）、苦蔘（參）、玄蔘（參）、一四〇茈（紫）蔘（參）、芍藥等，肩（屑），并和，夕食以一刀圭爲後飯，削（稍）益至一撮，日三，此已其病在腹中者。丹蔘（參）主匈（胸），莎（沙）蔘（參）主腹，苦一四一蔘（參）主脅，玄蔘（參）主腸，茈（紫）蔘（參）主心，勺（芍）藥主少腹，病所在即倍其藥。方曰服之百日。〔七〕今再試之，廿日其病已。一四二此列（烈）藥也，服之〓（之之）時，使人腸甬（痛），少瘠〓（比比）惡出，〔八〕即其病之劇，捐而靡散（散）者也。〔九〕令稍歓（飲）卵廿，腸甬（痛）即已。一四三

【注　釋】

〔一〕蜡，《説文》：「蠅胆也。」段注：「蜡、胆音義皆通。」伏蜡，深藏腹中類蛆之蟲。敫，目録作「螃」，讀爲「蛟」。蛕，同「蛔」。《靈樞·厥病》：「腸中有蟲瘕及蛟蛕，皆不可取以小鍼。」

〔二〕蚖，《説文》：「榮蚖。」榮蚖即蠑螈。《爾雅·釋魚》：「蠑螈，蜥蜴；蜥蜴，蝘蜓；蝘蜓，守宫也。」邢昺疏：「《詩·小雅·正月》云『胡爲虺蜴』謂此也。蠑螈、蜥蜴、蝘蜓、守宫，一物形狀相類而四名也。《字林》云：蠑螈，蛇醫也。《説文》云：在草曰蜥蜴，在壁曰蝘蜓。《方言》云：秦、晉、西夏謂之守宫，或謂之蠦蝘，或謂之刺易。南陽人呼蝘蜓，其在澤中謂之易蜥。南楚謂之蛇醫，或謂之蠑螈。又東方朔云：非守宫即蜥蜴。案此諸文則是在草澤中者名蠑螈、蜥蜴，在壁者名蝘蜓、守宫也。」

〔三〕蛴竈，讀爲「鼁䵶」，即蟾蜍。《爾雅·釋魚》：「鼁䵶，蟾諸。」《名醫别録》「蝦蟇」條：「一名蟾蜍，一名去䵶，一名去甫，一名苦蠪。」按，「鼁䵶」在出土文獻中寫法不一，《五十二病方》三七六作「夸就」，四二二作「夸竈」，其中「夸竈」與「蛴竈」極近。

〔四〕《靈樞·厥病》：「心腸痛，憹作痛，腫聚，往來上下行，痛有休止，腹熱喜渴涎出者，是蛟蛕也。」摶動勤，即「腫聚，往來上下行」之義。能息，即「痛有休止」之義。

〔五〕淖淖，猶「濯濯」，象聲詞。澮澮，猶「活活」，水流聲。《下經》簡一四二：「水瘕，鳴窒窒淖淖，其徵如黽（黽）。」

〔六〕猥，總、多之義。《漢書·王莽傳中》：「今猥被以大罪」顔師古注：「猥，多也，厚也。」

〔七〕此方亦見於北京大學藏西漢竹書簡二九七八（《北京大學藏西漢竹書墨迹選粹》頁三二），當爲其時流行之方。

〔八〕瘴瘴，疑讀爲「比比」，頻頻，屢屢。

〔九〕捐，損減。《韓非子·有度第六》：「皓曼所以悅情也，耽之過度則捐精。」

卌三　治心腹篮（盈）新發。五日一酓（飲）藥=（藥。藥）刌大黄大如大豆二龠（合）ㄥ，黄芩、半夏、薑各一龠（合），并，以醇酒半斗，漬藥一宿，煮一四四□孩去宰（滓）。莫（暮）毋食，旦歓（飲）一升，墜再出，〔一〕歓（飲）糒（粥），藥必食。〔二〕服之廿日，已。·禁葷、鮮魚、彘肉、寒歓（飲）食。一四五

【注釋】

〔一〕墜，參簡九一「龠」注。

〔二〕藥必食，當與簡九一「藥力必而食」義同。

卌四　治逆氣。肩（肩）蜀林（椒）四，薑二，桂、烏喙、桔梗各一，并合，撓。先旦夕食，温美酒半杯，酓（飲）藥一刀圭，日再，病已。禁。〔一〕　·一四六

【注釋】

〔一〕按《武威漢代醫簡》簡三至五治久欬上氣方較本方僅多茈胡，劑量略异。

卌五　治内消，酓（飲）少溺多，〔一〕有膏。用鉛十斤，稍入斧匈（鍪），〔二〕燔令銷，而焠（淬）鉛廿斗水中，令秏（耗）爲五斤善

精；取其水，以稻米一四七二斗，孰（熟）黍與櫱（糵）米一斗，撓，以爲漿（漿）。服酓（飲）其精，酸而更爲，服之一月，必已。一四八

【注釋】

〔一〕内消，又名消中。《素問·脈要精微論》：「癉成爲消中。」楊上善注：「消中，湯飲内消病也。」《諸病源候論·内消候》：「内消病者，不渴而小便多是也。」

〔二〕斧匈，「匈」讀爲「銎」，《說文》：「銎，斤斧穿也。」段注：「謂斤斧之孔所受柄者。」

卌六　治消渴。〔一〕凝（凝）水、〔二〕栝蔞各二分，澤舄（瀉）一分，冶，合和，以美桼（漆）丸，大如起實。始吞十九〈丸〉，衰益，以知毒爲齊（劑）。·亓（其）一曰，長石一，一四九石膏二，凝（凝）水石一，圭（桂）、畺（薑）各二分，蜀枺（椒）二，兔絲實二分，〔三〕冶，合和。以小蒃（橡）早（皂）取藥，〔四〕直（置）水華一升中，酓（飲）之。〔五〕有閒，酓（飲）一五〇靡（糜）。爲靡（糜），即米一升，水三升，成靡（糜）五升。日三酓（飲）之，三日而止。·亓（其）一曰，取稻米一斗，粉屑（屑）之，穜（種）麥一斗，粉屑（屑）之，澤舄（瀉）二升，一五一□□□穜（種）二升，榆葉屑（屑）之三升，皆合；取棗一斗，去核，毒（擣）之以撚（撚—埏）之。〔六〕日三粲（餐），叟（溲）多則常粲＝之＝（餐之，餐之）毋以酒＝（酒，酒）一五二使人懁，它皆可。·亓（其）一曰，蜀枺（椒）、長石、圭（桂）、兔絲實各一分，礜半分，薑、凝水石各二分，合和。以中蒃（橡）早（皂）取藥，直（置）一五三水中，酓（飲）之。有頃，酓（飲）麋（糜），分日夜以五酓（飲）之。節（即）溲多，負（倍）凝（凝）水石；渴，負（倍）圭（桂）；煩，負（倍）畺（薑）；飢，負（倍）長石。·一曰，苦蔘（參）卌分，龍膽廿一五四分，沈潘十分，〔七〕圭（桂）∟、定薑各五分，則（煎）、增（曾）青、白丹各三分，皆冶，并合之；取生栝婁（蔞）根，擣而捉取亓（其）汁，澄濁〈清〉之，以酒一五五藥而丸之，大如起以＝（苡）。〔八〕以）麋（糜）酓（飲）之，日三酓（飲），稍以利爲齊（劑）。·亓（其）一曰，礜石、長石、理石＝（石、石）枂、莫石、〔九〕凝（凝）水石、白英、〔一〇〕增（曾）青、脂石＝（石、石）膏，〔一一〕一五六茲（慈）【石】皆冶各一斤，直（置）器中；青粟米六斗，炊之，清加石上，沃以麋（糜）汁，令亓（其）上三寸，盇（蓋）涂。七日之後，取漿（漿）一斗，反水一五七□□□汁二斗。一五八

【注釋】

〔一〕消渴，《釋名·釋疾病》：「消激，激，渴也。腎氣不周於胸胃中，津潤（液）消渴（竭），故欲得水也。」《諸病源候論·消渴候》：「夫消渴者，

渴不止，小便多是也。」

〔二〕凝水，即凝水石。《别録》：「除時氣熱盛，五藏伏熱，胃中熱，煩滿，止渴。」

〔三〕《千金要方》卷十第五：「凝水石散，治肉疸飲少，小便多，如白泔色，此病得之從酒。凝水石、白石脂、栝樓根、桂心各三十銖，菟絲子、知母各十八銖。」

〔四〕蓤早，即象斗。《説文·艸部》：「草，草斗，櫟實也。一曰象斗子。」段注去「子」字，作「一曰象斗」，又云：「《周禮·大司徒》其植物宜早物。假借早晚字爲之。」則象斗一物，本作「草」，又可假作「早」，簡文取「早」字，又前綴「蓤」字複言稱之。《本草綱目》橡實：「櫟，柞木也，實名橡斗、皂斗，謂其斗刓剜象斗，可以染皂也，南人呼皂如柞，音相近也。」本方以蓤早之殼作取藥盛藥之器。

〔五〕水華，井華水。

〔六〕撚，讀爲「埏」。埏，以水和土。此指攪拌摻合，將諸藥物調和成糊狀物。

〔七〕沈潘，或作「莐藩」「沉燔」，知母之异名。《爾雅·釋草》：「薚，莐藩。」邢昺疏：「藥草知母也，一名薚，一名莐藩。」《别録》：「知母，一名沉燔。」

〔八〕起以，即起實。參見簡三三「起實」注。簡一四九：「以美桼（漆）丸，大如起實。」簡七四至七五：「以棗膏完（丸）之，大如起實。」《集注》：「一名藾。」《房内記》二〇至二一：「丸之，大如藾。」

〔九〕莫石，未詳。《养生方》「除中益氣」方下（一〇四至一〇五、一一八至一二〇），此藥兩見。

〔一〇〕白英，即白石英。《本經》白石英：「主消渴。」

〔一一〕脂石，即石脂。

治[消]，[止]溺。取栝婁（蔞）六分，長石四分，凝（凝）水石、李（理）石各二分，思石一分，〔一〕皆治，合和。以方寸箇（簡）取藥，直（置）酒中，麋（糜）[亦]可；爲懁，一五九以水[華]畬（飲）之，日三。·亓（其）一曰，消渴，弱（溺）多不止，苦〈苦〉婁（蔞）六分，長石四分，凝水石、理石各二分，惡石一分，合和。以方寸箇（簡）匕一六〇取藥，直（置）温酒中，畬（飲）之。·治渴。屑（屑）龍膽，以生苦〈苦〉蔞汁完（丸）之而吞之。毋常。[禁]。一六一

【注　釋】

〔一〕思石，未詳。按此兩方組成略同，後方作「惡石」，疑即思石。惡石當爲石灰。《本經》石灰：「一名惡灰。」《本草經集注》石灰：「俗名石堊。」

卌七　治字難者。〔一〕燔肩（屑）貍頭骨，即禹步三，〔二〕垔（湮）汲，〔三〕以左手引繘，〔四〕左足踐罋，〔五〕出下免（輓）之，〔六〕兩〖手〗奉雝（罋），禹步三，直（置）罋地，取一六二水如醬（醬），置藥一撮亓（其）中，撓，畬（飲）之，一已。〔七〕一六三

【注　釋】

〔一〕字難，即難産。《説文》：「字，乳也。」段注：「人及鳥生子曰乳。」

〔二〕禹步，即巫步。《法言·重黎》：「昔者姒氏治水土，而巫步多禹。」其數爲三。陳侃理《北大秦簡中的方術書》引北大秦簡四－一九五：「禹之三，黄啻（帝）之五，周於天下，莫吉如若。」

〔三〕湮汲，即取地漿水之法。《里耶秦簡（貳）》8－1369＋8－1937：「病煩心，穿地深二尺，方尺半，鬻（煮）水三四斗，濆（沸），注之穿地中，視其可歙（飲），歙（飲）一參。」

〔四〕繘，《急就篇》顔師古注：「汲索也。」《方言》卷五：「自關而東，周、洛、韓、魏之間謂之綆，關西謂之繘。」

〔五〕罋，《説文》：「汲缾（瓶）也。」

〔六〕輓，《説文》：「引也。」

〔七〕《關沮秦漢墓簡牘》簡三四〇至三四四：「禹步三，汲井，以左手袤〈牽〉繘，令可下免甕（甕），即下免繘甕（甕），左操杯，鯖甕（甕）水，以一杯盛米，毋下一升。前置杯水女子前，即操杯米，禹步【三步】，祝曰：皋！敢告鬻。步，投米地，祝投米曰：某有子三旬，疾生。即以左手撟杯水歙（飲）女子，而投杯地，杯□□。」

卌八　治女子病瘕在少腹如褱（懷）子者，〔一〕要（腰）甬（痛）甚，豆惡下=（下，下）不止者。此等恐有虫（蟲），若肌膏如虫（蟲）狀。取弓膠八兩，捽（碎）之，因一六四如豆，〔二〕以淳酒一參煮，撓之，勿令著，盡靡（糜）；即肩（屑）茈（紫）渇（浸－參）二合，茈（紫）威（葳）、勺（芍）藥各一撮，并入中撓之，沸。〔三〕適寒温，令病者莫（暮）毋食，一六五盡畬（飲）之。已畬（飲），静居毋卧，腹中甬（痛），如食頃止，即食=（食，食）如養乳者。日中時後出=（出，出）如血，可三四而止=（止，止）乃卧。亓（其）有虫（蟲）者乳之。〔四〕一六六幸者，一畬（飲）已。病甚者，十餘畬（飲）已。·治赤淪亦用此藥。·禁毋寒畬（飲）食。一六七

【注　釋】

〔一〕《説文》：「瘕，女病也。」余雲岫謂：「瘕本女子生殖器之腫瘤，引申之凡腹中有結塊，亦謂之瘕。」（《古代疾病名候疏義》，頁一四〇）

〔二〕弓膠，製弓所用之膠。《周禮·考工記·弓人》：「凡相膠，欲朱色而昔，昔也深，深瑕而澤，紾而摶廉。鹿膠青白，馬膠赤白，牛膠火赤，鼠膠黑，魚膠餌，犀膠黃。凡昵之類不能方。」鄭玄注：「皆謂煮用其皮，或用角。」按，即《本經》白膠，主治「婦人血閉無子」。《別録》白膠：「今人少復煮作，唯合角弓，猶言用此膠爾。」可爲證。

〔三〕沸，據簡一七六簡背反印文補釋。

〔四〕乳之，謂如婦人產子而出。《説文》「字」段注：「人及鳥生子曰乳。」

卌九　治風𤻮。〔一〕屑（屑）貝毋（母）、商荎（陸）、鳥〈烏〉喙等，并合；取四撮，入水一斗半中，炊沸；釀米一升，炊米幣（敝），〔二〕止火𥂝（蓋）之，沸定，復炊之，五而已＝（已。已），一六八 熱㱃（飲）之，溫衣卧，汗出至足，一已。禁。一六九

【注釋】

〔一〕《下經》簡二〇〇：「風𤻮，狀无常主也，煩心，少氣，類狂疾，時寒時熱。」《史記·扁鵲倉公列傳》齊王太后病「風𤻮客脬」。

〔二〕幣，同「敝」，敗也。此指煮米至爛。

五十　治内𤻮。〔一〕屑（屑）土蔞、消石等，并合，已餔食，取藥一龠（龠），以漿（漿）餈（餐）之，卌日已。·毋禁。一七〇

【注釋】

〔一〕内𤻮，内熱病。《下經》有内𤻮五條。五十 治内𤻮，據目録簡及殘存筆畫補。

五十一　治内風。〔一〕熬垣衣令黃焦，〔二〕屑（屑）之三㇄，蒁（朮）二㇄，貝母一半㇄，〔三〕薑㇄、圭（桂）㇄、蜀枺（椒）各一，并合。溫美酒一杯，取藥二撮，撓㱃（飲）之；復以一七一 半棓（杯）酒，湯（蕩）棓（杯）㱃（飲）之，日再。一七二

【注釋】

〔一〕《素問·風論》：「入房，汗出中風，則爲内風。」參《下經》「内風」條。

〔二〕垣衣，《別録》：「主暴風口噤，金瘡，酒漬服之效。」又名烏韭，《廣雅·釋草》：「昔邪，烏韭也，在屋曰昔邪，在牆曰垣衣。」與石衣同類，惟生於垣牆。參簡三三「石衣」注。

〔三〕一半，一又半。

五十二　治傷〓中〓（傷中。〔一〕傷中）者，其溲細白，清之，其下如靡（糜）米狀。治取羊肝腸胃，謹洒（洗），細刌之，以醇酒二斗煮孰（熟），捘去亓（其）肉，肙（肙）圭（桂）尺，細一七三辛一兩，畺（薑）五果（顆），甘草一兩，入汁中撓，㱃（飲）之，多少次（恣）。藥盡，復爲如前。三，〔二〕病已矣。一七四

【注　釋】

〔一〕《下經》有傷中五條。

〔二〕三，按簡一七六「三爲病已」之例，此後當脱「爲」字。

•治傷中。赤叔（菽）一斗，黍潘五斗，〔一〕馬脯中束一，則（萴）二果（顆），并煮，謁（竭）以爲二斗。日食三朐脯、〔二〕叔（菽）一參，一七五㱃（飲）汁二參。三日更爲ㄴ，三爲病已。一七六

【注　釋】

〔一〕潘，《説文》：「淅米汁也。」

〔二〕朐脯，條狀乾肉。

五十三　治内倗（崩）ㄴ、金傷及女子赤淪方。〔一〕取全黑犬骨、羊角，燔，冶，各二，燔人髮半ㄴ，熬大叔（菽），取中黄者，薑、一七七圭（桂）、乾蓍（耆）根各一，凡七物，并合撓。取一撮，入温淳酒一升中，撓，㱃（飲）之。節（即）能㱃（飲），雖一日數㱃（飲）可一七八也。病已，止。一七九

【注　釋】

〔一〕女子赤淪，即《諸病源候論》之「帶下赤候」。《下經》簡八八：「女子紅痛，赤白半。」

五十四　治膈中。〔一〕肙（肙）圭（桂）、細辛、疾胡、〔二〕大黄皆等，以竹籥盛酒少半升，入藥二撮亓（其）中，撓，常先餔食㱃（飲）之，日三，十五日已。一八〇

【注　釋】

〔一〕《脈書》簡六：「在胃管（脘），癰（壅），爲鬲（隔）中。」「治隔」，據目録簡及殘存筆畫補。

〔二〕疾，疑讀爲「茈」。疾，從母質部（脂部入聲）；茈，精母支部。二字旁紐雙聲，古齊語脂、支兩部韵近，故可通。參《釋名・釋飲食》「豉，嗜也……故齊人謂豉聲如嗜」，及本篇簡三五「枝」「耆」相通例注〔八〕。茈胡即柴胡，《本經》：「治心腹，去腸胃中結氣，飲食積聚，寒熱邪氣，推陳致新。」

治隔中。治乾土，令大如米者二斗半，分以爲五，裹烝（蒸）熱，以一尉（熨）心，二尉（熨）兩脅，寒更之，復烝（蒸），病已，止。不過二日必已。〔一〕一八一

【注　釋】

〔一〕《素問・氣厥論》：「肝移寒於心，狂，隔中。」本方治隔中所熨部位心及兩脅，與《素問》所言隔中病位相當。

五十五　治内瘀。〔一〕取生地黄𦺇（擣）之半斗，以淳酒三斗沃，稍温酓（飲）之，以粇（粥）亦可。一八二

【注　釋】

〔一〕内瘀，指内傷瘀血。《本經》乾地黄：「治折跌、絶筋，傷中，逐血痹。」

治内瘀及折傷痛。肩（屑）越底（砥）五，〔一〕石赭二，〔二〕并合。温美酒一棓（杯），取藥二撮，置其中，撓，酓（飲）之，日再。一八三

【注　釋】

〔一〕越底，即越砥。砥，磨刀石。《别録》越砥：「今細礪石出臨平者。」臨平，今浙江餘杭，古越地。《本草拾遺》礪石：「主破宿血……又有越砥石，極細，磨汁滴目除暗，燒赤投酒中，破血瘕痛。功狀極同，名又相近，應是礪矣。《禹貢》注云：砥細於礪，皆磨石也。」

〔二〕石赭，即赭石，《本經》名代赭。《别録》主治「血痹，血瘀」。

【五十】六　治風痹初發，〔一〕身爲寒熱，洒＝（洒洒）痛者。〔二〕用杏覈（核）十四，取中人，細辛一小拼（萁），蜀朱（椒）一合，薑二果（顆），圭（桂）二尺，父（㕮）沮（咀）。置酒半斗一八四中炊涫，〔三〕挼去宰（滓），盡酓（飲）汁，卧，汗出免（浼）足，以寒水漬巾，捉以摩頭面身，一已。一八五

【注　釋】

〔一〕五十，據目録簡補。

〔二〕洒洒，寒貌。《素問・診要經終論》：「秋刺冬分，病不已，令人洒洒時寒。」或作洗洗、濇濇、洒淅，并音轉義同。

〔三〕涫，《説文》：「灊（沸）也。」

五十七　治血暴發者。肩（屑）土瓜二，〔一〕牡蒙、〔二〕菌（箘）圭（桂）各一。取一籥（龠），温美酒半升，莫（暮）毋食，旦畬（飲）之，日一乚，五日已。禁。一八六

【注　釋】

〔一〕土瓜，即王瓜。《本經》王瓜主治「瘀血月閉……一名土瓜。」

〔二〕牡蒙，即紫參。《本經》紫參：「一名牡蒙。」《吴氏本草經》牡蒙：「一名紫參。」《别録》紫參：「療腸胃大熱，唾血，衄血，腸中聚血。」又《急就篇》載有「牡蒙」，顔注「牡蒙，一名黄昏。」爲「王孫」异名。亦備一説。

治血暴發，肩北（背）匈（胸）脅撞心。以非（飛）嗛（廉）華紅時，〔一〕取陰乾＝（乾，乾）冶，裹之。誨（每）餔食，取藥一撮，以爲後飯。不過二日，已矣。一八七

【注　釋】

〔一〕非嗛，讀爲「飛廉」，《養生方》一七三作「非廉」。飛廉，《證類》卷七引《藥性論》：「主留血。」《别録》：「七月、八月采花，陰乾。」陶弘景注：「花紫色。」

治血痹。〔一〕肩（屑）白薟（蘝）、勺（芍）藥、節華、〔二〕薑、圭（桂）、小⿰木尗（椒）、朱（茱）臾（萸）等，并合。取三撮，入美酒一升中，先餔食畬（飲）之，日三＝（三。三）日知，五日已。一八八

【注　釋】

〔一〕血痹，《靈樞・九鍼論》：「邪入於陰，則爲血痹。」《素問・腹中論》「病名血枯……故月事衰少不來也。」王冰注：「月事衰少不至，則中有惡血淹留……惡血淹留則血痹，著中而不散。」

〔二〕節華，參簡七七「達黍」注。另，《本經》菊花：「一名節華……久服利血氣。」

治〖暴〗血=（血，血）痹。涶（唾）曰「噴」者三，〔一〕祝曰：「尤非尤，奚出來？」〔二〕即以手大母（拇）指兩按之，卷（倦）而怵〈休〉，三而已。一八九

【注釋】

〔一〕祝由術多見噴唾法，《五十二病方》三九〇「唾曰歕（噴）桼（漆）三」、八二「涶（唾）之，賁（噴）」、五二「噴者劇噴」、一五六「取杯水噴鼓三」。

〔二〕尤，來，古韵之部。

五十八　治心暴痛。屑（屑）梂（椒）覈（核）一升，〔一〕以酒一杯酓（飲）之。•其一曰，卬（仰）屋左榮，〔二〕以左手取亓（其）木若草蔡長尺，〔三〕即禹步三，折置病者心上；一九〇因以左足徐蹱（踵）之，男七ㄴ，女二七，已=（已。已）試。〔四〕•亓（其）一曰，令病者東首仳（伏），從北方禹步三，祝曰：「雨從西北方來，歙乎亓（其）音；兔與蝦（蝦）一九一蟇（蟆），食月之心。吾非誒（娭），〔五〕毋（母—拇）手也，印鈞=（鈞鈞）不周，〔六〕印水=（水水）不流，印心=痛=（心痛心痛）怵〈休〉。」〔七〕即以兩毋（母—拇）指，毋息，印亓（其）脊直（值）痛者。〔八〕一九二亟（極）之，怵〈休〉；三，已。各言如前。一九三

【注釋】

〔一〕椒核，即椒目。

〔二〕卬，同仰，《玉篇》：「待也，向也。」榮，《説文》：「屋梠之兩頭起者爲榮。」段注：「齊謂之檐，楚謂之梠，檐之兩頭軒起爲榮。」卬屋左榮，謂人仰向左方屋檐翹起之處。

〔三〕蔡，《説文》：「艸也。」《五十二病方》五一：「取屋榮蔡薪，燔之而炙匕焉。」

〔四〕里耶秦簡8—876：「治暴心痛方：令以□屋在□□□□□取其□□草蔡長尺，□□三，析，專（傅）之病者心上。」又，里耶秦簡8—1376＋8—1959：「因以左足□踵其心，□子十踵，女子七踵。嘗試。勿禁。」

〔五〕誒，讀爲「娭」，《説文》：「戲也。」即今「嬉」字。

〔六〕鈞，指陶鈞，製作陶器所用的轉輪。《漢書·賈誼傳》「獨化於陶鈞之上」顔師古注：「陶家名轉者爲鈞，蓋取周回調均耳。」

〔七〕「音」「心」，古韵侵部。「手」「周」「流」「休」，古韵幽部。

〔八〕脊直痛者，背脊與心痛平齊之處。

五十九　治氣暴上走嗌。〔一〕煮水三斗，取細辛半兩，烏喙一果（顆），半夏毀之如叔（菽）二合，入中安炊之，令渴（竭）爲一斗，浚（挨）去宰（滓），以汁糂（粥）。**一九四**𥽊（糓）米二合，〔二〕安炊，令爲二升。適寒温，先旦食盡酓（飲）之。節（即）煩心，入白徹（薇）一兩，十七已。〔三〕·禁。**一九五**

【注　釋】

〔一〕指氣急上衝咽喉。《諸病源候論·卒上氣候》：「肺主於氣。若肺氣虚實不調，或暴爲風邪所乘，則腑臟不利，經絡痞澀，氣不宣和，則上氣也。又因有所怒，則氣卒逆上，甚則變嘔血，氣血俱傷。」其所附導引法有治暴氣欬、治暴氣上氣。

〔二〕糓米，舂過之後的精米。《説文》：「糓，糲米一斛舂爲八斗也。」《淮南子·主術》：「粢食不糓。」注：「糓，音毀。細也。」

〔三〕「七」字或涉上而訛，當作「日」。

六十　治泄而煩心。〔一〕煮滌（漿）三斗，適病者酸淡，父（㕮）沮（咀）白徹（薇）三撮，入中炊之；三沸而抒，〔二〕去宰（滓），清，取汁十二升，炊之沸；因取析（淅）**一九六**汏（汰）米一升，〔三〕釀以爲糂（粥），炊之，適亓（其）河（涽）灋（概），〔四〕抒歠（啜）之，及以亓（其）滌（漿）餐（餐）可也。糂（粥）盡，有（又）復糂（粥）如前，數爲之，三日已矣。**一九七**

【注　釋】

〔一〕《素問·玉机真藏論》：「帝曰：夏脈太過與不及，其病皆何如？岐伯曰：……其不及則令人煩心，上見欬唾，下爲氣泄。」

〔二〕抒，舀出。《説文》：「抒，挹也。」《詩·大雅·生民》「或舂或揄。」毛傳：「揄，抒臼也。」《詩·小雅·大東》：「維北有斗，不可以挹酒漿。」《五十二病方》三十四：「疾沸而抒，浚取其汁，寒和，以歙病者。」

〔三〕析，讀爲「淅」，淘洗。《説文》：「淅，汏米也。」段注：「凡釋米、淅米、漬米、汏米、灡米、淘米、洮米、漉米，异稱而同事。」

〔四〕河，爲「涽」之省寫。涽，《説文》：「多汁也。」《淮南子·原道訓》：「甚淖而涽。」高誘注：「夫饘粥多瀋者曰涽。」灋，讀爲「概」，《説文》：「稠也」。本指禾苗之稠密，引申可泛指它物之稠濃。適其涽概，即調節粥的稀稠使之適當。

治煩心。取管（菅）茭細莝（剉），洎以水，財（裁）足，〔一〕三沥煮孰（熟），浚（挍）去宰（滓），酓（飲）亓（其）汁。管（菅）茭者，〔二〕茅索好埴者也。〔三〕一九八

【注釋】

〔一〕財，適當之義。《荀子·非十二子》「財萬物」楊倞注：「財與裁同。」《五十二病方·傷痙》四四：「治黃黔（芩）、甘草相半，即以彘（彘）膏財足以煎之。」

〔二〕菅，《說文》：「茅也。」《爾雅·釋草》：「葯，茭。」《說文》：「葯，茭也，茅根也。」《本草經集注》茅根：「此即今白茅菅。」

〔三〕茅索，茅草繩。《說文》：「索，艸有莖葉，可作繩索。」段注：「以艸者，如蔽秆茅麻是。以竹者，竹部之筊是。」埴，黏土。

散簡

〼益，以知毒爲齊（劑）〼一九九

（簡二〇〇至二一二，無字迹或字迹難以釋讀。釋文從略。）

療馬書

【說　明】

本篇屬於出土編號爲 M3—137 竹簡中的一部治療馬病的專書，經綴合整理共有一百七十二支簡。以三道編繩編聯，竹黄一面有上、中、下三道契口，中契口位於上、下契口正中，上契口距簡頭約一・三厘米，下契口距簡尾約一・七厘米。部分竹簡簡背有劃痕。平均簡長約三〇・三厘米，約合秦漢尺一尺三寸，簡寬約〇・七厘米，簡厚約〇・一厘米。文字皆書於竹黄一面。

該部分簡無題名，《療馬書》是整理者根據簡文内容擬定的書名，其内容是有關馬病的理、法、方、藥的彙集。本篇對馬病采取分類闡述的方法，每一類病先列「提綱」，列舉其證候分類；繼而分條詳述各類馬病證候之症狀表現及病因病機，頗似「經」、「傳」分疏之體例，呈現出「綱舉目張」的結構；病候之後附以療馬病藥方或其他療法，包括砭刺法、湯熨法等，給藥方式有内服和外敷，其中「灌服法」頗具獸醫治療特色。整理者據上述體例編聯了大部分簡文，未編聯者置於「散簡」中。此外，本篇中還出現了與馬的年齡和牙齒有關的圖表，由圖形、數位、文字三部分拼合而成，具體含義不詳，擬章節名爲「馬齒表」。《齊民要術》卷六《養馬牛驢騾》有關於馬至三十二歲年齒的記載，《司牧安驥集》《元亨療馬集》有馬的「三十二歲口齒訣」等，對於解讀本篇之「馬齒表」或有參考意義。

本篇内容與馬王堆帛書及《齊民要術》中的《相馬經》不同，而與《隋書・經籍志》所載「《伯樂治馬雜病經》一卷」、「《療馬方》一卷」（其下自注云：梁有《伯樂療馬經》一卷）這類療馬病的專書相類。《史記・扁鵲倉公列傳》記載淳于意授學之事，其弟子中有「太倉馬長馮信」，由此可知當時醫者有兼習醫馬之術者，而天回醫簡中《療馬書》的出土，則爲研究這一時期醫學傳承的歷史及中獸醫的早期成就提供了寶貴的出土文獻實證。

馬强上

馬[强]上三物：〔一〕一曰膭（脊）膂筋痛以强上└，〔二〕一曰血以强上└，〔三〕一曰勁以强上。一

【注　釋】

〔一〕强上，頸項肌肉拘急而呈頭上仰狀。《素問·脈解》：「强上引背者，陽氣大上而争，故强上也。」

〔二〕《靈樞·九宫八風》：「外在於骨與肩脊之膂筋。」

〔三〕《齊民要術》卷六《養馬牛驢騾》：「驅馳無節則生血勞，血勞則發强行。」

馬膭（脊）膂筋痛以强上者，疾[從]肩以後，不能榣（搖）頭尾└，豊（曲）頸以僃（俛），口不能到地。二

馬血以强上者，疾從肩以後└，數榣（搖）□，其僃（俛）也，豊（曲）頸以僃（俛），口不能到【地】。☐三

馬勁以强上者，疾從肩以前，其僃（俛），展頸以僃（俛），[挾]食[難]。四

馬駕之，車摯（輊），〔一〕載重引緩，若張尾而趚（陸），〔二〕此所以發膭（脊）膂筋痛以强上者也。五

☐駕之，此所以發血强上者也。六

【馬□□】□＝。挐（掣）韁＝（繮，繮）不絶，若僃（俛）食疾敬＝（驚，驚）卬（仰）[題]有所柢（抵），〔三〕此所以發勁强上者也。七

【注　釋】

〔一〕摯，讀爲「輊」。《詩·六月》「如軒如輊」毛傳：「輊，摯也。」車前低後高稱輊。

〔二〕趚，讀爲「陸」，跳也。《莊子·馬蹄》：「齕草飲水，翹足而陸，此馬之真性也。」陸德明《釋文》：「足，崔本作尾。而陸，司馬云：陸，跳也。字書作踛。踛，馬健也。」郭慶藩《集釋》：「今案足作尾是也。《文選》郭景純《江賦》注引《莊子》正作尾。」

〔三〕題，《説文》：「頟（額）也。」

【馬膭（脊）膂筋痛】以强上者└，挾啓豚及尾└，〔二〕用淳（醇）瀡（糟）四斗，〔三〕烏蒃（喙）一斗，藹（蕩）本、巽（蕈）亦一斗，〔四〕與瀡（糟）并，烝（蒸）八孰（熟），兩裹以挾尉（熨）膭（脊），從蹢（脰）到尾，〔五〕往來更代之。比尉（熨），〔六〕兩三

日而瘳。九

馬血强上者，急褁前足，〔一〕□彊（繮）其下引俻（俛），兩人操褁挾通摩，從肩以後到尾，往來更一〇代，耳汗而已＝（已。已），即用膭（脊）膂筋尉＝（熨熨）之。一一

馬勁强上者，挾略启〼 一二

【注釋】

〔一〕褁，同「縳」，或作「縳」「縜」。《說文》：「縜，絆前兩足也。」《漢令》：蠻夷卒有縜。」《莊子·馬蹏》「連之以羈縳」，《釋文》引崔譔云：「縳，絆前足也。」

〔二〕启，砭刺之義。《脈書》簡五八：「用祀（砭）启脈者必如式。」腨，疑讀爲「腨」，即小腿肚。

〔三〕淳濳，即「醇糟」，做厚酒剩下的渣滓。醇，《說文》：「不澆酒也。」《漢書·曹參傳》：「至者參輒飲以醇酒。」注：「醇酒不澆，謂厚酒也。」糟，《說文》：「酒滓也。」

〔四〕薚本，商陸根。《爾雅·釋草》「蓫薚，馬尾」郭注：「關西呼爲薚，江東呼爲當陸，即商陸也。」邢昺疏：「按《本草》蔏陸，一名薚根。」蕻，《玉篇》：「同蓀。」《說文》：「蓀，香草也。」

〔五〕蹢，同「脰」，《說文》：「項也。」

〔六〕比熨，指比次而熨，往來更替。

馬約瘦不嗜食

馬約瘦不渚（嗜）食者三物：〔一〕一曰駒絶，一曰傷中乚，〔二〕一曰齱。〔三〕此皆聶（攝）肌、〔四〕小腹。一三

【注釋】

〔一〕約，《說文》：「纏束也。」此指瘦縮。

〔二〕《素問·診要經終論》：「中膈者，皆爲傷中，其病虽愈，不過一歲必死。」《下經》有傷中病證多種。

〔三〕齱，《說文》：「齵也。」段注：「齒不正也。」

〔四〕聶，讀爲「攝」，斂也。《詩·大雅》：「朋友攸攝，攝以威義。」疏：「相攝斂而佐助之以威儀之事也。」此亦瘦縮之義。

馬駒絶者，其居也耳縱，行善俛（俛）頭∟，賀〈駕〉行多汗。一四

馬傷中者，箸（著）之數并（屏）息，兩目多瞢節（癤），〔一〕及沂〈泥—涕〉逨（迹）。一五

馬鼬者，其口中上胆（腭）癰，〔二〕養（癢）疾，其食善如雧，〔三〕多𠯗（胗），見食而鳴。一六

【注釋】

〔一〕瞢，《説文》：「瞢兜。」段注：「目蔽垢。」瞢節，即眼癤子。

〔二〕胆，從月（肉），從巨（羣母魚部），與「腭」（疑母鐸部）音近可通。「腭」同「齶」，《玉篇》：「齒斷也。」

〔三〕雧，疑讀爲「唼」。《史記》引《上林賦》「唼喋菁藻」注：「《正義》曰：唼，疏甲反。唼喋，鳥食之聲也。」

馬駒絶者，初生時其毋〈母〉有所遠走〓（走，走）極若駕行遠道，此所以發駒絶者也。一七

▨癰□▨▨以塞邛（喉）龍（嚨）及舌横、〔一〕胎（頜）下，放（妨）食歓（飲），聶（攝）飢。一八

【注釋】

〔一〕舌横，《甲乙經》卷三第六：「喑門，一名舌横。」按此條當屬「馬鼬」之病因病機。

治馬鼬者，齊刀剌（刺）胆（腭）血，〔一〕已，多出血，已，即□如食頃而食之，□胆（腭）勿禾，瘳。一九

【注釋】

〔一〕齊刀，戰國齊國貨幣。刺腭血，謂刺牙齦出血。《齊民要術》卷六「養馬牛驢騾」：「刺芻欲竟骨端，刺芻者齒間肉。」

馬瘤

馬瘤四物：一曰瘤∟，一曰心∟，一曰和∟，一曰繞腸。二〇

▨瘤，腹盈，不□，多弱（溺）□▨二一

馬禾（和）者，腹盈▨二二

☐☐繞腸者，不能☐二三

馬恒食乾，數厭芻禾，〔一〕駕善美鉗厥希淒，此所以發☐二四

馬駕而疾環（還），若有所敬（驚）宭（宭）即環（還），此所以發☐☐二五

【注釋】

〔一〕《詩·白駒》「生芻一束」，鄭玄箋：「芡草刈取以用曰芻，故曰生芻。」本句意指馬喜食乾草，常不喜食新禾。

馬繞腸者，☐☐二六

馬蹇

馬水蹇者，〔一〕其行也偕蹇曳適（蹢）。二七

馬管（距）蹇者，〔二〕其行也，四足更旌＝（旌，旌）適（蹢）傅＝地＝（傅地，傅地）委＝（委委）然如足偏短者ㄥ，時痌（痛）鴂＝（鴂鴂）少斷（涕）ㄥ。此兩名ㄥ，二八其一名曰眄勁。〔三〕二九

馬刺（刺）蹇☐三〇

【注釋】

〔一〕馬水，疑即《齊民要術》卷六「馬中水」病，參簡七五注。蹇，行走艱難。《集韵·儼韵》：「越，《説文》『蹇行越越也』。或作蹇。」清·徐灝《説文解字注箋·走部》：「蹇，《足部》蹇音義略同，皆謂行蹇難也。」

〔二〕管，通「距」。《伯樂相馬經》：「生距如雞者，五百里。」《漢書·五行志》：「雌雞化爲雄……無距。」顔師古注：「距，雞附足骨，鬥時所用刺之。」《齊民要術》卷六「養馬牛驢騾」：「距骨欲出前。」距蹇應是馬蹄病。

〔三〕眄，《玉篇》：「俗眄字。」眄，《説文》：「目偏合也，一曰衺視也。」段注：「眄爲目病，人有目旹全合而短視者，今眄字此義廢矣。」

馬連纍而敬＝（驚，驚）走，若箸（著）居歷（櫪）中即敬（驚），〔一〕蹪（跐）歷（櫪），〔二〕此所以發僞蹇者【也】。☐三一

馬駕行＝（行，行）飢渴，舍即歆（飲）䪢（粥），〔三〕□即食歆（飲）所著，此所以發□蹇者也。三二

⧄□餘□，及敬（驚）走草木中，若跿（跳），有所𨆪（越），四足俱止地，此所以⧄三三

若爲駿∟，〔四〕新駒急毆（驅）疾，此皆所以發筐（距）蹇者也。三四

【注釋】

〔一〕歷，讀爲「櫪」，馬廏。

〔二〕蹟，讀爲「跐」，《玉篇》：「超踰也。」

〔三〕䪢，即「鬻」，同「粥」。《説文》：「鬻，鬻字省文。」「鬻，鍵也。」徐鉉注：「今俗作粥。」

〔四〕駿，《説文》：「駕三馬也。」《儀禮·覲禮》「左駿」鄭注：「騑馬曰駿。」《新序·雜事五》：「未有咫角駿駒，而能服重致遠者也。」

馬偽〖蹇〗者，潰，啓肩閒，從肘後入七寸，黄洎出，已。三五

馬□蹇者，急啓適（蹢）陽。三六

⧄馬刺（刺）蹇者，披去其剌（刺）⧄三七

【馬】□蹇者，急啓四足陰泳（派—脈），〔一〕多出血＝（血，血）變而止之。三八

【注釋】

〔一〕四足陰脈，簡一一四：「⧄足郄（郄）下陰泳（派—脈）而更張之。」《下經》簡一七二：「金傷，傷三毛，從陰及陽脈，死。」

馬慘牺之時，〔一〕初駕，駕踊（踊）踰（躍）前後跿（跳），敬（驚）奔，以引車，不可止，及以櫟索引⧄三九

⧄等半參，□治桂∟、蕺各一最（撮）入中，以灌鼻，介而再□⧄〔二〕四〇

節（即）以䪢（粥）灌，壹夕勿歆（飲），旦灌＝（灌，灌）欲復之，三日復之，渴如前。四一

⧄并䪢＝（粥，粥）孰（熟），以髼（漆）半升入䪢（粥）中撓，寒如夏水，灌口，瘳。四二

⧄□其水，如渴之日，乃厭之水，桂∟、蕺等并糗之，〔三〕用三指最（撮）三，入藥中以灌＝（灌，灌）皆瘳。四三

⧄□渴（竭）之，冬時二日一夜，夕灌，夏時一日一夜，旦灌＝（灌，灌）節（即）不已，而欲復灌，必五日乃四四

【注　釋】

〔一〕慘，《説文》：「三歲牛。」牭，《説文》：「四歲牛。」此指馬三四歲。

〔二〕堅硬曰介。《易·豫卦》：「介於石。」

〔三〕糗，《書·費誓》「峙乃糗粮」孔疏：「糗，擣熬穀也。謂熬米麥使熟，又擣之以爲粉。」

馬　痌

☒心痌（痛）☒/☒□者也。四五

☒馬良，剛行强口，駕之，車軒載重，御弗能和如毆（驅），此所以發肝痌（痛）者也。四六

馬飽，新歙（飲），駕之上下反毆（驅）疾，此所以發肺痌（痛）者也。☒四七

馬駕，毆（驅）之疾，而治之若亶（憚）地險有石，此所〖以〗發腎痌（痛）者也。四八

☒□也。四九〔一〕

馬勞，敬☒/☒□汙涿（涿—濁）水，及暑□☒五〇☒水＝（水，水）皆不絜（潔），此所以發腸痌（痛）者也。五一

【注　釋】

〔一〕簡四五至簡四九簡文字體爲古隸，與本書其他字迹書風迥异。

馬寠（瘻）痌（痛）者，〔一〕其息蓁＝（欬欬）然，〔二〕鼽＝（鼻涕）涿（涿—濁）而（如）黄泉。〔三〕五二

☒寠（瘻）痌（痛）者，賢〈臋〉肌生邛（喉）龍（嚨）滂（旁），〔四〕大即☒/☒□□肉，兩然者，〔五〕皆炊（吹）其兩鼻。五三

☒治馬寠（瘻）未癰者，〔六〕剝脱去其賢〈臋〉肌乚，癰☒五四

肝痌（痛）者，用卵☒五五

【注　釋】

〔一〕瘻，《説文》：「頸腫也。」段注：「頸腫即《釋名》之癰喉。」

〔二〕蓁，讀爲「欬」，《説文》「有所吹起。」《玉篇》：「忽也。」

〔三〕鼽，鼻涕。與簡一一九「鼻多沂」之「沂」同，而與簡一五「沂」爲眼淚有别。按「沂」當爲「泥」字之訛，「泥」可讀爲「涕」，「鼽」字又係

在「沂」字基礎上所造表鼻涕之專字。

〔四〕贒，《廣雅・釋詁一》：「益也。」贒肌，當指息肉。

〔五〕兩然者，兩種情況下。

〔六〕馬瘦未癰，指馬頸腫起尚未成癰。

馬驁

馬心驁者，〔一〕駕之傅卧。〔二〕五六

馬目驁者，駕之左右顧。五七

馬足驁者，駕之，四足土[困]前岠（距）。五八

【馬耳】驁者，[駕]之，□□不行。五九

【注釋】

〔一〕驁，《說文》：「馬重貌。」一曰兇猛，《玉篇》：「馬很也。」

〔二〕傅卧，伏地而卧。

馬心驁者，且駕矣，前飭（飭）絜以木，〔一〕挾衡（衡）肘（紂）後，已而駕之行。六〇

馬目驁者，且駕矣，入鹽兩目中而駕之行。六一

馬足驁⍁/⍁□□□□[其]□，及逵其尾部[末]不盡三寸，堅[緸]其[厀閒]，〔二〕已，即駕之行。六二

馬耳驁者，且駕矣，前□⍁/⍁□前痛，啓四適（蹢），已，駕之行。六三

【注釋】

〔一〕飭，同飭，《小雅・六月》「戎車既飭」毛傳：「正也。」

〔二〕犛，《集韵》：「本作氂，犛牛尾也。」《山海经・中山經》「荊山多犛牛」，郭璞注：「旄牛屬。」

馬騷

⍁□□□之∟，拳（卷）布盈把＝（把，把）入藥中，絜傅其騷（瘙）匕（疕），〔一〕即以豬職（膱）膏＝（膏膏）其藥上，〔二〕過滂

（旁）三寸。居一六四宿，有（又）復傅＝藥＝（傅藥，傅藥）浴、走如故，居再宿。・以薪（辛）荑（夷）木爲歷（歷—櫪），馬不騷＝（瘙，瘙）者瘳。六五

【注　釋】

〔一〕騷，讀爲「瘙」。《廣雅・釋詁一》：「瘙，創也。」匕，讀爲「疕」，《説文》：「頭瘍也。」「瘙疕」連用，猶言「瘡瘍」。

〔二〕職，讀爲「膱」。《五十二病方》二二：「一，久傷者，薺（齏）杏竅〈覈（核）〉中人（仁），以職（膱）膏弁，封痏，虫（蟲）即出。【・嘗試。」原注：膱，古書或寫作膱，《考工記・弓人》注：「亦黏也。」膱膏，即黏的油脂。

有（又）復傅＝藥＝（傅藥，傅藥）盡如前。・凡傅＝藥＝（傅藥，傅藥）欲以温日＝（日、日）暑時乚。〔一〕冬時傅藥，温廄中火滂（旁）。已傅藥，即温衣六六箸（著）之乚，五六日瘳。其□故□□盡□堵去乚，新膚生未有毛，取鮮豬膏鬺（煮）銷，以蠠＝（蜜、蜜）二膏一相六七殽，以膏新＝膚＝（新膚。新膚）毛傷（傷）生，冬時卅日，夏時卄日，膚、毛盡如故乚。夏時成（盛）畐〈畺—蠠（蜜）〉類臧（藏），冬時傅六八藥，温亶（燀）澤（釋）甘（泔），〔二〕如夏水，以浴馬。六九

【注　釋】

〔一〕温日、日暑，《詩・大雅・雲漢》「温隆蟲蟲」，《毛傳》「温温而暑，隆隆而雷，蟲蟲而熱也。」

〔二〕澤甘，淘米水。又作「澤泔」，見《五十二病方》二九四、三七五。澤，讀爲「釋」，《説文》：「漬米也。」甘，讀爲「泔」，《説文》：「淅米汁也。」

自死焉，乃出畐〈畺—蠠（蜜）〉，炆〈炆〉乾⍁〔一〕七〇

⍁□和各以其數和，并臧＝之＝（藏之。藏之）冬時百日可也，夏時以五乚、六十日亦可，傅馬藥以□⍁七一

【注　釋】

〔一〕炆，《廣韵》：「火烈也。」

凡治藥，以其虫（蟲）之良日治之，〔一〕毋以其所忌之日治＝藥＝（治藥。治藥）獨智（知），毋告左右，毋令女子重身者見之，〔二〕欲七二居蔽偃（匽）地，一人獨自治馬□□□□⍁七三⍁禁也，不欲令它人智（知）之，恒封印臧（藏），用而發＝（發，發）視，〔三〕七四

【注　釋】

〔一〕《禮記·祭義》：「世婦卒蠶……及良日，夫人繅。」元·陳澔《集説》：「良日，吉日也。」

〔二〕重身者，即孕婦。

〔三〕周家臺秦簡三三二至三三四：「已齲方：見車，禹步三步，曰：輔車車輔，某病齒齲，笱（苟）能令某齲已，令若毋見風雨。即取車舝，毋令人見之，及毋與人言。操歸，匿屋中，令毋見，見復發。」《千金》卷一《合和第七》：「凡合腎氣、署預及諸大補、五石、大麝香丸、金牙散、大酒煎膏等，合時煎時并勿令婦人、小兒、產母、喪孝、固疾、六根不具足人及雞犬六畜等見之，大忌，切宜慎之。」

馬□目

馬□目参（三）物：一曰水┗，〔一〕一曰昏┗，〔二〕一曰骨胑。七五

【注　釋】

〔一〕《齊民要術》卷六「治馬中水方：取鹽著兩鼻中，各如雞子黄許大，捉鼻，令馬眼中淚出，乃止，良矣。」

〔二〕昏，《書·益稷》「下民昏墊」，孔安國傳：「昏瞀墊溺。」孔穎達疏：「眩惑之意。」

【馬】目水者，其𥃩（眼）日〈白〉赤□□□□血。七六

馬目昬（昏）者，其𥃩（眼）上膏日〈白〉，目多薯節（癤）。七七

馬目胑者，骨生𥃩（眼）上，□蘼（糜）𥃩（眼）〼七八

【治】馬水目者，瘩馬以□□，長六寸□□□□□□□□□□□〼七九

治馬目昏者，取醯母乾治〈治〉，〔一〕殺美鹽各等，并，取□最（撮），〔二〕以籥□入其目中，〔三〕□□□□□□倍馬□□八〇〼□以利刀刺，剥去之，即治善𥚃、〔四〕美鹽相殺，堵二鹽一，并，以一最（撮）入八一其目中，不過三日已，瞻視如故。·取穀〈穀〉木及其本，燔以爲灰，淳之一石，〔五〕取涓六斗。且淳之，必八二先生其灰乃淳＝（淳，淳）數上下水，盡索（索）其浪料。藏，〔六〕善冥（冪）蓋之。以澤（釋）甘（泔）鬺（煮）烏蒃（喙），〼八三

【注釋】

〔一〕醯，《說文》：「酸也。」又《說文》：「酸，酢也。……關東謂酢曰酸。」醯母，即做醯的麴。

〔二〕最，同「撮」，量名。《漢書・律曆志》應劭注：「四圭曰撮。」一撮約合今制二毫升。

〔三〕籥，同「龠」，《說文》：「樂之竹管。」《爾雅・釋樂》「大籥謂之產」，郭璞注：「籥，如笛。」

〔四〕善堵，疑即墡土。墡，白土。《證類》卷五：「白堊，即白善土。」「治馬瘙蹄…又方：取鹹土兩石許。」《聖濟總録》卷一百五：「白善土、膽礬，各半錢匕。」

〔五〕淳，《周禮・考工記》「鍾氏淳而漬之」鄭玄注：「沃也。」

〔六〕浪料，疑是經淘洗之料。

☐甘（泔）一斗，烏二升，〔一〕段（煅）烏蒃（喙），鬻=（煮，煮）肰（肰）炫孰（熟），〔二〕即搜（縮）抾（去）烏蒃（喙），〔三〕☐八四

【注釋】

〔一〕甘即澤甘，烏即烏喙。

〔二〕鬻肰炫孰，又作「鬻肰熗孰」，本篇常語，皆用於烏喙炮製，當指久煮烏喙至極熟，以去毒存性。《玉篇》：「肰，亦作肰，足也。」

〔三〕搜，後文又作「溲」，并讀爲「縮」。《禮記・郊特牲》：「縮酌用茅，明酌也。」鄭玄注：「縮，去滓也。」

馬　蹋

馬駕行遠道，而蹋者藥。〔一〕八五

斷馬磨（磿—櫪）故棧，〔二〕取其柁（杝—籬），以水二斗漬令湕（浹），〔三〕一宿，溲（縮），以美醯一參殽，〔四〕洎鬻（煮）烏蒃（喙）一參，〔五〕段（煅），鬻（煮）肰（肰）八六熗（炫）孰（熟），溲（縮）抾（去）烏蒃（喙），即以洎漬美黄市土若故竈（竈）土，〔六〕挈乾=（乾，〔七〕乾）即冶，以職（膱）豬膏久者湌（弁），〔八〕傅八七蹋所，而以皮韋裹。其足勿箸（著）棧上，箸（著）平地。先布馬戾（屎）其箸（著）所地，厚四寸，乃箸（著）馬其上。八八休一宿，可復以行=（行，行）遠道，夕傅宿所而異箸（著）之，布馬戾（屎）以爲恒。蹋雖篤，以此藥傅【☐☐】，八九可毋留。材（裁）藥多少，而齍（齎）以行。〔九〕九〇

【注　釋】

〔一〕䠒，疑讀爲「瘠」，《廣韻》：「膝病。」

〔二〕磿，同「磨」，讀爲「櫪」，馬廄。故棧，舊馬床，編木竹爲之。

〔三〕浹，讀爲「浹」，《爾雅·釋言》：「徹也。」漬令浹，泡透。

〔四〕參，量名。一參相當於三分之一斗。

〔五〕洎，《周禮·士師》「王盥洎鑊水」鄭玄注：「謂增其沃汁。」此指藥汁。

〔六〕故竈土，即竈心土，又名伏龍肝。《別録》伏龍肝：「消癰腫毒氣。」

〔七〕挐，《楚辭·招魂》：「稻粢穱麥，挐黄粱些。」王逸注：「挐，糅也。」

〔八〕以職豬膏久者洽，即「以職豬膏久者弁」。《五十二病方》二二：「一，久傷者，薺（齏）杏竅〈覈（核）〉中人（仁），以職（膱）膏弁，封痏，虫（蟲）即出。【·嘗】試。」原注：弁，在帛書醫書中義爲調和，疑即後世的「拌」字。

〔九〕齎，《説文》：「持遺也。」

馬　痹

馬[⿸疒溥]（⿸疒尃）者，〔一〕以醴洎漬複勝二，〔二〕取鹿左角燔蠱（冶），〔三〕傅漬勝以更裹痏，〔四〕乾者輒去，以勝已漬有（又）九一

【注　釋】

〔一〕⿸疒溥，讀爲「⿸疒尃」，《集韻》：「痞病，或作痡。」《廣韻》：「⿸疒尃瘧，痞病。」《廣雅·釋言》：「瘧，痞也。」

〔二〕勝，《説文》：「囊也。」《玉篇》：「兩頭有物謂之勝擔。」複勝，指夾層布囊。

〔三〕蠱，讀爲「冶」，見《養生方》一七四、一七七、一七九。原注：「蠱，《後漢書·馬融傳》注：『與冶通。』」

〔四〕痏，《説文》：「疻痏也。」《玉篇》：「瘡也。」

馬　遬

馬[遬]（嗽）者，以生魚半參，入一參湯中，魚死，出，以布溲（縮）去魚，搗（擣）茈（秕）芒一升，〔一〕取鹽三指四最（撮），入茈（秕）芒中而九二盡入馬鼻，泥（涕）出，秡（頗）以藥灌鼻中。九三

【注　釋】

〔一〕茈芒，即「秕芒」，秕殼端芒刺。秕，《左傳・定公十年》「疑用秕稗也」注：「穀不成者。今蘇俗呼穀不充者曰癟谷，蓋即此字。字亦以粃爲之。」《本草蒙筌・穀部》：「稻穩，即秕芒也，治蠱毒作脹。」

六　騺

▨□匹，最其前者一匹名曰然刀，〔一〕次二匹名曰除量（腥）皞（臊），次三匹名曰去訞，〔二〕四匹以到數九四▨曰亶敫；不盡二匹者，名曰最譤；其後者一匹，名曰復勞。智（知）此名者，其痏不興刀，虫（蟲）不葆勞。〔三〕九五其傷（傷）瘳亟，虫（蟲）各盡有得＝（得，得）渚（嗜）食，盛膚＝（膚膚）載氣，并皆毋它意，駕利以爲吏（事）。〔四〕ノ六放〈敖（騺）〉。〔五〕九六

【注　釋】

〔一〕然，原寫作「剡」，右「刂」添改筆畫作「攴」。

〔二〕訞，《玉篇》：「災也。」

〔三〕「刀」「皞」「訞」「敫」「譤」「勞」「刀」「勞」，古韵宵部。

〔四〕「亟」「得」「食」「意」「吏」古韵職、之部。

〔五〕放，「敖」之誤，讀爲「騺」。六騺，即六駿。

馬齒表

▨■■〔一〕九七

▨□▲▲▲■九八

▨■⊟⊟■■▣■■■■■九九

▨平畏畏畏平平平一〇〇

■⊟⊟⊟⊟⊟▲▲▲▲■⊟▲▲■■■一〇一

再至至至至至至至至至至九八七六五駟〔二〕一〇二

至九八七六五四三二一中中而而兩兩□一〇三

齒齒齒齒齒平齒齒貫貫貫　而☒一〇四

■■■▲▲▲■■■▲▲▲▮▮▮□☒一〇五

■■■▲▲▲■■■▲▲▲▮▮▮▮▮一〇六

上上上上上上六中中六四二成内齒齒二一〇七

下四二六四二齒四二齒齒齒齒厥□☒一〇八

【注　釋】

〔一〕與馬的年齡和牙齒有關的表格，由圖形、數位、文字三部分拼合而成，具體含義不明。《齊民要術》卷六「養馬牛驢騾」有關於馬的三十二歲年齒的記載，《司牧安驥集》《元亨療馬集》有馬的「三十二歲口齒訣」等，可參。

〔二〕駟，《説文》：「四歲牛。」此處指四歲馬。嶽麓秦簡云：「金布律曰……馬齒至四以上，當服暈、犯（墾）田、就（僦）載者，令廄嗇夫丈齒令、丞前，久（灸）右肩，章曰：當乘。」見朱漢民、陳松長主編《嶽麓書院藏秦簡（肆）》第一一〇、一一一頁。

散　簡

☒□也，適（蹢）前到地。一〇九

☒欲卧不☒一一〇

☒□□□□□□□鬄（剔）髺，若有啓，久（灸）其身，即急絜〓（絜，絜）足，轉脣，若跂厥（蹷）其足而務〓（騖，〔一〕騖）久一一一

【注　釋】

〔一〕務，讀爲「騖」。《後漢書·光武帝紀》：「今此誰賊而馳騖擊之乎？」李賢注引《漢書音義》：「亂馳曰騖。」

☒啓兩鼻☒一一二

☐□也。·凡馬□行，不刾（刺）。一一三

☐足郤（郄）下陰泳（派—脈）而更張之。〔一〕一一四

【注 釋】

〔一〕郤，同「郄」，此當指膕窩。參《下經》簡二〇一「䐨」注。

☐□燔馬適（蹢）與其尾，治☐一一五

☐□其足正傿（偃），令膭（脊）傅地左右榣（搖），如食頃，已。一一六

☐□有行ㄥ，即不衣，露箸（著）之，及駕行而汗ㄥ，舍之汗乾＝（乾，乾）弗搔，一一七

☐寒如夏水☐〔一〕一一八

【注 釋】

〔一〕寒如夏水，亦見於簡四一。

☐數，鼻多沂〈泥（涕）〉。一一九

☐□□庾汗，其行左右顧視☐一二〇

☐兩也更前後指。一二一

☐口脣乾。一二二

□尾終也□□□☐一二三

馬□□☐一二四

☐能數敦前足☐〔一〕一二五

☐頸轉前旁爲七□☐〔二〕一二六

【注 釋】

〔一〕敦，疑讀爲「頓」。

〔二〕轉，《説文》：「軳裹也。」段注：「軳，韇前也，以皮裹之。」

金箴（鍼）貫亓☐ 一二七

☐出（腦）三寸☐☐ 一二八

☐而損其啓痏，〔一〕久＝（灸，灸）入毋☐☐瘳。一二九

☐謹搔摩☐盡尾部下，及啓三封膭（脊）屬閒，〔二〕見血，已。一三〇

【注　釋】

〔一〕啓痏，砭刺留下的疤痕。《文選·西京賦》「所惡成瘡痏」李善注：「瘡痏謂瘢痕。」

〔二〕三封，《齊民要術》卷六：「三封欲得齊如一。三封者，即尻上三骨也。」

澤（釋）甘（泔）三斗，以翥（煮）烏蓤（喙）一參，段（煅）翥（煮）猒（猒）炫孰（熟），即溲（縮）取洎，燔☐☐ 一三一

☐土冶，以此洎并淆（弁）以久豬膏，〔一〕挐如强（糨）糬（秫），〔二〕節（即）有（又）行，馬厄（軛）枸（軥）及鞅韇（韅）靳所

☐〔三〕一三二

【注　釋】

〔一〕久豬膏，即簡八七「職（膱）豬膏久者」，同《和齊湯法》簡三七「陳彘脂」。

〔二〕糨，通「漿」。秫，《説文》：「涼州謂鬻爲䵹。秫，鬻或省从末。」《集韵》：「秫，音蔑，糜粥也。」

〔三〕軛軥，《説文》：「軥，軛下曲者。」段注：「軛木上平而下爲坳，加於服馬之頸，是曰軥。《韓奕》毛傳曰：厄，烏噣也。《小爾雅》曰：衡，扼也。下者謂之烏啄。《釋名》曰：槅，扼也，所以扼牛頭也。馬曰烏啄，下向叉馬頸。」鞅、韅、靳等皆爲馬具，當用豬膏糅製成糜粥狀糨糊，塗在馬具上，作爲潤滑劑，以減少對馬身的摩擦力。

☐☐☐☐樓，有（又）異樓桂半束，以酉（酒）一棓（杯）漬ㄴ，叔（菽）牆（醬）一棓（杯），〔一〕而皆參并溲（縮）去宰（滓），毀三入中，〔二〕以灑☐ 一三三

【注釋】

〔一〕菽醬，即豉醬。枝，《説文》：「豉，俗枝从豆。」

〔二〕毀，破。

☒二升以灌口，已。一三四

☒半升，淳酉（酒）二參，并撓灌☒一三五

☒□□一束，段（煅）之，以水四斗漬壹宿，溲（縮）取其汁，以鬻（粥）麻若黍米一驂（參），巽（糞）☒一三六

☒其□乾＝（乾，乾）即牽走，令耳汗，乃傅藥＝（藥，藥）温如一三七

☒已，爲遠行，其藥□☒一三八

☒□□□骨肉□□☒一三九

☒□下眾轡□☒一四〇

☒□□兩□☒一四一

☒而駕之行。一四二

☒以爲恒＝（恒，恒）貴。一四三

☒□戻（屎）若□☒一四四

☒□□□□所胃（謂）□☒一四五

☒□□不能☒一四六

☒□而取□☒一四七

（簡一四八至一七二，無字迹或字迹難以釋讀。釋文從略。）

經脈

【説　明】

本篇屬於出土編號爲 M3—137 竹簡中的另一部醫書，經綴合整理共有三十二支編號簡，完整簡三支。以三道編繩編聯，竹黄一面有上、中、下三道契口，中契口位於上、下契口正中，上契口距簡頭約一・〇厘米，下契口距簡尾約一・七厘米。部分竹簡簡背有劃痕。平均簡長約三〇・一厘米，約合秦漢尺一尺三寸，簡寬約〇・七厘米，簡厚約〇・一厘米。

本篇體例與馬王堆帛書《陰陽十一脈灸經》《足臂十一脈灸經》、張家山漢簡《脈書》，以及本次天回漢墓三號墓出土的《脈書・下經》等「脈書」類文獻大致相同，但多出相應病症的刺灸之法。其文句與存世文獻《靈樞・經脈》篇較爲接近，故擬名爲《經脈》。此部分竹簡殘損嚴重，（足）大陽脈、（足）少陽脈、臂陽明脈三脈爲簡文中僅見的經脈名稱。將殘存内容與其他相關存世及出土經脈文獻比對，則尚存足陽明脈、足大陰脈、足厥陰脈、足少陰脈、臂大陰或少陰脈、手（臂）少陽脈六條經脈的循行及主病的内容。本篇每條經脈病之後附「啓」與「久（灸）」兩種治法，相較於張家山《脈書》及《足臂十一脈灸經》所述治法更爲具體，爲探索早期經脈病的治法及「經脈體系」的構建提供了重要史料。此外，另有三枚殘簡記載了對應某病症而施之「除」法，其文例與《刺數》鍼方相近，可相參閲讀。

•大陽脈，起足小指外廉，循外踝後，以上郄（膝）☒一

腨皆痛□☒〔一〕二

【注釋】

〔一〕《靈樞·經脈》：「膀胱足太陽之脈……是主筋所生病者……頭顖項痛，目黃泪出鼽衄，項背腰尻膕腨脚皆痛，小指不用。」《陰陽乙》二：「鉅陽胍（脈）……其所産病：頭痛，耳聾，項痛，耳彊，瘖（瘧），北（背）痛，要（要—腰）〖痛〗，尻【痛】，時（痔），膌（郄）痛，腨痛，足小指【痹】。」

•少陽脈，起小指之次，循外踝前廉，上循☒/☒□脅外廉，支者至□☒〔一〕三

【注釋】

〔一〕《足臂》八：「足少陽温（脈）……出脅，枝之肩薄（薄—髆）；其直者貫腋。」又，「其病……脅外穜（腫）。」

……□上□貫乳，夾矦（喉），回口，屬鼻。是勭（動）則病，洒洒＝（洒洒）〔一〕四

【注釋】

〔一〕《下經》簡二〇八至二〇九：「足陽眀（明）脈……上穿乳内廉，□夬（缺）盆，夾矦（喉）以上，回口，支者入鼻……其病：洒＝（洒洒）而寒。」《足臂》一〇：「足陽眀（明）温（脈）……上出乳内兼（廉），出膉（嗌），夾（挾）口以上，之鼻。」

□煩也＝〈心，心〉痛，□□洩，水，閉，黃癉，股□☒/☒□□□穜（腫）蹷，不卧，强欠，大指不用□☒〔一〕五

【注釋】

〔一〕《靈樞·經脈》：「脾足太陰之脈……是主脾所生病者……煩心，心下急痛，溏瘕泄，水閉，黃疸，不能卧，强立，股膝内腫厥，足大指不用。」强立，《太素·經脉連環》作「强欠」。按，《脈書》簡三三至三五：「泰陰之脈……不能食，者〈耆〉卧，强吹（欠），此三者同則死。」可證《太素》作「强欠」是。原簡斷裂爲三枚殘片，據簡文與《靈樞·經脈》「足太陰脈」病候的對應予以綴合。

☒瘙（癃），遺弱（溺）。〔一〕•凡十一病，啓郗（郄），〔二〕久（灸）骭上踝三寸，必廉大陰之祭（際）。〔三〕病有煩也〈心〉，死，毋治。〔四〕六

【注　釋】

〔一〕《靈樞·經脈》：「肝足厥陰之脈……是肝所生病者，胸滿嘔逆飧泄，狐疝遺溺閉癃。」《足臂》一九至二〇：「足帣（厥）陰温（脈）……其病〓（病：病）脞瘦，多弱（溺），耆（嗜）歙（飲），足柎（跗）穜（腫），疾畀（痹）。」《下經》簡二二一：「善弱（溺），足仢（跗）穜（腫），□□，三病。」

〔二〕啓，用砭石刺脈放血。《脈書》簡五八：「氣壹上壹下，當郤（郄）與胕（跗）之脈而砭（砭）之。用砭（砭）啓脈者必如式。」郄，同「郄」，此指膕窩。《下經》簡二〇一「【出】郤中以上」、《脈書》簡三九「出郤（郄）中央」之「郤」，《陰陽甲》二八作「膝」，《足臂》一三作「郄」，并同；《靈樞·經脈》作「膕」。

〔三〕久，讀爲「灸」。《脈書》簡五七至五八：「治病者取有徐（餘）而益不足，故氣上而不下，則視有過之脈，當環而久（灸）之。病甚而上於環二寸益爲一久（灸）。」按骭上踝三寸，當三陰交穴的位置。《甲乙經》卷三第三十：「三陰交，在内踝上三寸，骨下陷者中，足太陰、厥陰、少陰之會，刺入三分，留七呼，灸三壯。」《陰陽乙》一四：「厥陰脈（脈）……上腂（踝）五寸【而】出於大（太）陰【之】後。」《靈樞·經脈》：「肝足厥陰之脈……上踝八寸，交出太陰之後。」

〔四〕《脈書》簡三八：「五病有而心煩，死，勿治殹。」《足臂》二一：「扁（偏）有此五病者，有（又）煩心，死。」《下經》簡二二一：「……三病〓（病。病）有而心煩，死，勿治也。」

☒上氣，嗌乾痛，煩心，心痛□☒七内廉痛，瘚（厥）痿，耆（嗜）卧，足下熱。〔一〕·凡□□病，啓郄（郄）□肉□□。久（灸）則强食生肉，緩帶，被髮，大丈（杖），重屨步，久（灸）幾息則病已矣。〔二〕八

【注　釋】

〔一〕《靈樞·經脈》：「腎足少陰之脈……是主腎所生病者，口熱舌乾，咽腫上氣，嗌乾及痛，煩心心痛，黄疸腸澼，脊股内後廉痛，痿厥，嗜卧，足下熱而痛。」

〔二〕《靈樞·經脈》：「腎足少陰之脈……灸則强食生肉，緩帶，被髮，大杖，重履而步。」《脈書》簡四三：「少陰之脈，久（灸）則强食産肉，緩帶，被髮，大丈（杖），重屨而步，久（灸）幾息則病已矣。」

☒臂内陰兩骨之間，〔一〕□□□□□☒九

【注　釋】

〔一〕按循行臂内陰兩骨之間者，有臂大陰、臂少陰兩脈。《陰陽甲》三三：「臂鉅陰眽（脈）：在於手掌中出内陰兩骨之閒，上骨下廉，筋（筋）之上。」《陰陽甲》三六：「臂少陰眽（脈）：起於臂兩骨之閒，之下骨上廉，筋（筋）之下。」因下文缺損，未詳何是。

穜。所生病，目外顔膧（腫），耳後、肩、腝〈臑〉後廉痛，汗出，中指不用，矦（喉）痹。〔一〕・凡十〈七〉病，啓肘，久（灸）去捾（腕）三寸。〔二〕一〇

【注　釋】

〔一〕《靈樞・經脈》：「三焦手少陽之脈……是動則病耳聾渾渾焞焞，嗌腫喉痹。是主氣所生病者，汗出，目鋭眦痛，頰痛，耳後肩臑肘臂外皆痛，小指次指不用。」按《靈樞・經脈》手少陽脈「起於小指次指之端」，故所生病見「小指次指不用」；然《足臂》臂少陽脈「出中指，循臂上骨下兼（廉），奏耳」，循行及主病皆與本簡合。

〔二〕啓肘，《脈法》三：「氣出䏿（郄）與肘之脈（脈）而【砭之】。」肘，張家山《脈書》作胕。按去捾（腕）三寸，當支溝穴位置。《甲乙經》卷三第二十八：「支溝者，火也。在腕後三寸，兩骨之間陷者中，手少陽脈之所行也，爲經。刺入二分，留七呼，灸三壯。」

・臂陽明（明）脈，起手大指與次指〔一〕，上循臂⧄一一

【注　釋】

〔一〕《脈書》簡三一：「齒脈，起於次指與大指上。」《足臂》三三：「臂陽明（明）温（脈）：出中指閒（間）。」《下經》簡二二六：「手陽明脈。毄（繫）次指與大指之上。」《靈樞・經脈》：「大腸手陽明之脈，起於大指次指之端。」按，《靈樞》少「與」字，則此脈起點由「大指、次指」二指變爲「大指次指」一指。

⧄□則除臂大□。〔一〕・欬上氣，匈（胸）脅盈，則除臂陽明（明）；〔二〕頸項痛，則除臂大陽。〔三〕・欬上氣而竆（窮）詘〔四〕一二

〔一〕除，參《友理》簡一一注。

〔二〕《刺數》簡三二：「欬上氣。兩辟（臂）陽明各五，若也〈心〉落（絡）。」《甲乙經》卷八第一下：「胸中滿……曲池主之。」按曲池穴在肘外側，與「臂陽明」位置相當。

〔三〕臂大陽，當後谿穴位置。《甲乙經》卷七第一下：「……頸項强，身寒，後谿主之。」

〔四〕《下經》簡二一七足少陰脈：「其病……欬，竆（窮）詘。」

國（膕）中大陽。〔一〕•腹盈而渴」，則除國（膕）中大陰。〔二〕•□除足太陰。☐ 一三

【注釋】

〔一〕當委中穴位置。《靈樞·經脈》：「膀胱足太陽之脈……其支者，從腰中下挾脊貫臀，入膕中。」

〔二〕約當陰陵泉穴位置。《下經》簡二一三：「足大陰脈……出厀（膝）内廉。」《甲乙經》卷三第三十：「陰陵泉者，水也。在膝下内側輔骨下陷者中。」又卷九第七：「腹中氣脹嗑嗑，不嗜食，脅下滿，陰陵泉主之。」

☐□□□□□□不□。人有病平齊（臍），死乚。〔一〕脣反人盈，肉死。〔二〕一四

【注釋】

〔一〕《甲乙經》卷八第四：「水腫，大臍平，灸臍中。腹無理，不治。」

〔二〕《靈樞·經脈》：「人中滿則脣反，脣反者肉先死。」《甲乙經》卷八第四：「水腫，人中盡滿，脣反者死，水溝主之。」

散簡

•□□□□末三分寸□□□□□□□□大□□□□□□□□□□□□□ 一五

☐□□□□皆四寸半□☐ 一六

□則能□☐ 一七

☐大陰 一八

國（膕）中大陽☐ 一九

□頭頸□□□□☐ 二〇

（簡二二一至三二一，無字迹或字迹難以釋讀，釋文從略。）

律令遺文

【說　明】

此部分簡原整體夾在《治六十病合齊湯法》與《脈書・下經》之間，清理時編有二十個清理號，完整簡九支。以兩道編繩編聯，編繩大致等分整簡爲三段。平均簡長二二・七厘米，約合秦漢尺一尺，寬一厘米，厚〇・一厘米。文字皆書於竹黄一面，竹簡編痕處未見明顯契口，簡背未見劃痕。

本篇簡文漫漶不清，殘簡尤甚。整理殘簡時，盡可能依據殘簡最初提取時所在編號位置進行綴合或排圖，有編痕遺留者，據編痕確定殘片在該簡的位置。在編聯上僅據簡文内容進行大致排列。本篇簡背無題名，簡文中亦未見相應的篇題，整理之初曾以形制命名爲《尺簡》。現從殘存内容看，與《睡虎地秦墓竹簡》及張家山《二年律令》中的法律文獻相類，因擬名爲《律令遺文》。

▨□其罪□奪□一

▨□□▨ ▨□▨ ▨□□▨二

告吏以贖罪以下，有（又）奪三

▨臣妾定之著□□▨四

▨□鬼薪。其告不審□□五

▨□▨ ▨敬▨ ▨□▨ ▨□▨ ▨鬼薪、白▨六

□著曰不敬，耐爲鬼薪白粲七

誣罪＝（罪罪）之，其以論，故自誣告八

勿坐。告大父＝母＝（父母、父母）、兄同＝産＝（同産，同産）誣九

▨同罪。自□告▨一〇

▨奪同▨ ▨□□□▨一一

□□□復□爲人名當□□□一二

▨□自占□婢寫□▨一三

當匿者，皆罰金二斤，没入所匿。一四

以與若詐（詐）減其筭（算）及賈人詐（詐）自占，一五

弗舉劾，各與同罪。筭（算）已定，毋一六

▨匿，不□▨一七

□□以□，倍出若令復著□▨一八

當，則奪所匿。一九

亦箸其罪同所告罪。教令。二〇

文書散簡

【説　明】

竹簡一支，長三四・〇厘米，寬〇・九厘米，厚〇・一厘米。未發現契口或編繩痕迹，簡背未見劃痕。出土時夾在《脈書・下經》之中。内容記里、爵、人名，性質似與「告地書」一類文書接近，與醫學無關。特析出單列一目。

江陽市陽，〔一〕公乘小奴妻大女子□，〔二〕小奴姑州陵大女子女酉。〔三〕二万四千一百五十一

【注 釋】

〔一〕江陽，《漢書・地理志》屬犍爲郡，治今四川瀘州市。市陽，里名。（《漢書地理志彙釋》，頁三一〇）

〔二〕公乘，爵名，秦、漢二十等爵的第八級，以得乘公家之車，故名。小奴，人名。

〔三〕州陵，《漢書・地理志》屬南郡，治今湖北洪湖市東北。（《漢書地理志彙釋》，頁一三七）

附　髹漆經脈人像

正面

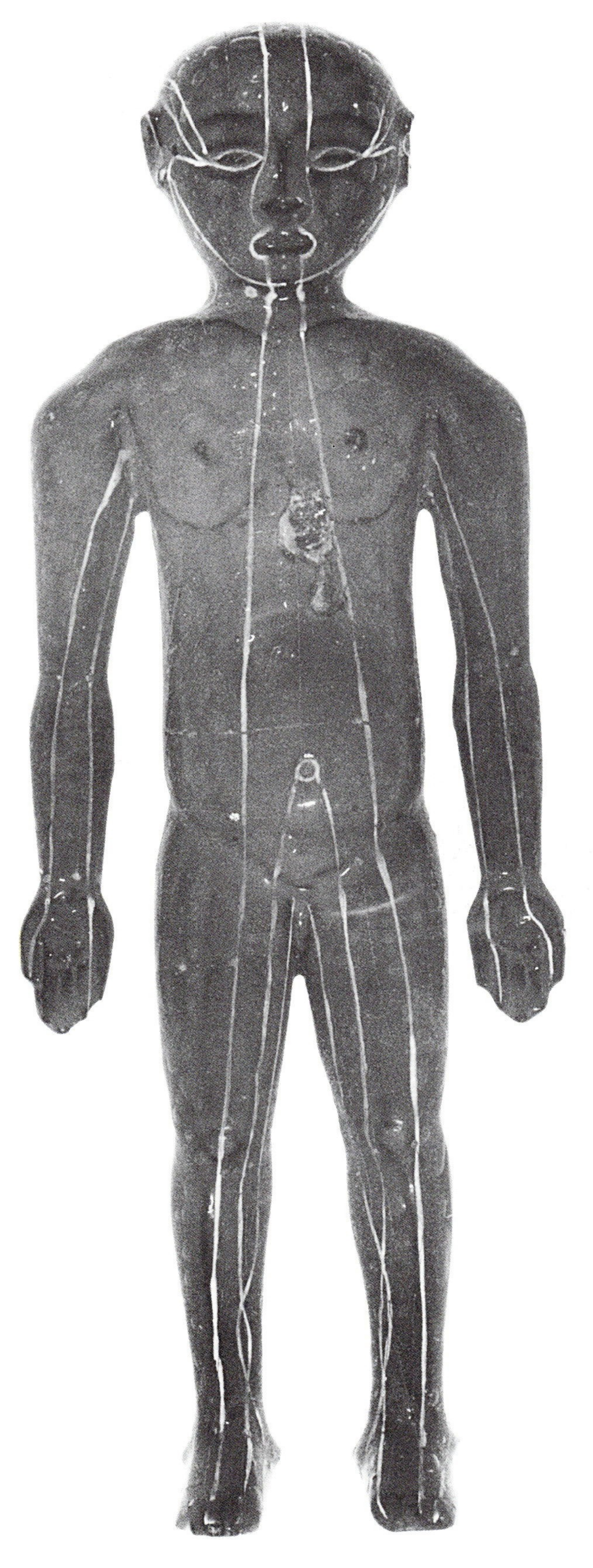

紅外綫成像

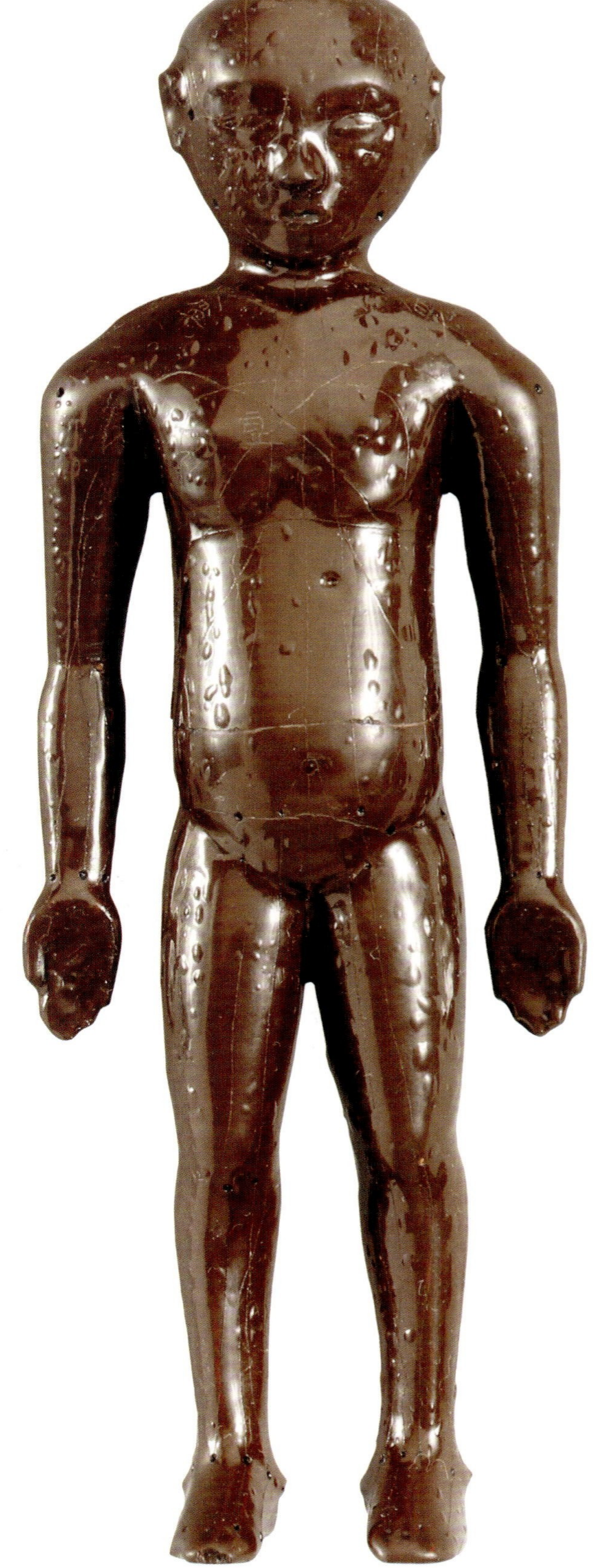

可見光成像

背面

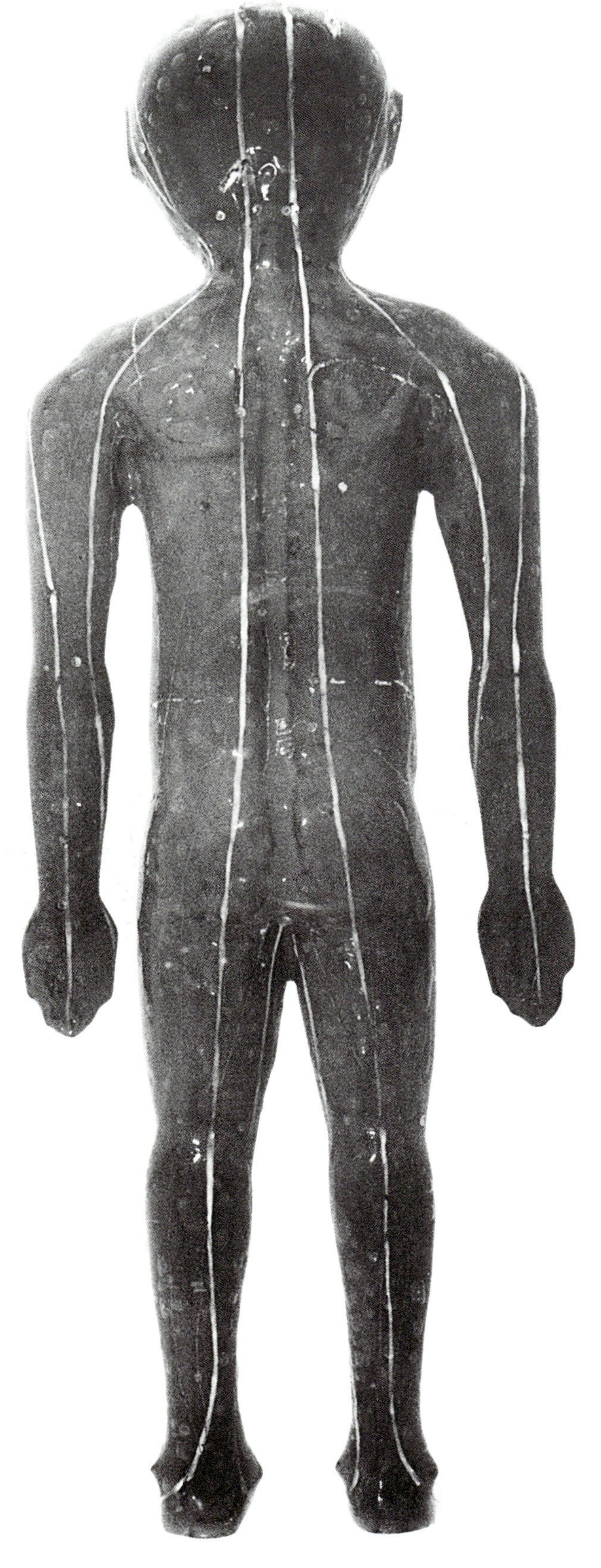

紅外綫成像

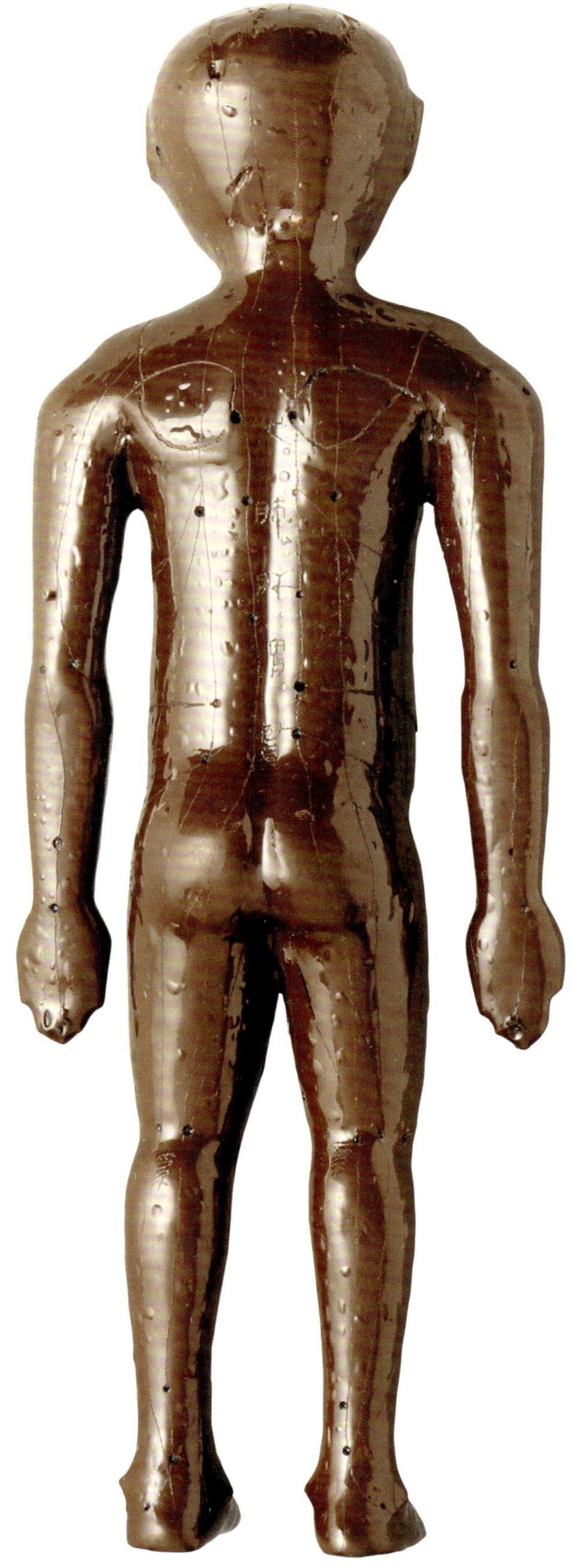

可見光成像

左側面

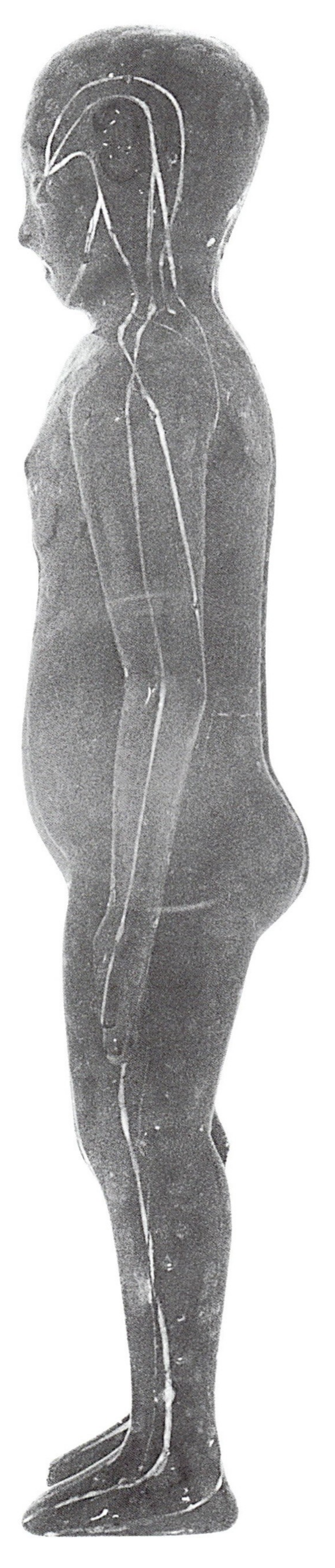

紅外綫成像

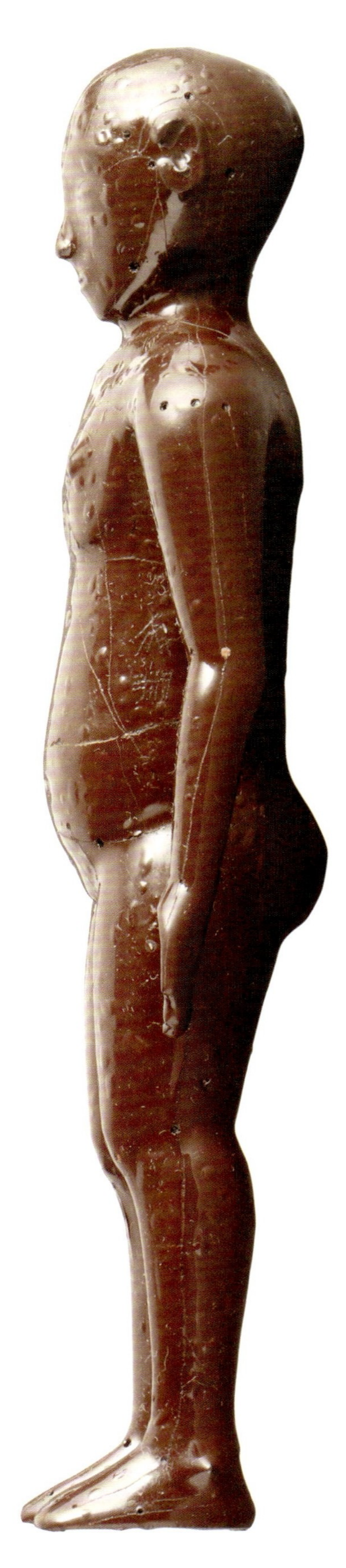

可見光成像

右側面

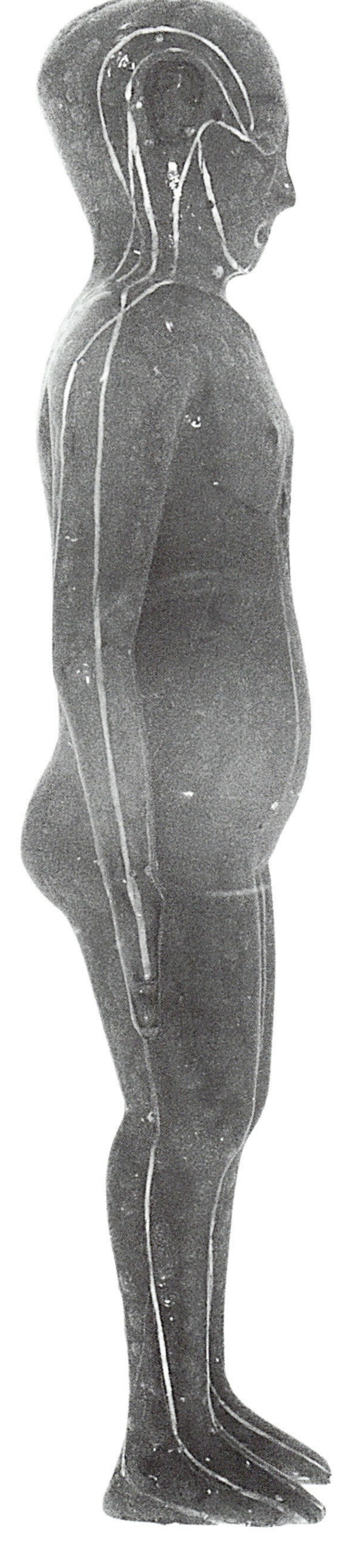

紅外綫成像

可見光成像

頂面

紅外綫成像

可見光成像

底面

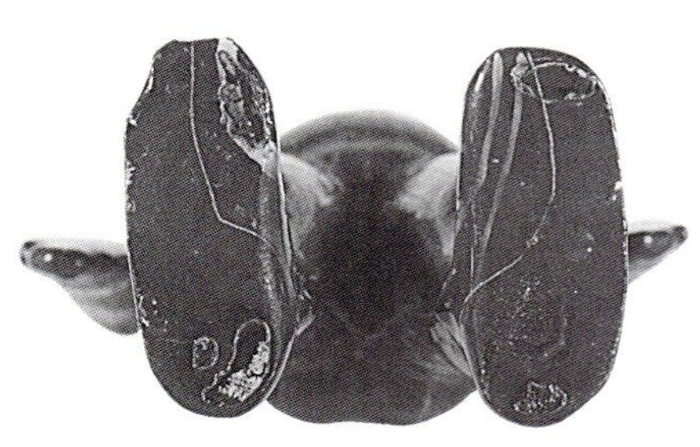

紅外綫成像

可見光成像

透視圖及橫截面

橫截面二

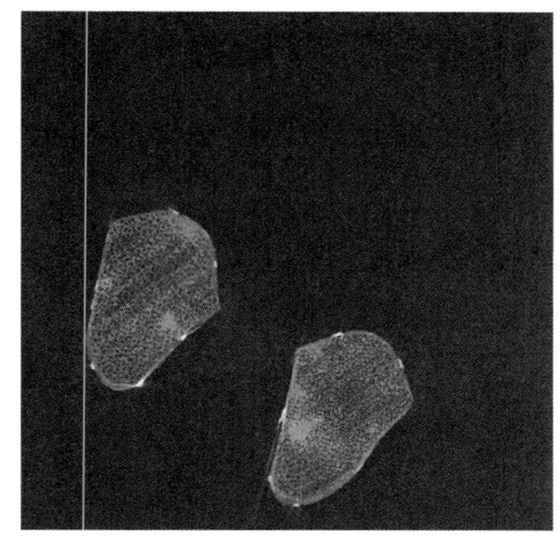

橫截面一

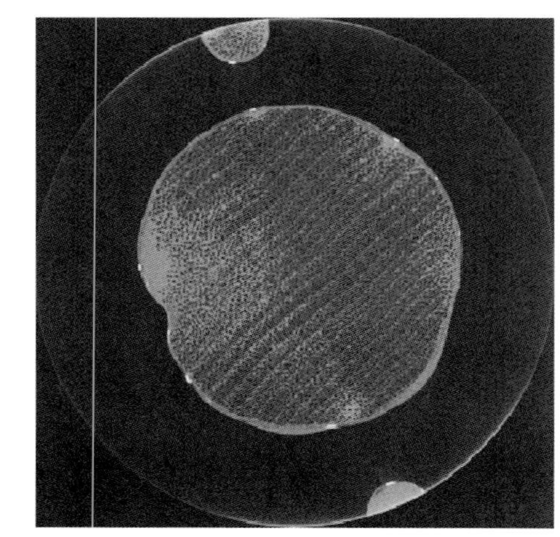

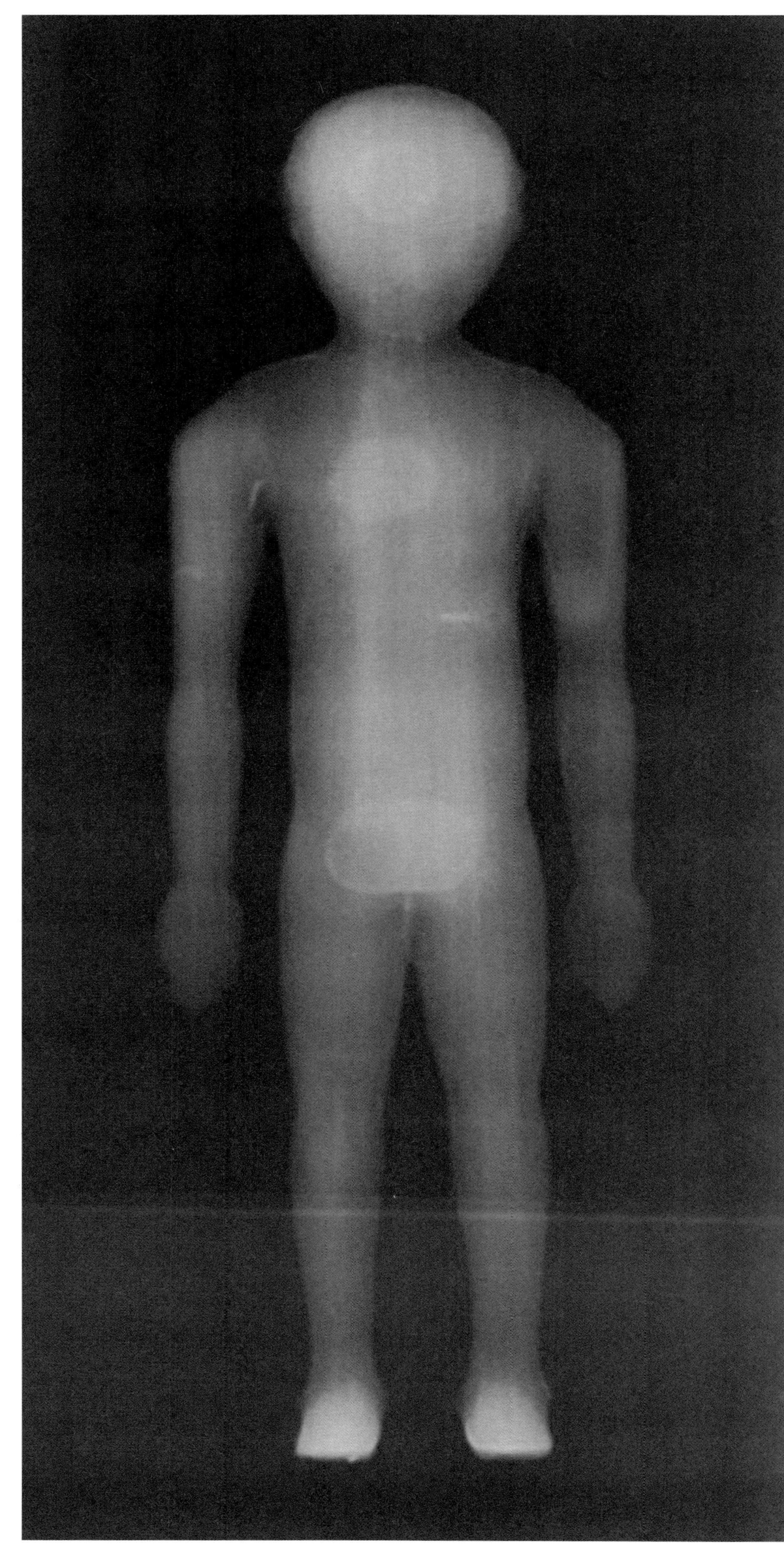

X 射綫成像（橫截面分別爲足部及腰部）

髹漆經脈人像，器物編號M3：44，出土於M3南一室底箱，與編號爲M3：121的竹簡放置於同一個底箱。（詳見謝濤、武家璧、索德浩等《成都天回鎮老官山漢墓發掘簡報》，《南方民族考古》第十二輯，二〇一六年。）

該經脈人像高一四・九厘米，雙臂最寬處五・一厘米，厚約二・六厘米，乾重約五十六克。通體髹漆，頭頂右後、枕骨左後部、右耳垂、右脅及右足尖的漆面有不同程度的破損。眉、眼、鼻、口、耳五官及體表骨性標誌大體清晰，未塑陰器與毛髮，可見胸大肌輪廓及乳頭突起。雙脚直立，雙手下垂，雙肘微曲，掌心外展，頂部俯視可見其頭部略微左傾。經X射綫無損檢測分析報告顯示，該器物漆面下有約〇・五毫米厚的底灰，推測所用木材爲闊葉材類散孔材。可以確定，該器物木胚由整塊獨立的實木雕刻而成。

該髹漆經脈人像的頭面、四肢、關節、小腹、腰背處鐫刻有細小的圓點，共計一百一十一個。肩頸、胸、背、脅、肘窩、膕窩處鐫刻有銘文，計二十字。體表有縱貫全身，呈對稱分布的二十二條紅色漆繪綫，與張家山、馬王堆出土古脈書中的十一經脈大體對應；并有四十一條刻劃綫，與同墓出土醫簡《脈書・下經》中的十二經脈和間別脈相關，故體表這些繪製和刻劃的綫條可認爲是經脈綫，據此將該器物命名爲「髹漆經脈人像」。爲便於分析研究經脈人身上的這些圓點、銘文與經脈綫，我們參考這件器物的可見光與紅外綫照片，繪製了正面、背面、頂部、底部、右側、左側六個位面的綫圖，將髹漆經脈人像體表所有的圓點、銘文、紅色經脈綫、刻劃經脈綫信息盡量完整地呈現出來，如「髹漆經脈人像彩繪圖」（一）至（六）所示。同時，爲便於稱述，我們將這一百餘個圓點進行了順序編號，紅色經脈綫、刻劃經脈綫也比照《下經》簡文進行了相應的經脈綫名稱標注。（同墓出土的《經脈》殘簡，亦有經脈循行及主病的記載，推測爲「十一脈」，但由於殘損過甚，不便作文本對照，兹不具引。）

一、鐫刻的圓點

經脈人像體表上的圓點（多數爲一個鐫刻較深的小孔，部分爲較淺的圓點狀刻痕，文中皆統稱爲「圓點」），其規格并非完全統一，大部分呈正圓形態，平均直徑約爲一・〇毫米，共計有一百一十一個。除上肢及足部少量圓點外，其餘皆呈左右對稱分布。這些圓點基本分布在刻劃的經脈綫上，從鐫刻細節上看，圓點應先於刻劃綫被鐫刻於經脈人像體表。以背部銘文「胃」「腎」二字兩旁四個圓點爲例：背部「心、肺、肝、胃、腎」的銘文（詳後文）兩側各有五個圓點及刻劃經脈綫刻壹（足大陽脈）的走行。右側的五個圓點都點在刻壹（右）之上，而胃、腎二字左側的兩個圓點（53與55）却落在了更靠外側的一條與刻壹平行的縱向經脈綫刻寅（左）上。若是先刻經脈綫，再鑿刻圓點，則應不會出現這樣的誤刻。

髹漆經脈人像彩繪圖（一）

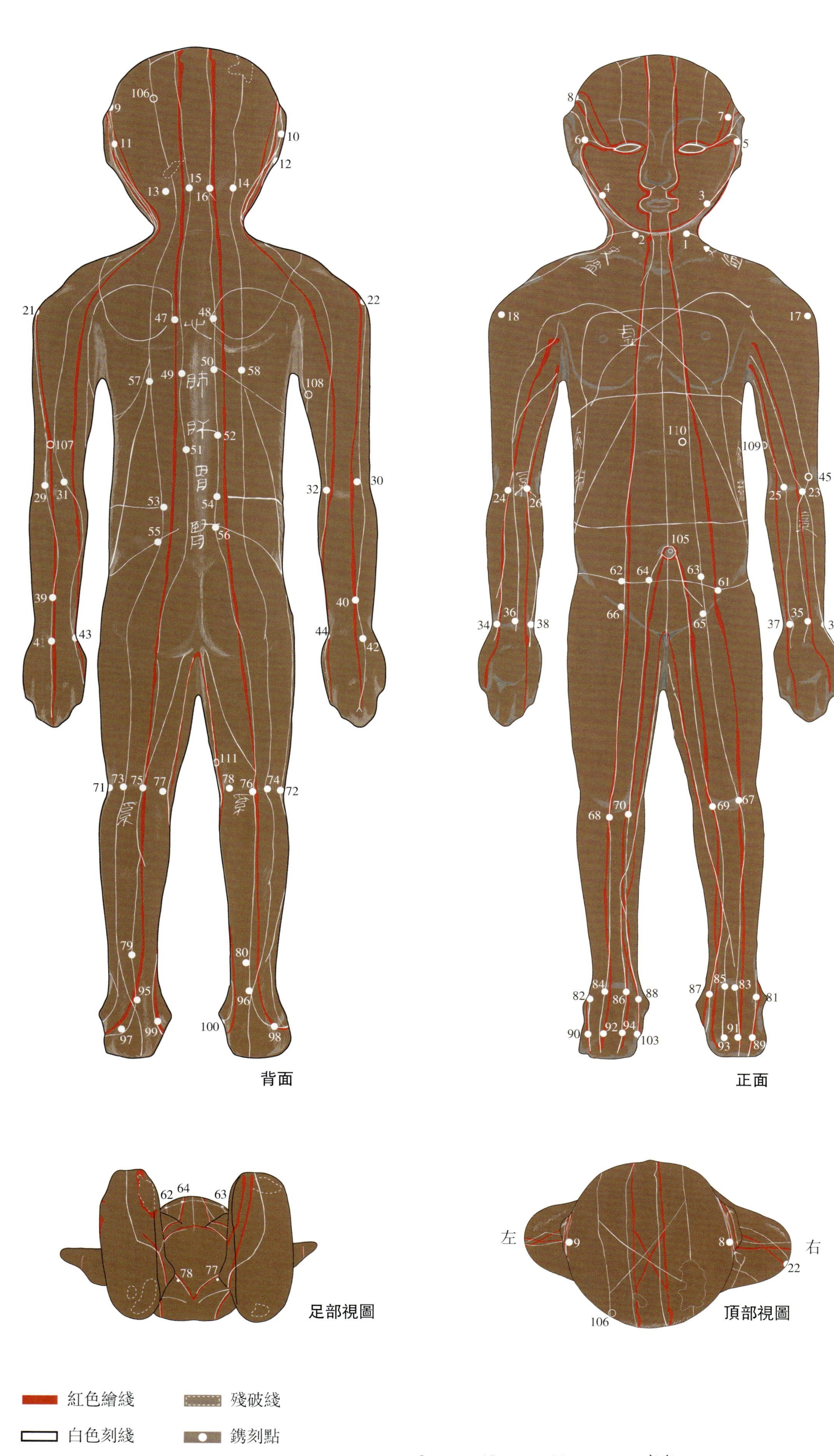

髹漆經脈人像彩繪圖（二）

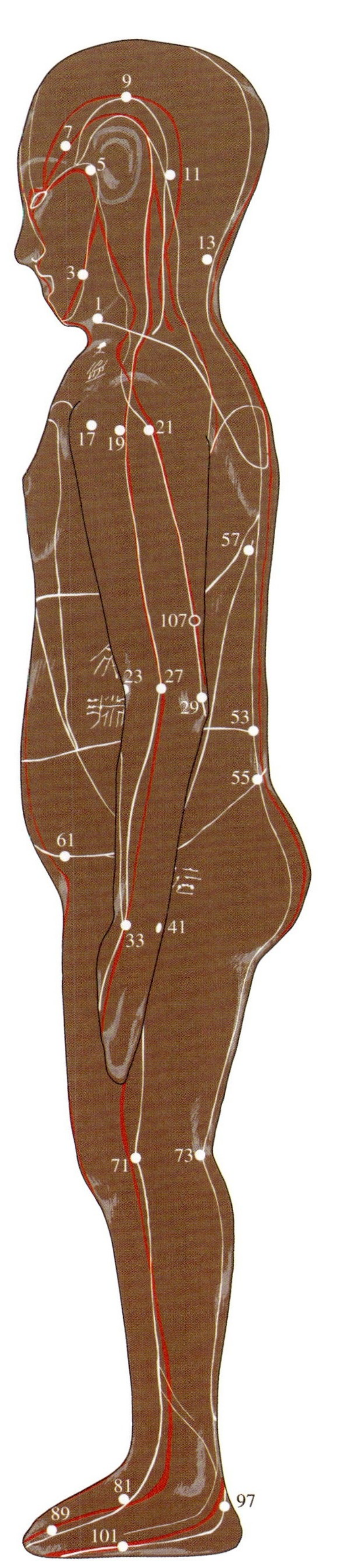

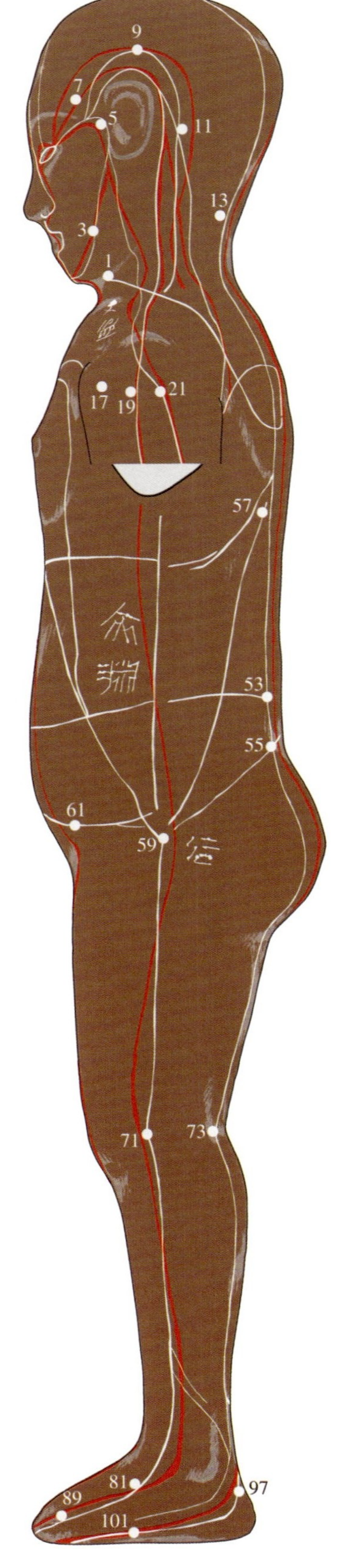

左側視圖及左體外側

0 10 20 30毫米

髹漆經脈人像彩繪圖（三）

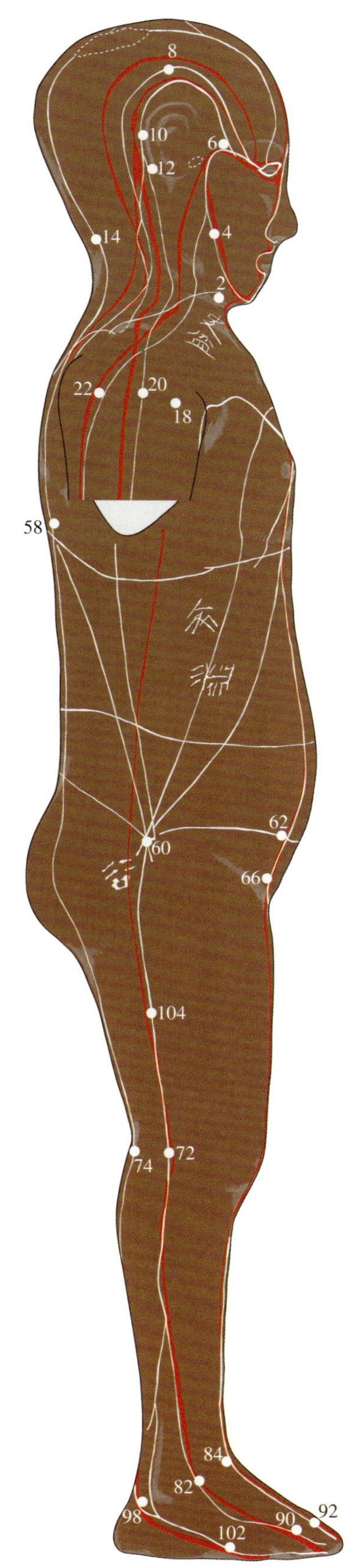

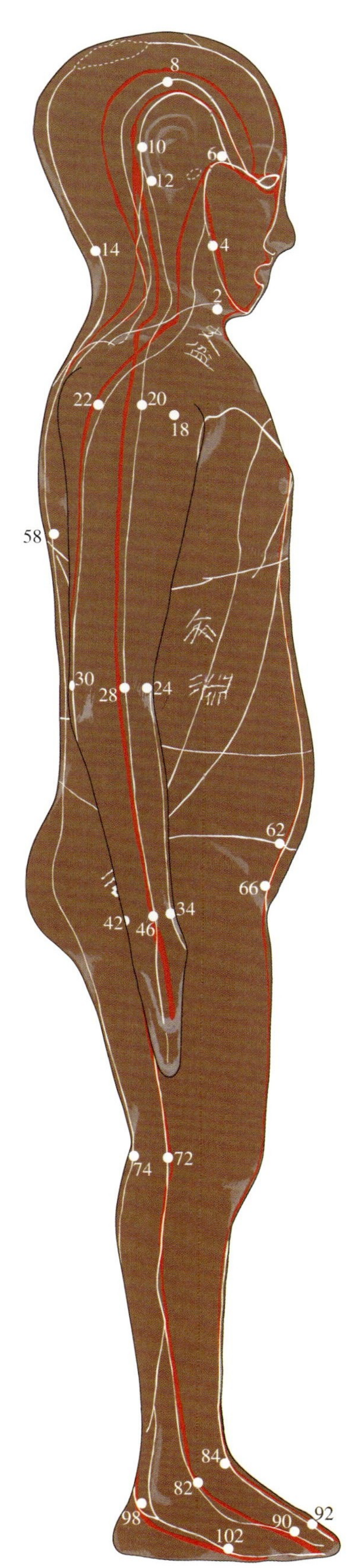

右側視圖及右體外側

0　10　20　30 毫米

髹漆經脈人像彩繪圖（四）

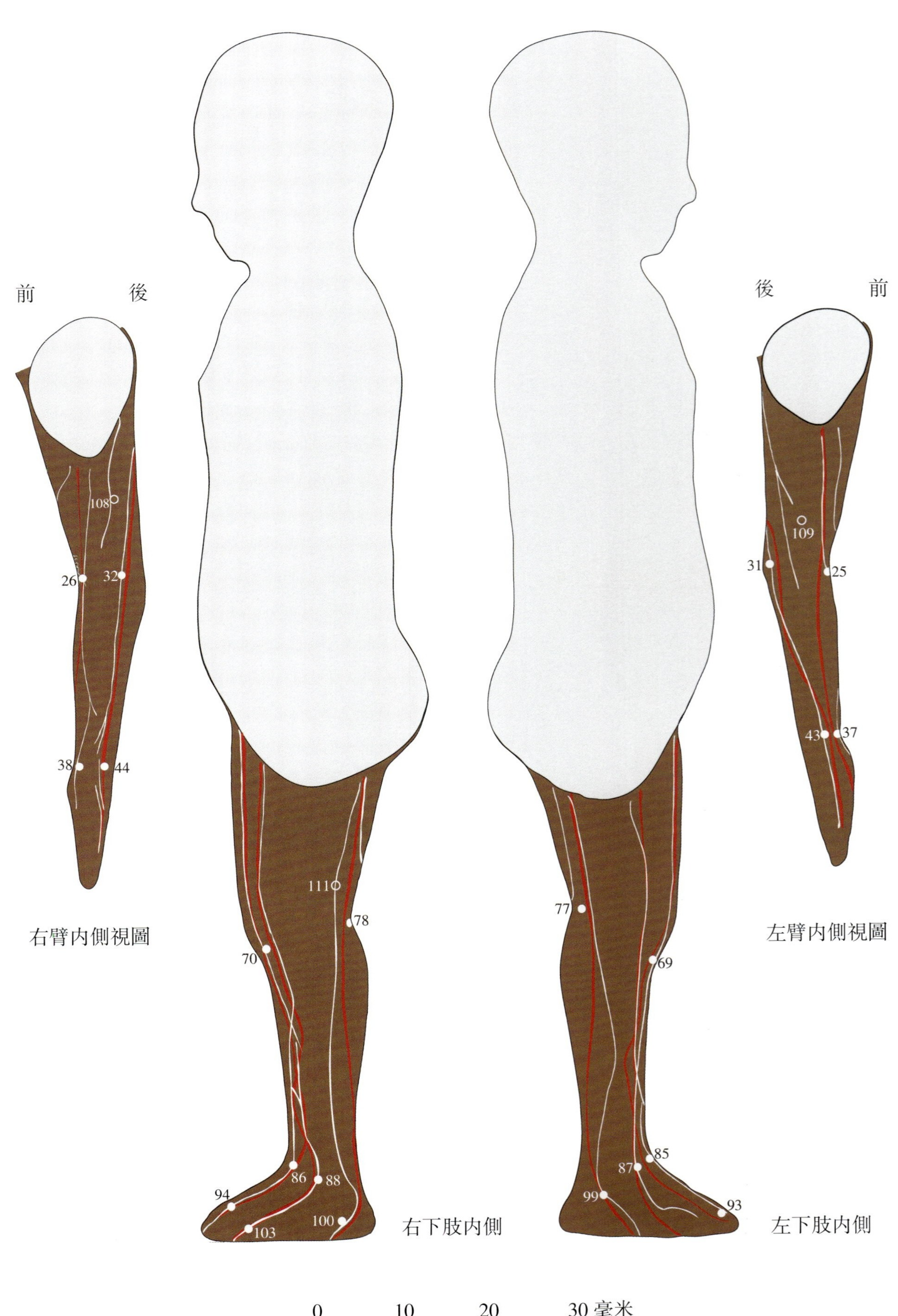
前
後
108
26
32
38
44
右臂内側視圖
111
78
70
86
88
94
100
103
右下肢内側
後
前
109
31
25
43
37
左臂内側視圖
77
69
85
87
99
93
左下肢内側
0
10
20
30 毫米

按彩繪圖所示，這些圓點中，鎸刻於肩關節處六個，肘關節處十一個，腕關節處十一個，髖關節及腹股溝附近八個，膝關節處十二個，踝關節處十四個，頭面部十二個，背部「心、肺、肝、胃、腎」五藏銘文附近十二個。餘下十七個點，散見於項、臂、股外廉、趾端、踝上等處。（彩繪圖中的圓點大致依照：從上至下，從前、側至後，頭、上肢、軀幹、下肢的次序，順序編號。）

此外，尚有八個標記圓點之處較爲特殊，其位置分别爲：

（一）頭後部刻寅（左）上，距頭頂約七毫米處，即圓點106；（插圖一）

（二）左臂内側正中，下腋約八毫米處，即圓點109；（插圖二）

（三）右臂内側偏外，刻申（右）上，下腋約五毫米處，即圓點108；（插圖三）

（四）左臂後側偏外，刻柒與刻捌之間，上肘約八毫米處，即圓點107；（插圖四）

（五）右大腿内側正中，刻伍上，膕横紋上約五毫米處，即圓點111；（插圖五）

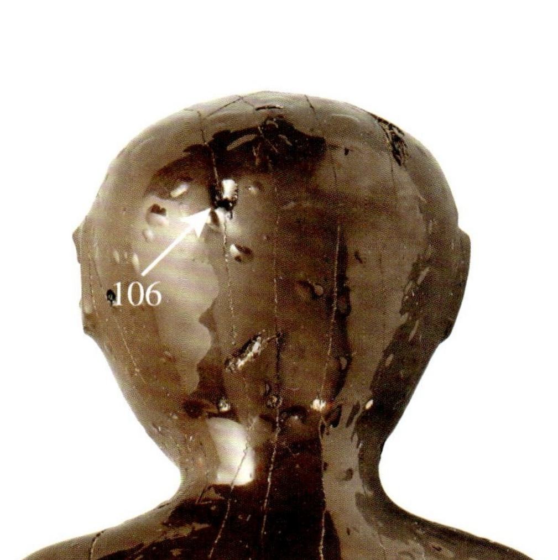

插圖一

插圖二

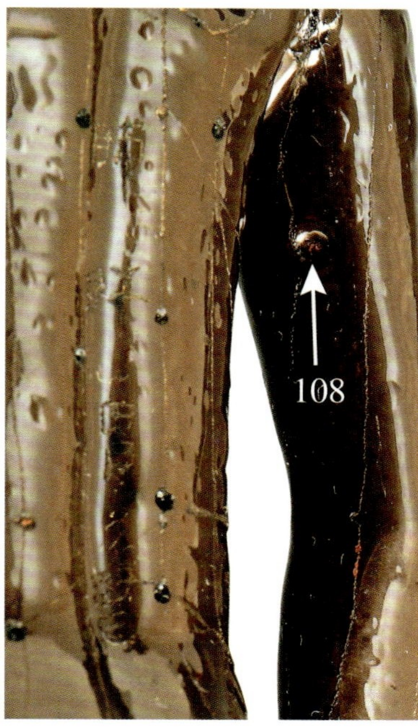

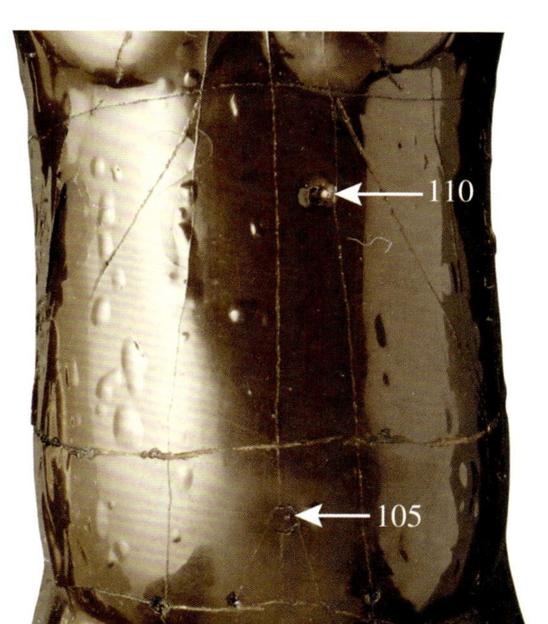

插圖三

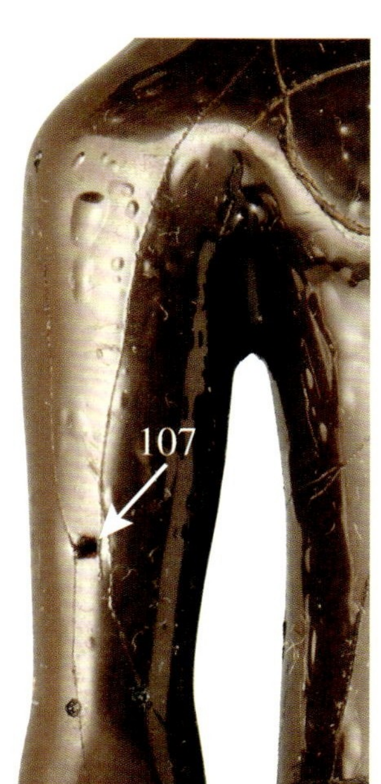

插圖四

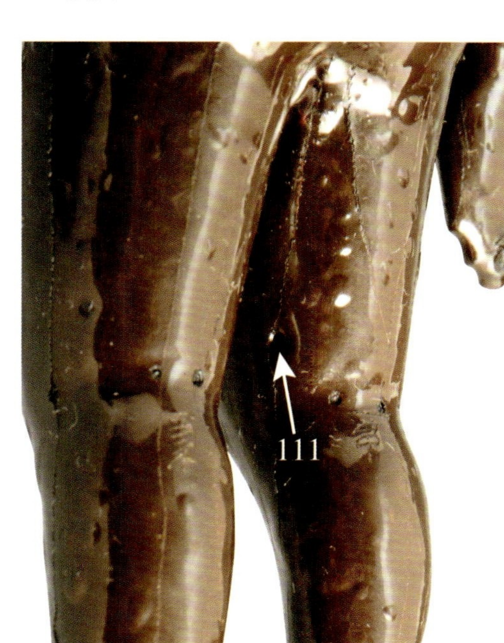

插圖五

插圖六

髹漆經脈人像彩繪圖（五）

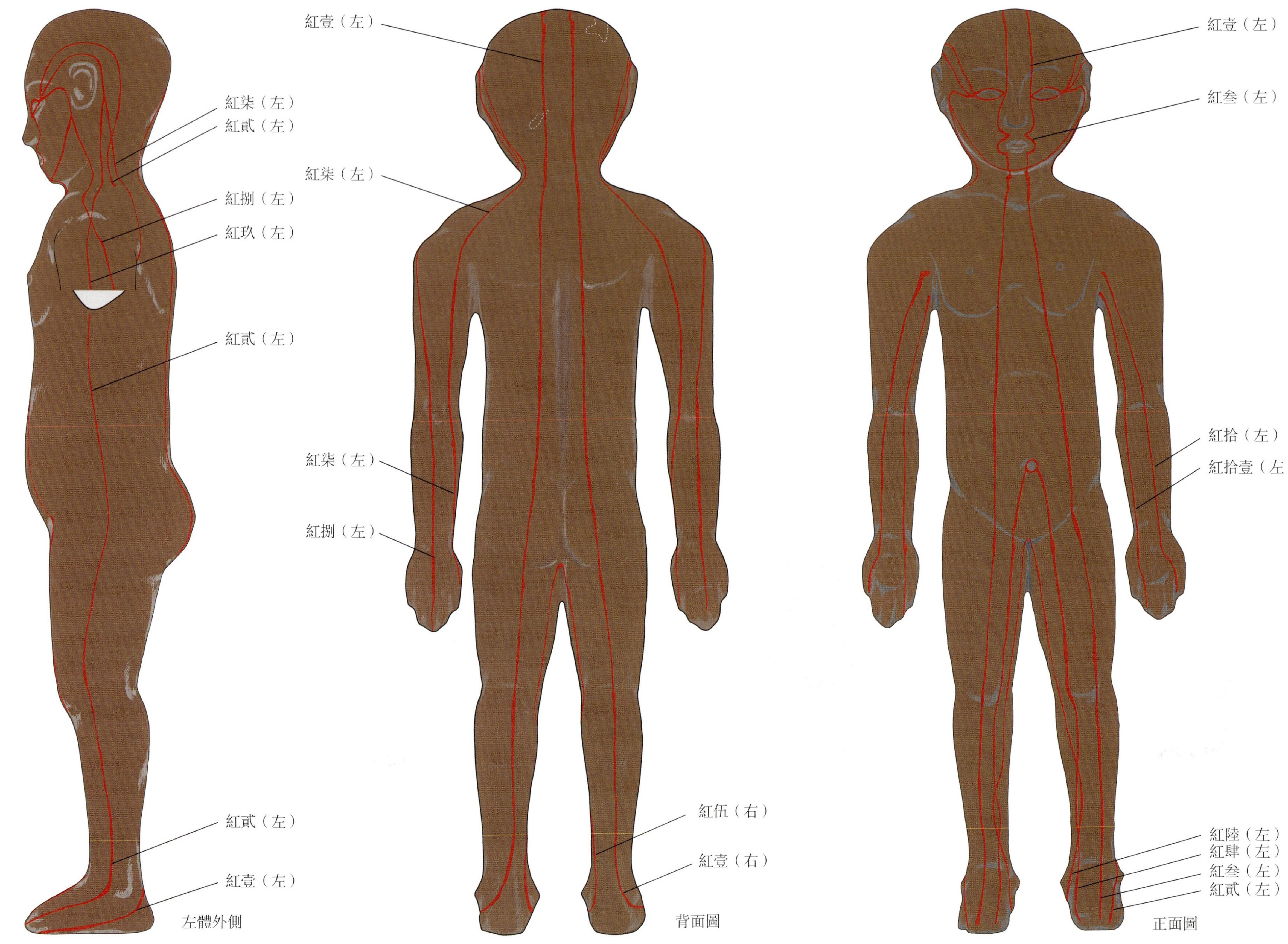

0
10
20
30毫米
紅柒（左）
紅貳（左）
紅捌（左）
紅玖（左）
紅貳（左）
紅貳（左）
紅壹（左）
左體外側
紅壹（左）
紅柒（左）
紅柒（左）
紅捌（左）
紅伍（右）
紅壹（右）
背面圖
紅壹（左）
紅叁（左）
紅拾（左）
紅拾壹（左）
紅陸（左）
紅肆（左）
紅叁（左）
紅貳（左）
正面圖

（六）刻辰下約七毫米，腹正中綫偏左約二毫米處，即圓點110；（插圖六）

（七）臍正中的小鑿痕，即圓點105；（插圖六）

（八）左側肘窩外緣，圓點23上方約三毫米處，即圓點45。（插圖一五）

從漆面的包裹情況看，上述前六個圓點似乎爲木質胎體原有的自然坑窪處，而非人爲鑿刻的痕迹，雖皆靠近刻劃綫走行處，但這些點并不呈對稱分布，恐與其他圓點性質不同；臍正中的小點105，雖是一個較爲明顯的刻損處，但其痕迹較其他圓點淺且小，亦不能確定此點爲與其他圓點有相同意義的鑿刻點；圓點45的特殊之處在於：45應是先行鐫刻的小孔，或許是因爲發現45并未鐫刻於本應所處的肘橫紋上，刻綫者又新刻了圓點23以示糾正。該點當是臂大陰脈與心主之脈交會之所。而與之對稱的右肘上的圓點24，也應是刻綫之後補刻上去的。

由彩繪圖可知，大多數圓點呈對稱分布，僅圓點46（或34）、110、103未見對稱之點。或因鐫刻圓點者漏刻了左側腕關節處與圓點46（或34）的對稱點，使得刻綫者在刻劃刻玖（左）、刻拾（左）過腕關節之處時，將二脈誤交會於圓點33。這個現象或亦可證明，圓點是先於刻劃經脈綫鐫刻在人像身上的。

同墓出土的《脈書·上經》云：「敝昔曰：人有九徼（竅）五臧（臟）十二節，皆鼂（朝）於氣」（簡一）。這些圓點所鐫刻的位置，大致與九竅（圓點上主要表現於面部）、五臟（背部）、十二節（肩、肘、腕、髖、膝、踝十二大關節部位）相關。按上文統計，分布於頭面、背及四肢關節處的圓點有八十四個。同時，這些圓點所標記的位置（特别是「十二節」周邊者），多數與《下經》所記述十二經脈循行「出」「入」之所相應，這些部位多屬於體表可觸及脈動之處，在《素問》《靈樞》等醫經中稱爲「脈口」或「氣口」，即經脈出入與天氣相通之門户。這些圓點標示的部位，既是診察病候以決死生的切脈診部位，亦是刺灸治療的施術部位，是後世鍼灸學中腧穴的雛形，對於考鏡上古時期中醫腧穴理論的源流有著重要的里程碑式的意義。

二、紅色經脈綫

髹漆經脈人像出土時有縱貫全身的紅色綫條繪於體表，呈左右對稱分布，共二十二條紅綫。由於可見光拍攝下的照片已難見紅色經脈綫的全貌，紅色經脈綫的彩繪圖主要依據紅外綫拍攝照片繪製。將紅色經脈綫的循行路綫與《下經》「十二經脈」中叙述的十二脈循行相比對，則《下經》中足大陽脈、足少陽脈、足陽明脈、足大陰脈、足少陰脈、足厥陰脈、手大陽脈、手少陽脈、手陽明脈、臂大陰脈、臂少陰脈的循行路綫與經脈人身上的十一對紅色經脈綫大致相符，但缺少《下經》中的「心主之脈」。我們將紅色經脈綫標注如髹漆經脈人像彩繪圖（五），并將紅色經脈綫與《下經》簡文所述十一脈循行路綫比對如下：

紅壹：起於足小趾，經足外踝後側，沿下肢後正中綫向上，經膕窩、臀部，沿背部的脊柱左右兩側循行，經項部（後頸）上行到頭部，向前經目内眥至鼻部。與足大陽脈主脈循行相符；

紅貳：起於足小趾次趾，經足外踝前，沿下肢外側正中綫向上，經膝外側、髖關節外側，直上入腋窩，穿腋窩而上肩，循頸上耳後，從耳上至耳前，下入目外眥。與足少陽脈主脈循行相符；

紅叁：起於足中趾，上足背經足踝前，沿下肢前正中綫向上，經膝蓋、腹股溝中，直上并行腹正中綫至咽喉旁，上至口下，繞口上鼻唇溝，上行接目内眥。與足陽明脈主脈循行相符；

紅肆：起於足大趾，經内踝前，沿脛骨上行至膝内側，直上經腹股溝入臍中（左右紅肆會於此）。與足大陰脈循行大致相符。簡文「被腸胃，繫嗌」（簡二一三）應屬體内的經脈走行，體表無法繪出；

紅伍：起於足底，自足大趾次趾，繞上内踝後，沿腓腸肌内側向上，經膕窩内側，直上至肛門（左右紅伍會於此）。與足少陰脈循行大致相符。簡文言足少陰脈「繫足心」，紅綫雖過足底，但未通過足心；簡文「夾脊内廉，□□□，上夾舌本」（簡二一六）應屬體内的經脈走行，體表無法繪出；

紅陸：起於足底，上足大趾内側，至内踝前，沿脛骨内側上行，與紅肆（足大陰脈）相交，經膝内側直行上至前陰（左右紅陸會於此）。與足厥陰脈循行大致相符。簡文足厥陰脈起於「足大指」而不是足底；簡文「夾佩以上，毄（繫）齊（臍）」（簡二一三）應屬體内的經脈走行，體表無法繪出；

紅柒：起於手小指外端，經腕關節内側，上行至肘内側，沿臂内側上行至肩，沿頸外側上行至耳後，繞耳上，下會於目外眥。與手大陽脈循行相符；

紅捌：起於手中指背端，上手背，經腕關節外側中，直上經肘關節頭、肩關節外端，沿肩至頸，上行至耳前，會於目外眥。與手少陽脈循行相符；

紅玖：起於手大指端，經腕關節外側，直上經肘關節外側、臂外側，至肩關節正中，沿肩至頸，上行至耳後，繞耳上，下會於目外眥。與手陽明脈循行大致相符，但起止點不同：簡文手陽明脈起始處爲手「次指與大指之上」（簡二二一六），末端爲「循頸穿頰，入口中。」（簡二二六）；

紅拾：起於手大指內側，經腕橫紋外側，肘窩外緣，直上臂內側入腋窩。與臂大陰脈循行相符。簡文臂大陰脈入腋後「下入心中」（簡二二八）的走行，體表無法繪出；

紅拾壹：起於小指內側，經腕橫紋內側，肘窩內側，直上臂內側入腋窩。與臂少陰脈循行大致相符。不同之處在於：簡文臂大陰、臂少陰脈皆起於「掌中」（簡二二八、二三〇）。

由彩繪圖（五）可知，足太陽脈、足少陽脈、足陽明脈、手太陽脈、手少陽脈、手陽明脈六條陽脈皆匯聚於眼部，并與環臉頰的紅綫相接，這與《靈樞・邪氣藏府病形》「諸陽之會，皆在於面」及《素問・五藏生成篇》「諸脈者皆屬於目」之義相合。

紅色經脈綫中的六條足陰脈皆從四肢走行入體內。紅色經脈綫交會的情況有：紅肆與紅陸於脛骨內側兩度交會；紅肆從足大指起，左右交會於臍部；紅陸從足底大指內側起，左右交會於前陰；紅伍從足底起，左右交會於後陰；紅柒與紅玖於耳後交會；紅柒與紅貳於頸項外側交會；紅捌與紅玖於肩關節正上方交會。（行文中的「起」與「至」，并不表示該經脈的循行方向，僅係爲表述該經脈的循行路綫而行的措辭，下「刻劃經脈綫」中描述經脈循行之文同此。）

三、刻劃經脈綫

從刻劃綫崩裂的邊緣局部可知，刻劃經脈綫是在漆器工藝完成之後進行的刻劃。紅外綫照片顯示，在刻劃綫與紅綫交會或重疊處，能清晰看到刻劃綫劃過紅綫的痕迹。因此，可以判斷紅色經脈綫應當繪於刻劃綫之前。《下經》簡文「十二經脈」中敘述的十二脈循行與髹漆經脈人像上刻劃的十二經脈綫路相當，其中包括紅色經脈綫未繪出的「心主之脈」。據此，我們仍用《下經》中十二脈的名稱與刻劃的十二經脈相對應，將刻劃經脈綫的十二經脈標注如髹漆經脈人像彩繪圖（六）。

除「心主之脈」的其餘十一脈（刻壹～刻拾壹），刻劃經脈綫與紅色經脈綫的走行基本重合，故對其循行路綫不再贅述。應屬同一名稱的兩種經脈綫有時相隔較遠，可能是由於在刻劃經脈綫的刻製過程中，刻劃綫路的走向在漆面上不容易控制所致。兩種經脈綫在走行上有較顯著不同者，表現爲臂大陰脈、臂少陰脈、足厥陰脈、足少陰脈這四條陰脈在四肢起始的位置：

其一，臂大陰脈、臂少陰脈的紅色經脈綫紅拾紅拾壹皆起於指端，而臂大陰脈、臂少陰脈的刻劃經脈綫（刻拾、刻拾壹）皆起於掌中；

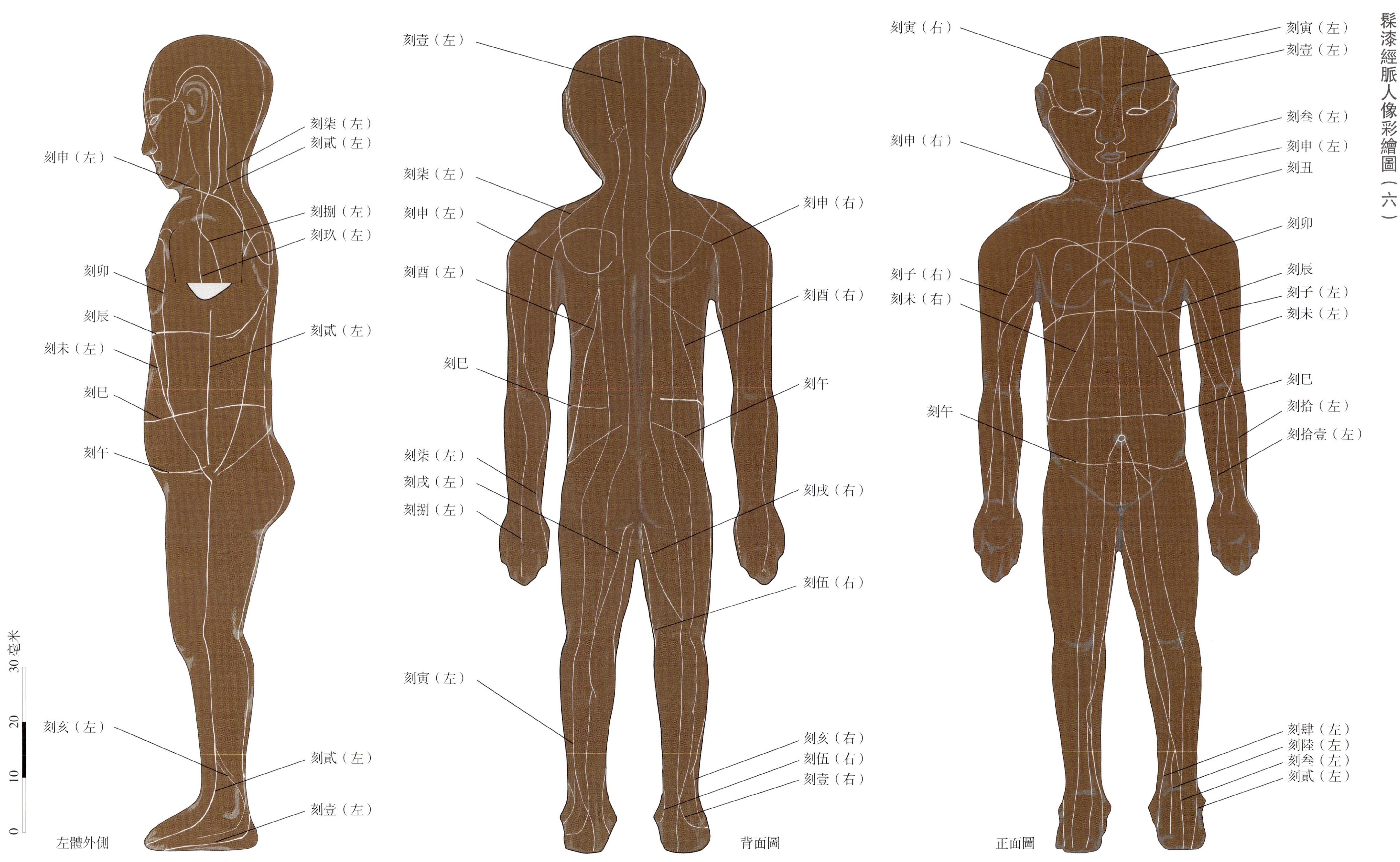
刻寅（右）
刻寅（左）
刻壹（左）
刻叁（左）
刻申（右）
刻申（左）
刻丑
刻卯
刻子（右）
刻辰
刻未（右）
刻子（左）
刻未（左）
刻巳
刻午
刻拾（左）
刻拾壹（左）
刻肆（左）
刻陸（左）
刻叁（左）
刻貳（左）
正面圖
刻壹（左）
刻柒（左）
刻申（左）
刻申（右）
刻酉（左）
刻酉（右）
刻巳
刻午
刻柒（左）
刻戌（左）
刻捌（左）
刻戌（右）
刻伍（右）
刻寅（左）
刻亥（右）
刻伍（右）
刻壹（右）
背面圖
刻申（左）
刻柒（左）
刻貳（左）
刻捌（左）
刻玖（左）
刻卯
刻辰
刻未（左）
刻貳（左）
刻巳
刻午
刻亥（左）
刻貳（左）
刻壹（左）
0 10 20 30 毫米
左體外側
髹漆經脈人像彩繪圖（六）

其二，足厥陰脈的紅色經脈綫（紅陸）起於足底，而足厥陰脈的刻劃經脈綫（刻陸）起於足大指内側；

其三，足少陰脈的紅色經脈綫（紅伍）起於足底但不過足心，而刻劃經脈綫（刻伍）則在足底的走行明顯有從足心彎過之意。

經比對，刻劃經脈綫於胸腹、背、腿、足等處較紅色經脈綫多出了十九條經脈綫，這些經脈綫的走行綫路與《下經》「十二經脈」中提及的支脈、絡脈以及十條「間别脈」循行并不能完全對應。這十九條經脈綫如下所示。爲便於稱謂，我們將這些經脈從子—亥進行編號，左右對稱的經脈，只描述一側的走行，并標注（左）（右）分别表示其左側、右側經脈。

刻子：起於掌上，經腕横紋中央，沿前臂内側正中綫上行，經肘窩，在上臂内側與臂大陰脈交叉，斜下至刻劃綫辰而止，左右對稱；（二條）

刻丑：從前陰處沿胸腹正中綫上至咽部圓點1、2連綫中點；（一條）

刻寅：從足後跟處起，與刻壹交於圓點96，并行於刻壹外上至頸項部圓點14，越巔頂下至目，左右對稱；（二條）

刻卯：從銘文「谷」字旁圓點59起，斜上至胸前，越兩乳上，下至圓點60；（一條）

刻辰：從背部圓點57起，横繞胸前，至背部圓點50；（一條）

刻巳：從背部圓點53起，横繞腹前（臍上），至背部圓點54；（一條）

刻午：從腰部圓點55起，過圓點59，横繞小腹（臍下），過圓點60，至腰部圓點56；（一條）

刻未：從圓點59起，斜上行至左側胸前與刻辰交會處，左右對稱；（二條）

刻申：從臂内側起，過腋窩上肩，繞肩甲一圈，過肩頸，至圓點1或2，左右對稱；（二條）

刻酉：從圓點59起，斜上行至背部圓點57，左右對稱；（二條）

刻戌：從圓點75起，斜上入後陰，左右對稱；（二條）

刻亥：從刻貳（左）（足少陽脈）踝上分支點，斜下繞踝後與刻壹（左）并行至左足外側中，圓點101上約二毫米處止，右側該刻綫繞外踝後於圓點98前會入刻壹（右）中。（二條）

這十九條經脈綫中可與《下經》簡文及後世醫經相應者如：

（一）《下經》心主之脈（簡二三二）的循行與刻子的綫路大致相符，但簡文并未表述出刻劃綫中刻子（左）與刻子（右）於胸前交叉之意；

（二）《下經》足大陽脈簡文有「支者入州，直者貫尻」（簡二〇一）的描述，即爲刻戌「支者入州」之綫；其「直者貫尻」以後的循行，皆與紅色經脈綫相重合；

（三）簡文開別足大陰的循行爲：「轂（繫）□□果（踝）後廉，上循肥（腓）□□出胠〈脎〉外瘷（廉），出髀（髀）下廉，上尻外廉，屬大陽」（簡二四七），對應起自足跟與刻壹跟腱處交會後并行於刻壹外側至目上緣的經脈綫，即刻寅；刻寅的走行亦近於《靈樞・邪氣藏府病形》篇中的「足太陽之外大絡」：「大絡在太陽少陽之間，亦見於脈，取委陽。」

（四）簡文開別大陰脈的循行爲：「出尻，繚婢（髀）」（簡二三九），與刻午的走行大抵一致；

（五）簡文開別少陰脈的循行爲：「出⿰口睪，出少腹，出□胃、肝，亢狼，奏杏〈舌〉本」（簡二四〇），其體表投影似與刻丑的走行大抵一致。又《靈樞・本輸》：「缺盆之中，任脈也。」《難經》二十八難：「任脈者，起於中極之下，以上至毛際，循腹裏，上關元，至咽喉。」則傳世醫經中的任脈循行也與刻丑一致；

（六）《靈樞・經脈》小腸手太陽之脈的循行路綫中有「上循臑外後廉，出肩解，繞肩胛，交肩上，入缺盆絡心」。這與刻申的走行相符。

此外，刻劃經脈綫在劃至雙側鼻孔處時，左、右均有一筆往鼻孔内勾的走向，這樣的細節應當是應《下經》足陽明脈簡文中「支者入鼻」（簡二〇八）的走行而進行的刻劃。

刻劃經脈綫不僅與《下經》簡文一樣，足成了十二脈，且另刻劃出十七條縱横交錯的複雜脈絡。《靈樞・脈度》云：「經脈爲裏，支而横者爲絡。」雖然我們無法將這些有别於十二脈的經脈綫與出土或傳世醫經中的支脈、别絡一一對應，但這些複雜的刻劃經脈綫足以説明，在西漢初期的經脈體系中，支脈、絡脈、别脈的發展已呈枝繁葉茂之勢。

在一具髹漆經脈人像體表同時繪、刻兩組綫，有顯而易見的區别之意。統觀天回醫簡的八種醫書，可見刺、灸、除、啓、犮、石等諸種治法。髹漆經脈人像體表的二組綫，恐與對不同治法的指導相應。《漢書・藝文志・方技略》醫經小序云：「醫經者，原人血脈、經落（絡）、骨髓、陰陽、表裏，以起百病之本，死生之分。」可見，西漢時的醫經中血脈與經絡是有區别的。由天回醫簡内容所見，「犮必當輸」，故輸可歸屬於經絡；「石必當脈」，故血脈爲石法所用。因此，紅色繪綫與白色刻綫或許標示了血脈與經絡之别。

四、銘文

經脈人身上的銘文具體分布情况爲：兩側腋下脅正中的「夾淵」（插圖七、插圖八）；兩側鎖骨處的「夬盆」（插圖九、插圖一〇）；

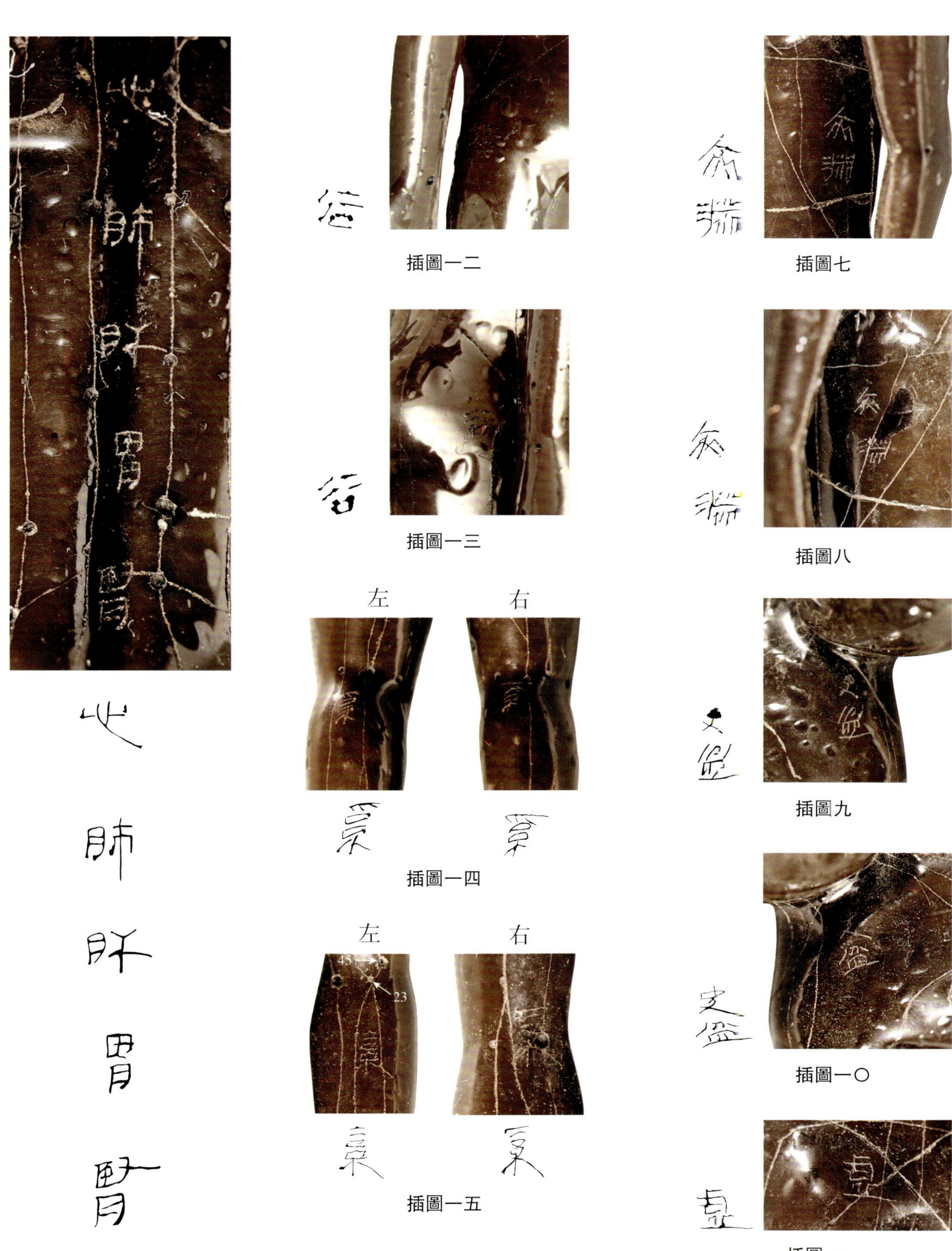

插圖七

插圖八

插圖九

插圖一〇

插圖一一

插圖一二

插圖一三

插圖一四

插圖一五

插圖一六

雙乳連綫偏右五毫米處的「虛」（插圖一一）；雙側股髀上的「谷」（插圖一二、插圖一三）；肘窩兩側附近及膕窩兩側下緣的四處「奚」（插圖一四、插圖一五）；背部脊柱上由上至下的「心、肺、肝、胃、腎」（插圖一六）。共計鐫刻有二十個字的銘文。左脅處「淵」字、「肺」字的「市」部及右側「盆」字的「分」部中撇的筆劃，帶有隸書的筆意，該銘文字體屬漢初時期的篆隸。

從右脅處「淵」字與手肘處「奚」字的鐫刻痕迹看，髹漆經脈人像身上的銘文應當是在刻劃經脈綫完成之後再行鐫刻的。右側「淵」因刻在經脈綫上，使得該字左下部應當如左側寫在空白處的「淵」（插圖七）字撇出的筆劃未能鐫刻出來（插圖八）。同樣，左臂上的「奚」字爲了躲避肘内側關節處的圓點與刻劃經脈綫的干擾，將此字挪至肘下空白處進行鐫刻，而此字所示的確切位置，應當是右臂那個鐫刻模糊的「奚」字所在的部位（插圖一五）。

這二十字銘文與同墓葬醫簡中所出現的相同文字比對情況大致如下：

（一）夾淵

當讀爲「腋淵」，「腋淵」見於《劉涓子鬼遺方》，即今《素問》《靈樞》等醫經中之「淵腋」。《犮理》論述犮法的簡文中，簡二〇的「夾營」及簡二六的「夾淵」爲犮法施治的重要部位，其確切位置應即銘文中兩處「夾淵」鐫刻之所。

（二）夬盆

當讀爲「缺盆」，即今《素問》《靈樞》等醫經中之「缺盆」。《下經》十二經脈中簡二〇八、簡二二九、簡二四六中有四處提及「夬盆」，簡二二九「夬盆」字迹較爲清晰，作夬盆，與銘文中右側肩頸部鐫刻「夬盆」字形相近。簡二〇八中的「夬盆」爲足陽明脈的循行部位，但從彩繪圖（一）頸部細節看，不論紅叁還是刻叁，都未經過該銘文「夬盆」附近的圓點。

（三）虛

銘文「虛」字圖示部位，當與《犮理》簡四「匈張虛盈」、簡三一「二虛二谷」，《逆順》簡一「二虛四逆」中之「虛」及簡三二「虛欲虛」首字之「虛」所指部位相同。從《犮理》簡三一「二虛二谷」與《逆順》簡一「二虛四逆」的表述可知，銘文中的「虛」字或當對稱鐫於胸前左右兩處而非現在之一處，以對應簡文中的「二虛」（圓點59與60的兩旁的「谷」字銘文，即與簡文「二谷」對應）。今《素問》等醫經中之「虛里」，在左乳下心尖搏動處，與銘文標示位置相去較遠。「虛里」或當理解爲「虛（墟）」下之「里」，即丘墟下的居邑之所。

（四）「谷」與「奚」

銘文「谷」字圖示部位，當與《友理》簡三一「二虛二谷」及《逆順》簡一「二谷四谿」中之「谷」所指相同。

「奚」當讀爲「谿」。天回醫簡中未見有表示部位的「奚」字。《逆順》簡二「二谷四谿」中之「谿」所指部位應與「奚」字銘文部位相同，即兩側肘窩與兩側膕窩的位置。

「谷」「谿」常見於《素問》《靈樞》等醫經中，爲精氣、血脈游行匯聚的重要場所，谷大而谿小，如《素問・氣穴論》云：「肉之大會爲谷，肉之小會爲谿」。又《靈樞・邪客》有：「肺心有邪，其氣留於兩肘；肝有邪，其氣留於兩腋；脾有邪，其氣留於兩髀；腎有邪，其氣留於兩膕。凡此八虛者，皆機關之室，真氣之所過，血絡之所游。」其中兩肘、兩膕爲銘文四處「谿」之所在，兩髀爲銘文兩處「谷」之所在，兩腋爲銘文兩處「夾淵」之所在，可見，「夾淵」、「谷」、「奚」這些部位常關乎病邪所客及治療，在上古時期的醫經體系中有著重要的地位。

（五）心、肺、肝、胃、腎

「心、肺、肝、胃、腎」五字銘文與經脈人像脊柱兩側刻壹（足大陽脈）上鐫刻的五個圓點部位相應，當指五臟之輸。（前文已述，「胃」「腎」二字左側兩個圓點53、55應屬誤刻，本應與圓點54、56對稱鐫刻於左側刻壹綫上。）《友理》中有「一曰心使形」（簡一）、「二曰肺息」（簡四）、「三曰肝痛」（簡六）、「四曰胃痛」（簡八）、「五曰腎痛」（簡一〇），「此石五藏之痹」（簡一五），此五臟順序與此銘文五臟順序一致，簡文中其病之治法主要爲友五臟之輸。而《友理》自注云：「所胃（謂）輸者，膭（脊）之輸也。」（簡二六至二七）明確提示五臟之輸的部位在脊背。銘文中的心、肺、肝、胃、腎五輸，或爲後世醫經中「背腧穴」之源，如《靈樞・背輸》中所論之五臟腧，與經脈人相异之處在於「胃」爲「脾」所代，且「心」、「肺」二腧之位置互倒。而《醫心方》卷二第二引《龍銜素鍼經》之背腧穴次序爲心、肺、肝、胃，與經脈人像背部銘文次序一致。

銘文心、肺、肝、胃、腎的次序，應當是以心（火）、肺（金）、肝（木）、胃（土）、腎（水）五行相剋之序進行排列的。這在後世醫經中也常有體現，如《素問・平人氣象論》的五臟死脈，即是以「心死」、「肺死」、「肝死」、「脾死」、「腎死」之序進行論述的。《難經・五十六難》言五臟之積，論述了心之積、肺之積、肝之積、脾之積、腎之積依五行相剋之序次第相傳的理論。《甲乙經》卷八第三言心脹、肺脹、肝脹、脾脹、腎脹，分別治以心俞、肺俞、肝俞、脾俞、腎俞。因此，從脊背所鐫刻的五臟腧銘文來看，當時的醫經理論已深受五行理論的影響。

《友理》簡二三至二四：「凡人五臧（臟）九竅六輸，二虛二谷，四府四逆，逆欲利，府欲實，輸欲通移，虛欲虛，此人容刑（形）之數。五臧（臟）氣得，九竅通利。」如上所述，簡文所提到的「五藏」「六輸」「二虛二谷」等，與此經脉人身上鐫刻的銘文皆有對應關係。容刑，猶形容，指人的形體。數，有規律、法則之義。這則簡文是説人體各重要部位有其固有之性，治法原則須與之對應；醫者應掌握這些規律，才能通過治療，使病者恢復健康。尤爲可貴的是，簡文中提到的這些知識未見載于傳世醫籍，已不爲後世醫家所熟悉，藉由簡文所述與經脉人像身上的銘文對照，或可將秦漢時期久已失傳的身體觀鈎沉出來。

五、結語

天回鎮老官山漢墓出土的髹漆經脈人像雖僅高漢尺六寸五，但其所鐫圓點、繪、刻綫條及銘文都細緻入微，除明顯的誤刻之外，經脈綫條與圓點多呈左右對稱排列，其製作的精細程度及銘刻的文字與經脈綫信息，遠甚於綿陽雙包山漢墓出土的二十八厘米高的經脈木人。參考同墓葬出土的醫簡使用狀况，我們推測這具髹漆經脈人像應爲墓主人生前使用過的器具，非專爲下葬而制的冥器。天回髹漆經脈人像體表兩種經脈綫、圓點及銘文與同墓葬的簡文醫書有著密切的對應關係，顯示其與天回醫簡中的醫書文本構成了一個密不可分的整體，將難以言傳的「通天」思想與「容形之數」形象直觀地反映在這具精美的漆器之上，是古人「立象盡意」思想的完美體現。

附 録

附録一　竹簡反印文影像

圖示

本體圖 合成圖
鏡像圖

反印文本體簡

三三

附著簡鏡像圖

反印文附著簡

一三背★

★號表示該反印文附著簡已做揭剥處理，揭剥出的反印文殘片屬於反印文本體簡的一部分。這些揭剥下來的反印文殘片，在反印文影像圖中皆從其揭剥前的位置平移至反印文附著簡的一側放置。

脈書·上經反印文

二背★

八

八背

一五

四背

一一

一二背

一九

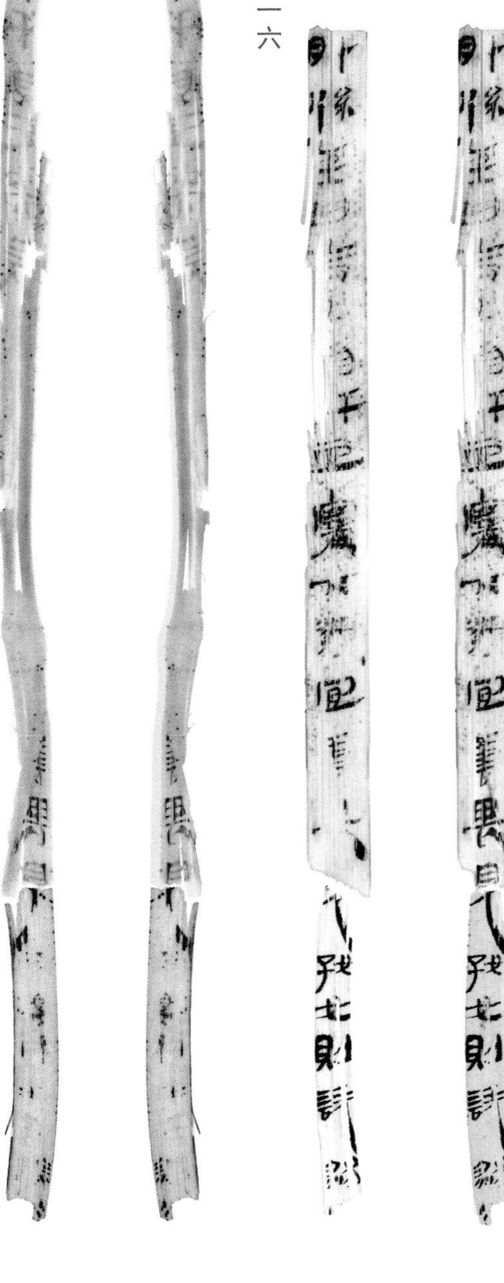

九背

一六

一五背

二三

一一背

一八

二四

二九

二〇背

五二背

二七

一八背

三〇

二〇背

三三
二三背★
三五
二四背★

三六

二七背★

三八

三〇背

三二背★

四一

二九背★

三九

四二

三三背

四三

三四背★

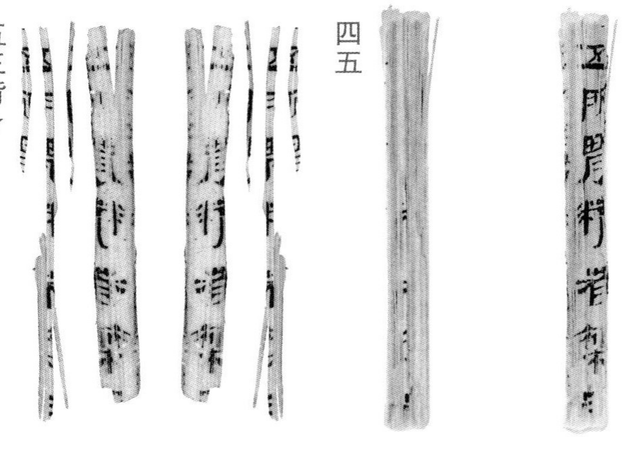
四五

五三背★

脈書·下經反印文

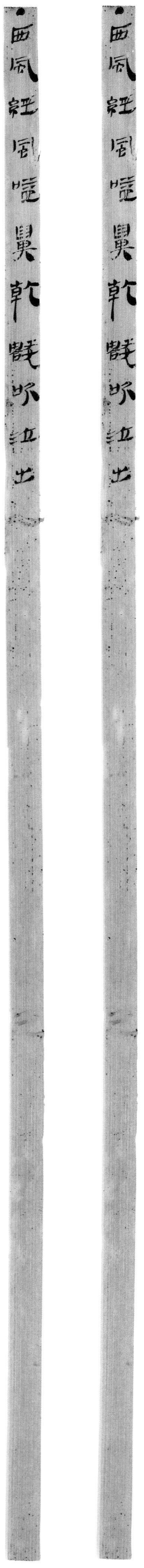

八

二正

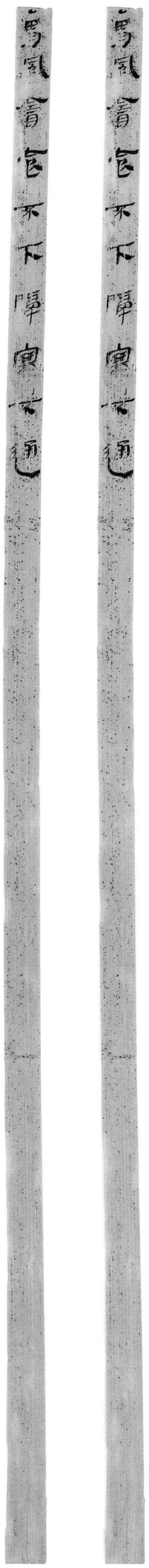

三四

二七背

八七

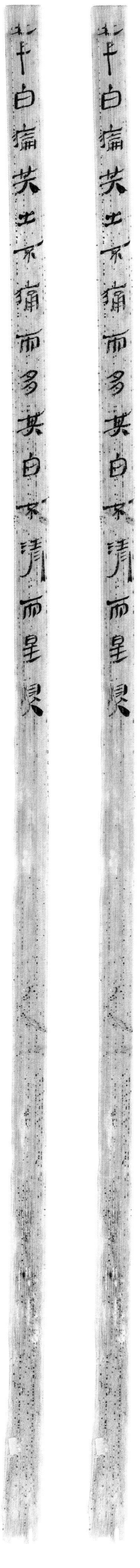

六九背

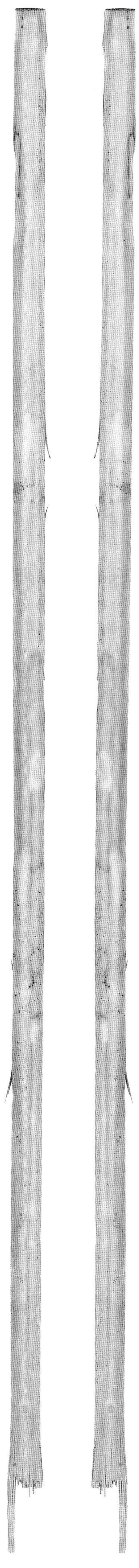

一三七

一一五背

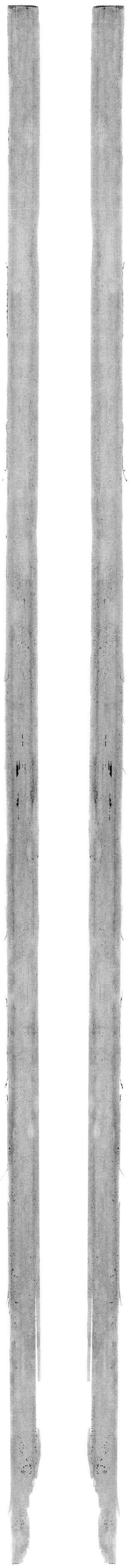

二〇一

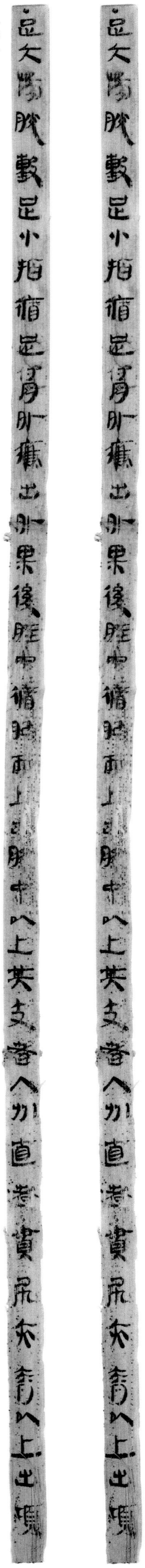

一七四背

二二九

二〇一背

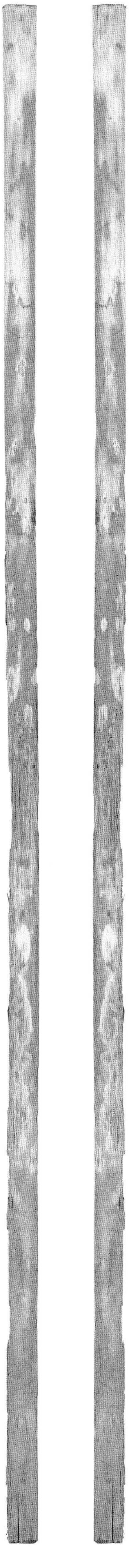

二三六

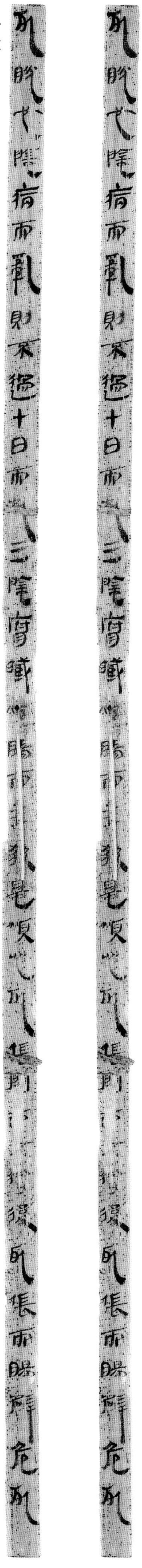

二〇八背

二三八

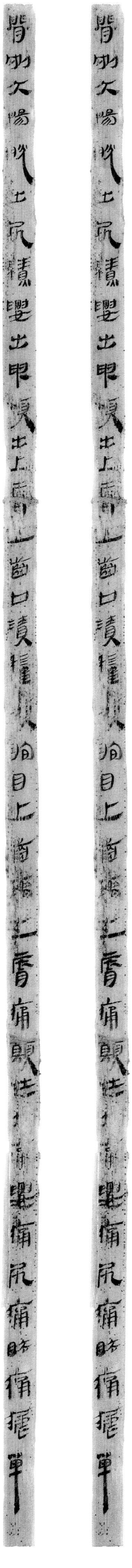

二一〇背

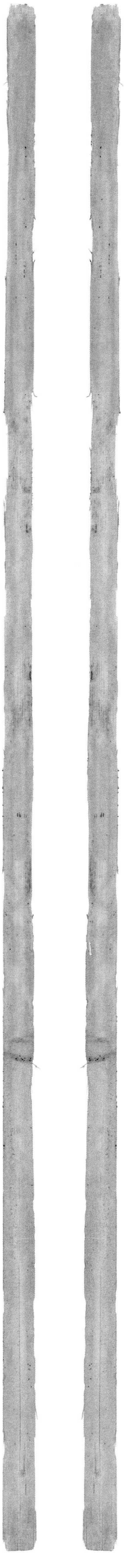

二三九

二一一背

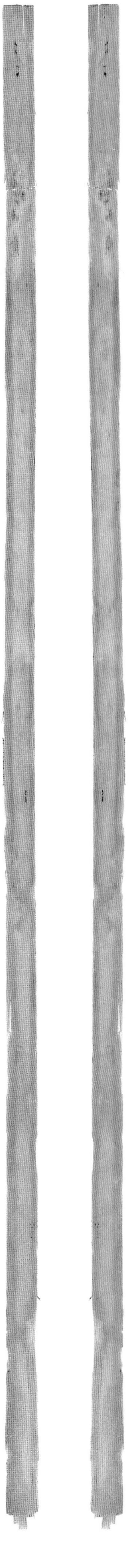

二四〇

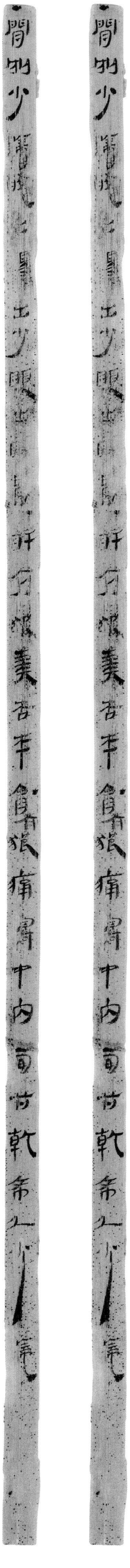

二一二背

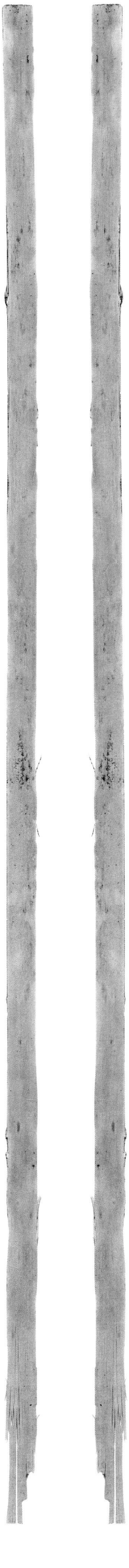

逆順五色脈臧驗精神反印文

四〇
四一背

友理反印文

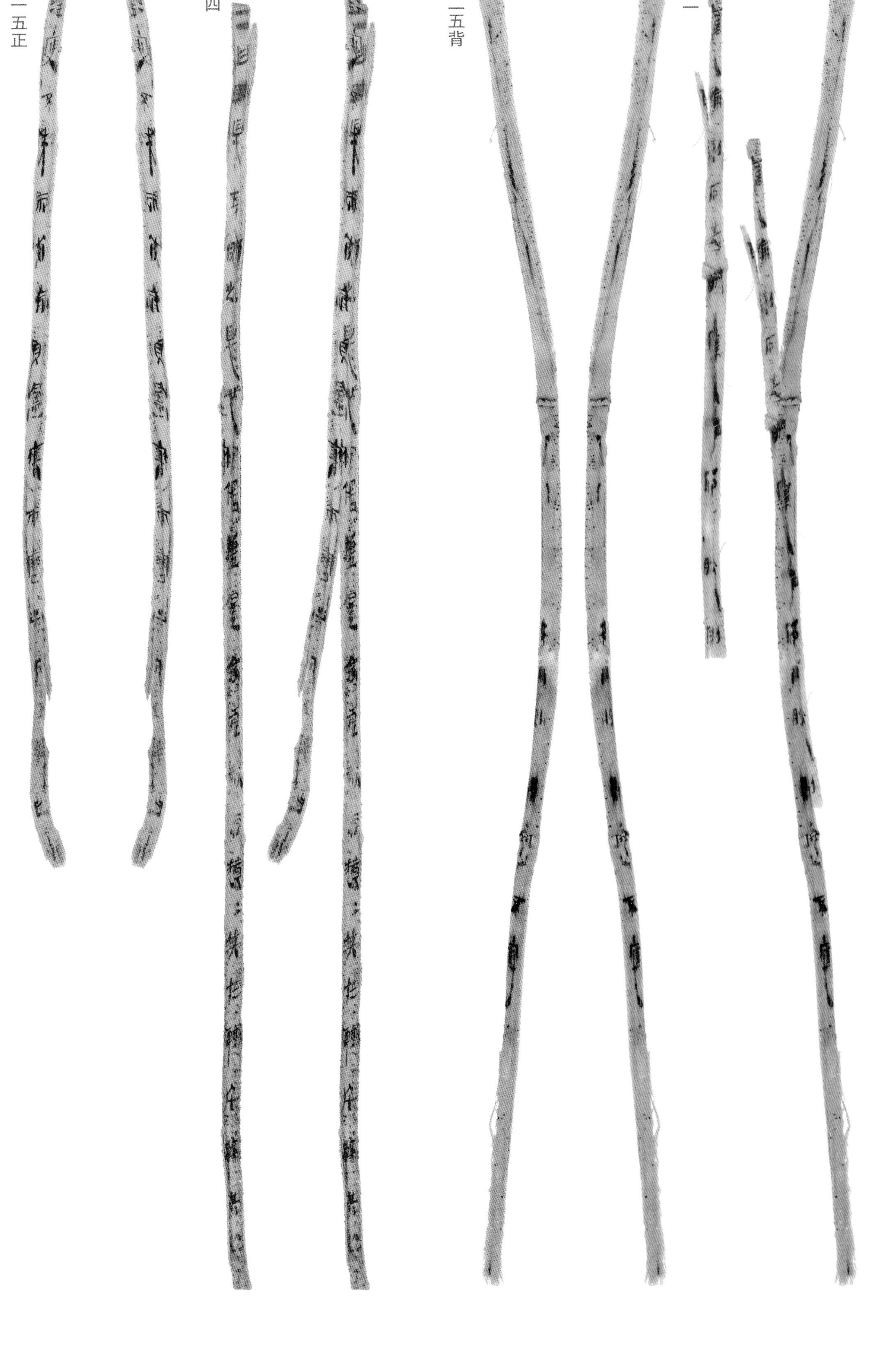
一五正
四
二五背
二

二〇

四背

一三

六九

二九背
二三
四七背
二二

三六正
三七
三〇背
二四

五二背
三九
三二背
四一

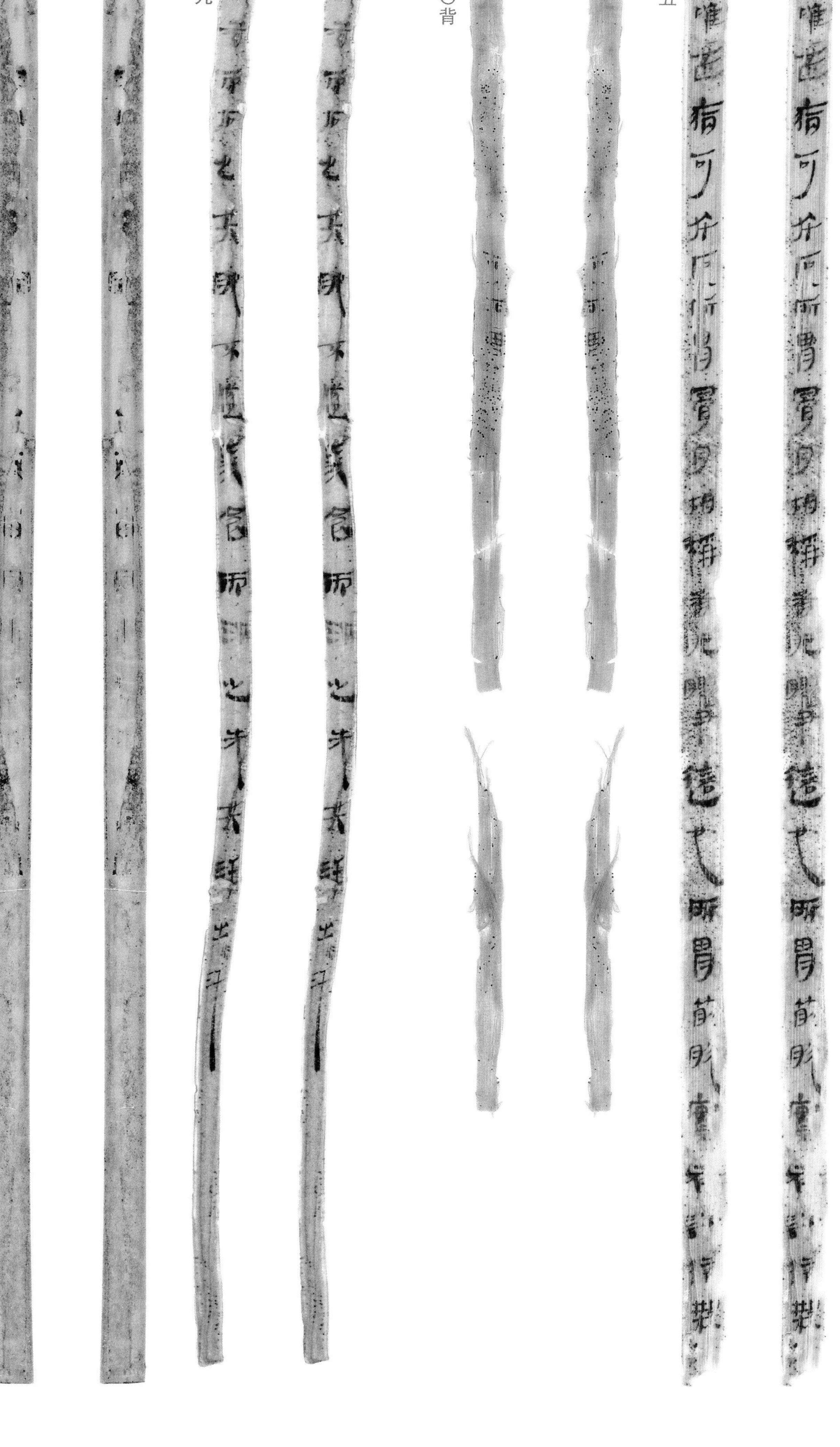
一二背

四九

四〇背

四五

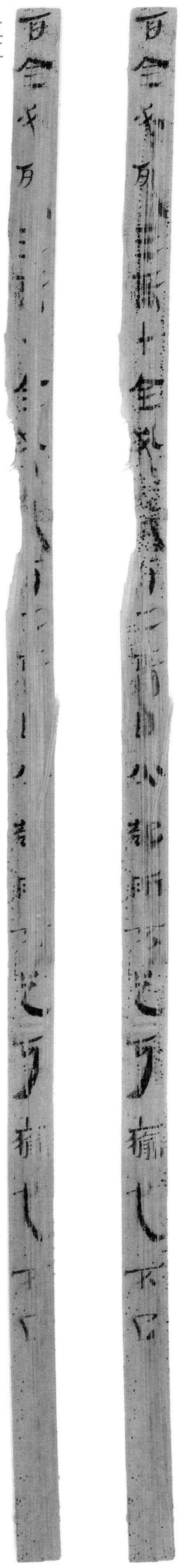

五五

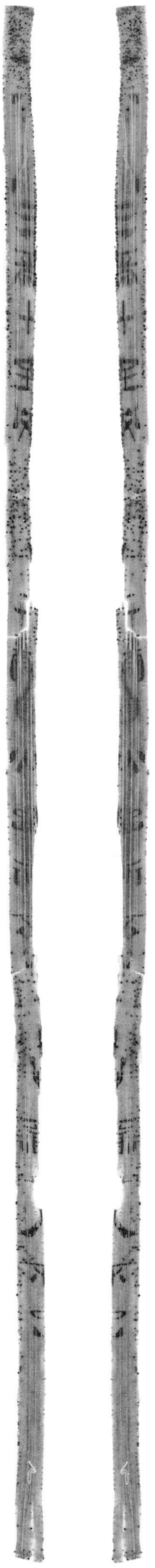

三三背

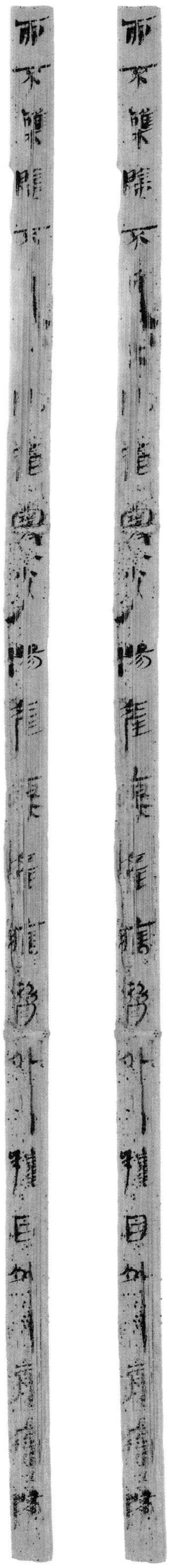

六二

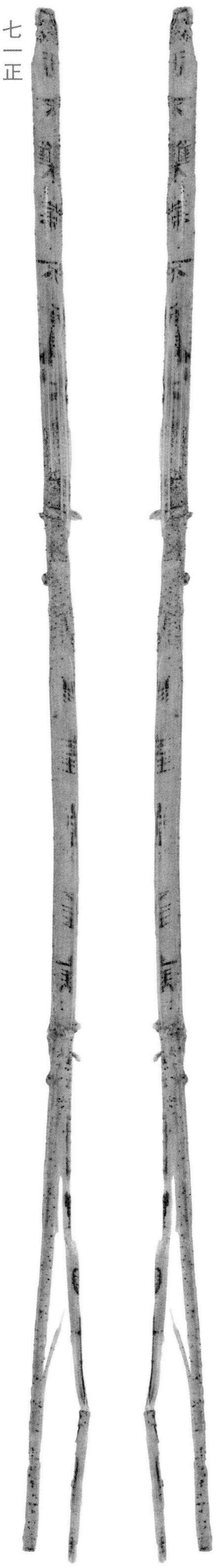

七一正

六三
六四背

刺數反印文

一三

二四背

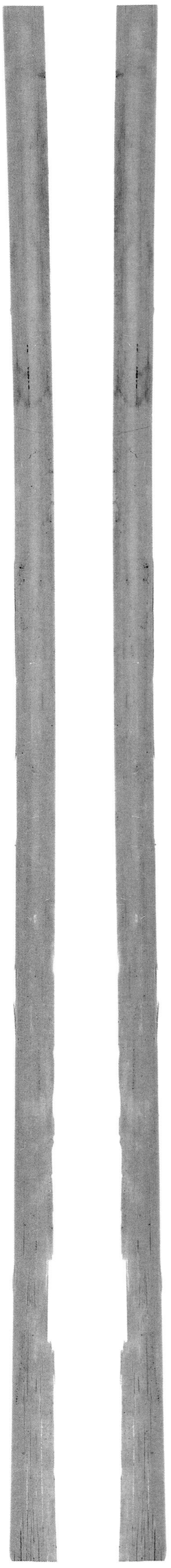

一五

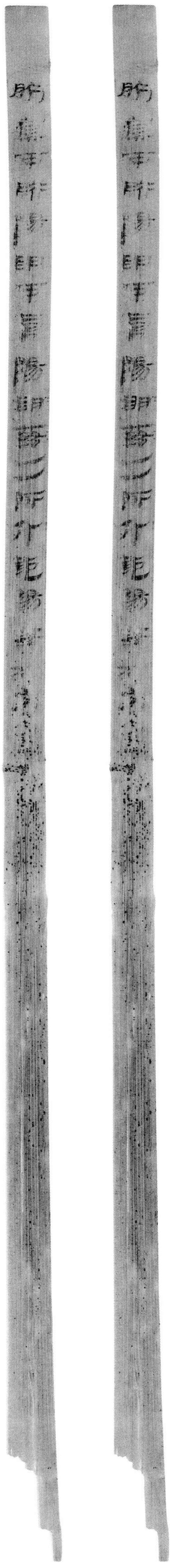

二六背

三三背
二六

治六十病和齊湯法反印文

一

二四背

二

二五背

五

二八背

六

二九背

八

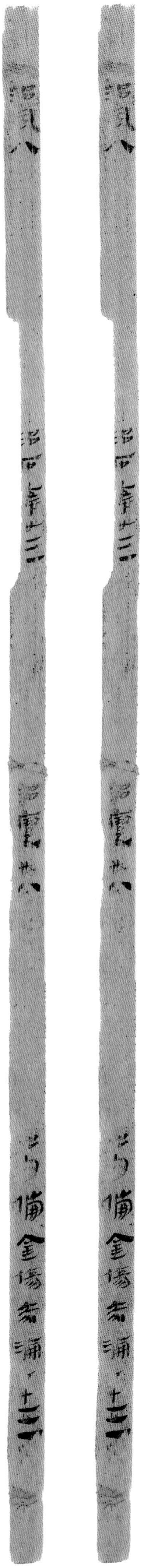

三一背

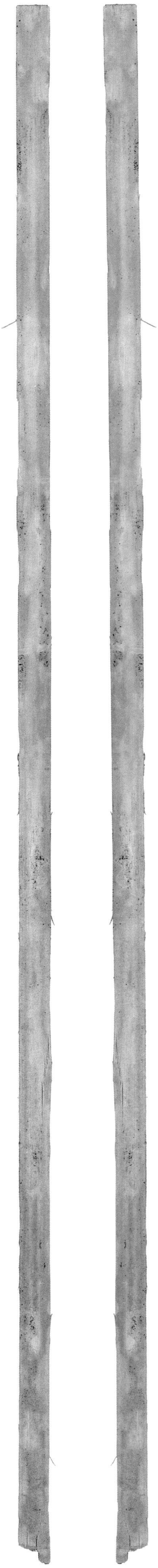

一〇

三三背

二七

四九背

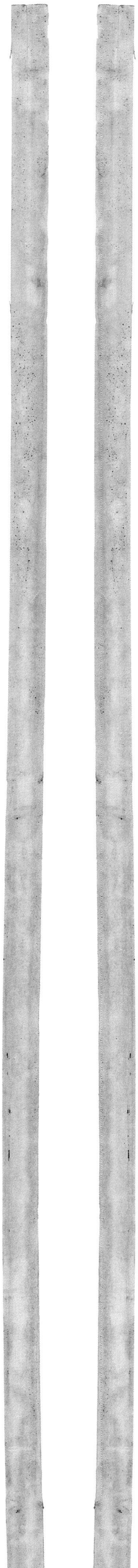

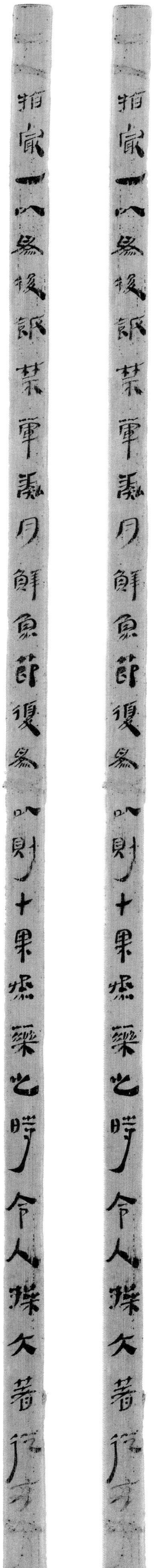

二八

五〇背

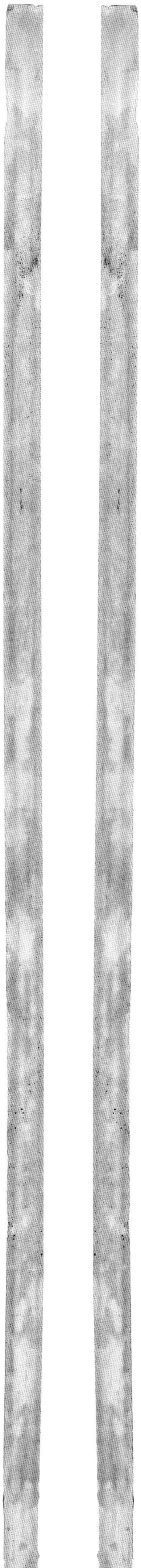

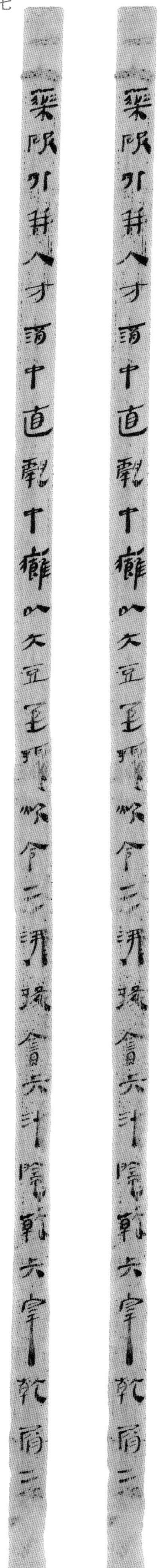

一三五背

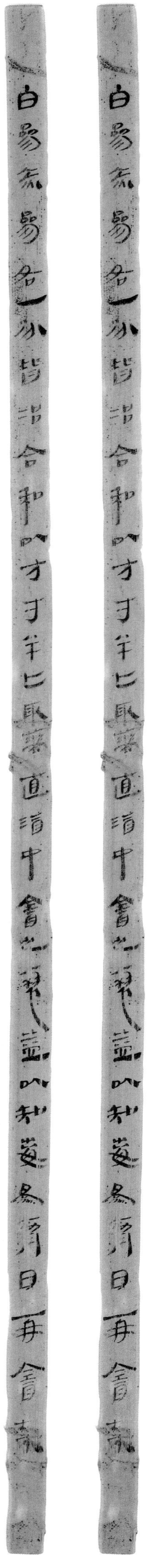

四一

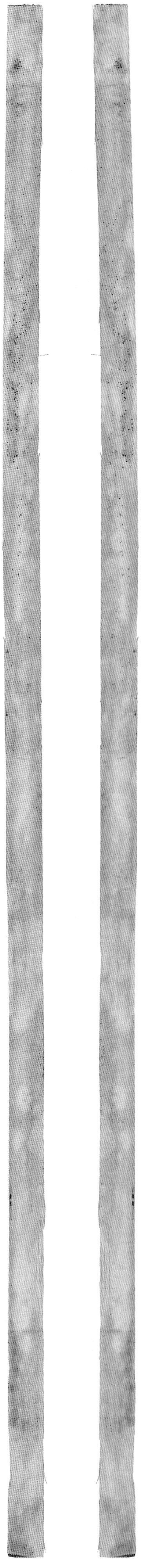

五七背

三四

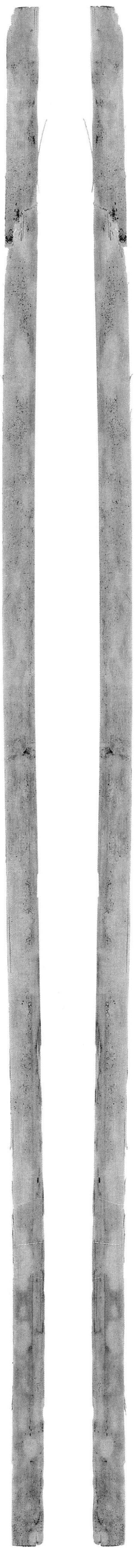

七五背

五〇

七四背

四九

八六背

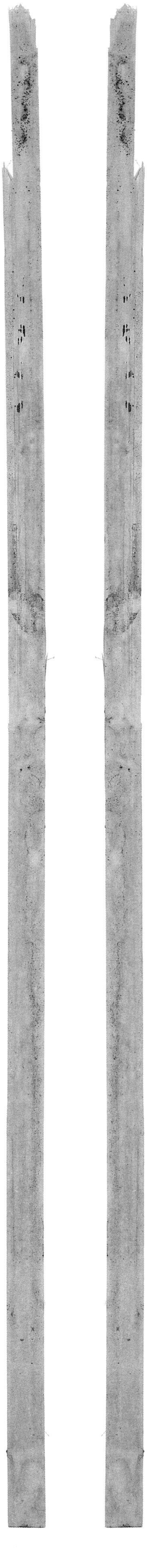

六二

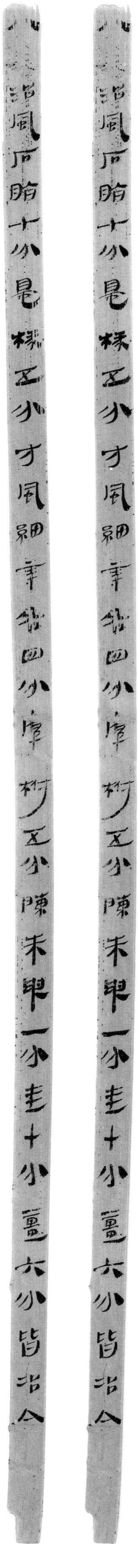

七九背

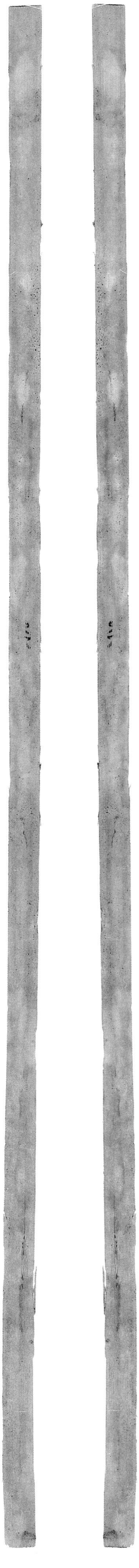

五四

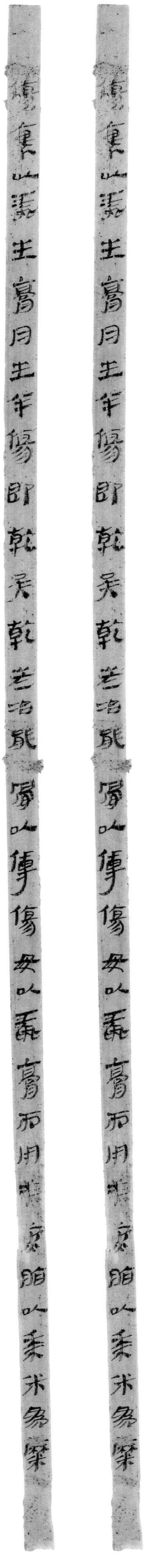

六七

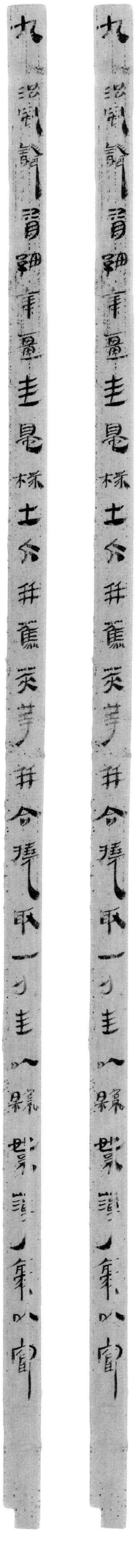

八八背

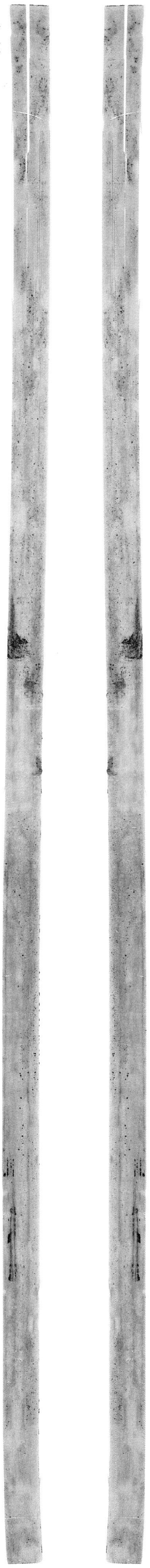

八一

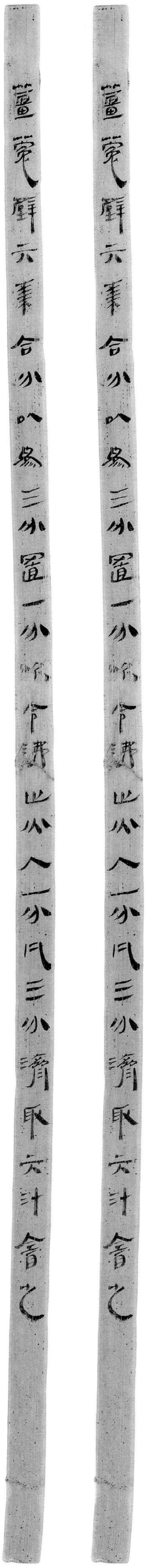

一〇一背

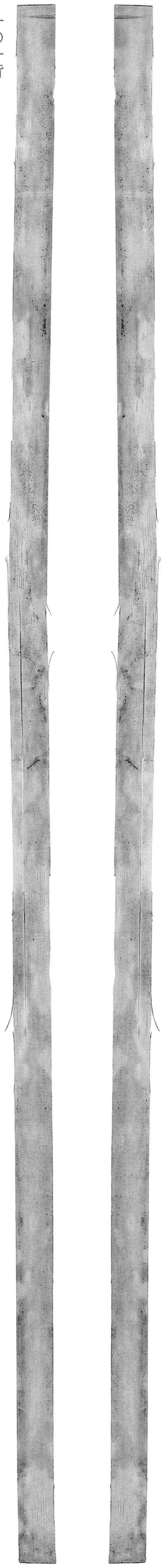

八三

一〇三背

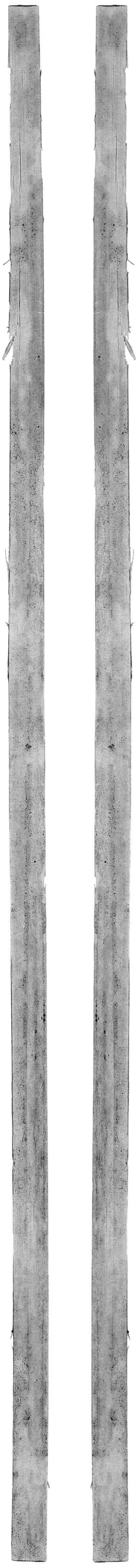

九三

一一二背

九五

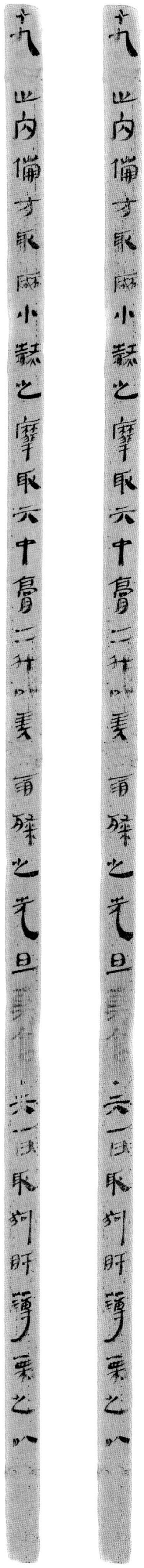

一一四背

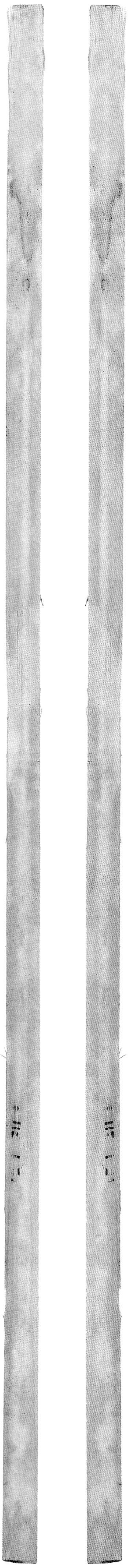

九七

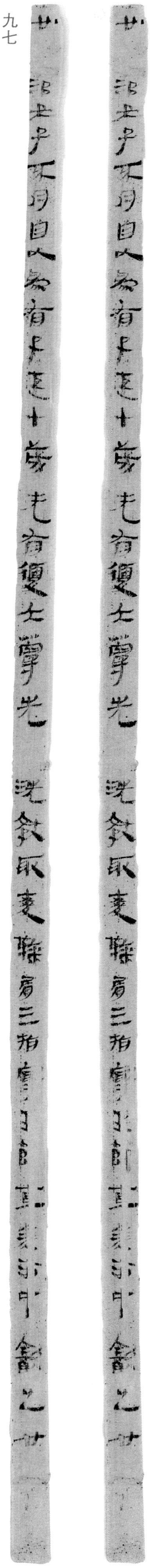

一一六背

九九

一一八背

一〇五

一二一背

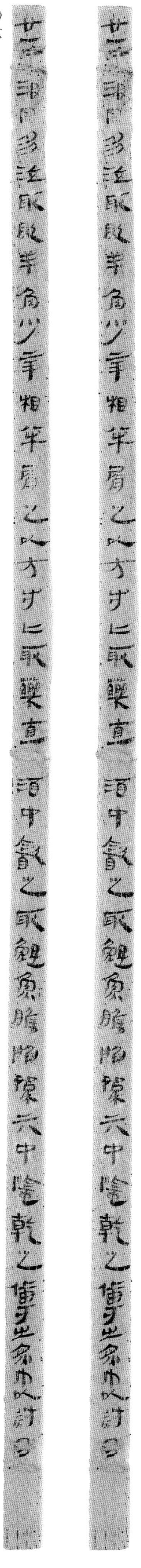

一〇六

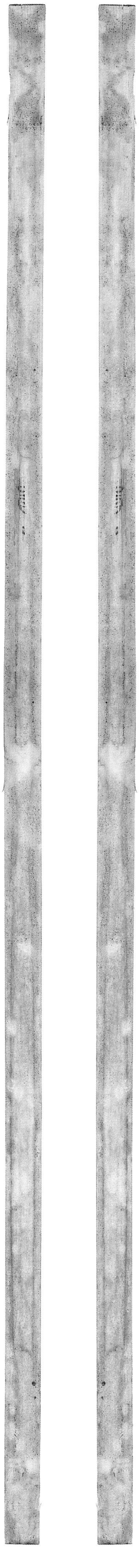

一二三背

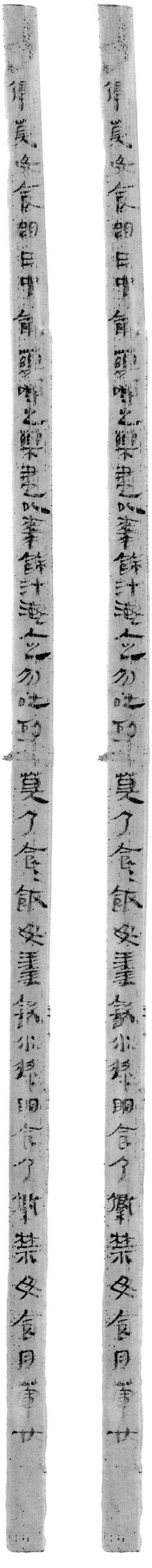

一〇八

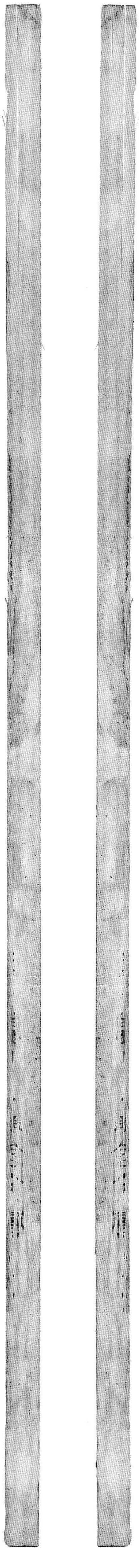

一二四背

一一三

一三七背

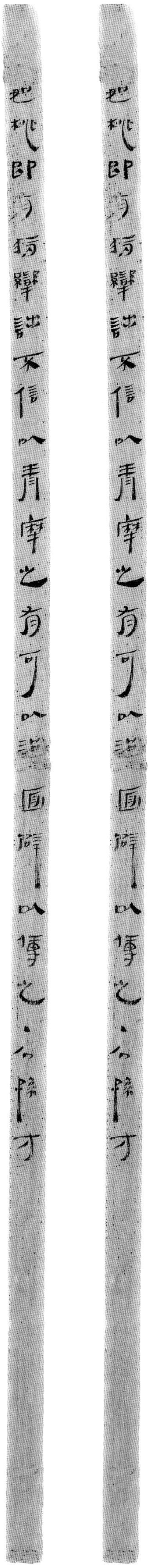

一一五

一三〇背

一一八

一三三背

一一九

一三四背

一三九背

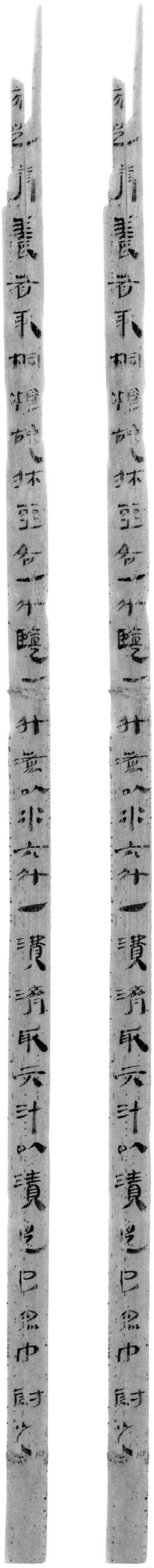

一二三

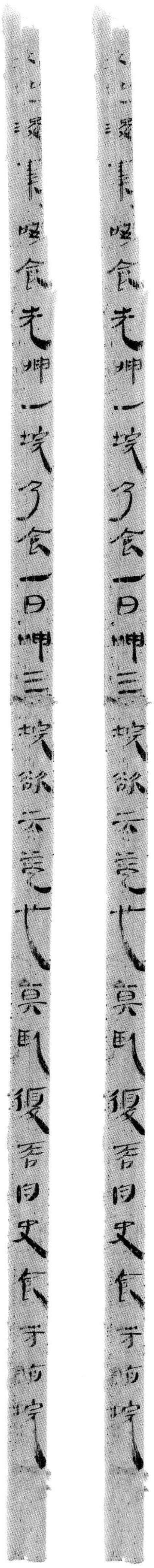

一三六背

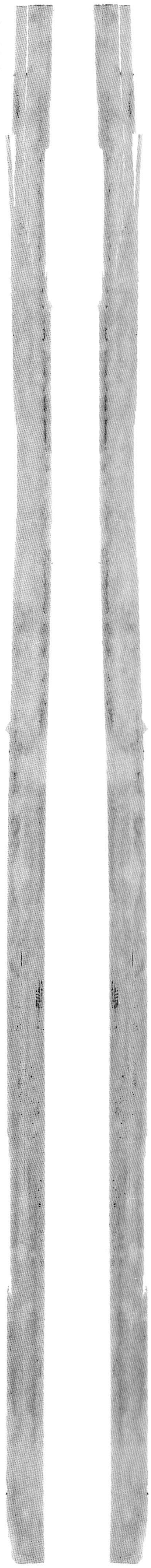

一二〇

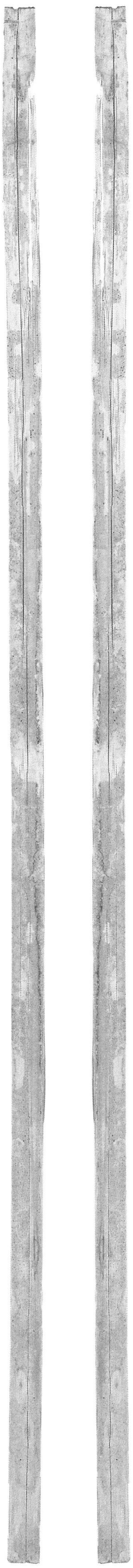

一四四背

一二八

一四二背

一二五

一三一

一四七背

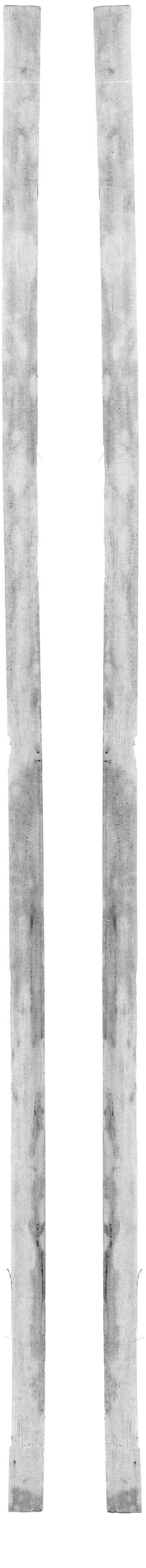

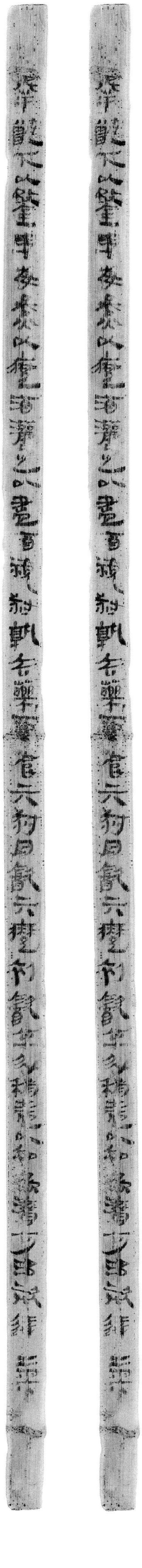

一三三

一四九背

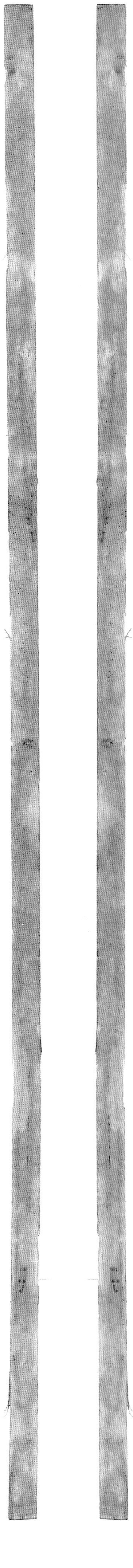

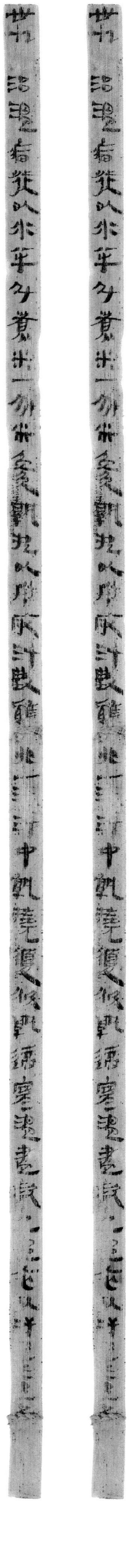

一三六

一五二背

一三八

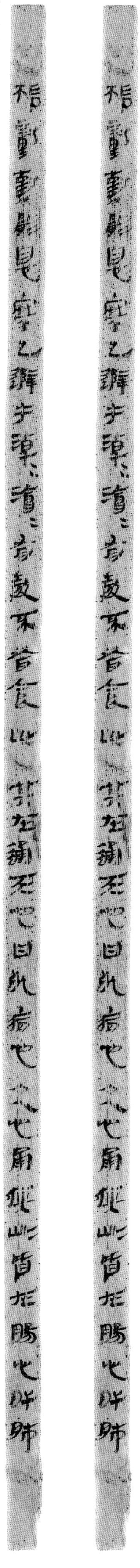

一五四背

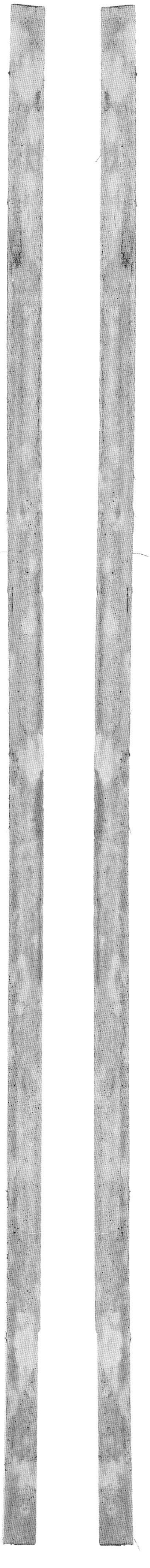

一四二

一五七背

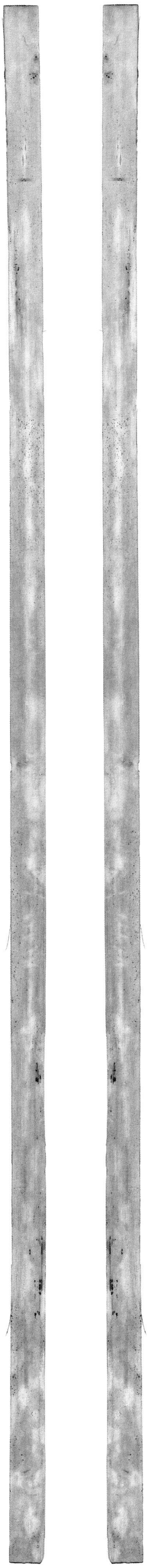

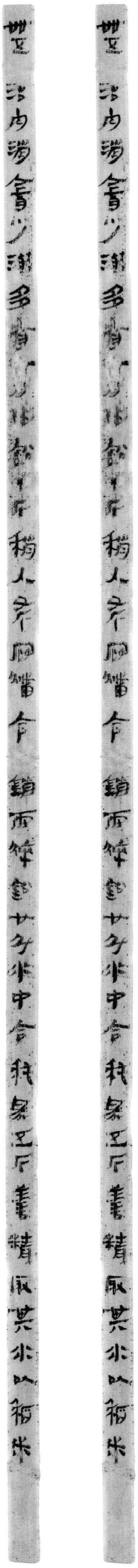

一四七

一六一背

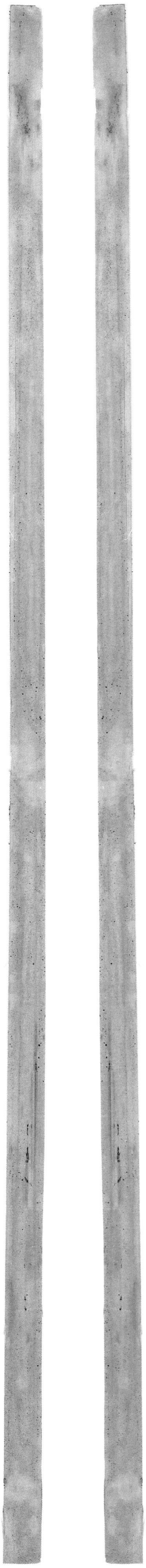

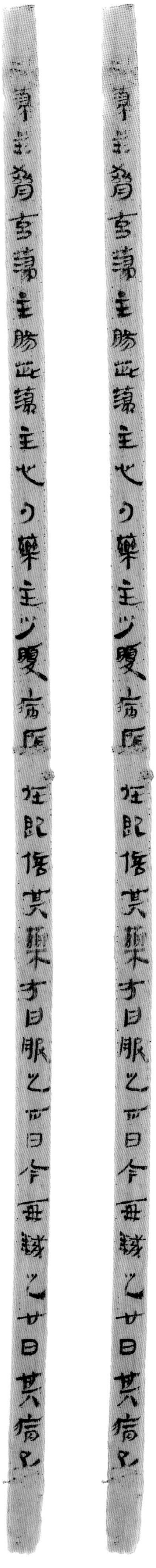

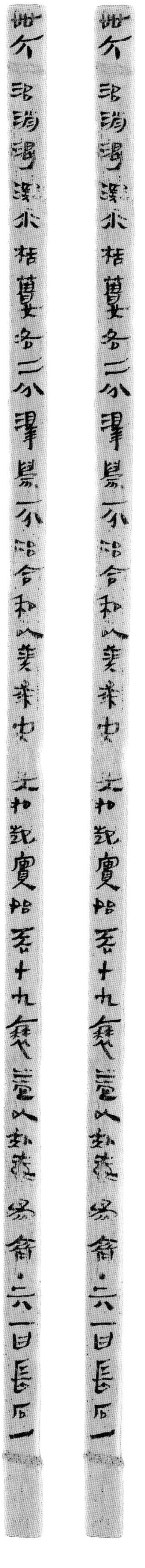

一四九

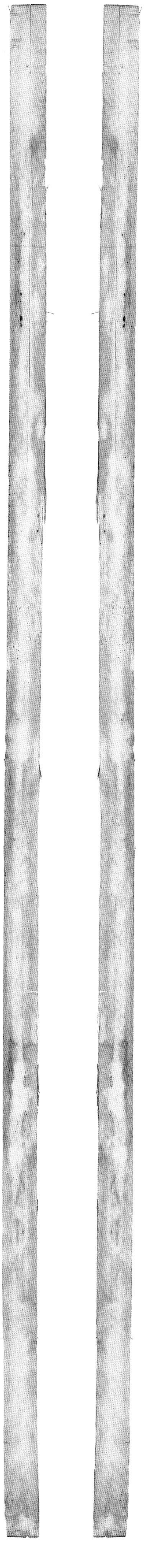

一六三背

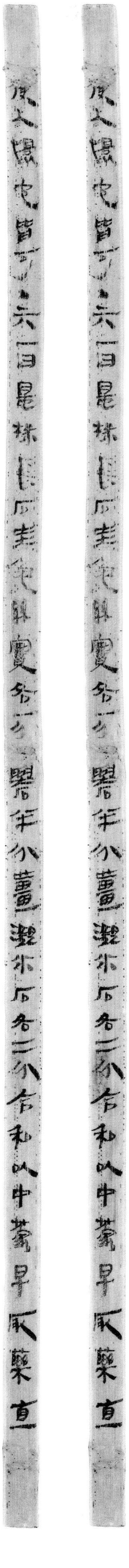

一五三

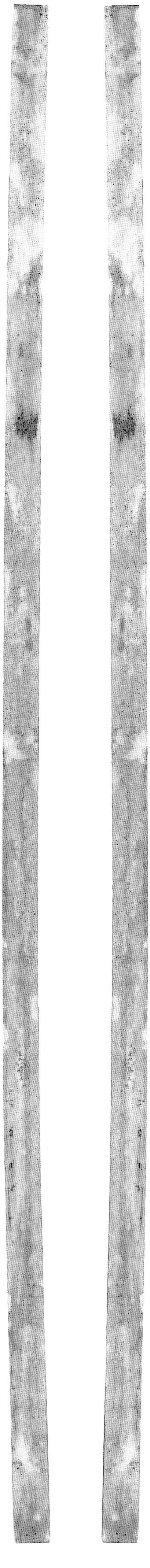

一六六背

一五五

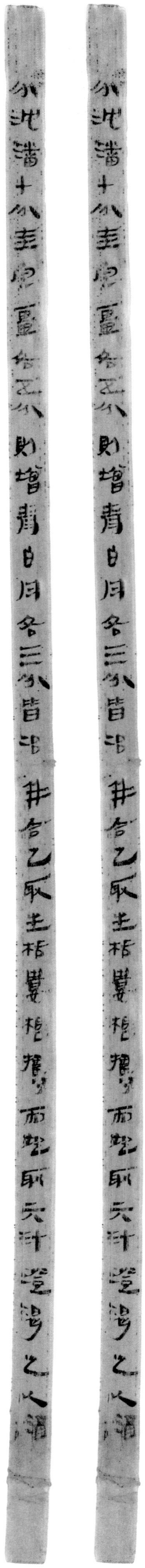

一六八背

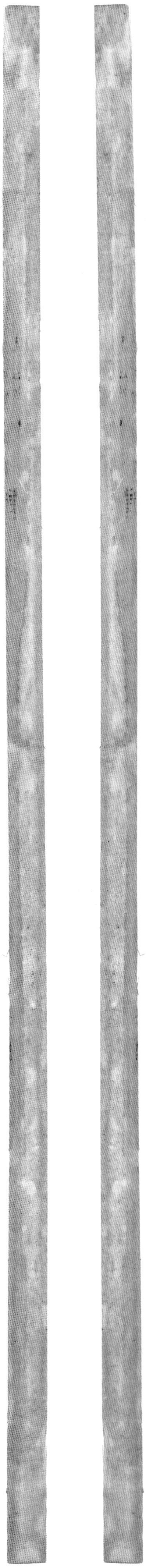

一五六

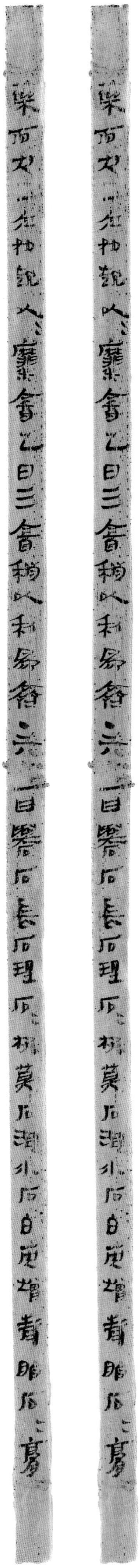

一六九背

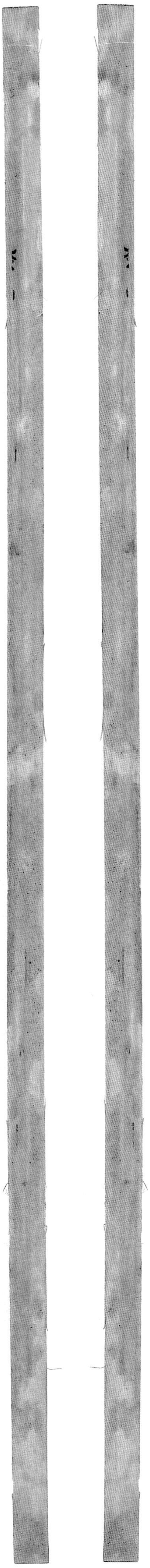

一五九

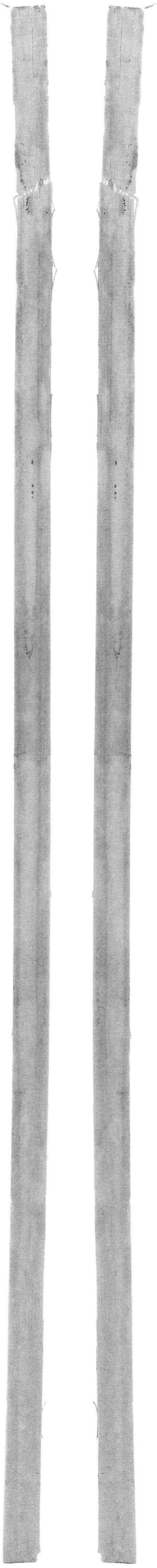

一七一背

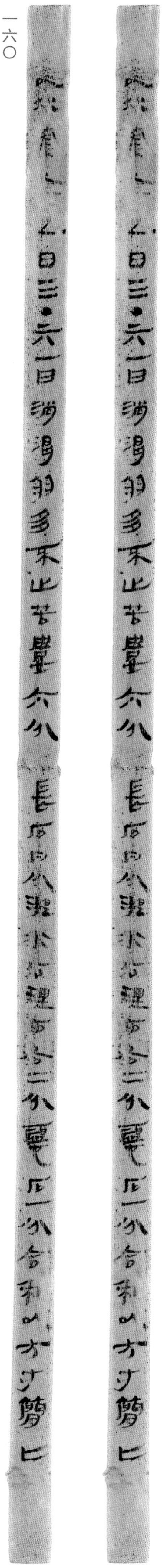

一六〇

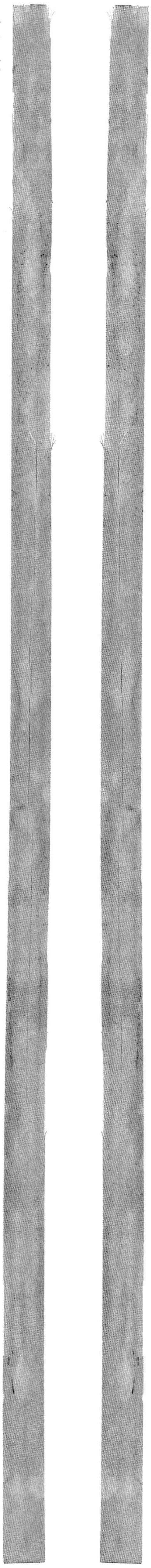

一七二背

一六五

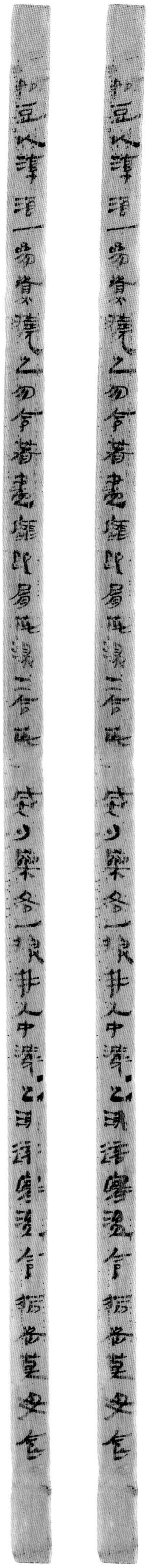

一七六背

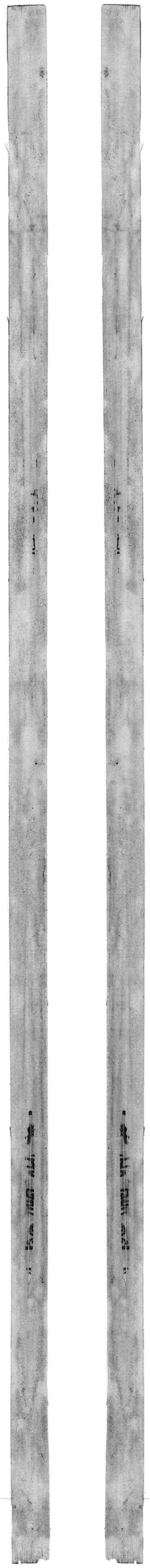

一六六

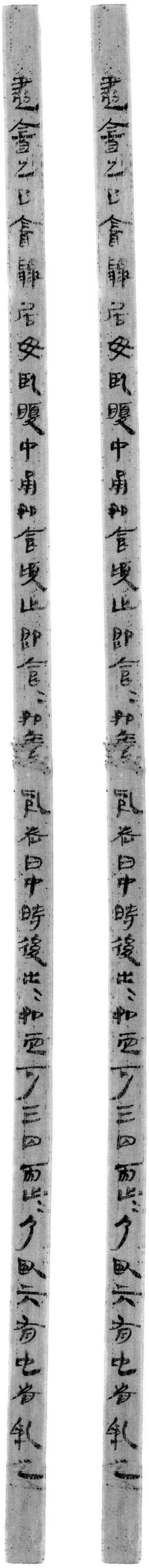

一七七背

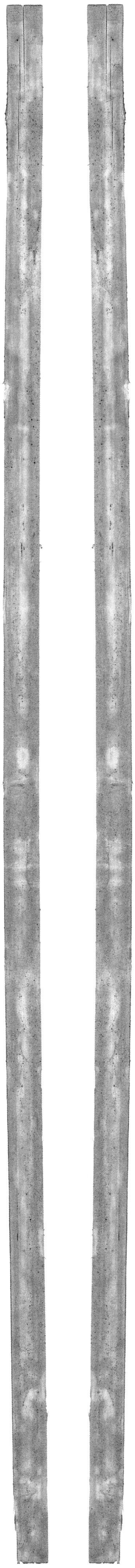

一六八

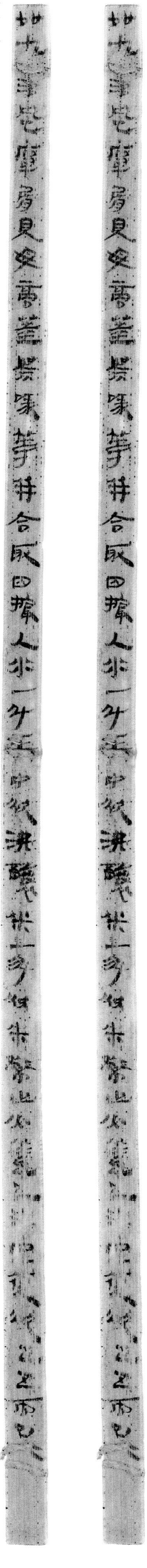

一七九背

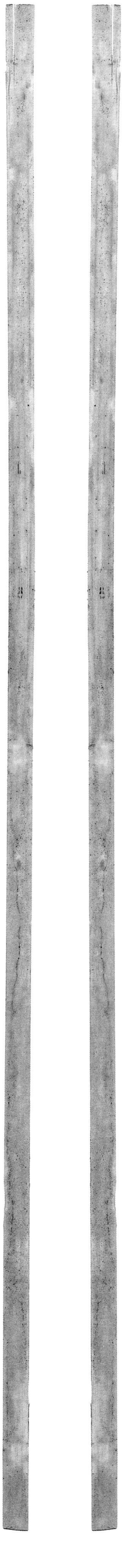

一七二

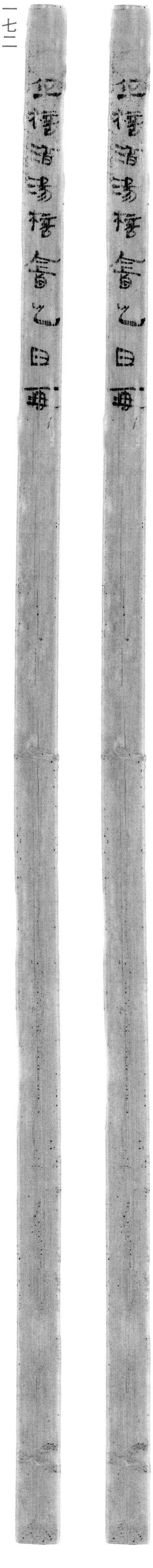

一八二背

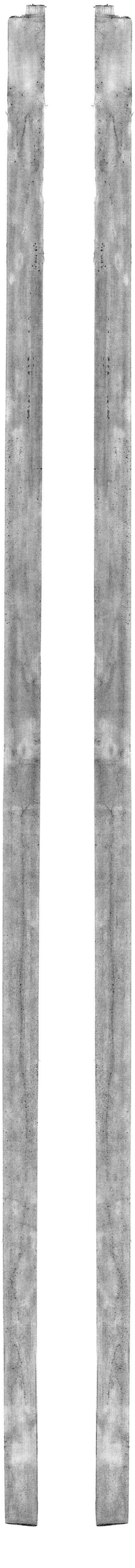

一九〇背

一八二

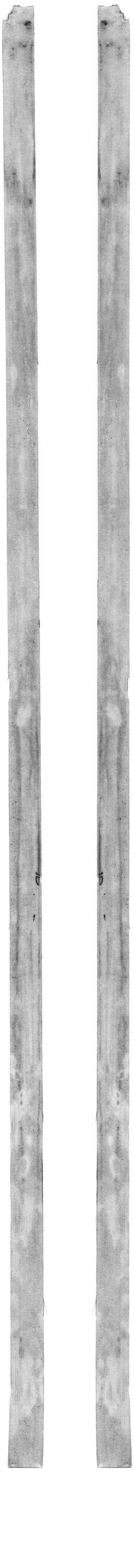

一八四背

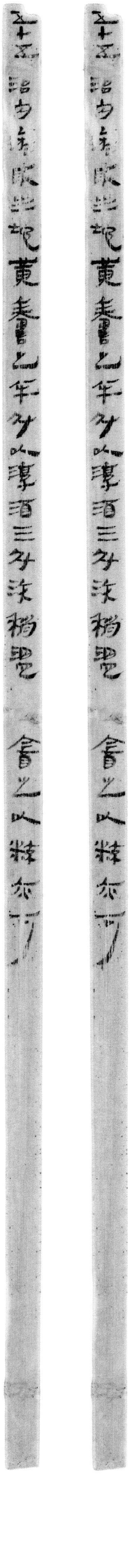

一七四

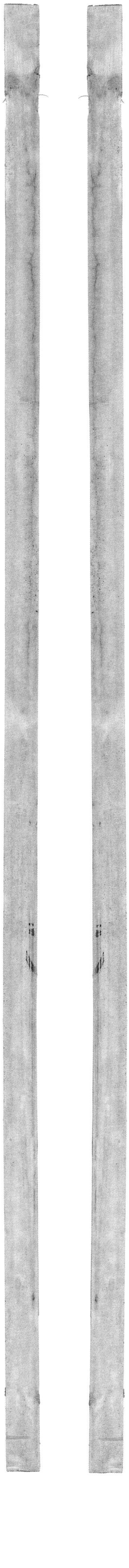

附録二　竹簡清理號與整理號對應圖表（M3：121）

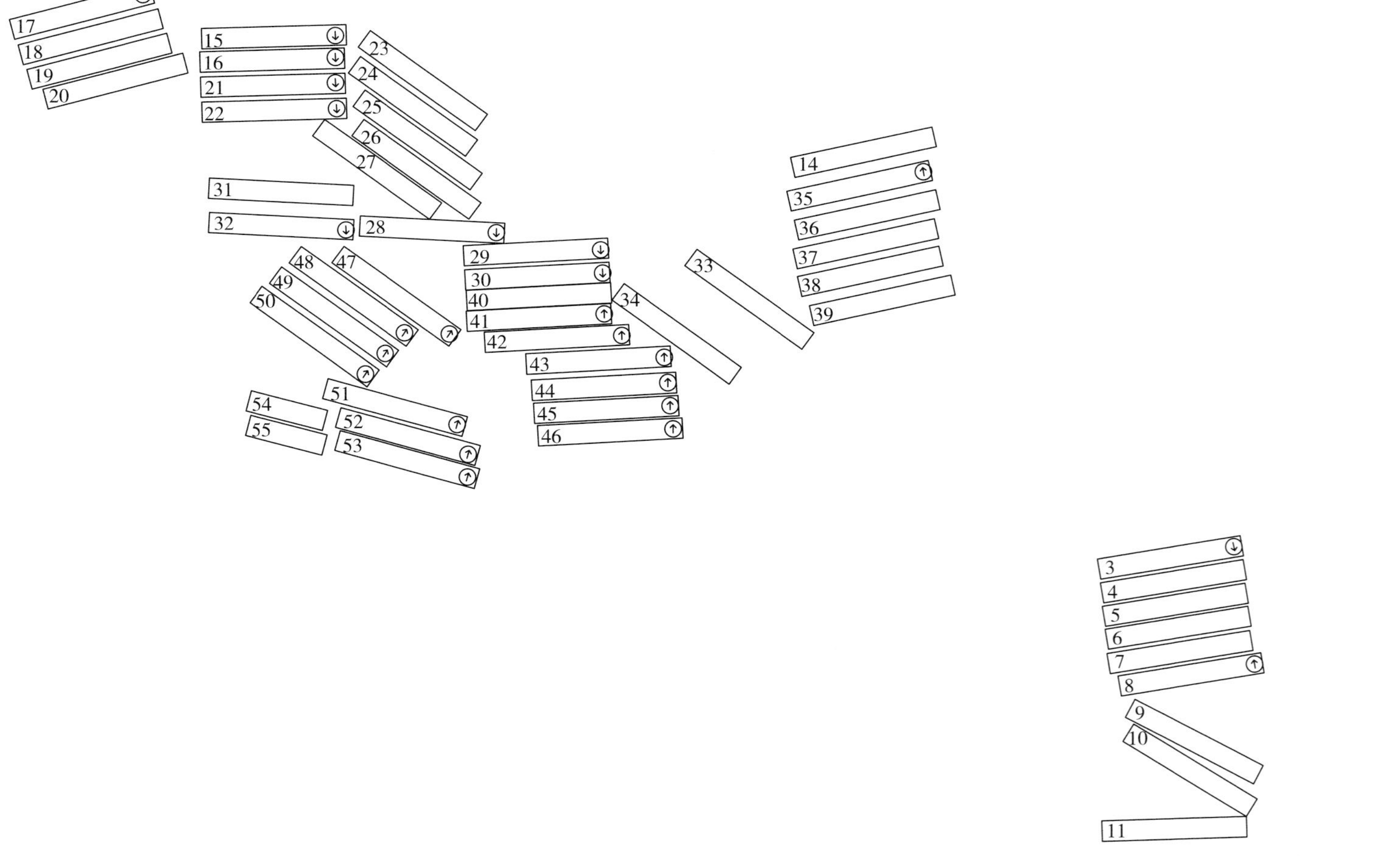

M3：121 竹簡揭剥示意圖（一）

清理號 1—55（含殘簡）

說明：圖中圓圈標注的箭頭所指的竹簡一面爲實驗室清理提取竹簡時能辨明有墨迹或文字的一面。

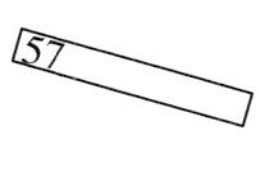

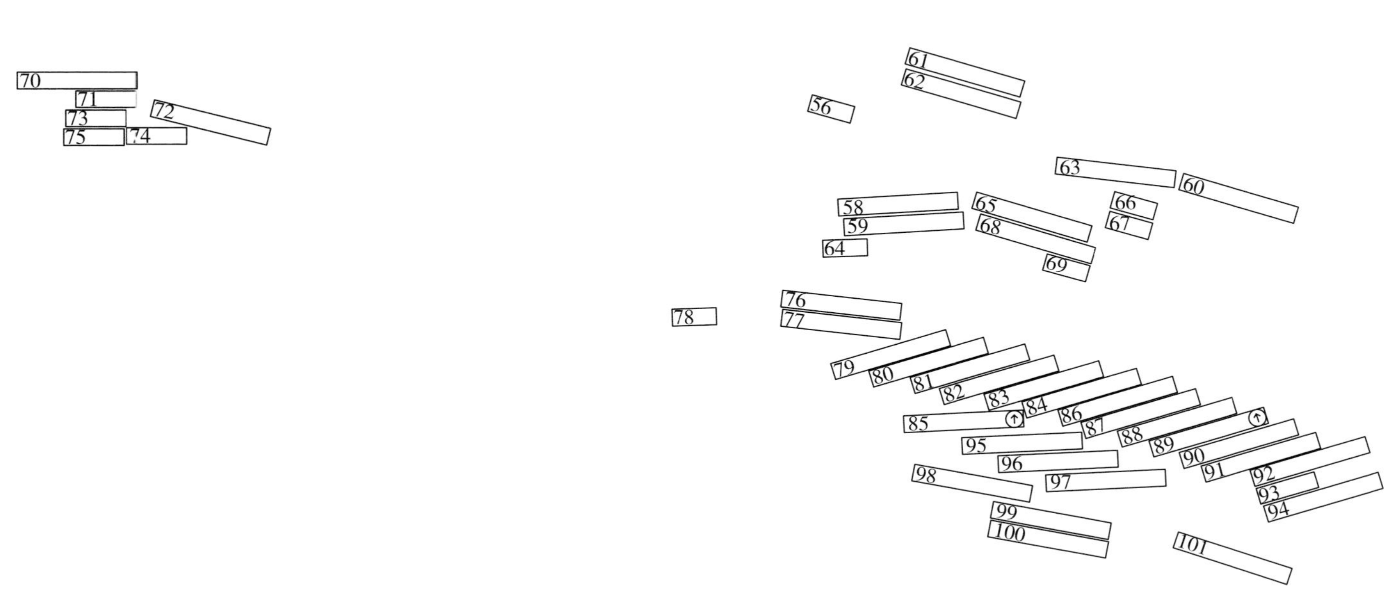

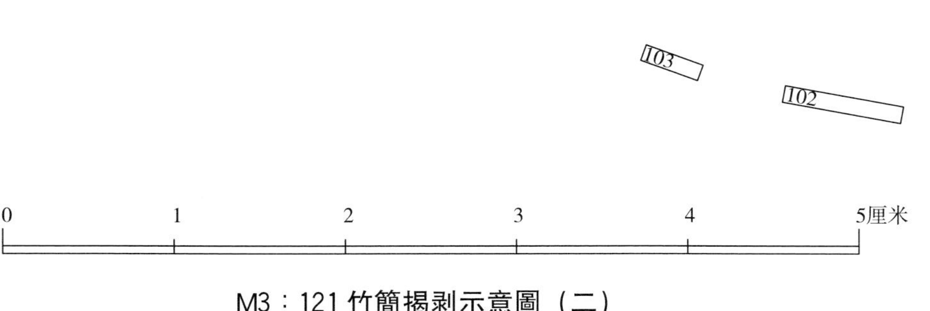

0　1　2　3　4　5厘米

M3：121 竹簡揭剥示意圖（二）

清理號 56—105（含殘簡）

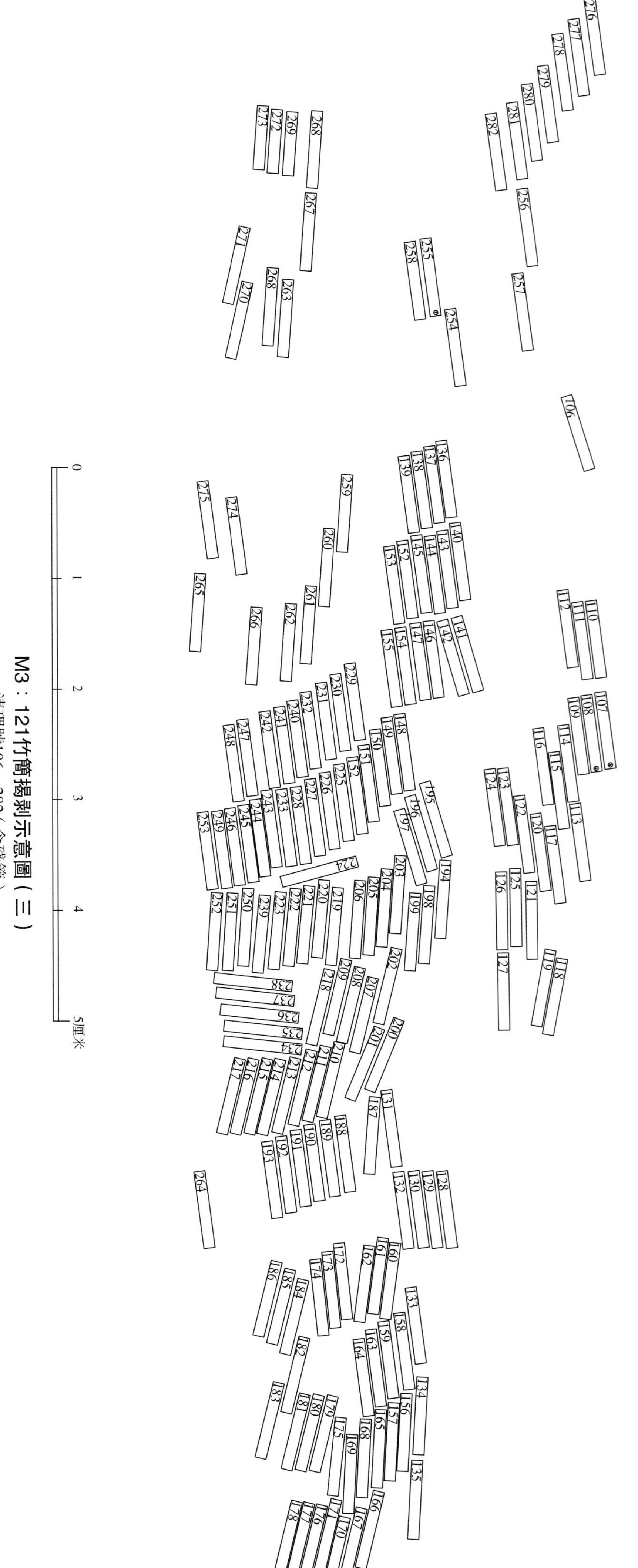

M3：121竹簡揭剥示意圖（三）

清理號106—282（含殘簡）

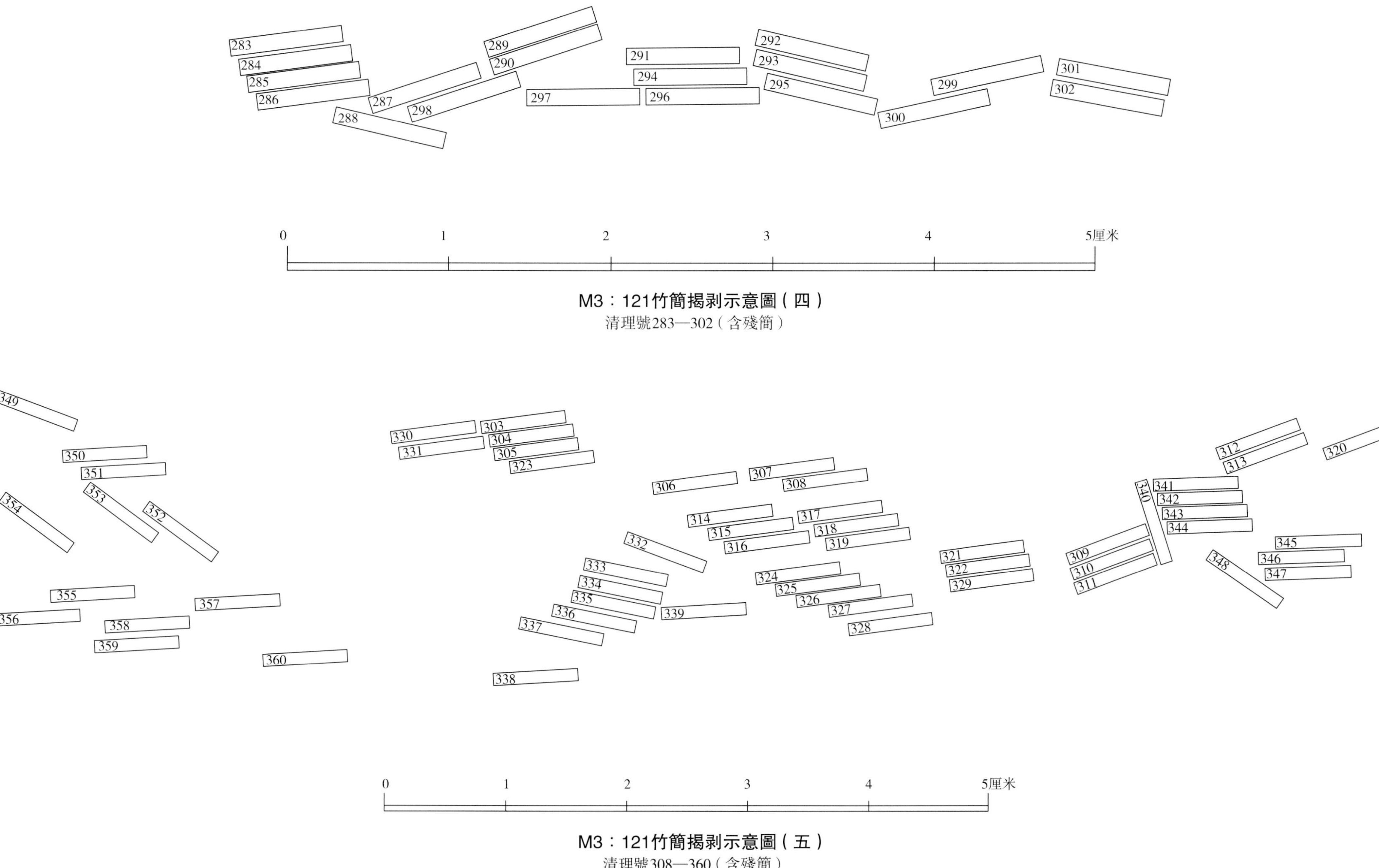

M3：121竹簡揭剥示意圖（四）

清理號283—302（含殘簡）

M3：121竹簡揭剥示意圖（五）

清理號308—360（含殘簡）

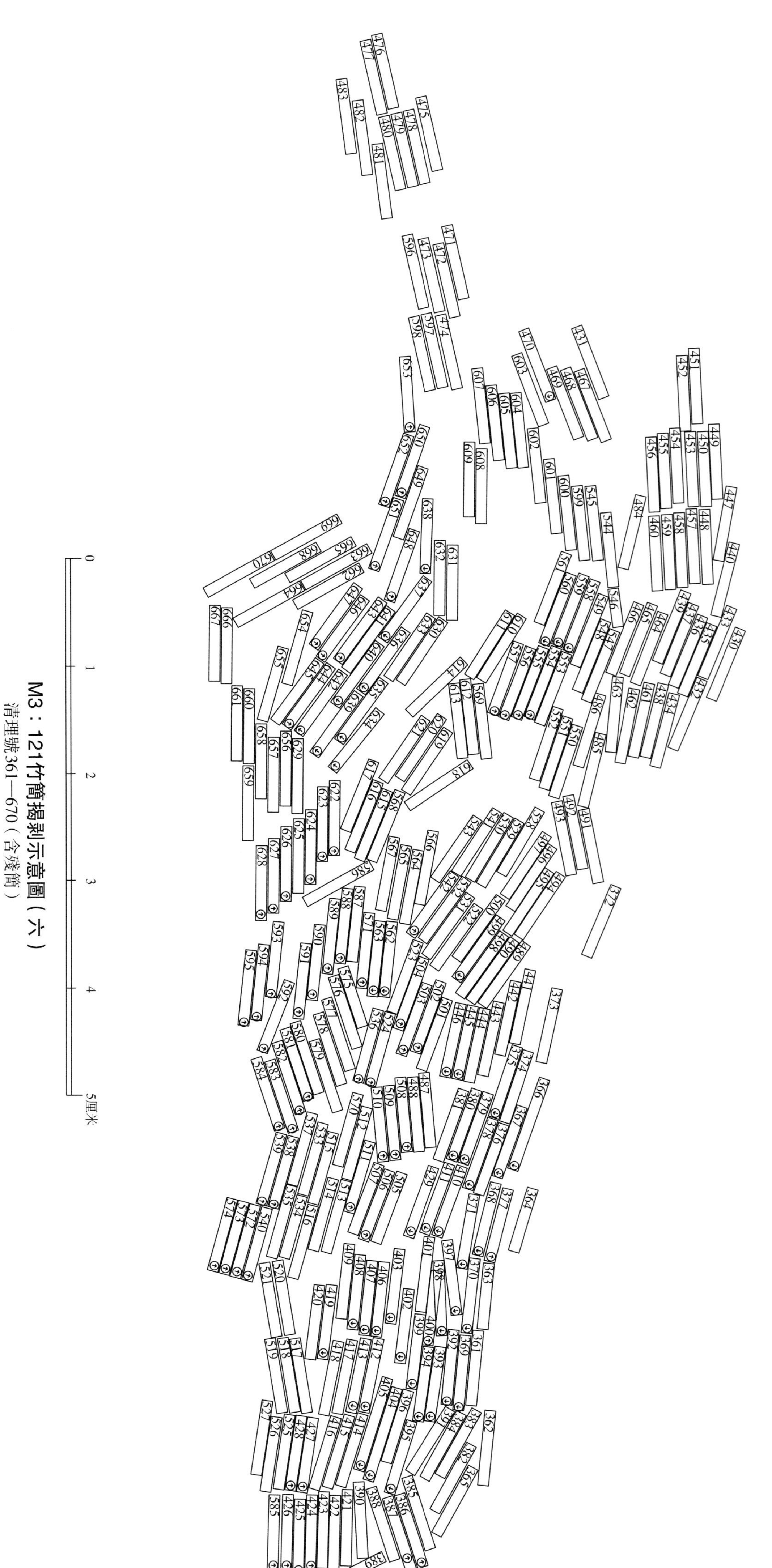

M3：121竹簡揭剥示意圖（六）

清理號361—670（含殘簡）

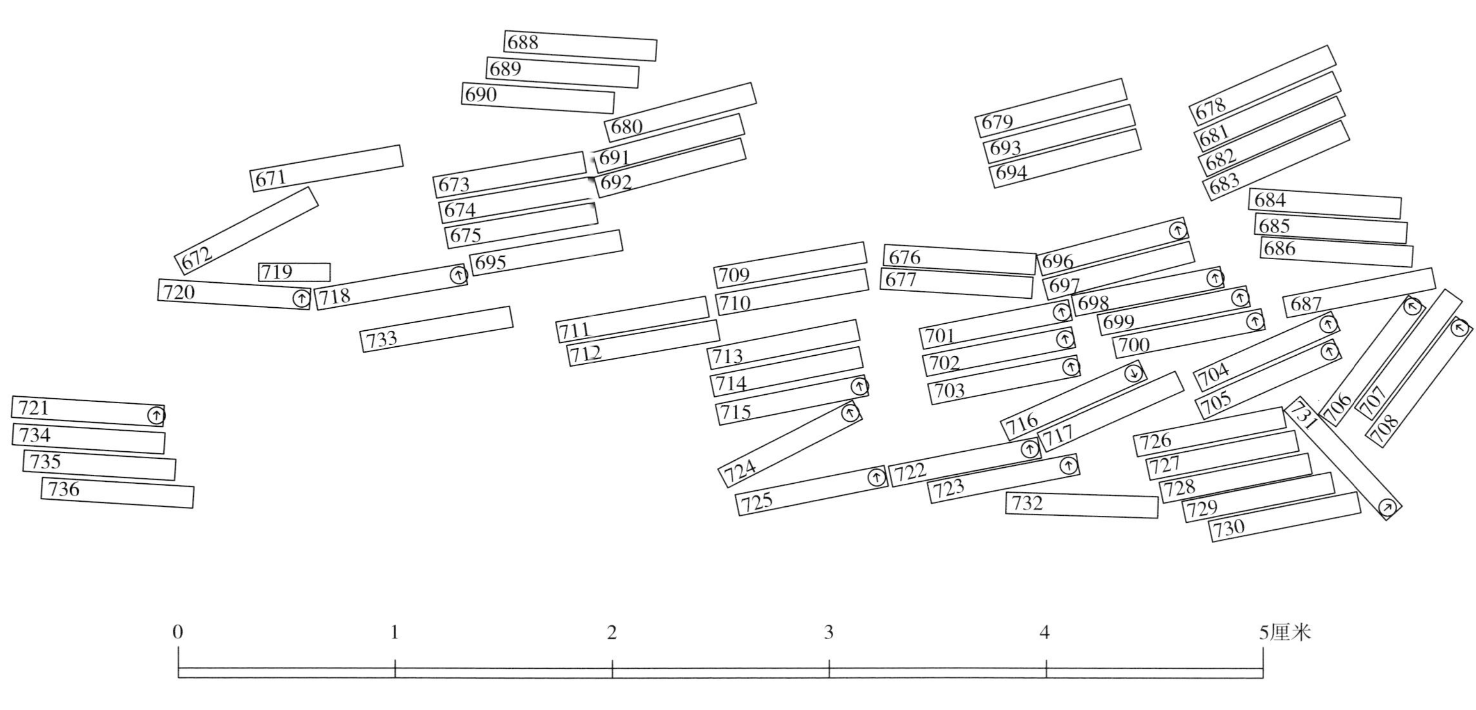

M3：121 竹簡揭剥示意圖（七）

清理號 671—736（含殘簡）

竹簡清理號與整理號對應表（M3—121）

清理號	整理號	書名	備注
001	四四	《上經》	
002	一〇貳	《上經》	
003	四五	《上經》	*
004	四六	《上經》	
005	五一	《上經》	
006—1	九貳	《上經》	
006—2	一六	《上經》	
007	五二	《上經》	*
008	二四	《上經》	*
009	五三	《上經》	*
010	四七	《上經》	
011	四八	《上經》	
012—1	四九	《上經》	
012—2	五〇	《上經》	
013	五四	《上經》	
014	二五	《上經》	
015	三七	《上經》	
016	二八壹	《上經》	
017	三八	《上經》	*
018—1	二〇	《上經》	*

續表

清理號	整理號	書名	備注
018—2	二九	《上經》	*
018—3	三〇	《上經》	*
019	三九	《上經》	*
020	一三	《上經》	
021	一九	《上經》	*
022	一二	《上經》	*
023	三六	《上經》	*
024—1	一八	《上經》	*
024—2	二七壹	《上經》	*
025	四	《上經》	*
026	一一壹	《上經》	*
027	六	《上經》	
028	三六	《上經》	
029	二六	《上經》	
030	一七	《上經》	
031	五	《上經》	
032	一	《上經》	*
033	一〇壹	《上經》	
034	三	《上經》	*
035	九壹	《上經》	*

續表

清理號	整理號	書名	備注
036—1	九壹	《上經》	
036—2	一六	《上經》	*
037	二四	《上經》	*
038	三五壹	《上經》	*
039	四三	《上經》	
040	二	《上經》	*
041	七	《上經》	*
042	八	《上經》	*
043	一五	《上經》	*
044	二三	《上經》	*
045	三四	《上經》	*
046	四三	《上經》	*
047	一四	《上經》	*
048	二一	《上經》	
049	三一	《上經》	
050	四〇	《上經》	
051	二二	《上經》	*
052	三三	《上經》	*
053	四二	《上經》	*
054	三二	《上經》	*

續表

清理號	整理號	書名	備注
055	四一	《上經》	*
056—1	六三	《叏理》	*
056—2	六四	《叏理》	*
057	五三	《叏理》	
058	四一	《叏理》	*
059	三二	《叏理》	*
060	三八	《叏理》	
061	四二	《叏理》	
062	六五	《叏理》	
063	一三	《叏理》	*
064	六六	《叏理》	
065	三一	《叏理》	
066	四	《叏理》	*
067	一五	《叏理》	*
068	五	《叏理》	
069	二七	《叏理》	
070	三九	《叏理》	*
071	五二	《叏理》	*
072	六〇	《叏理》	
073—1	五七	《叏理》	

續表

清理號	整理號	書名	備注
073—2	六一	《犮理》	
074	五九	《犮理》	
075—1	五四	《犮理》	
075—2	六二	《犮理》	
076	五一	《犮理》	
077	五五	《犮理》	*
078	三三	《犮理》	*
079	五六	《犮理》	
080	二三	《犮理》	*
081	二九	《犮理》	*
082	二八	《犮理》	
083	二六	《犮理》	
084	三	《犮理》	
085	九	《犮理》	
086	一〇	《犮理》	
087	一二	《犮理》	*
088	一一	《犮理》	
089	四八	《犮理》	
090	四九	《犮理》	*
091	五〇	《犮理》	

續表

清理號	整理號	書名	備注
092—1	六九	《犮理》	*
092—2	二〇	《犮理》	*
093	七〇	《犮理》	
094	二一	《犮理》	
095	三〇	《犮理》	*
096—1	二	《犮理》	*
096—2	二五	《犮理》	*
097	八	《犮理》	
098	二四	《犮理》	*
099	二二	《犮理》	*
100	四七	《犮理》	*
101			非竹簡
102	二〇	《犮理》	
103	五一	《犮理》	
104	八五	《和齊湯法》	
105	二〇〇	《和齊湯法》	
106			非竹簡
107	一七	《和齊湯法》	
108	六二	《和齊湯法》	*
109	一九	《和齊湯法》	

續表

清理號	整理號	書名	備注
110	六五	《和齊湯法》	
111	六五	《和齊湯法》	
112	八六	《和齊湯法》	*
113	一八	《和齊湯法》	
114	六四	《和齊湯法》	/
115	六六	《和齊湯法》	
116	八五	《和齊湯法》	
117	三九	《和齊湯法》	
118	一六	《和齊湯法》	
119	三八	《和齊湯法》	/
120	六〇	《和齊湯法》	
121	八三	《和齊湯法》	*
122	一〇四	《和齊湯法》	
123	一〇五	《和齊湯法》	*
124	一二一	《和齊湯法》	*
125	六一	《和齊湯法》	
126	一〇三	《和齊湯法》	*
127	八二	《和齊湯法》	
128	一二〇	《和齊湯法》	*
129	一三六	《和齊湯法》	*

續表

清理號	整理號	書名	備注
130	一五二	《和齊湯法》	*
131	二二	《和齊湯法》	
132	六三	《和齊湯法》	
133	八九	《和齊湯法》	
134	六七	《和齊湯法》	/*
135	四一	《和齊湯法》	*
136	八	《和齊湯法》	*
137	七	《和齊湯法》	
138	三二	《和齊湯法》	
139	五四	《和齊湯法》	*
140	三一	《和齊湯法》	/*
141	一九	《和齊湯法》	
142	三〇	《和齊湯法》	
143	五三	《和齊湯法》	
144	九九	《和齊湯法》	*
145	七九	《和齊湯法》	*
146	七八	《和齊湯法》	
147	一一八	《和齊湯法》	*
148	五二	《和齊湯法》	
149	七七	《和齊湯法》	

續表

清理號	整理號	書名	備注
150	九八	《和齊湯法》	
151	一一七	《和齊湯法》	
152	一三二	《和齊湯法》	
153	一三三	《和齊湯法》	＊
154	一四九	《和齊湯法》	＊
155	一六三	《和齊湯法》	/＊
156	一三五	《和齊湯法》	＊
157	一五一	《和齊湯法》	
158	一〇八	《和齊湯法》	＊
159	一〇九	《和齊湯法》	
160	一二五	《和齊湯法》	＊
161	一四二	《和齊湯法》	＊
162	一五七	《和齊湯法》	＊
163	一二四	《和齊湯法》	＊
164	一四一	《和齊湯法》	
165	八八	《和齊湯法》	＊
166	八七	《和齊湯法》	
167	一〇六	《和齊湯法》	＊
168	一〇七	《和齊湯法》	
169	一二三	《和齊湯法》	＊

續表

清理號	整理號	書名	備注
170	一二二	《和齊湯法》	＊
171	一三八	《和齊湯法》	＊
172	一四〇	《和齊湯法》	
173	一五六	《和齊湯法》	/＊
174	一六九	《和齊湯法》	＊
175	一三九	《和齊湯法》	/＊
176	一五四	《和齊湯法》	＊
177	一六七	《和齊湯法》	
178	一七八	《和齊湯法》	
179	一五五	《和齊湯法》	＊
180	一六八	《和齊湯法》	＊
181	一七九	《和齊湯法》	＊
182	一八七	《和齊湯法》	
183	一三七	《和齊湯法》	
184	一五三	《和齊湯法》	＊
185	一六六	《和齊湯法》	＊
186	一七七	《和齊湯法》	＊
187	二七	《和齊湯法》	＊
188	四八	《和齊湯法》	
189	七三	《和齊湯法》	

續表

清理號	整理號	書名	備注
190	九三	《和齊湯法》	/*
191	一一二	《和齊湯法》	*
192	一二七	《和齊湯法》	*
193	一四三	《和齊湯法》	
194	五	《和齊湯法》	*
195	六	《和齊湯法》	*
196	二九	《和齊湯法》	*
197	五一	《和齊湯法》	
198	二八	《和齊湯法》	*
199	五〇	《和齊湯法》	*
200	四九	《和齊湯法》	*
201	七四	《和齊湯法》	*
202	七五	《和齊湯法》	*
203	七六	《和齊湯法》	
204	九七	《和齊湯法》	*
205	一一六	《和齊湯法》	*
206	一三一	《和齊湯法》	*
207	九六	《和齊湯法》	
208	一一五	《和齊湯法》	*
209	一三〇	《和齊湯法》	*

續表

清理號	整理號	書名	備注
210	一一四	《和齊湯法》	*
211	一二九	《和齊湯法》	
212	九五	《和齊湯法》	*
213	九四	《和齊湯法》	
214	一一三	《和齊湯法》	
215	一二八	《和齊湯法》	*
216	一四四	《和齊湯法》	*
217	一五八	《和齊湯法》	
218	一四五	《和齊湯法》	
219	一四六	《和齊湯法》	
220	一六〇	《和齊湯法》	*
221	一七二	《和齊湯法》	*
222	一八二	《和齊湯法》	/*
223	一九〇	《和齊湯法》	/*
224	一九七	《和齊湯法》	
225	一四七	《和齊湯法》	*
226	一七三	《和齊湯法》	
227	一六一	《和齊湯法》	*
228	一八三	《和齊湯法》	
229	一四八	《和齊湯法》	

續表

清理號	整理號	書名	備注
230	一六二	《和齊湯法》	
231	一七四	《和齊湯法》	*
232	一八四	《和齊湯法》	*
233	一九一	《和齊湯法》	
234	一五九	《和齊湯法》	*
235	一七一	《和齊湯法》	*
236	一八一	《和齊湯法》	/
237	一八九	《和齊湯法》	
238	一九六	《和齊湯法》	
239	一九五	《和齊湯法》	
240	一七五	《和齊湯法》	
241	一八五	《和齊湯法》	
242	一九三	《和齊湯法》	
243	一九二	《和齊湯法》	
244	一九八	《和齊湯法》	
245	一九四	《和齊湯法》	
246	一八六	《和齊湯法》	
247	一七六	《和齊湯法》	*
248	一六五	《和齊湯法》	*
249	一八八	《和齊湯法》	

續表

清理號	整理號	書名	備注
250	一七〇	《和齊湯法》	
251	一八〇	《和齊湯法》	
252—1	一六四	《和齊湯法》	
252—2	二〇一	《和齊湯法》	
253	一五〇	《和齊湯法》	
254	二〇二	《和齊湯法》	
255	五五	《逆順》	
256	五四	《逆順》	
257	七一	《和齊湯法》	
258	二〇三	《和齊湯法》	
259	四三	《和齊湯法》	
260	九〇	《和齊湯法》	
261	六八	《和齊湯法》	
262	四二	《和齊湯法》	
263	四五	《和齊湯法》	
264	二一	《和齊湯法》	
265	二〇	《和齊湯法》	/
266	四	《和齊湯法》	
267	一一〇	《和齊湯法》	
268	九一	《和齊湯法》	/

續表

清理號	整理號	書名	備注
269	六九	《和齊湯法》	
270	一二六	《和齊湯法》	
271	一一一	《和齊湯法》	
272	七〇	《和齊湯法》	
273	四四	《和齊湯法》	
274—1	二〇四	《和齊湯法》	
274—2	七二	《和齊湯法》	
275	九二	《和齊湯法》	
276	一	《和齊湯法》	*
277	二四	《和齊湯法》	*
278—1	二六	《和齊湯法》	
278—2	四七	《和齊湯法》	
279	二五	《和齊湯法》	*
280	二	《和齊湯法》	*
281	二六	《和齊湯法》	
282	四七	《和齊湯法》	
283	八	《律令遺文》	
284	九	《律令遺文》	
285	一〇	《律令遺文》	
286	一一	《律令遺文》	

續表

清理號	整理號	書名	備注
287	七	《律令遺文》	
288	二〇	《律令遺文》	
289	六	《律令遺文》	
290	一四	《律令遺文》	
291	一	《律令遺文》	
292	五	《律令遺文》	
293	一三	《律令遺文》	
294	一七	《律令遺文》	
295	一五	《律令遺文》	
296	一八	《律令遺文》	
297	一六	《律令遺文》	
298	一九	《律令遺文》	
299	一二	《律令遺文》	
300	四	《律令遺文》	
301	二	《律令遺文》	
302	三	《律令遺文》	
303	六二	《犮理》	*
304	七一	《犮理》	*
305	七二	《犮理》	
306	三四	《和齊湯法》	*

續表

清理號	整理號	書名	備注
307	一〇	《和齊湯法》	※
308	三三	《和齊湯法》	※
309	一〇〇	《和齊湯法》	
310	一一九	《和齊湯法》	※
311	一三四	《和齊湯法》	※
312	一〇二	《和齊湯法》	
313	四〇	《和齊湯法》	
314	五七	《和齊湯法》	※
315	八一	《和齊湯法》	※
316	一〇一	《和齊湯法》	/※
317	五六	《和齊湯法》	
318	八〇	《和齊湯法》	
319	九	《和齊湯法》	
320	六	《犮理》	
321	三五	《和齊湯法》	
322	五八	《和齊湯法》	
323	一	《犮理》	
324	一一	《和齊湯法》	
325	四三	《犮理》	
326—1	一六	《犮理》	

續表

清理號	整理號	書名	備注
326—2	七六	《犮理》	
327	一三	《和齊湯法》	
328	三七	《和齊湯法》	
329	四六	《犮理》	
330	一四	《犮理》	
331	五八	《犮理》	
332	一二	《和齊湯法》	
333	一四	《和齊湯法》	
334	一五	《和齊湯法》	
335	六七	《犮理》	
336	三七	《和齊湯法》	
337	五九	《和齊湯法》	
338	八四	《和齊湯法》	
339	一七	《犮理》	
340	三四	《犮理》	
341	三五	《犮理》	
342	三六	《犮理》	※
343	三七	《犮理》	※
344	七	《犮理》	
345	四四	《犮理》	

續表

清理號	整理號	書名	備注
346	四五	《犮理》	*
347	四〇	《犮理》	*
348	七三	《犮理》	
349	一八	《犮理》	
350	一九	《犮理》	
351	三	《和齊湯法》	
352—1	九二	《和齊湯法》	
352—2	二〇五	《和齊湯法》	
353	七二	《和齊湯法》	
354	二〇六	《和齊湯法》	
355	一五〇	《和齊湯法》	
356	二〇七	《和齊湯法》	
357	二〇八	《和齊湯法》	
358	二〇九	《和齊湯法》	
359	二一〇	《和齊湯法》	
360—1	一八〇	《和齊湯法》	
360—2	二一一	《和齊湯法》	
361	一八八	《下經》	
362	二一六	《下經》	
363	二四五	《下經》	

續表

清理號	整理號	書名	備注
364	二四四	《下經》	
365	二一七	《下經》	
366	五二	《下經》	/
367	二四六	《下經》	
368	八九	《下經》	
369	八四	《下經》	
370	一一三	《下經》	
371	五一	《下經》	
372	二一二	《和齊湯法》	
373	三	《和齊湯法》	
374	二四七	《下經》	
375	二一八	《下經》	
376	一九〇	《下經》	
377	一六五	《下經》	
378	八三	《下經》	
379	一一二	《下經》	
380	五〇	《下經》	
381	二二	《下經》	
382	一三八	《下經》	
383	一一六	《下經》	

續表

清理號	整理號	書名	備注
384	九九	《下經》	
385	一一五	《下經》	*
386	一三七	《下經》	/*
387	一六三	《下經》	
388	二四二	《下經》	
389	二四三	《下經》	
390	二一三	《下經》	
391	九八	《下經》	
392	一八四	《下經》	
393	一五九	《下經》	
394	一三九	《下經》	
395	一一二	《下經》	
396	九六	《下經》	
397	一八五	《下經》	
398	一六〇	《下經》	
399	一四〇	《下經》	
400	一一八	《下經》	
401	一〇一	《下經》	
402	一〇〇	《下經》	
403	八一	《下經》	

續表

清理號	整理號	書名	備注
404	八二	《下經》	
405	一二一	《下經》	
406	一六一	《下經》	
407	一四一	《下經》	
408	一四二	《下經》	
409	一一九	《下經》	
410	一二〇	《下經》	
411	一六四	《下經》	
412	二四〇	《下經》	*
413	二一二	《下經》	*
414	一八七	《下經》	
415	一五八	《下經》	
416	一三六	《下經》	
417	一六二	《下經》	
418	一八六	《下經》	
419	二三九	《下經》	*
420	二一一	《下經》	*
421	二一四	《下經》	
422	二一五	《下經》	
423	二四一	《下經》	

續表

清理號	整理號	書名	備注
424	一八九	《下經》	
425	六六	《下經》	
426	二九	《下經》	/
427	八八	《下經》	
428	三五	《下經》	/
429	三六	《下經》	
430	二三	《和齊湯法》	
431	一六九	《下經》	
432	七四	《犮理》	
433	二二一	《下經》	
434	一九二	《下經》	
435	一六六	《下經》	
436	一九三	《下經》	
437—1	二二〇	《下經》	
437—2	二五三	《下經》	
438	二五〇	《下經》	
439	二一九	《下經》	
440	一九四	《下經》	
441	二五四	《下經》	
442	二四九	《下經》	

續表

清理號	整理號	書名	備注
443	二四八	《下經》	
444	二五一	《下經》	
445	一九一	《下經》	
446	一八	《下經》	/
447	三七	《下經》	/
448	二二二	《下經》	
449	一九五	《下經》	
450	一六七	《下經》	
451	一一七	《下經》	
452	七五	《犮理》	
453	一四三	《下經》	
454	一〇二	《下經》	
455	一四四	《下經》	
456	一四五	《下經》	
457	一〇三	《下經》	
458	一〇四	《下經》	
459	七二	《下經》	
460	七一	《下經》	
461	八五	《下經》	
462	一二四	《下經》	

續表

清理號	整理號	書名	備注
463	六七	《下經》	
464	八六	《下經》	
465	一二五	《下經》	
466	四一	《下經》	
467	六九	《下經》	*
468	八七	《下經》	*
469	六八	《下經》	
470	三七	《逆順》	
471	二三	《和齊湯法》	
472	三六	《逆順》	
473	一七一	《下經》	
474	一七〇	《下經》	
475	二二五	《下經》	
476	二二四	《下經》	
477	五五	《和齊湯法》	
478	一七二	《下經》	
479	二二六	《下經》	
480	二二三	《下經》	
481	一四六	《下經》	
482	一四七	《下經》	

續表

清理號	整理號	書名	備注
483	二二七	《下經》	
484	一〇五	《下經》	
485	三一	《下經》	
486	一一	《下經》	
487	三〇	《下經》	
488	一〇	《下經》	
489	四	《下經》	
490	一	《下經》	
491	四八	《下經》	/
492	六四	《下經》	
493	八〇	《下經》	
494	七九	《下經》	
495	九五	《下經》	
496	一一四	《下經》	
497	一三四	《下經》	
498	七八	《下經》	
499	九七	《下經》	
500	一五六	《下經》	
501	三	《下經》	
502	一一一	《下經》	

續表

清理號	整理號	書名	備注
503	一三五	《下經》	
504	一五七	《下經》	
505	一六	《下經》	
506	一七	《下經》	
507	二一	《下經》	
508	六	《下經》	
509	九	《下經》	/
510	一五	《下經》	
511	二〇	《下經》	
512	二四	《下經》	
513	四六	《下經》	
514	四七	《下經》	
515	三八	《下經》	
516	三九	《下經》	
517	五	《下經》	
518	一三	《下經》	
519	一二	《下經》	/
520	二八	《下經》	
521	二六	《下經》	
522	一八三	《下經》	

續表

清理號	整理號	書名	備注
523	二	《下經》	*
524	八	《下經》	*
525	九四	《下經》	
526	四九	《下經》	
527	五八	《下經》	
528	一八二	《下經》	
529	二〇九	《下經》	
530	二三七	《下經》	
531	二一〇	《下經》	*
532	二三八	《下經》	*
533	二五	《下經》	
534	二七	《下經》	*
535	三四	《下經》	*
536	四〇	《下經》	
537	三二	《下經》	
538	一一三	《下經》	/
539	一三三	《下經》	
540	一五五	《下經》	
541	二三	《下經》	/
542	一九	《下經》	

續表

清理號	整理號	書名	備注
543	六五	《下經》	/
544	四二	《下經》	
545	七	《下經》	
546	一九七	《下經》	
547	一九八	《下經》	
548	一九九	《下經》	
549	一七三	《下經》	
550	一九六	《下經》	
551	一六八	《下經》	
552	一二九	《下經》	
553	五五	《下經》	
554	一〇七	《下經》	
555	一三〇	《下經》	
556	一二八	《下經》	
557	一五〇	《下經》	
558	二〇〇	《下經》	
559	五四	《下經》	
560	一〇六	《下經》	
561	一七五	《下經》	
562	五三	《下經》	

續表

清理號	整理號	書名	備注
563	七七	《下經》	
564	一四八	《下經》	
565	七六	《下經》	
566	一〇八	《下經》	
567	一二六	《下經》	
568	五六	《下經》	
569	六一	《下經》	
570	六〇	《下經》	
571	三三	《下經》	
572	一八一	《下經》	
573	二〇八	《下經》	*
574	二三六	《下經》	*
575	四五	《下經》	/
576	五九	《下經》	
577	七五	《下經》	
578	九三	《下經》	
579	一一〇	《下經》	
580	一三二	《下經》	/
581	一五四	《下經》	
582	一八〇	《下經》	

續表

清理號	整理號	書名	備注
583	二〇七	《下經》	
584	二三五	《下經》	
585		《文書散簡》	
586	七〇	《下經》	
587	四四	《下經》	／
588	四三	《下經》	／
589	六二	《下經》	
590	六三	《下經》	
591	一五三	《下經》	
592	一七九	《下經》	
593	二〇五	《下經》	
594	二〇六	《下經》	
595	二三四	《下經》	
596	一四	《下經》	
597	二三	《刺數》	／
598	一三	《刺數》	／
599	一四九	《下經》	
600	一七四	《下經》	*
601	二〇一	《下經》	*
602	二二九	《下經》	*

續表

清理號	整理號	書名	備注
603	二二八	《下經》	
604	一二	《刺數》	／*
605	二四	《刺數》	／*
606	四四	《刺數》	／
607	三八	《刺數》	／
608	二〇二	《下經》	
609	二三〇	《下經》	
610	一七六	《下經》	
611	二〇三	《下經》	
612	二〇四	《下經》	
613	二三二	《下經》	
614	二三一	《下經》	
615	七三	《下經》	
616	九一	《下經》	
617	五七	《下經》	／
618	九〇	《下經》	
619	一二七	《下經》	
620	一五一	《下經》	
621	一七七	《下經》	
622	七四	《下經》	

續表

清理號	整理號	書名	備注
623	九二	《下經》	
624	一〇九	《下經》	
625	一三一	《下經》	
626	一五二	《下經》	
627	一七八	《下經》	/
628	二三三	《下經》	
629	九	《刺數》	/
630	一〇	《刺數》	/
631	一一	《刺數》	/
632	二二	《刺數》	/
633	二一	《刺數》	/
634	四六	《刺數》	/
635	二八	《刺數》	/
636	四七	《刺數》	/
637	四五	《刺數》	/
638	三七	《刺數》	/
639	三一	《刺數》	/
640	四三	《刺數》	
641	二九	《刺數》	/
642	四二	《刺數》	

續表

清理號	整理號	書名	備注
643	四八	《刺數》	/
644	四一	《刺數》	
645	三六	《刺數》	/
646	三三	《刺數》	/*
647	二六	《刺數》	/*
648	二五	《刺數》	/
649	一四	《刺數》	/
650	二	《刺數》	/
651	一五	《刺數》	/*
652	三	《刺數》	/
653	一	《刺數》	/
654	三九	《刺數》	/
655	三〇	《刺數》	/
656	三五	《刺數》	/
657	四〇	《刺數》	/
658	八	《刺數》	/
659	二〇	《刺數》	/
660	一九	《刺數》	/
661	七	《刺數》	/
662	三二	《刺數》	/

續表

清理號	整理號	書名	備注
663	二七	《刺數》	/
664	三四	《刺數》	/
665	一七	《刺數》	/
666	一八	《刺數》	/
667	六	《刺數》	/
668	一六	《刺數》	/
669	四	《刺數》	/
670	五	《刺數》	/
671			非竹簡
672	二一	《逆順》	
673	二一	《逆順》	
674	四〇	《逆順》	/*
675	四一	《逆順》	*
676	一九九	《和齊湯法》	
677	五六	《逆順》	
678	一	《逆順》	
679	四八	《逆順》	
680	四三	《逆順》	
681	二	《逆順》	
682	二七	《逆順》	

續表

清理號	整理號	書名	備注
683	三	《逆順》	
684	四	《逆順》	
685	二八	《逆順》	
686	五	《逆順》	
687—1	六壹	《逆順》	
687—2	六貳	《逆順》	
688	二五	《逆順》	
689	二四	《逆順》	
690	二六	《逆順》	
691	一六	《逆順》	
692	四三	《逆順》	
693	四四	《逆順》	
694	四五	《逆順》	
695	四二	《逆順》	
696	一八	《逆順》	
697	二〇	《逆順》	
698	四九	《逆順》	
699	五〇	《逆順》	
700	五一	《逆順》	
701	三九	《逆順》	

續表

清理號	整理號	書名	備注
702	三八	《逆順》	
703	一九	《逆順》	
704	二三	《逆順》	
705	三〇	《逆順》	
706	二九	《逆順》	
707	八	《逆順》	
708	七	《逆順》	
709	五九	《逆順》	
710	六〇	《逆順》	
711	一五	《逆順》	
712	一六	《逆順》	
713	一三	《逆順》	
714	一四	《逆順》	
715	一二	《逆順》	
716	五三	《逆順》	
717	五二	《逆順》	
718	五七	《逆順》	
719	二一	《逆順》	
720	二二	《逆順》	/
721	四七	《逆順》	

續表

清理號	整理號	書名	備注
722	五八	《逆順》	
723	三三	《逆順》	
724	三五	《逆順》	
725	三四	《逆順》	
726	一七	《逆順》	
727	三二	《逆順》	
728	三一	《逆順》	
729	一一	《逆順》	
730	一〇	《逆順》	
731	九	《逆順》	
732	六八	《犮理》	
733	三九	《犮理》	
734	二五二	《下經》	
735	四六	《逆順》	
736	六一	《逆順》	

說明：/號表示該簡簡背有劃痕，*號表示該簡有反印文現象，圖像詳見附録一《竹簡反印文影像》。

附録三　竹簡清理號與整理號對應圖表（M3：137）

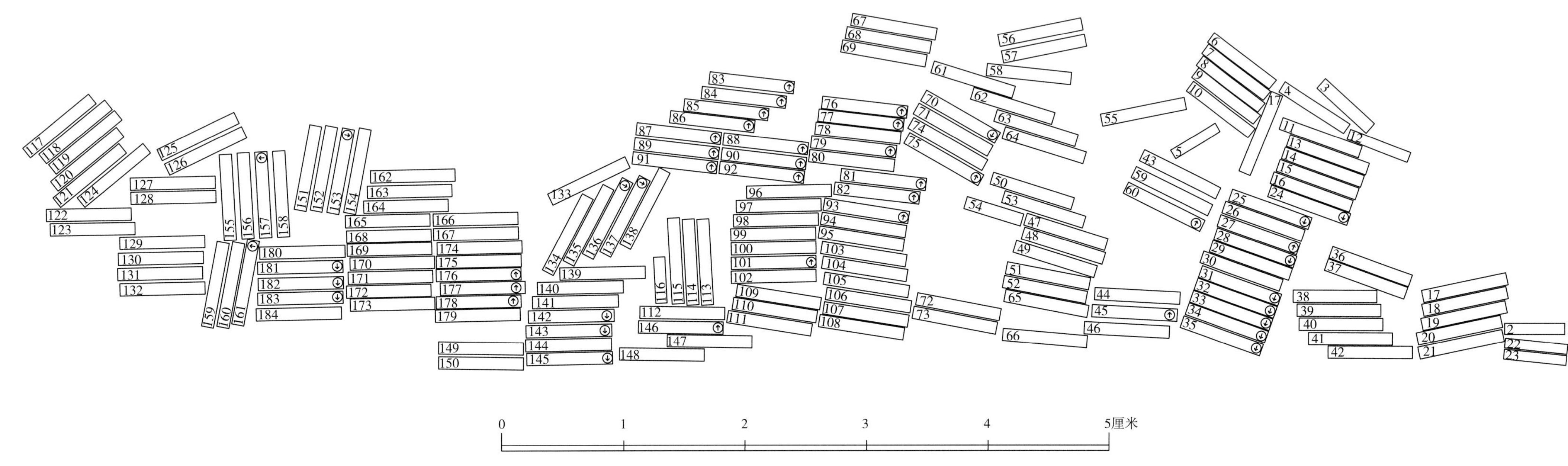

M3：137竹簡揭剥示意圖

清理號1—184（含部分殘簡）

说明：因殘損狀况較重，M3-137竹簡揭剥示意圖中未標記184號以後的殘簡。

天回医简清理號與整理號對應表（M3—137）

清理號	整理號	書名	備注
001	二一	《經脈》	
002	二二	《經脈》	
003	四	《經脈》	
004	八	《經脈》	
005	二三	《經脈》	
006	二二	《療馬書》	
007	三七	《療馬書》	
008	一二	《療馬書》	/
009	一一二	《療馬書》	
010	一一〇	《療馬書》	/
011	四六	《療馬書》	
012—1	一一五	《療馬書》	
012—2	八一	《療馬書》	
013—1	一三九	《療馬書》	
013—2	八一	《療馬書》	
014	六九	《療馬書》	
015	九三	《療馬書》	
016	六一	《療馬書》	/
017	一一四	《療馬書》	
018—1	一四〇	《療馬書》	

續表

清理號	整理號	書名	備注
018—2	六三	《療馬書》	
019—1	六八	《療馬書》	/
019—2	一四一	《療馬書》	
020	八〇	《療馬書》	
021	八六	《療馬書》	/
022	一四	《療馬書》	/
023—1	一二九	《療馬書》	
023—2	二一	《療馬書》	
024	一	《療馬書》	
025	二八	《療馬書》	
026	八八	《療馬書》	/
027	一六	《療馬書》	
028	一五	《療馬書》	/
029	八七	《療馬書》	/
030	八二	《療馬書》	/
031	七二	《療馬書》	/
032	九一	《療馬書》	/
033	六〇	《療馬書》	
034	一〇一	《療馬書》	
035	一〇二	《療馬書》	

續表

清理號	整理號	書名	備注
036—1	八五	《療馬書》	
036—2	一三	《療馬書》	
037	二七	《療馬書》	
038	六八	《療馬書》	
039	一四二	《療馬書》	
040	一四	《療馬書》	
041	八六	《療馬書》	
042	四五	《療馬書》	
043	一四	《經脈》	
044	一〇三	《療馬書》	/
045	一三三	《療馬書》	
046—1	一〇九	《療馬書》	
046—2	一一六	《療馬書》	
047	一六	《經脈》	
048	三〇	《療馬書》	
049	二六	《療馬書》	
050	一	《經脈》	
051	六	《經脈》	/
052	一〇	《經脈》	/
053	一二三	《療馬書》	

續表

清理號	整理號	書名	備注
054	二	《經脈》	
055	二四	《經脈》	
056	一七	《經脈》	
057	七	《經脈》	
058	二〇	《經脈》	
059	一四八	《療馬書》	
060	一一六	《療馬書》	
061	二五	《經脈》	
062	四九	《療馬書》	
063	一三	《經脈》	/
064	二六	《經脈》	
065	一五	《經脈》	
066	一二	《經脈》	
067	九五	《療馬書》	/
068	一〇四	《療馬書》	/
069	一〇五	《療馬書》	/
070	一〇六	《療馬書》	
071	一〇七	《療馬書》	
072	一四九	《療馬書》	
073	一五〇	《療馬書》	

續表

清理號	整理號	書名	備注
074	一〇八	《療馬書》	
075	九六	《療馬書》	
076	五七	《療馬書》	
077	五六	《療馬書》	/
078	六五	《療馬書》	
079	七五	《療馬書》	
080	六四	《療馬書》	/
081	九二	《療馬書》	
082	五八	《療馬書》	
083	七六	《療馬書》	
084	四一	《療馬書》	/
085	三五	《療馬書》	/
086	九	《療馬書》	
087—1	一〇	《療馬書》	
087—2	二〇	《療馬書》	
088	一九	《療馬書》	/
089	三四	《療馬書》	/
090	八	《療馬書》	
091	四三	《療馬書》	/
092	一五一	《療馬書》	

續表

清理號	整理號	書名	備注
093	六六	《療馬書》	/
094	七七	《療馬書》	/
095	五二	《療馬書》	/
096	一〇	《療馬書》	
097	三六	《療馬書》	/
098	五九	《療馬書》	/
099	一二四	《療馬書》	
100	六七	《療馬書》	
101	七八	《療馬書》	
102	五三	《療馬書》	
103	一一九	《療馬書》	
104	一八	《療馬書》	
105	三八	《療馬書》	
106	一一	《療馬書》	
107	七九	《療馬書》	
108	五四	《療馬書》	/
109	六三	《療馬書》	
110	二七	《經脈》	
111	一五二	《療馬書》	
112	一一	《經脈》	

續表

清理號	整理號	書名	備注
113	五	《經脈》	
114	三	《經脈》	
115	五五	《療馬書》	
116	二八	《經脈》	
117	二九	《經脈》	
118	一八	《經脈》	
119	二五	《療馬書》	
120	二四	《療馬書》	
121	一三一	《療馬書》	
122	一三四	《療馬書》	
123	一三四	《療馬書》	
124	三〇	《經脈》	
125	一一七	《療馬書》	
126	三三	《療馬書》	
127	三一	《經脈》	
128	九	《經脈》	
129	一五三	《療馬書》	
130	一五四	《療馬書》	
131	一五五	《療馬書》	
132	一三六	《療馬書》	

續表

清理號	整理號	書名	備注
133	一三五	《療馬書》	
134	一一七	《療馬書》	
135	三三	《療馬書》	/
136	三一	《療馬書》	/
137	三九	《療馬書》	/
138	九〇	《療馬書》	/
139	一九	《經脈》	
140	八四	《療馬書》	/
141	五〇	《療馬書》	
142	二九	《療馬書》	/
143	一七	《療馬書》	/
144	八九	《療馬書》	/
145	八三	《療馬書》	/
146	二	《療馬書》	
147	四七	《療馬書》	/
148	五一	《療馬書》	
149	四八	《療馬書》	
150	四	《療馬書》	
151	二五	《療馬書》	
152	二四	《療馬書》	/

續表

清理號	整理號	書名	備注
153	一三一	《療馬書》	
154	七〇	《療馬書》	/
155	一三六	《療馬書》	/
156	一一三	《療馬書》	/
157	六	《療馬書》	
158	一三〇	《療馬書》	/
159	一五六	《療馬書》	
160	七一	《療馬書》	/
161	一三二	《療馬書》	
162	四〇	《療馬書》	
163	五	《療馬書》	/
164	三二	《療馬書》	/
165	三	《療馬書》	
166	三	《療馬書》	/
167	三	《療馬書》	
168	七四	《療馬書》	
169	一五七	《療馬書》	
170	一五八	《療馬書》	
171	九七	《療馬書》	
172	六二	《療馬書》	

續表

清理號	整理號	書名	備注
173	一四三	《療馬書》	
174	九九	《療馬書》	
175	一〇〇	《療馬書》	
176	九四	《療馬書》	
177—1	一二一	《療馬書》	
177—2	一五九	《療馬書》	
178—1	一三〇	《療馬書》	
178—2	一三七	《療馬書》	
179—1	一三八	《療馬書》	
179—2	一六〇	《療馬書》	
180	九八	《療馬書》	
181	四四	《療馬書》	/
182	七	《療馬書》	
183	一一一	《療馬書》	/
184	四二	《療馬書》	/
193	一六一	《療馬書》	
194	七三	《療馬書》	
195	五	《經脈》	
196	五	《經脈》	
197			非竹簡

續表

清理號	整理號	書名	備注
198	一六二	《療馬書》	
199	一二二	《療馬書》	
200	一二〇	《療馬書》	
201	二三	《療馬書》	
202	一六三	《療馬書》	
203	一六四	《療馬書》	
204	一六五	《療馬書》	
205	一六六	《療馬書》	
206	一二六	《療馬書》	
207	一二六	《療馬書》	
208	一四五	《療馬書》	
209	一二七	《療馬書》	
210	一六七	《療馬書》	
211	一六八	《療馬書》	
212	一二五	《療馬書》	
213	一六九	《療馬書》	

續表

清理號	整理號	書名	備注
214	一七〇	《療馬書》	
215	六二	《療馬書》	
216	一四六	《療馬書》	
217	一七一	《療馬書》	
218	三	《經脈》	
219	一二八	《療馬書》	
220	一四七	《療馬書》	
221	一四四	《療馬書》	
222	一七二	《療馬書》	
223	三二	《經脈》	
224	三二	《經脈》	
225	一一八	《療馬書》	
226	二四	《療馬書》	

説明：/號表示該簡簡背有劃痕，*號表示該簡有反印文現象，圖像詳見附録一《竹簡反印文影像》。

附録四　刮削校改痕迹表

刮削校改痕迹表

整理號	刮削、校改處	篇名
四	乘	《上經》
三二（貳）	不	《上經》
三二（貳）	流	《上經》
五	其	《犮理》
五	舌	《犮理》
五	舌	《犮理》
七	□	《犮理》
七	□	《犮理》
一一	□	《犮理》
一一	=	《犮理》
一二	擇	《犮理》
一二	干	《犮理》
一七	衷	《犮理》
一八	悍	《犮理》
一八	耐	《犮理》
一八	└	《犮理》
一九	盛	《犮理》
二四	通	《犮理》
二四	利	《犮理》
二六	淵	《犮理》

續表

整理號	刮削、校改處	篇名
三五	舌	《犮理》
三五	酸	《犮理》
三七	從	《犮理》
三八	疕	《犮理》
四〇	車	《犮理》
四四	復	《犮理》
四五	實	《犮理》
四八	首	《犮理》
四九	浴	《犮理》
五〇	失	《犮理》
六一	沃	《犮理》
六二	瘻	《犮理》
四一	内	《和齊湯法》
四一	中	《和齊湯法》
五八	桔	《和齊湯法》
五八	梗	《和齊湯法》
七〇	梂	《和齊湯法》
七六	瞻	《和齊湯法》
七六	麻	《和齊湯法》
七七	└	《和齊湯法》

續表

整理號	刮削、校改處	篇名
七七	達	《和齊湯法》
七七	└	《和齊湯法》
七八	└	《和齊湯法》
七八	└	《和齊湯法》
八〇	段	《和齊湯法》
八三	□	《和齊湯法》
八三	之	《和齊湯法》
九五	莫	《和齊湯法》
九五	食	《和齊湯法》
一〇三	各	《和齊湯法》
一〇三	露	《和齊湯法》
一〇三	清	《和齊湯法》
一〇三	徵	《和齊湯法》
一〇五	穀	《和齊湯法》
一一六	酸	《和齊湯法》
一二四	摩	《和齊湯法》
一三一	升	《和齊湯法》
一三一	米	《和齊湯法》
一三一	卧	《和齊湯法》
一三九	心	《和齊湯法》

續表

整理號	刮削、校改處	篇名
一三九	腹	《和齊湯法》
一四三	劇	《和齊湯法》
一四三	捐	《和齊湯法》
一五五	酒	《和齊湯法》
一六七	幸	《和齊湯法》
一九八	管	《和齊湯法》
一九八	茭	《和齊湯法》
一九八	者	《和齊湯法》
一九八	茅	《和齊湯法》
一九八	索	《和齊湯法》
一九八	好	《和齊湯法》
一九八	埴	《和齊湯法》
一九八	者	《和齊湯法》
一九八	也	《和齊湯法》
四	瘧	《下經》
三四	塞	《下經》
四一	喘	《下經》
四五	走	《下經》
七六	窋	《下經》
九四	□	《下經》

續表

整理號	刮削、校改處	
九四	處	《下經》
九八	橫	
一一〇	始	
一一三	股	
一一三	間	
一一三	黏	
一二七	耆	
一二八	⿰飠虫	
一三五	列	
一三八	沃	
一五〇	也	
二〇一	陽	
二〇三	腨	
二〇八	□	

續表

整理號	刮削、校改處	
二一一	⿸疒焉	《下經》
二一一	魚	
二一二	成	
二一三	佁	
二一三	否	
二一九	肘	
二三二	走	
二三六	煉	
二三九	深	
二四〇	亢	
一〇	⿱廷糸	《逆順》
一四	曰	
一八	氣	
二二	脾	

續表

整理號	刮削、校改處	
二六	⿸疒塵	《逆順》
二七	凡	
二七	先	
二七	創	
三一	石	
三九	肌	
四五	精	
五三	臑	
五四	經	
九一	⿰月希	《療馬書》

附注：刮削、校改處爲「□」或同一簡中有相同之字被刮削、校改者，如《友理》簡五「舌」字，其於簡中確切位置，參釋文正文標記及注釋。

附録五　病名索引・藥名索引

【說　明】

一、本書病名索引根據《上經》《下經》《犮理》《和齊湯法》《刺數》《逆順》《經脈》編製，本書藥名索引根據《和齊湯法》編製，均采用筆劃順序排序。

二、用「/」分開的病名，表示同病异文，如「口⿰口㐱/口疹」，均爲「口胗」；用「/」分開的藥名，表示同藥异文，如「勺藥/芍藥」，均爲「芍藥」。相應整理編號，也用「/」分開。

三、病名對應的數字爲整理編號，括弧内是所見書名，如「八風」見于《逆順》簡三八；藥名對應的數字爲《和齊湯法》的整理編號，如「人髮」見于《和齊湯法》簡五三，簡一七七。

病名索引

八風	三八（《逆順》）
土風	二九，三〇，三一，三二（《下經》）
下氣	一三貳，一一二（《和齊湯法》）
大指與次指畀（痹）	二二七（《下經》）
大風之薇（徵）	五（《下經》）
大癰	一〇（《逆順》）
上氣	一三，一六，三一，四一，一一三，二一七，二四四（《下經》），二六（《友理》），一三壹，八〇（《和齊湯法》），七（《經脈》）
上脣痛	二三八（《下經》）
上齒瘺（齲）	二三八（《下經》）
小水	一四五（《下經》）
小指痛	二五二（《下經》）
小腸癉	一八一，一八二（《下經》）
口⿰口㐱（胗）/口疹（胗）	二五（《刺數》）/二四一（《下經》）
口脣乾	二二七（《下經》）
口唫（噤）	四一（《刺數》）
口潰	二三八，二四一（《下經》）
口避（辟）/口辟	二一〇/二二六（《下經》）
久利	一四（《友理》）
久風	六（《下經》）

續表

久渫（泄）	一〇五（《下經》）
久瘧	一四〇（《下經》）
亡氣	二六（《逆順》）
女山（疝）	二貳，九二（《和齊湯法》）
女子不月	五貳，九七（《和齊湯法》）
女子不臧	七九（《下經》）
女子不瀐（浣）	八六（《下經》）
女子水	八四（《下經》）
女子白⿸疒侖	八七（《下經》）
女子瘕/女子病瘕	三肆/一六四（《和齊湯法》）
女子白瘕	八三（《下經》）
女子并至	八一（《下經》）
女子淪/淪/侖	九九/六貳/九一（《和齊湯法》），一〇（《刺數》）
赤淪/女子赤淪/紅⿸疒侖	八肆，一六七/一七七（《和齊湯法》）/八八（《下經》）
餘病/女子余（餘）病	七五/八〇（《下經》）
女子初柤（阻）	七三（《下經》）
女子梃	七七（《下經》）
女子腹中如捲	二二（《刺數》）

續表

女子暴/暴	七六（《下經》）/一〇（《刺數》），七貳（《逆順》）
女子積倚	八二（《下經》）
五死	五一（《犮理》）
五風	四一（《犮理》）
五痹	三一（《犮理》）
五臧（藏）之痹	一五（《犮理》）
不汗	二一七（《下經》）
不耆（嗜）卧	二一五（《下經》）
不耆（嗜）食	五一，八一，一二七，一四八，二一四，二一八（《下經》），四八（《逆順》），一三八（《和齊湯法》）
不得後	七一，二三六（《下經》）
不得通	二三七（《下經》）
不瘦（溲）	一四（《犮理》）
少氣	四（《上經》），一一，一七，二〇，一八〇，一八五，二〇〇（《下經》），四貳，一五，五一（《逆順》），三（《犮理》）
少腹痛	五六，六七，八三，八四，八九，九一，九六，一四五，一四六（《下經》），三九，九〇（《和齊湯法》）

續表

中指不用	一〇（《經脈》）
中指畀（痹）	二一一＋二一二（《下經》）
內風	一九，二〇（《下經》），六肆，一七一（《和齊湯法》）
內消	一五叁，一四七（《和齊湯法》）
內閉	一九（《上經》），七一（《下經》）
內單（癉）/內癉	三四壹（《上經》），一九五，一九六，一九七，一九八，一九九（《下經》），五七/五肆，一七〇（《和齊湯法》）四〇（《下經》）
內備（崩）/內崩	七〇（《下經》），四貳，八肆，九五，九九，一七七（《和齊湯法》）/二四〇（《下經》）
內瘀	一〇肆，一八二，一八三（《和齊湯法》）
水	一〇二，一〇三，一〇四，一〇五，一〇六，一〇七，一〇八，一〇九，一一〇，二一四（《下經》），一，四五（《刺數》），一三九（《和齊湯法》），五（《經脈》）
水風	二七，二八（《下經》）
水張（脹）	二三（《下經》）
水童（腫）	三五壹（《上經》）
水瘕	一四二（《下經》）

續表

水癧	四九（《下經》）
手北（背）痛	二二三（《下經》）
手熱	二三二（《下經》）
心山（疝）	六八（《下經》）
心水	一一一（《下經》）
心死	五一（《犮理》）
心甬（痛）痹	一三八（《和齊湯法》）
心胠有積	四九＋五〇（《和齊湯法》）
心風	三三（《下經》）
心盈	二一四（《下經》）
心腹盈／心腹筃（盈）	一三（《刺數》）／一四四（《和齊湯法》）
心痒（癢）	五六（《下經》）
心痛	二一四，二三一，二三二，二四三（《下經》），一九二（《和齊湯法》），五（《經脈》），七（《經脈》）
心痛悗	一一（《刺數》）
心愓	二〇九＋二一〇，二一五（《下經》）
心與胠痛	二一一（《下經》）
心腹承瘕	四壹，三九（《和齊湯法》）
心腹病	一三叁，一三七，一三九（《和齊湯法》）
心痹	五八，一三六（《下經》），一八（《和齊湯法》）

續表

心痿	五一（《下經》）
心煩	二二一，二二九，二三七（《下經》）
心暴痛	一三肆，一九〇（《和齊湯法》）
心癉	一七三，一七四，一七五（《下經》）
夬（缺）盆痛	二三九，二四六（《下經》）
石水	一一二（《下經》）
石痒（癢）	五四（《下經》），八貳，一〇一（《和齊湯法》）
北（背）痛	一二八，二〇二，二三八（《下經》）
北風	一三（《下經》）
且（疽）	六，一五（《下經》），二七，二九，三〇（《逆順》）
目外前〈背〉痛	六二（《犮理》）
目外肯（背）痛	二〇七（《下經》）
目外廉痛	二三五（《下經》）
目外顔膧（腫）	一〇（《經脈》）
目多泣	一〇貳，一〇六（《和齊湯法》）
目莫（瞙）如毋見／目瞙（眊）如毋見	二〇三／二一七（《下經》）
目黄	一九一，二三六（《下經》）
目脬	二一〇（《下經》）
目痛	一七，二二二，二五〇（《下經》）

續表

目萻	二〇三（《下經》），二一（《犮理》）
失氣	七九，一八四（《下經》）
白徒	一一貳，一〇七（《和齊湯法》）
外果（踝）上痛	二四七（《下經》）
外果（踝）前痛	二〇五（《下經》）
凥外廉痛	二四八（《下經》）
凥脾（髀）痛	二〇二（《下經》）
凥痛	二三八（《下經》）
刑（形）死	五一（《犮理》）
耳後痛	一〇（《經脈》）
耳前痛	二〇六（《下經》）
西北風	四六（《逆順》）
西風	八，九，一〇，一一，一二（《下經》）
百節痛	二〇七（《下經》）
回目	二〇三（《下經》）
肉已死	三一貳（《上經》）
肉死	一四（《經脈》）
肉風	一七（《下經》），四四（《犮理》）
肉帶	一五一（《下經》）
肉痹	三四（《逆順》）
舌尺（拆）痛	二一七（《下經》）

續表

舌乾希	二四〇（《下經》）
舌廱（癰）	四七（《刺數》）
血	二六（《逆順》），一二（《刺數》）
血且（疽）	六一（《下經》）
血痒（癢）	五五（《下經》）
血痹	一二肆，一八八，一八九（《和齊湯法》）
血瘕	一三八（《下經》）
血暴發	一八六，一八七（《和齊湯法》）
血齲	八（《刺數》）
肌且（疽）	六三（《下經》）
肌風	四六（《犮理》）
肌張（脹）	一一六（《下經》）
肌偳	一五三（《下經》）
肌瘕	一三四，一三五（《下經》）
肌膚痹	三八（《犮理》）
匈（胸）脅痛/脅痛	二四四，二四五（《下經》），二五（《犮理》）/二〇五+二〇六，一三一（《下經》）
匈（胸）瘕	一三六（《下經》）
匈（胸）衡痛	二四九（《下經》）
匈（胸）蹷	四八，一三一（《下經》）
匈（胸）脅盈	二〇六（《下經》），一二（《經脈》）

續表

州痛	二〇二（《下經》）
汗出	二〇六（《下經》），一〇（《經脈》）
字余（餘）病	三九（《和齊湯法》）
字瘕	一四五（《下經》）
字難	二肆，一六二（《和齊湯法》）
赤瘕	一四〇，一四二（《下經》）
折㾏（癃）	二三九（《下經》）
折傷痛	一八三（《和齊湯法》）
志死	五一，五三（《友理》）
夾脊痛	二〇二（《下經》）
足小指之次指痛	二〇五（《下經》）
足肹（跗）上廉痛	二〇五（《下經》）
足肹（跗）穜（腫）／足跗穜（腫）	二二一（《下經》）／五八（《友理》）
足□上痛	二一一（《下經》）
足下熱	八（《經脈》）
足小指畀（痹）	二〇三（《下經》）
足清養（癢）	四叁，一二〇（《和齊湯法》）
身之不用	二叁，一一八（《和齊湯法》）
身疕傷自身有疪傷	五叁／一二一（《和齊湯法》）

續表

身盈	四〇（《刺數》）
身大疕身病大疕	一四貳／一一三（《和齊湯法》）
肞（腋）腨痛	二〇六（《下經》）
肝風	三七（《下經》）
肝痛	六（《友理》）
肘（疛）	三三（《刺數》），二二九（《下經》）
肘痛	二二三，二二五，二二九（《下經》）
免風	二三，二四（《下經》）
狂／狂疾	四四（《刺數》）／二〇（《下經》），二〇〇（《下經》）
尾帶	一五〇（《下經》）
苦母	一三九，一四〇（《下經》）
直狐	九九（《下經》）
東北風	五三（《逆順》）
東南風	五一（《逆順》）
東風	一五（《下經》），四七（《逆順》）
沓欬	八三（《和齊湯法》）
扰（怵）愓（惕）恐	一八二（《下經》）
使內／內	二〇／二三（《上經》），一二一（《下經》）
佩痛	二一一（《下經》）

續表

佝（眗）	二六，五二（《逆順》），三，一〇（《犮理》），三〇（《刺數》）
佝（眗）目/眗目	二六，五一（《下經》），五二（《犮理》）/二三八（《下經》）
卑（髀）痛	二〇五，二四四（《下經》）
金傷	一六二，一六三，一六四，一六五，一六六，一六七，一六八，一六九，一七〇，一七二（《下經》），六壹，八肆，五三，一七七（《和齊湯法》）
乳痛	二一一（《下經》）
肺風	三六（《下經》）
肺息	四（《犮理》）
肺痛	二一（《犮理》）
肮痹	一五（《刺數》）
肥（腓）外□痛	二四七+二四八（《下經》）
周且（疽）	一二八（《下經》）
周痹	六一（《下經》）
狐	一二，八九（《下經》）
狐之陰倀（脹）	九四，九五（《下經》）
狐之陽倀（脹）	九三（《下經》）
狐之陽瘴	九〇，九一（《下經》）
狐之積陰	九六（《下經》）
夜（腋）痛	二三二（《下經》）
泄而煩心	一五肆，一九六（《和齊湯法》）
肩不	一二七（《下經》）
肩北（背）痛	一二二（《下經》），二六（《犮理》）
肩甲（胛）下廉痛	二四九（《下經》）
肩佁（似）否	二三三（《下經》）
肩前廉痛	二三七（《下經》）
肩博（髆）痛	二四二（《下經》）
肩痛	二三五（《下經》），一〇（《經脈》）
承	一二九，一三〇（《下經》）
承瘕	一三一，一三二，一三三，一四〇（《下經》），一三七（《和齊湯法》）
南風	一六（《下經》），四八（《逆順》）
要（腰）北（背）痛	一九（《刺數》）
要（腰）痛/要（腰）甬（痛）	二〇二，二二〇，二三八（《下經》）/一六四（《和齊湯法》）
要（腰）腹痛	七（《刺數》）
面緸（縱）	二二二（《下經》）
面疵	二三〇（《下經》）
面痛	二一二，二五〇（《下經》）

續表

面辟	一一五（《和齊湯法》）
胃風	三四（《下經》）
胃單（癉）	一八三（《下經》）
胃痛	八，二〇（《犮理》）
胃癰	四七（《下經》）
思膚（慮）	一七三，一七四（《下經》）
咽内穜（腫）	二五一（《下經》）
耑（喘）	一五（《上經》）
骨且（疽）	五九（《下經》）
骨風	四一（《犮理》）
骨單（癉）	一八五，一八六（《下經》）
骨痹	三二（《逆順》），三一（《犮理》）
骨癰	二一八（《下經》）
後血	七〇，一〇五（《下經》）
胠痛	二一一，二三八（《下經》）
胐（䪼）□痛	二一〇（《下經》）
胐（䪼）痛	二四五（《下經》）
胐（䪼）穜（腫）	二三六（《下經》）
疾（喉）畀（痹）/疾（喉）痹	二三七（《下經》）/一〇（《經脈》）

續表

疾（喉）痛	二二二+二二三（《下經》）
風	一，二，四，六，七，八，四〇，四一，四二；二〇三（《下經》），一七（《逆順》），二九（《犮理》），一六（《刺數》），八壹，六二（《和齊湯法》）
風水	二一二（《下經》），六四（《和齊湯法》）
風汗/風汗出	一〇壹/六八（《和齊湯法》）
風偏清	一一叁，一三四（《和齊湯法》）
風痹	三七（《犮理》）
風痹汗出	一六（《和齊湯法》）
風痹初發	一一肆，一八四（《和齊湯法》）
風痹扁（偏）枯	二六（《和齊湯法》）
風熱中	一一壹，七〇（《和齊湯法》）
風癉	二〇〇（《下經》），四肆，一六八（《和齊湯法》）
風聾	九壹，六七（《和齊湯法》）
訙（鼽）⿰月血（衄）/肒（鼽）⿰月口（衄）	二〇二，二一〇（《下經》）/九（《刺數》）
庤（痔）瘕	一四六（《下經》）
疥騷	三八（《犮理》）

續表

逆氣	二三（《刺數》），一四叁，一四六（《和齊湯法》）
神死	五一（《犮理》）
盈瘕（脹）	一五（《犮理》）
勇（涌）瘕	一四一（《下經》）
紂（肘）䜌（攣）	二三二（《下經》）
馬尤	一五五，一五六，一五七，一五八，一五九，一六〇，一六一（《下經》），
振寒	一三一，一三六，二〇七（《下經》），三四（《犮理》）
振寒以熱	九一（《下經》）
耆（嗜）卧	二一七（《下經》），八（《經脈》）
鬲（隔）中/隔中	一七（《刺數》）/九肆，一八〇，一八一（《和齊湯法》）
破骨絶筋削〈列—裂〉膚	二三五（《下經》）
蚼	一四二《下經》
蚼瘕	一三九（下經》）
氣已死	三二貳（《上經》）
氣不足	三七（《逆順》），一三（《犮理》）
氣且（疽）	六一（《下經》）
氣死	五一，五二（《犮理》）

續表

氣折	二一一（《下經》）
氣狐	九七（《下經》）
氣耑（喘）	二一（《逆順》）
氣瘁（癃）	五三（《下經》）
氣張（脹）	一二九（《下經》）
氣單（癉）	一八四（《下經》）
氣瘕	一四四（《下經》）
氣暴上	三九，四六，四九（《和齊湯法》）
氣暴上走嗌	一四肆，一九四（《和齊湯法》）
氣靨	三六（《上經》）
脅外穜（腫）	六二（《犮理》）
笄瘕	一三七，一四六（《下經》）
⿱竹刑（笄）狐	九八（《下經》）
倀（脹）悶/倀（脹）	二三六/二三七（《下經》）
息利	二一（《逆順》）
息喘	一〇三（《下經》）
息瘻	五七（《和齊湯法》）
飢	二〇，二二一，二二九，一八〇，一八三，二一八（《下經》），一五四（《和齊湯法》）
飢勞	三六（《逆順》）
胭（咽）癉	一七七（《下經》）

續表

[illegible]（衄）	一三〇，二〇七（《下經》）
脈風	四八（《友理》）
病出心	一四（《上經》）
病出於肝	一六（《上經》）
病出於肺	一五（《上經》）
病出於腎	一七（《上經》）
病出於脾	一九（《上經》）
病攣詘（屈）不信（伸）	一一五（《和齊湯法》）
脊强	二〇二（《下經》）
唐（溏）泄	四七（《刺數》）
唐（溏）渫（泄）	二一五（《下經》）
唐（溏）瘕	一四七（《下經》），六〇（《友理》）
欬	三（《上經》），一三，九三，一二〇，一二六，二一七，二一八（《下經》），四（《友理》），九貳，一四壹，三一，五七，八二，八三（《和齊湯法》）
欬上氣	三二（《刺數》），一二（《經脈》）
欬逆氣	一三三（《和齊湯法》）
宮	一八七，一八九，一九〇，一九一，一九二，一九三，一九四（《下經》）
酒	一七八，一七九（《下經》）

續表

涅（涇）廋（溲）不利／綎溲不利／梃溲不利	一五（《友理》）／二〇／二三（《逆順》）
涅（涇）溲无常	六三（《友理》）
消	一五九（《和齊湯法》）
消單（癉）	二一七（《下經》）
涓〈消〉渴／消渴	三三壹（《上經》）／一肆，一四九，一六〇（《和齊湯法》）
涕出	三一（《刺數》）
弱（溺）血	五五（《下經》），九九（《和齊湯法》）
陰狐	一〇〇（《下經》）
通（痛）痹	六三（《下經》）
紼張（脹）	一二〇（《下經》）
脣痛	一二二（《下經》）
常寒	七二（《和齊湯法》）
眴亂／頓（眴）乿（亂）	二一一／二〇二（《下經》）
閉	二一四，二一五（《下經》），四六（《刺數》），五（《經脈》）
過	六叁，一二五（《和齊湯法》）
亢狼痛	二四〇（《下經》）
胅痛	二二三（《下經》）

續表

脛（痙）	四八（《刺數》）
脛外廉痛	二〇五（《下經》）
尻外廉痛	二四八（《下經》）
脴痛	二〇三（《下經》）
魚股痛	二一一（《下經》）
魚股外廉痛	二〇五（《下經》）
痒（癃）	七九，一〇〇（《下經》），一〇（《刺數》），九〇（《和齊湯法》），六（《經脈》）
淫氣	六（《下經》）
淫痹	六〇，一三八（《下經》）
宿（縮）膭（脊）	一〇，一三（《犮理》）
張（脹）	一六，二〇，三一，一三一，一四四，一四八，一四九（《下經》），一九，二〇，二二（《逆順》），一三九（《和齊湯法》）
隋靡	四六（《下經》）
隋單（癉）	一八七，一八八，一八九，一九一，一九二，一九三，一九四（《下經》）
隋痿	五二（《下經》）
陽靡	四五，二〇六（《下經》）
惡傷	六叁，一二五（《和齊湯法》）

續表

黄單（癉）/黄（癉）	二六（《下經》），一〇〇/七貳（《和齊湯法》），五（《經脈》）
腎單（癉）	二一七（《下經》）
腎痛	一〇（《犮理》）
腎癉	一七六（《下經》）
蛕（痔）	二〇二（《下經》）
暑	三五（《逆順》）
單（癉）	一一三，二一七，二三八（《下經》），三六（《刺數》）
喉痹/喉畀（痹）	六四，一二八/二一一（《下經》）
骭前痛	二一一（《下經》）
骭靡	二一〇（《下經》）
短氣	二七（《刺數》）
筋且（疽）/筋睢（疽）	六〇（《下經》）/三三（《犮理》）
筋骨痛	二七（《犮理》）
筋風	四三（《犮理》）
筋備	一五四（《下經》）
筋痹/莇（筋）痹	三四（《犮理》）/三三（《和齊湯法》）
備	二〇（《上經》）
匘（腦）風	一八（《下經》）
脾（髀）下痛	二四八（《下經》）

續表

續表

續表

鼠	一五壹，八五（《和齊湯法》）
傷中	一二一，一二二，一二三，一二四，一二五（《下經》），七肆，一七三，一七五（《和齊湯法》）
傷肝	一三（《逆順》）
傷疕	三八（《犮理》）
傷肺	二七（《上經》），一四（《逆順》），一〇叁，一三二（《和齊湯法》）
傷肺肝	一二六（《下經》）
傷肶（脾）	一四（《逆順》）
傷腎	一三十一四（《逆順》）
傷寒	四叁，一二〇（《和齊湯法》）
傷歙（飲）	三叁，一一九（《和齊湯法》）
頎痛	二二三，二二五（《下經》）
腴（臑）後廉痛	一〇（《經脈》）
腴〈臑〉痛	二二三，二二五，二二七（《下經》）
腸山（疝）	六七（《下經》），三貳，九三（《和齊湯法》）
腸痛/腸甬（痛）	四七（《刺數》）/一四三（《和齊湯法》）
腸辟（澼）	一四六，二三六，二三七（《下經》），四四（《和齊湯法》）
腸避（澼）	四七（《刺數》）
腸積癪	四七（《刺數》）

續表

腸瘴	一八〇（《下經》）
腨痛	二〇三（《下經》）
腹外穜（腫）	二一一（《下經》）
腹後膏成農（膿）	五壹，五一（《和齊湯法》）
腹盈	七一（《下經》），三九（《和齊湯法》），一三（《經脈》）
少腹盈	八二《下經》）
腹盈痛	四六，四九（《和齊湯法》）
腹倀（脹）/腹張（脹）	六三（《下經》），六〇（《犮理》）/一四四（《下經》）
腹瘕	一三七（《下經》）
裹水	一四一（《下經》）
痹	四，六，七（《下經》），三四，三七（《犮理》），一壹，二〇，三三，五七（《和齊湯法》）
痹寒	三〇（《和齊湯法》）
痿	五〇（《下經》），二九（《刺數》）
煩心	九，四三，四七，八一，九〇，九七，一二七，一三〇，一七四，二〇〇，二一四，二三六（《下經》），三二，四七，四八，五〇，五二，五三（《逆順》），五九，六〇（《犮理》），一五肆，四三，一九五，一九六，一九八（《和齊湯法》），七（《經脈》）

續表

滅目	二〇三（《下經》）
辟（臂）上廉痛	二二七（《下經》）
辟（臂）外痛	二二三（《下經》）
辟（臂）外廉痛	二二五（《下經》）
辟（臂）蹷/臂蹷	二二九/二三一（《下經》）
嫁	三七（《刺數》）
静痹	五〇（《下經》）
奪血	三，三五壹（《上經》），四壹，五貳，二六（《逆順》）
奪精	三貳，七貳（《逆順》）
箸（著）痹	六，五九（《下經》）
鼻（痹）	一六（《刺數》）
鼻唐（鱸）	二一〇（《下經》）
鼻乾	八，二二七，二四五（《下經》）
領疾	二一〇＋二一一（《下經》）
領穜（腫）痛	二二二（《下經》）
膏伥（脹）	一一九（《下經》）
膏偳	一五二（《下經》）
膏瘕	一二七（《下經》）
膏癉	一七八，一七九（《下經》）
腐痹	三六（《和齊湯法》）

續表

腐臧（藏）煉（爛）腸	二三六（《下經》）
瘺（齲）	二三八，二四一（《下經》）
瘧	四，二〇三，二〇七，二三八（《下經》），三八（《刺數》）
叚（瘕）/瘕	二二九（《下經》）/三壹（《和齊湯法》），三九，一三七（《和齊湯法》）
瘕削	二一四（《下經》）
熱	三五（《逆順》）
熱中	一七四，二三七（《下經》）
熱汗出	二一二（《下經》）
憂	一四（《上經》），一七三，一七五，一七六，一七七（《下經》）
數瘦（溲）	五八（《犮理》）
頰痛	二二七（《下經》）
齒痛	二一〇（《下經》）
齒齲痛	二二六（《下經》）
膚伥（脹）/膚張（脹）	二八，四一，四二，一〇九，一一三，一一四（《下經》）/三一，一二七，二二一（《下經》），三五（《刺數》）
暴少腹穜（腫）痛	二二〇（《下經》）
暴血	一二肆，四六（《和齊湯法》）

續表

暴血在心腹	三九（《和齊湯法》）
頣	二壹，三七（《和齊湯法》）
遺弱（溺）	二三九（《下經》），六（《經脈》）
膭（脊）痛	二九（《犮理》）
瘛瘲（縱—瘲）	二〇七（《下經》）
瘛痛	二一二（《下經》）
瘍	二一一（《下經》），六二（《犮理》）
厥痿	八（《經脈》）
瘦/息瘦	六二（《犮理》）/五七（《和齊湯法》）
窮詘	二一七（《下經》），一二（《經脈》）
骹痛	二四三（《下經》）
頤痛	二一二（《下經》）
頭□痛	二五〇（《下經》）
頭角痛	二〇七（《下經》）
頭痛	九〇，二〇二，二〇七（《下經》），四七，五一（《逆順》），四六（《犮理》），二八（《刺數》）
頸項痛	一八，三八，一二三（《下經》），五〇（《逆順》），一二（《經脈》）
頸痛	二〇六，二四四（《下經》）
瑕下痛	四三（《刺數》）
餘（蝕）瘕	一二八（《下經》）

續表

龍（聾）	二二五（《下經》）
嬰兒閒（癇）	七叁，一二六（《和齊湯法》）
積（癲）/積（癲）山（疝）	四七（《刺數》）/二二〇（《下經》），一貳，八七（《和齊湯法》）
穜（腫）頭	二五（《犮理》）
鮮（癬）	一叁，一一六（《和齊湯法》）
膺痛	一三六，二一一，二二九（《下經》）
癘/厲（癘）	一〇（《逆順》）/五七（《和齊湯法》）
癉	二五（《犮理》）
瘇（腫）首	二二，三八（《下經》）
濕	三三（《逆順》）
臂壓	二三一（《下經》）
轉胞	七二（《下經》），一〇（《刺數》）
轉筋	二四（《刺數》），四五（《和齊湯法》）
蟲病	二四（《下經》）
顏痛	一八，二〇二（《下經》）
瘚疾	三二（《下經》）
癰（壅）痒（癢）	五七（《下經》）
壅（癰）	一〇（《逆順》）
騷	二一（《刺數》）

續表

病名	出處
顛（癲）狂	二〇三，二三八（《下經》）
顛疾	二五（《友理》），一四（《刺數》），五七（《和齊湯法》）
槖積	六六（《下經》）
蹷	四三，四四（《下經》），二一，二六，三九（《逆順》），二一，一五（《友理》），一八（《刺數》），八叄，一三〇（《和齊湯法》）
蹷風	二五，二六（《下經》）
蹷逆	六一（《下經》）
蹷張（脹）	一一五（《下經》）
蹱（踵）與果（踝）痛	二〇三（《下經》）
蹱（衝）頭	二〇三（《下經》）
瀨（顑）痛	二〇六，二二五（《下經》）
聽後痛	二二五（《下經》）
體（體）狐	一〇一（《下經》）
聾	二〇六（《下經》），三九（《刺數》）
蠱瘕	一四三（《下經》）
攣詘（屈）不可信（伸）/攣詘（屈）不信（伸）	一一四/一一五（《和齊湯法》）
變（攣）痹	六〇（《下經》）

藥名索引（《和齊湯法》）

續表

續表

藥名	頁碼
白英	一五六
白昌根	一一二
白茝（芷）	三二，六〇，七二，一一六
白參/莎（沙）蔘（參）	三四/一四〇，一四一
白徵（薇）	一九五，一九六
白（柏）實	二二
白⿱艹⿰僉頁（蘞）/白斂（蘞）/白藍（蘞）	一八八/五八/二一，三三，七二
玄蔘（參）	一四〇，一四二
半夏	六四，九三，一四四，一九四
圭（桂）/桂	一八，二四，二六，三三，五八，六〇，六二，六七，七〇，七四，七六，八〇，八七，八八，九三，一〇五，一一二，一五〇，一五三，一五四，一五五，一七一，一七三，一七八，一八〇，一八四，一八八/一一九，一三〇，一三四，一四六
此（紫）⿰氵帚（參）/茈（紫）帚（參）/茈（紫）⿱艹⿰氵帚（參）/茈（紫）⿰氵帚（參）	五九/八七/一一九，一四一，一四二/九三/一六五
肉	七七，一七三
肉醬（醬）	七六

續表

藥名	頁碼
朱（茱）臾（萸）	五八＋五九，七四，一八八
伏（茯）靈（苓）/狀〈伏－茯〉靈（苓）	一三〇/九〇
全黑犬骨	一七七
羊肝	一七三
羊角	一七七
羊煎脂	五四
羊腸胃	一七三
米/稻米	四四，一三一，一五一，一六八/一〇四，一四七，一五一
赤叔（菽）	一七五
芫華	一一九
杏覈（核）/杏核中實	一八四/一八，八七
李（理）石/理石	一五九/一五六，一六〇
貝毋（母）/貝母	一六八/一七一
牡蒙	一八六
利如/黎（犂－利）如/黎（利）如	五九/六〇/二六
狂樸	一三三
卵/雞卵	二四，二六，二七，一三五，一四三/一三一，一三四

續表

治龍骨	五四
沈潘	一五五
良叔（菽）	三七，一三五
青粟米	一五七
盂生青	一一四
長石	一四九，一五三，一五四，一五六，一五九，一六〇
苦〈苦〉婁（蔞）／苦〈苦〉蔞	一六〇／七〇
苦滲（參）／苦蔘（參）	五八／一四〇，一四一＋一四二，一五四
茱／蔕（术）	九二，一一九，一二六／一七一
茅索	一九八
非（飛）嗛（廉）華	一八七
叔（菽）／大豆／大叔（菽）	一三二，一三三，一七五／二五，二七／一七七
卑（萆）挈（薢）	五八，六〇
所常溲	八三
股（羖）羊角	一〇六
兔絲實	七〇，一五〇，一五三
狗肝	九五
狗肺	一三二
定畺	一五五

續表

姓鼠	五九
垣衣	一七一
荊	一二一
芷（紫）威（葳）	一六五
芷（紫）菀（菀）／紫菀（菀）	八〇／八二
玆（慈）石	五八，一五七
柏	一二四
柏支（枝）	一二一
柏葉	一一三
柳	七七，七八，一二一
厚柎（朴）	五八，六二，七四，八七
厚酒	二〇
則（萴）／萴	一八，二四，二六，二八，三〇，三三，六〇，七二，七四，八三，九二，一〇三，一五五，一七五／一〇一，一一二，一三一，一三四
思石	一五九
朐脯	一七五
美酒	七八，八〇，八四，九五，九七，一一三，一三〇，一四六，一七一，一八三，一八六，一八八
美桼（漆）	一四九

續表

美凋	六八
美酸	一一六
美醯	一一四
屏前弱（溺）	八四
馬下齒	一二八
馬脯中朿	一七五
馬適（蹄）	三七
起實	三三
莫石	一五六
桔梗	五八，六〇，七四，一二二，一四六
林（椒）	五三
林（椒）覈（核）	一九〇
桐根	一二〇
栝婁（蔞）/栝蔞	一五九/一四九
校〈枝〉草	三三，三五
柴茉	五九
烏喙/烏〈烏〉喙	五八，六四，一四六，一九四/一六八
脂石	一五六
狼牙	一〇七
疾胡	一八〇
拳（卷）柏	五九

續表

酒	二七，三四，五三，六八，九三，九六，一〇六，一五九，一七二，一八〇，一八四，一九〇
消石	七〇，一一〇，一四〇，一七〇
陳肉醬（醬）	八二
陳朱（茱）臾（萸）	六二
陳粟	一六
陳彘脂	三六
菌（箘）圭（桂）	六五，一八六
菀/蒬（菀）	一〇三，一三二，一三四/八一，八三
乾土	一八一
乾桼（漆）	九三
乾蓍（耆）根	一七八
乾畺（薑）/乾薑	六四/八八，一三四
桼（漆）/桼〈桼〉	二四，二六，五九，七六，七七，一三四/五六
麥䴸	三七
麥鞠（麴）	九七，一〇三＋一〇四
蛇牀	一二〇
麻	九五
麻垸（䴋）	七六
鹿腸	六〇
商律/商荃（陸）	三三，七二，一一九/一六八

續表

清膠	七二
凋	一二五
淳酒/醇酒	二六，三〇，四〇，八三，八九，九九，一六五，一七八，一八二/三〇，一三二，一四四，一七三
密芳	一〇一
款冬	一〇三
越底（砥）	一八三
賁（[illegible]）	七七
提（知）母	七〇
達桼（漆）/蕁桼（漆）	七七/七八
惡石	一六〇
黄芩	三六，九〇，九三，一四四
黄牡牛弱（溺）	一〇〇
黄脂	二一
黄粱飯	七八，七九
葉（牒）肝	九六
粟	一六
棗	二四，三〇，四〇，六一，八〇，八一，八八，一三二，一三四，一五二
棗膏	七四

續表

棗餘汁	一〇八
無（蕪）荑	一〇七
黍/黍米	一四八/五四，一〇一，一〇四，一一七，一二六
黍潘	一七五
善棗	一〇七
温酒	一九，三八，六三，八六，八八，九二，一六一
温醇	九〇
温渌（漿）	一四〇
彘生膏	五四
彘脂	一三二
彘煎脂	八〇
彘膏	三二，一二七
截	六一
楊	一二一
榆葉	一五二
畺（薑）/薑	二四，三三，五八，六七，七四，七六，九三，一五〇，一五四，一七四/一八，六二，八〇，八一，一〇五，一三〇，一四四，一四六，一五三，一七一，一七七，一八四，一八八

續表

蜀椒（椒）	一八，二一，二二，五三，五八，六〇，六二，六五，六七，八七，一〇五，一二二，一三〇，一四六，一五〇，一五三，一七一，一八四
節皮	五八
節華	一八八
節頸（莖）	五六
魁合（蛤）	九二
鉛	一四七
飴	二四，二六，八〇，一三一，一三四/五六
�（粥）	四四，四五，九一，一四五，一八二，一九四，一九七
穀/穀〈穀〉	九九/七七，七八，八八，一二四
穀支（枝）/穀莖	一二一/一二六
蔓	九七
酸棗覈（覈—核）	三三
厲（蠣）合（蛤）	六八
蜱蛸	九〇
管（菅）茭	一九八
榮擠	一〇一，一〇二
增（曾）青	一五五，一五六
蕉荚	一八，五八，六七，八七

續表

犂（犂—藜）盧（蘆）/黎（藜）蘆	五七，六四/一二三
膠	五一
潒（漿）	一〇八，一四八，一五七，一七〇，一九六，一九七
薄酒	四〇＋四一
鮑魚	六八＋六九
蕙	三七
縻（糜）/糜/靡（糜）/麋（糜）	四〇，四一/五四/一五一/一五四，一五六，一五七，一五九
凝（凝）水/凝（凝）水石/凝水石	一四九/一五〇，一五三，一五四，一五六，一五九/一六〇
龍膽	一五四，一六一
龍纍	三三
燔冶鯆魚頭	五三
燔屑（屑）貍頭骨	一六二
澤舄（瀉）	一四九，一五一
戴糂	三五，五八
穜（種）麥	一五一
螌蝥	一〇二
藜	一二一

續表

瞻（蟾）諸（蜍）	七六
礜/礜石	三三，三六，五七，七二，七四，八五，一五三/一五六
鯉魚	五一
鯉魚膽	一〇六
瀝（瀝）酒	一三三，一三四
糳（糓）米	一九五
蘖（蘗）米	一四八
蘗	七七，一一九
蘗垸（䴬）	七六，一二五
鹽	一六，七七，一二〇
蠶矢	五五
蠠（蜜）	二二
□穜（種）	一五二

附録六　參考文獻

郭靄春主編：《黄帝内經素問校注》，人民衛生出版社，一九九二年。

劉衡如校：《靈樞經（校勘本）》，人民衛生出版社，一九六四年。

［清］張志聰集注：《黄帝内經靈樞集注》，科技衛生出版社，一九五八年。

［唐］楊上善：《黄帝内經太素》，日本盛文堂漢方醫書頒布會據蘭陵堂本影印增刻，一九七二年。

［唐］楊上善：《黄帝内經太素》（卷一以《黄帝内經明堂》殘卷代），中國國家圖書館藏日本據仁和寺本影鈔本，一八四九年丹波元堅校。

李克光、鄭孝昌主編：《黄帝内經太素校注》，人民衛生出版社，二〇〇三年。

錢超塵、李雲校正：《黄帝内經太素新校正》，學苑出版社，二〇〇六年。

張燦玾、徐國仟主編：《鍼灸甲乙經校注》人民衛生出版社，一九九六年。

凌耀星主編：《難經校注》，人民衛生出版社，一九九一年。

［明］王九思等輯，陳婷點校：《難經集注》，北京科學技術出版社，二〇一五年。

沈炎南主編：《脈經校注》，人民衛生出版社，一九九一年。

劉渡舟主編：《傷寒論校注》，人民衛生出版社，一九九一年。

何任主編：《金匱要略校注》，人民衛生出版社，一九九〇年。

李聰甫主編：《中藏經校注》，人民衛生出版社，一九九〇年。

丁光迪主編：《諸病源候論校注》，人民衛生出版社，一九九一年。

尚志鈞主編：《本草經集注（辑校本）》，人民衛生出版社，一九九四年。

馬繼興主編：《神農本草經輯注》，人民衛生出版社，一九九五年。

尚志鈞輯校：《名醫别録（輯校本）》，人民衛生出版社，一九八六年。

尚志鈞輯校：《唐·新修本草（輯復本）》，安徽科學技術出版社，一九八一年。

尚志鈞輯：《吴氏本草經》，中醫古籍出版社，二〇〇五。

［明］陳嘉謨撰，王淑民等點校：《本草蒙筌》，人民衛生出版社，一九八八年。

尚志鈞輯釋：《〈本草拾遺〉輯釋》，安徽科學技術出版社，二〇〇三年。

［明］李時珍編纂，劉衡如、劉山永校注：《本草綱目（新校注本）（第五版）》，華夏出版社，二〇一三年。

［宋］唐慎微：《重修政和經史證類備用本草》，人民衛生出版社，一九八二年。

［宋］唐慎微撰，郭君雙等校注：《證類本草》，中國醫藥科技出版社，二〇一一年。

［唐］王燾：《外臺秘要》，人民衛生出版社，一九五五年。

高文柱校注：《外臺秘要方校注》，學苑出版社，二〇一一年。

［唐］昝殷：《食醫心鑑》，上海三聯書店，一九九〇年。

［唐］孫思邈：《備急千金要方》，人民衛生出版社，一九五五年。

李景榮等校釋：《備急千金要方校釋》，人民衛生出版社，一九九八年。

［唐］孫思邈：《千金翼方》，人民衛生出版社，一九五五年。

［日］丹波康賴撰：《醫心方》，人民衛生出版社，一九五五年。

［日］丹波康賴撰，高文柱注：《醫心方》，華夏出版社，二〇一一年。

李景榮等校釋：《千金翼方校釋》，人民衛生出版社，一九九八年。

［齊］龔慶宣：《劉涓子鬼遺方》，人民衛生出版社，一九八六年。

［晉］葛洪：《葛洪肘後備急方》，人民衛生出版社，一九六三年。

［宋］趙佶編：《聖濟總録》，人民衛生出版社，一九六二年。

［明］王肯堂：《證治準繩》，上海科學技術出版社，一九五九年。

［唐］李石等編，鄒介正、和文龍校注：《司牧安驥集校注》，中國農業出版社，二〇〇一年。

［明］喻本元、喻本亨、喻傑：《元亨療馬集（附牛駝經）》，中華書局，一九五七年。

［清］陳夢雷等編：《古今圖書集成·醫部全録（點校本）》，人民衛生出版社，一九八八年。

余雲岫：《古代疾病名候疏義》，人民衛生出版社，一九五三年。

張驥原著，王小平等校注：《汲古醫學校注三種》，成都科技大學出版社，四川科學技術出版社，一九九二年。

裘錫圭主編：《長沙馬王堆漢墓簡帛集成》，中華書局，二〇一四年。

國家文物局古文獻研究室：《馬王堆漢墓帛書［壹］》，文物出版社，一九八〇年。

馬王堆漢墓帛書整理小組：《馬王堆漢墓帛書［叁］》，文物出版社，一九八三年。

馬王堆漢墓帛書整理小組：《馬王堆漢墓帛書［肆］》，文物出版社，一九八五年。

馬繼興：《馬王堆古醫書考釋》，湖南科學技術出版社，一九九二年。

張家山二四七號漢墓竹簡整理小組：《張家山漢墓竹簡［二四七號墓］》，文物出版社，二〇〇六年。

銀雀山漢墓竹簡整理小組：《銀雀山漢墓竹簡［壹］》，文物出版社，一九八五年。

銀雀山漢墓竹簡整理小組：《銀雀山漢墓竹簡［貳］》，文物出版社，二〇一〇年。

甘肅省博物館、武威縣文化館：《武威漢代醫簡》，文物出版社，一九七五年。

湖北省荆沙鐵路考古隊：《包山楚簡》，文物出版社，一九九一年。

河南省文物研究所：《信陽楚墓》，文物出版社，一九八六年。

湖南省文物考古研究所：《里耶秦簡［壹］》，文物出版社，二〇一二年。

湖南省文物考古研究所：《里耶秦簡［貳］》，文物出版社，二〇一七年。

陳偉主編：《里耶秦簡牘校釋（第一卷）》，武漢大學出版社，二〇一二年。

馬承源主編：《上海博物館藏戰國楚竹書（三）》，上海古籍出版社，二〇〇三年。

北京大學出土文獻研究所編：《北京大學藏西漢竹書（壹—伍）》，上海古籍出版社，二〇一二年至二〇一六年。

北京大學出土文獻研究所編：《北京大學藏西漢竹書墨跡選粹》，人民美術出版社，二〇一二年。

李學勤主編：《清華大學藏戰國竹簡（伍）》，中西書局，二〇一五年。

中國社會科學院考古研究所：《居延漢簡（甲乙編）》，中華書局，一九八〇年。

甘肅簡牘保護研究中心、甘肅省文物考古研究所、甘肅省博物館、中國文化遺産研究院古文獻研究室、中國社會科學院簡帛研究中心：《肩水金關漢簡・壹》，中西書局，二〇一一年。

湖北省文物考古研究所、隨州市考古隊：《隨州孔家坡漢墓簡牘》，文物出版社，二〇〇六年。

荆門市博物館：《郭店楚墓竹簡》，文物出版社，一九九八年。

湖北省荆州市周梁玉橋遺址博物館：《關沮秦漢墓簡牘》，中華書局，二〇〇一年。

陳松長主編：《嶽麓書院藏秦簡（肆）》，上海辭書出版社，二〇一五年。

《十三經注疏》整理委員會：《十三經注疏（周易正義、尚書正義、毛詩正義、周禮注疏、儀禮注疏、禮記正義、春秋左傳正義、春秋公羊傳注疏、春秋穀梁傳注疏、論語注疏、爾雅注疏、孟子注疏、孝經注疏）》，北京大學出版社，一九九九年至二〇〇〇年。

［清］孫詒讓撰，王文錦、陳玉霞點校：《周禮正義》，中華書局，一九八七年。

［漢］許慎：《說文解字》，中華書局，一九六三年。

[南唐]徐鍇：《説文解字繫傳》，中華書局，一九八七年。

[清]段玉裁：《説文解字注》，上海古籍出版社，一九八一年。

[清]朱駿聲：《説文通訓定聲》，中華書局，一九八四年。

丁福保編纂：《説文解字詁林》，中華書局，一九八八年。

[清]王念孫著，鍾宇訊點校：《廣雅疏證》，中華書局，一九八三年。

[清]胡承珙撰，石雲孫校點：《小爾雅義證》，黄山書社，二〇一一年。

黄懷信：《小爾雅匯校集釋》，三秦出版社，二〇〇三年。

[清]錢繹撰集，李發舜、黄建中點校：《方言箋疏》，中華書局，一九九一年。

[漢]劉熙：《釋名》，中華書局，二〇一六年。

[漢]劉熙撰，[清]畢沅疏證，王先謙補，祝敏徹、孫玉文點校：《釋名疏證補》，中華書局，二〇〇八年。

華學誠：《揚雄方言校釋匯證》，中華書局，二〇〇六年。

[梁]顧野王：《宋本玉篇》，北京市中國書店，一九八三年。

[梁]顧野王：《大廣益會玉篇》，中華書局，一九八七年。

徐時儀校注：《一切經音義三種校本合刊》，上海古籍出版社，二〇〇八年。

[宋]陳彭年等：《宋本廣韵（附韵鏡 七音略）》，江蘇教育出版社，二〇〇八年。

[宋]丁度等：《宋刻集韵》，中華書局，二〇一五年。

[遼]釋行均：《龍龕手鏡》，中華書局，一九八五年。

[清]王引之、孫經世：《經傳釋詞（附補及再補）》，中華書局，一九五六年。

王力：《同源字典》，商務印書館，一九八二年。

符定一：《聯緜字典》，中華書局，一九五四年。

漢語大字典字形組：《秦漢魏晋篆隸字形表》，四川辭書出版社，一九八五年。

宗福邦、陳世鐃、蕭海波主編：《故訓匯纂》，商務印書館，二〇〇三年。

白於藍：《戰國秦漢簡帛古書通假字彙纂》，福建人民出版社，二〇一二年。

白於藍：《簡帛古書通假字大系》，福建人民出版社，二〇一七年。

[漢]司馬遷：《史記》，中華書局，一九八二年。

[漢]班固：《漢書》，中華書局，一九六二年。

[宋]范曄撰，[唐]李賢等注：《後漢書》，中華書局，一九六五年。

[唐]房玄齡等：《晉書》，中華書局，一九七四年。

[清]徐元誥撰，王樹民、沈長雲點校：《國語集解》，中華書局，二〇〇二年。

周振鶴：《漢書地理志彙釋》，安徽教育出版社，二〇〇六年。

張驥：《漢書藝文志方技補註》，見：王承略、劉心明主編：《二十五史藝文經籍志考補萃編》（第五卷），清華大學出版社，二〇一二年。

[漢]史游撰，[唐]顔師古注：《急就篇四卷》，明崇禎毛氏汲古閣刊本。

[漢]史游撰，[唐]顔師古注，[宋]王應麟補注：《急就篇四卷》/《合璧本玉海》四三五三至四四四二頁，京都中文出版社，一九七七年。

[魏]王弼注，樓宇烈校釋：《老子道德經注校釋》，中華書局，二〇〇八年。

[後魏]賈思勰原著，繆啓愉校釋：《齊民要術校釋（第二版）》，中國農業出版社，一九九八年。

[清]郭慶藩撰，王孝魚點校：《莊子集釋》，中華書局，一九六一年。

[清]王先謙撰，沈嘯寰、王星賢點校：《荀子集釋》，中華書局，一九八八年。

許維遹撰，梁運華整理：《吕氏春秋集釋》，中華書局，二〇〇九。

[清]王先慎撰，鍾哲點校：《韓非子集釋》，中華書局，一九九八年。

吴毓江撰，孫啓治點校：《墨子校注》，中華書局，一九九三年。

黎翔鳳：《管子校注》，中華書局，二〇〇四年。

黄懷信：《鶡冠子彙校集注》，中華書局，二〇〇四年。

何寧：《淮南子集釋》，中華書局，一九九八年。

張雙棣：《淮南子校釋》，北京大學出版社，一九九七年。

吴則虞：《晏子春秋集釋》，中華書局，一九八二年。

[清]陳立撰，吴則虞點校：《白虎通疏證》，中華書局，一九九四年。

汪榮寶撰，陳仲夫點校：《法言義疏》，中華書局，一九八七年。

[東漢]應劭撰，王利器校注：《風俗通義校注》，中華書局，一九八一年。

王利器校注：《鹽鐵論校注》，中華書局，一九九二年。
〔清〕孫詒讓撰，雪克、陳野校點：《札迻》，齊魯書社，一九八九年。
〔清〕王念孫撰，徐煒君等校點：《讀書雜志》，上海古籍出版社，二〇一四年。
袁珂校注：《山海經校注》，巴蜀書社，一九九二年。
〔漢〕趙君卿：《周髀算經》，文物出版社，一九八〇年據宋嘉定六年本影印。
蘇州章氏國學講習會編：《制言》，廣陵書社，二〇〇九年。
〔明〕楊慎：《丹鉛雜録 丹鉛續録 俗言》，《叢書集成》初編，中華書局，一九八五年。
〔唐〕陸璣：《毛詩草木鳥獸蟲魚疏》，《叢書集成》初編，商務印書館，一九三六年。
〔宋〕洪興祖撰，白化文等点校：《楚辭補注》，中華書局，一九八三年。
〔清〕俞樾：《春在堂全書》，鳳凰出版社，二〇一〇年。
〔梁〕蕭統編，〔唐〕李善注：《文選》，中華書局，一九七七年。
〔唐〕杜牧著，〔清〕馮集梧注：《樊川詩集注》，上海古籍出版社，一九六二年。
〔清〕孫星衍等輯，周天游點校：《漢官六種》，中華書局，一九九〇年。
陸宗達著，郁亞馨、趙芳整理：《陸宗達文字學講義》，北京師範大學出版社，二〇一四年。
裘錫圭：《裘錫圭學術文集》，復旦大學出版社，二〇一五年。
廣瀨薰雄：《簡帛研究論集》，上海古籍出版社，二〇一九年。
陳侃理：《北大秦簡中的方術書》，《文物》二〇一二年六期，九〇—九六頁。
韓巍、鄒大海：《北大秦簡〈魯久次問數于陳起〉今譯、圖版和專家筆談》，《自然科學史研究》二〇一五年二期，二三二—二六六頁。
甘肅省文物考古研究所：《敦煌懸泉漢簡釋文選》，《文物》二〇〇〇年五期，二七—四五頁。

稱引書名簡稱表

書名簡稱	書名全稱
上經	天回醫簡·脈書·上經
下經	天回醫簡·脈書·下經
犮理	天回醫簡·犮理
刺數	天回醫簡·刺數
逆順	天回醫簡·逆順五色脈臧驗精神
和齊湯法	天回醫簡·治六十病和齊湯法
療馬書	天回醫簡·療馬書
經脈	天回醫簡·經脈
律令遺文	天回醫簡·律令遺文
脈書	張家山漢墓竹簡〔二四七號墓〕·脈書
引書	張家山漢墓竹簡〔二四七號墓〕·引書
五十二病方	長沙馬王堆漢墓簡帛集成·五十二病方
陰陽甲	長沙馬王堆漢墓簡帛集成·陰陽十一脈灸經甲本
陰陽乙	長沙馬王堆漢墓簡帛集成·陰陽十一脈灸經乙本
足臂	長沙馬王堆漢墓簡帛集成·足臂十一脈灸經
脈法	長沙馬王堆漢墓簡帛集成·脈法
陰陽脈死候	長沙馬王堆漢墓簡帛集成·陰陽脈死候
養生方	長沙馬王堆漢墓簡帛集成·養生方
房内記	長沙馬王堆漢墓簡帛集成·房内記
周易經傳	長沙馬王堆漢墓簡帛集成·周易經傳

續表

書名簡稱	書名全稱
老子甲本	長沙馬王堆漢墓簡帛集成·老子甲本
老子乙本	長沙馬王堆漢墓簡帛集成·老子乙本
五行	長沙馬王堆漢墓簡帛集成·五行
算術書	張家山漢墓竹簡〔二四七號墓〕·算術書
二年律令	張家山漢墓竹簡〔二四七號墓〕·二年律令
素問	黄帝内經素問
靈樞	黄帝内經靈樞
太素	黄帝内經太素
甲乙經	鍼灸甲乙經
中藏經	華氏中藏經
本經	神農本草經
別録	名醫別録
千金要方	備急千金要方
外臺	外臺秘要
證類	證類本草
易	周易
詩	詩經
書	尚書
說文	說文解字
玉篇	大廣益會玉篇

續表

書名簡稱	書名全稱
方言	輶軒使者絶代語釋别國方言
釋文	經典釋文
正義	史記正義
集解	史記集解
索隱	史記索隱
讀書餘録	春在堂全書・讀書餘録

後　記

天回醫簡出土以後，國家中醫藥管理局、國家文物局高度重視，立項組織中國中醫科學院中國醫史文獻研究所、成都中醫藥大學、成都文物考古研究院、荆州文物保護中心開展研究，負責醫簡的保護、整理及書稿編撰工作。其間，得到了四川省委宣傳部的資助，謹此致謝！

天回醫簡整理組由柳長華負責。醫簡的整理與書稿的編撰具體工作分工如下：

竹簡的提取、清理、編號、保護、紅外綫掃描：肖嶙，吴昊，謝濤，白玉龍，武家璧，劉祥宇，楊弢，劉君；技術指導：吴順清。

竹簡堆疊圖攝影：金陵，曾帆；剖視圖繪圖：蕭玉軍，李陽。

竹簡彩圖攝影：劉少放。

乾縮簡的修復、黏合簡的分離：吴昊。

竹簡前期周密細緻的清理、保護工作，爲後期整理工作的順利完成打下了良好的基礎。

書稿編撰分工如下：

代前言　執筆：謝濤，顔勁松。

《脈書·上經》　釋文：周琦；編聯、注釋：顧漫。

《脈書·下經》　釋文：周琦；編聯、注釋：劉陽，顧漫。

《逆順五色脈臧驗精神》　釋文：周琦；編聯、注釋：顧漫。

《友理》　釋文：周琦；編聯、注釋：顧漫。

《刺數》　釋文：周琦；編聯、注釋：顧漫。

《治六十病和齊湯法》　釋文：周琦；編聯：顧漫，劉陽；注釋：劉陽，羅瓊。

《療馬書》 釋文：武家璧，周琦；編聯、注釋：陳劍（特邀），武家璧，劉陽。

《經脈》 釋文：武家璧，周琦；編聯、注釋：武家璧，顧漫。

《律令遺文》 釋文：武家璧（初稿）；李均明，胡平生，劉少剛，鄔文玲，徐世虹（定稿）。

髹漆經脈人像 攝影：陳超。繪圖、説明：周琦。

殘簡綴合、反印文拼合、圖版圖像處理及編號核對：周琦，薄咏，徐贏。索引編製：羅瓊。

張雷參與了M3—121部分竹簡的前期釋文工作。

參與審稿的專家有錢超塵、李均明、劉少剛、劉樂賢、陳劍、董珊、鄔文玲，專家在審稿中提出了許多有益的意見，在修訂中已吸納，恕不能一一注明，謹此致謝！

全書由柳長華審閲定稿。

本書的整理工作歷經五個寒暑，所有參與人員精誠協作，盡心竭力，圓滿完成了整理任務。但由於水平所限，思慮容有不周，考證或欠詳盡，請海内外賢者予以批評指正爲盼。

中國中醫科學院中國醫史文獻研究所
成都中醫藥大學
成都文物考古研究院
荊州文物保護中心

天回醫簡（上）

天回醫簡整理組 編著

文物出版社

封面題簽：集天回老官山漢墓竹簡文字
封面設計：程星濤
責任印製：張道奇
責任編輯：蔡敏　黄曲
責任校對：安艷嬌

圖書在版編目（CIP）數據

天回醫簡／天回醫簡整理組編著．—北京：文物出版社，2022. 11（2023.10 重印）
ISBN 978-7-5010-7835-6

Ⅰ.①天…　Ⅱ.①天…　Ⅲ.①漢墓-竹簡-醫古文-研究-成都　Ⅳ.①K877. 54

中國版本圖書館 CIP 數據核字（2022）第 193225 號

天回醫簡（上下）

編　者　天回醫簡整理組
出版發行者　文物出版社
（北京市東城區東直門内北小街二號樓）
http://www.wenwu.com
製版者　北京寶蕾元科技發展有限公司
印刷者　天津圖文方嘉印刷有限公司
經銷者　新華書店
二〇二二年十一月第一版
二〇二三年十月第三次印刷
定價：一九八〇圓

889 毫米×1168 毫米　1/8　印張：77　插頁：1
ISBN 978-7-5010-7835-6

主　编：柳長華

編寫人員：顧　漫　周　琦　謝　濤　顔勁松　劉　陽　羅　瓊　武家璧

审閱者：錢超塵　李均明　劉少剛　劉樂賢　陳　劍　董　珊　鄔文玲

本研究得到國家文物局、國家中醫藥管理局聯合立項，中醫藥行業專項「老官山漢墓出土醫簡及醫藥文物整理研究」，中國中醫科學院科技創新工程重大攻關項目，四川省文物局、四川省中醫藥管理局專項支持。

本書出版得到四川省委宣傳部文化事業發展專項資助。

天回醫簡的發現與整理（代前言）

一、地理位置與環境

漢墓位於成都市金牛區天回鎮土門社區衛生站東側，中心坐標爲北緯30°44′56.65″，東經104°6′41.96″。金牛區位於成都市的西北部，地勢西北略高，東南稍低，自西北向東南傾斜，平均海拔高度五百零一米。地貌以平原爲主，占百分之九十一；少量淺丘臺地分布在天回鎮街道和鳳凰山街道，由雅安礫石層和黄棕色黏土組成。兩山均爲南北走向，天回山屬龍泉山脈分支，山地以黄泥黏土和紅石崗結構爲主，鳳凰山爲黄土泥質，由首尾相顧的兩個山頭組成，因形似鳳凰而得名。

成都市河網密集，自然水系由岷江和沱江兩大水系組成。岷江發源於阿壩藏族羌族自治州，在汶川的漩口鎮東部流入成都市境内，主要包括龍溪江、都江堰渠系（内江和外江）、錦江（府河和南河）等，其中府河、沱江河、清水河、東風渠、沙河、西郊河、飲馬河等四十七條河渠流經金牛區。沱江幹流由北向南穿越成都市的東北部，主要包括清溪河、楊溪河和陽化河等，流經天回鎮街道的毗河屬於沱江水系。

二、歷史沿革

成都歷史悠久，成都羊子山土臺基下曾發現距今一萬年的舊石器時代晚期的打製石器。公元前二千五百年至前一千七百年左右，成都平原已經建造多座史前城址，迄今已經發現了新津寶墩古城、郫縣古城、温江魚鳧城、都江堰芒城（上芒城）、崇州雙河古城（下芒城）、紫竹古城、大邑鹽店古城和高山古城等八座城址。大約在商代，魚鳧氏等原始部落生活於成都平原西北邊緣的「湔山」（今茂汶一帶）。商末，魚鳧氏的杜宇稱王，自稱「望帝」。《華陽國志·蜀志》記載杜宇「移治郫邑，或治瞿上」。公元前一〇五七年，杜宇帶領部族參加了武王伐紂的戰爭，號稱蜀，後人稱之爲「蜀族」。公元前一〇四五年，周王室册封杜宇爲蜀王，準予其建國。蜀王將部族從茂汶盆地遷到廣漢平原（今成都温江區萬春鎮），建立蜀國。杜宇又以鱉靈開明爲相，後又禪位於開明，後曰「叢帝」。公元前五世紀中葉，蜀國開明王朝遷蜀都城至成都，取周王遷岐「一年成邑，三年成都」，因名成都，相沿至今。

近年來發掘的金沙遺址和十二橋等遺址進一步豐富了古蜀文明的内涵，其中金沙遺址是成都地區迄今發現的規模最大的商周時期文化遺址，規模僅次於三星堆，再現了商代晚期至西周前期古蜀文化的輝煌。

秦惠文王後元九年（公元前三一六年），秦國吞并巴蜀，秦封其子孫爲蜀侯。秦惠文王更元十四年（公元前三一一年），張儀等人仿照秦都咸陽城的規劃與設計修築成都城（今成都舊城内，又名「龜城」）、邛城（今邛崍）和郫城（今郫縣）等三座土城。此後，蜀國改爲蜀郡。蜀郡太守李冰修築都江堰并疏理了成都城北的錦江和城南的沱江。

漢武帝元封五年（公元前一〇六年），漢武帝在全國設十三州刺史部，在成都置益州刺史部，分管巴、蜀、廣漢、犍爲四部。秦末、漢初成都取代中原而稱「天府」。東漢時期，漢王朝又恢復了益州、蜀郡的建置。東漢末年，劉焉做「益州牧」，從原廣漢郡雒縣移治於成都，用成都作爲州、郡、縣治地。成都是蜀錦織造的中心，朝廷在此設置了「錦官城」，派有「錦官」進行管理。

三、發現、發掘經過與文物保護、整理研究工作

（一）發現和發掘經過

二〇一二年七月，成都地鐵三號綫六標段施工方在位於川陝路成都軍區總醫院對面一個施工工地進行地鐵地下管網鋪設時，發現三座西漢時期木椁墓（即老官山漢墓M1—M3）。三座墓葬大致分布於一條南北嚮的直綫上，方嚮基本一致，其中二號墓椁室被下水管貫穿。施工方發現後遂上報至成都文物考古研究所。該單位經過實地調查後報國家文物局批准，於二〇一二年八月十三日組織由謝濤領隊的工作隊進入現場展開搶救性發掘。參與發掘的成員包括謝濤、王軍、楊永鵬、陳平、白玉龍、劉祥宇等。

由於M2大部分位於建築物之下，於是先發掘M1和M3。二〇一二年八月十五日開始清理M1，至二〇一三年元月完成全部發掘工作。

二〇一二年八月二十七日至九月四日，沿M3的墓葬方嚮開挖一個工作坑以便於M3的發掘，大致呈橢圓形，長約八米，寬約七・五米。在工作坑内距地表約一・五米深處有一根南北嚮的天然氣管道，與M3的夾角爲三十度，M3的西側有一南北嚮的電力井，西北角有一現代電綫杆樁，這些給M3的發掘工作帶來了極大不便，故M3采取的發掘方法是局部區域保留其原貌，只將M3的墓壙大範圍揭露。

二〇一二年九月五日，揭露椁室蓋板，蓋板由八塊木板組成，大部分壓在電力井下，只好自北向南將完全暴露的第四塊和第五塊蓋板先取出，第六塊和第七塊蓋板壓在電力井下，用電鋸割開取出，第五塊和第八塊蓋板西側分別有一個盗洞，其中第八塊蓋板西側盗洞擾動較大，似近現代開鑿。蓋板揭開後開始清理椁室，椁室内淤泥較多，上部爲由盗洞侵入椁室的青膏泥并夾雜有少量紅色黏土。椁室内發現木棺兩具，其中東邊木棺的擋板被盗墓者鑿穿，西邊木棺的西壁板也被破壞。二〇一二年九月七日開始清理椁室内器物，十月二十四日至二十七日清理M3内的竹簡。

（二）文物保護工作

墓葬發現之初，考慮到該區域地下水位較高，有可能出現漆木器之類飽水有機質文物，成都文物考古研究所與湖北荆州文物保護中心共同製定了漆木器發掘清理工作預案，并在實際工作中予以實施。在發掘過程中，除對非有機質類文物按常規清理外，對木質棺椁、出土漆木器按照飽水文物發掘保護的相關要求開展工作，尤其是竹簡等文物采用整體提取後在實驗室進行清理的方法，對墓葬内的填土則采用了全部篩選和浮選方法，取得了較大收穫。竹簡的揭取和室内清理工作由荆州文物保護中心吴順清教授率隊實施，確保了清理工作的科學性和完整性。

室内清理工作共清理出木牘五十餘枚，竹簡九百三十支，漆器、竹木器、草（棕）編器等其他質地的器物三百八十餘件，并進行了器物的脱水、拼對等工作。此外，還對文物資料及相關信息進行提取，主要包括文物照相、簡牘顯色、紅外綫照相、紡織機零件繪圖、取樣等。

文物保護工作中較爲重要的是對竹簡和織機的保護。竹簡采取整體提取方式加以保護，考古工作移到室内後，在將變黑的竹簡脱色處理之前就對竹簡進行紅外攝影，最大限度地采集簡上信息，在脱色之後，再對竹簡進行第二次紅外拍攝，以查看竹簡是否在脱色過程中「破相」。通過對比兩次照片，竹簡并未在脱色過程中受損。

（三）整理研究工作

二〇一四年三月二十三日至二十六日，中國中醫科學院中國醫史文獻研究所柳長華等前往成都考察，根據出土竹簡醫書的内容，結合多年以來對先秦兩漢醫學的研究積澱，判斷這批醫書從學術淵源上應與倉公所受及其所傳之扁鵲醫書相關。雙方在充分交流的基礎上，達成了合作意向。二〇一四年九月，中國中醫科學院對老官山漢墓出土醫簡及醫藥文物的研究予以立項；十月九日，國家中醫藥管理局科技司與國家文物局科技司相關領導接洽，決定由國家立項，相關研究單位合作組建研究團隊。二〇一五年六月，「老官山漢墓出土醫簡及醫藥文物整理研究」被列入中醫藥行業科研專項（編號：201507006）。

天回鎮老官山漢墓出土醫簡（以下簡稱天回醫簡）在地下沉睡兩千餘年，出土時斷簡殘文，字迹漫漶，整理難度相當大。立項以來，整理者全力以赴，集中工作，結合竹簡形制、堆叠情況、編聯情況、書寫情況、簡文內容等，對全部出土竹簡進行了細緻的整理研究。整理工作主要分爲兩個前後銜接并相互關聯的步驟：首先是簡的「外部」特徵研究，如簡的形制、堆叠、書寫等，主要解決了分書和斷代等問題；其次是簡文內容的研究，如在釋文、學術內涵、學術淵源、語詞訓詁等方面開展重點深入的研究，同時結合簡的形制、剖視圖及書寫風格進行簡文的排序工作，基本理清了這批醫書的源流，確定了醫書的命名。關於天回醫簡的形制、內容和命名等問題，俱見於《文物》二〇一七年第十二期刊載的《四川成都天回漢墓醫簡整理簡報》和《四川成都天回漢墓醫簡的命名與學術源流考》兩文。

四、三號墓概述

（一）墓葬形制

此次發掘的老官山漢墓共四座，均爲土坑豎穴木槨墓。由南向北分布在成都蓉都大道兩側，M1、M2和M3等三座墓葬集中分布，呈南北向直綫排列，以M1爲中心坐標點，M2位於M1的北側約三十米，M3位於M2的北側約五米。M4位於M1的東南方約四百二十米處。

這些墓葬基本上呈南北向分布，M1、M2和M3的墓向爲北向，一般在北偏東或北偏西三十二度至三十五度之間，M4的墓向爲南向，方向爲南偏西十二度。M3，方向三十五度。開口距地表約一·三米。墓葬平面呈長方形，無墓道。墓室開口南北長六·五、東西寬四·二六米，墓室深二·七五米，四壁較規整。槨四周與坑壁之間、槨蓋板之上分布厚約〇·二至〇·六米的青膏泥，蓋板青膏泥之上爲五花夯土層，現存厚〇·一至〇·二米，夯層厚約〇·一至〇·一五米。

發掘時在墓葬北部和西部發現兩個盜洞，北部盜洞直徑約〇·六米，爲早期盜洞。西部盜洞係直接將蓋板砍斷，爲晚期盜洞。

（二）葬具及人骨

M3的葬具爲雙棺單椁。椁室由椁底板、壁板和蓋板搭接而成。椁底板共八塊，東西向平鋪，規格尺寸基本相同，長三・二五至三・三、寬〇・六八至〇・七、厚〇・一八米。整個木椁壁板框架以榫卯結構的形式連接，四壁均爲三塊壁板。南北三塊壁板長五・一五、寬〇・六五至〇・七三、厚〇・二三米，内側近東西兩端各有一個凹槽，即卯口，深〇・〇七米。凹槽的寬度與東西壁板的厚度相同，東西壁板長三・一五、寬〇・六八至〇・七、厚〇・三米，兩端作爲榫頭，與南北壁板的卯口套合。整個椁室似「Ⅱ」形框架結構。椁蓋板爲單層，共八塊，東西向横放於椁室東西壁板上，規格尺寸基本相同，長三・二五、寬〇・六九至〇・七八、厚〇・二五米。

椁室底板中部及南北兩側距椁壁約〇・四五米分別放置東西向的擋板共三塊，擋板寬〇・二、高〇・四八米，將底部分隔出四個底箱，由北向南分别編號爲北一底箱、北二底箱、南一底箱、南二底箱。北一底箱空間内東西長二・三五、南北寬〇・四六、深〇・四八米，北二底箱東西長二・三五、南北寬一・三八、深〇・四八米，南一底箱東西長二・三、南北寬二・〇八、深〇・四八米，南二底箱東西長二・三五、南北寬〇・四五、深〇・四八米。底箱上置南北向蓋板，共十二塊，分爲南北兩部分，中間置於中間擋板上，南北兩端至椁壁，北部蓋板共七塊，每塊尺寸規格基本相同，長二・一、寬〇・三二至〇・四、厚〇・〇八米，南部蓋板共五塊，長二・九、厚〇・〇八米，靠東西兩壁板較寬，分别寬〇・五五米和〇・七二米，中間三塊尺寸規格相同，寬〇・四五至〇・四八米。

椁室空間南北長五、東西寬二・三六、高二・〇五米（含底箱高度，至底箱蓋板處高約一・五二米），通髹黑漆。

木棺兩具，位於椁室的北部，南北向置於底箱蓋板上。一號棺位於椁室北部偏西并向西側傾倒，棺蓋斜靠於西椁壁上，二號棺位於椁室北部偏東，南側的棺頭擋板被破壞。長方形盒狀，獨木棺，西棺長二・五八、寬〇・八、高〇・九五米；東棺長二・八二、寬〇・八八、高〇・九八米。内外通體髹黑漆。

兩棺内分别發現有人骨架一具，擾動嚴重，頭嚮不明，葬式、性别、年齡不詳。

（三）隨葬器物

M3出土陶、漆、木、銅、鐵、草、竹、藤等各類器物一百四十餘件。陶器有罐、鼎、釜、盆、甕、井等；漆木器有耳杯、奩、几、盤、盒、髹漆經脈人像、馬、杖、俑、璧、半圓形器等；銅器有削、帶鈎、扣飾等；鐵器有矛、杵、臼等；錢幣爲「半兩」；竹簡共九百三十支（原簡報爲約九百二十支）。器物主要出土於底箱内，椁室内由於多次被盗，只出土十餘件器物，但由於盗掘時南部底箱蓋板均被撬開，因此南部底箱内部分器物原應是放置在椁室内。北部底箱由於蓋板上放置的兩具木棺不好移動，因此器物保存相對較好，M3：121 竹簡和髹漆經脈人像出土於北二底箱，M3：137 竹簡出土於南一底箱。

五、天回醫簡的重要價值

據研究推斷，天回醫簡的主體部分抄録於西漢呂后至文帝時期，根據《史記·扁鵲倉公列傳》的記載，倉公淳于意的行醫與授學時間與這一時期相當；墓主人下葬年代在景、武時期，其年輩應與淳于意弟子相當。

從天回醫簡的内容來看，均爲已亡佚的古醫書。按鄭樵「書有名亡實不亡」之例，這批醫簡的主要内容與淳于意所學所傳的醫書相關。其中《脈書·上經》《逆順五色脈臧驗精神》保存了「色脈診」的内容；《脈書·下經》是與馬王堆漢墓、張家山漢墓出土古「脈書」接近的經脈文獻，但包含了更加豐富的「言病之變化」的内容；《和齊湯法》是側重於「合和製劑」的經方類文獻；《犮理》是關於犮、石兩種古治法的文獻；《刺數》則是記載鍼刺治法的文獻。重要的是，《脈書·上經》中出現的「敝昔曰」與簡文中存在較多的齊語特徵，證明這批醫簡在學術上應源於扁鵲與倉公；至成帝時劉向等校書，編定有《扁鵲内、外經》，當與此一脈相承；又考傳世文獻，亦可證今《素問》《靈樞》《難經》乃「傳訓詁」之作。正如章學誠所説：「有官斯有法，故法具於官；有法斯有書，故官守其書；有書斯有學，故師傳其學；有學斯有業，故弟子習其業。官、守、學、業，皆出於一，而天下以同文爲治，故私門無著述文字。」

據《後漢書·方術列傳》記載，東漢初有脈學大師涪翁出於廣漢，「乃著《鍼經》《診脈法》傳於世」，其再傳弟子爲郭玉，和帝時爲太醫丞。這是扁鵲與倉公的「經脈醫學」由齊入蜀之後代代相傳的結果，而天回墓主人則是這一傳承過程中承上啓下的關鍵人物。

既如此，則醫學的傳授，往往懸於一綫，後之傳是書者，亦時時失之。除上述新發現外，《和齊湯法》的發現，證明了西漢時已具備成方製劑；髹漆經脈人像的發現，證明了「立象盡意」的中醫「容形之數」；與馬王堆、張家山漢代醫簡，共同證明了中國歷史上曾有真實的「三世醫學」存在。有鑒於此，學者們認識到簡帛研究乃是當今傳統學術研究的前沿。天回醫簡及醫藥文物的發現，爲研究早期中國醫學的歷史提供了新史料，也將爲當今中醫學術的研究和應用提供新思路和新方法。

上册目録

整理説明

一、竹簡的分篇與命名

M3：121出土於三號墓椁室北二底箱，竹簡數量較多，堆積情況複雜。共清理竹簡七百三十六支，經綴合整理爲七百二十六支，本組簡包含醫書六種和法律文書一種，另其他文書散簡一支。醫書分别命名爲《脈書·上經》《犮理》《治六十病和齊湯法》《脈書·下經》《刺數》《逆順五色脈臧驗精神》，其中，《逆順五色脈臧驗精神》似爲原有題名。法律文書則命名爲《律令遺文》。M3：137出土于南一底箱，竹簡堆積較爲散亂，保存狀況較M3：121更差。共清理竹簡二百一十八支，經綴合整理爲二百零四支，其中完整竹簡五十六支，其餘爲殘簡。此部分竹簡亦未見題名，按内容可分爲兩部分，其中主體部分爲治療馬病的醫書，擬定名爲《療馬書》；另有關於經脈循行主病及砭灸治療的竹簡三十二支殘損嚴重，擬定名爲《經脈》。（插圖一至插圖四。另參見附録二《竹簡揭剥示意圖》（一）至（七）、附録三《竹簡揭剥示意圖》。）

室内分離提取竹簡時，按照原始堆疊位置及不同尺寸的形制特徵，將M3：121竹簡劃分成A、B、C、D四個區域，繼而根據所劃區域依次揭取并順序編號，繪製出竹簡揭剥示意圖。整理者參考這些竹簡揭剥示意圖及各部竹簡的尺寸資料，將M3：121竹簡分爲七部分（見表一）。每部分對應一篇竹書。

表一　M3：121竹簡放置區域與簡文内容對照表

清理提取竹簡區域	竹簡分類		擬定書名	書寫風格類别
	簡長	簡寬		
A區	簡一（27.8厘米）	簡一（0.84厘米）	《脈書·上經》	壹、貳
B區	簡二（27.8厘米）	簡二（0.84厘米）	《犮理》	貳
C區	簡三（34.3厘米）	簡三（0.80厘米）	《治六十病和齊湯法》	貳、叁、肆
	簡四（22.7厘米）	簡四（0.80厘米）	《律令遺文》	
	簡五（35.8厘米）	簡五（0.77厘米）	《脈書·下經》	貳、伍
	簡六（30.2厘米）	簡六（0.80厘米）	《刺數》	陸
D區	簡七（30.0厘米）	簡七（0.77厘米）	《逆順五色脈臧驗精神》	柒、捌

注：竹簡長度和寬度數值皆取自同類竹簡長、寬的平均值，其中，簡一及簡七兩部分竹簡全殘，其完整簡長數值根據編繩形制推測得出。另，竹簡585號夹在D區竹簡内，其内容屬文書，與醫簡無涉。

二、竹簡的考古清理

（一）竹簡考古清理的方法與步驟

新出土的竹簡表面均覆蓋着一層厚厚的淤泥，實驗室清理時首先進行了竹簡的整體清淤工作。整體清淤完成後，先全面觀察竹簡的整體情況，從頂面和四周共五個面分析竹簡的堆積狀況和肉眼可見的竹簡形狀差异（相對完整竹簡的長短差异是區分不同卷竹簡的重要依據），從而判斷竹簡的分卷歸屬。

清理時，根據自上而下隨時出現的平面與端、側面相結合的觀察方法，來確定不同枚竹簡之間的分卷、編聯關係，通過所確定的關係進行繪圖、編號（在實驗室清理過程中，對每一枚竹簡均進行編號，編號由1號開始向後順延，如M3：121的竹簡中清理出的第一枚竹簡則編號爲M3：121—1）和提取。首先在要進行清理的竹簡兩端選擇層位關係相對清晰的一端，采用高解析度的數碼相機進行拍照，將數碼照片導入電腦後，在基於AUTO CAD製圖軟件所開發的竹簡繪圖專用軟件中打開照片，對圖像進行糾正，利用该軟件輔助繪圖，對竹簡進行逐枚編號，然後覆核照片上的編號是否與實物相符，確認後再提取。

提取時，按照竹簡叠壓的上下順序，從最容易提取的那一枚竹簡的一端開始，用竹質揭剥工具將竹簡向上剥離，剥離高度控制在〇·五至一·〇厘米之内，避免竹簡出現斷裂。用食指和中指捏住竹簡剥離開的一端，用洗瓶向剥開竹簡和它下面的竹簡之間緩慢地噴射水柱，然後輕輕地晃動揭剥工具，借助水的潤滑作用使竹簡逐步分離開。操作中避免使揭剥工具平行運動而「削」開竹簡，這樣極容易刮傷竹簡已經十分脆弱的表面。視竹簡的强度，捏住竹簡的一端緩慢拎起或是將竹簡轉移到薄玻璃條上，再放入盛有去離子水的塑膠盤中進行清洗和飽水保存。每個塑膠盤中放入不超過十枚的竹簡，在盤子上注明竹簡的編號，用薄玻璃條固定浸泡在去離子水裏的竹簡，避免晃動擾亂竹簡的次序。

（二）M3：121竹簡的堆積狀况

M3中編號爲121的竹簡數量較多，且堆積情况複雜。用去離子水將竹簡表面的淤泥清理後，從頂面觀察，竹簡可分爲不同方嚮的至少四組堆積，如插圖一所示。由此可以推測，不同組的竹簡應該相對獨立，分别包含一卷或多卷，對插圖一中所示的A、B、C、D依次進行清理。

插圖一　M3：121原始位置堆疊俯視圖

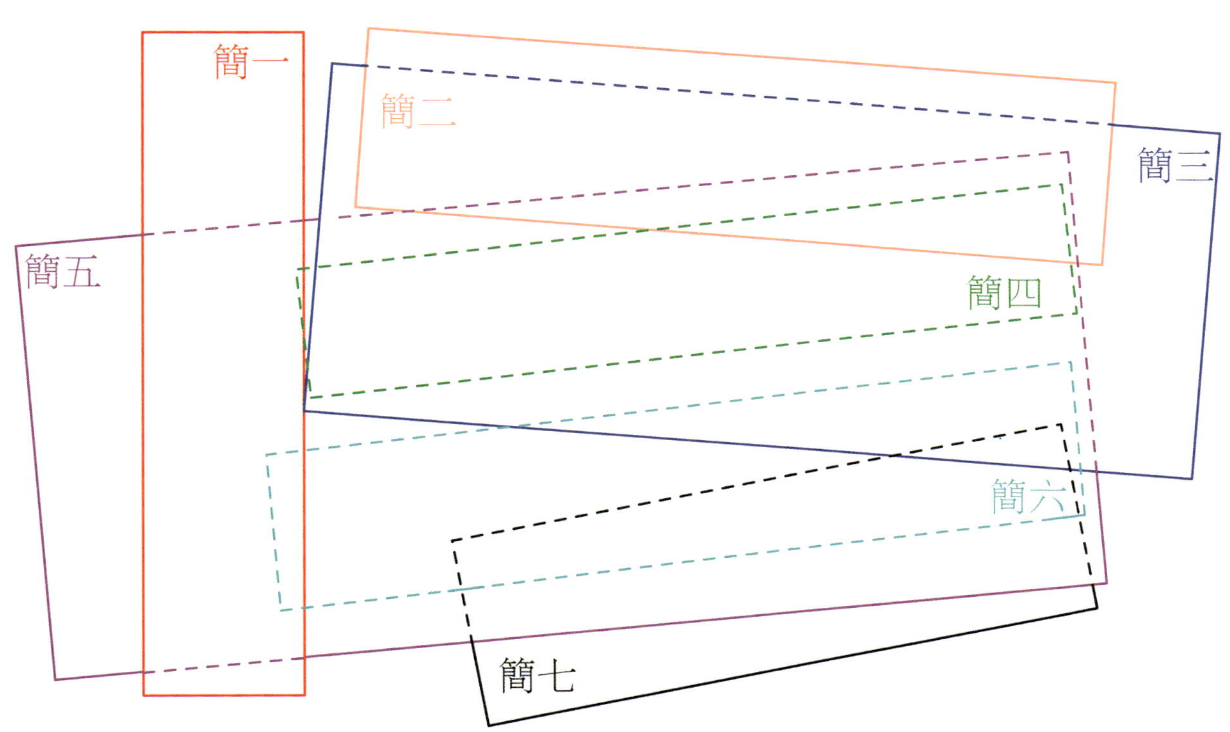

插圖二　M3：121竹簡原始位置堆疊平面示意圖

插圖三　M3：137竹簡出土清理情況

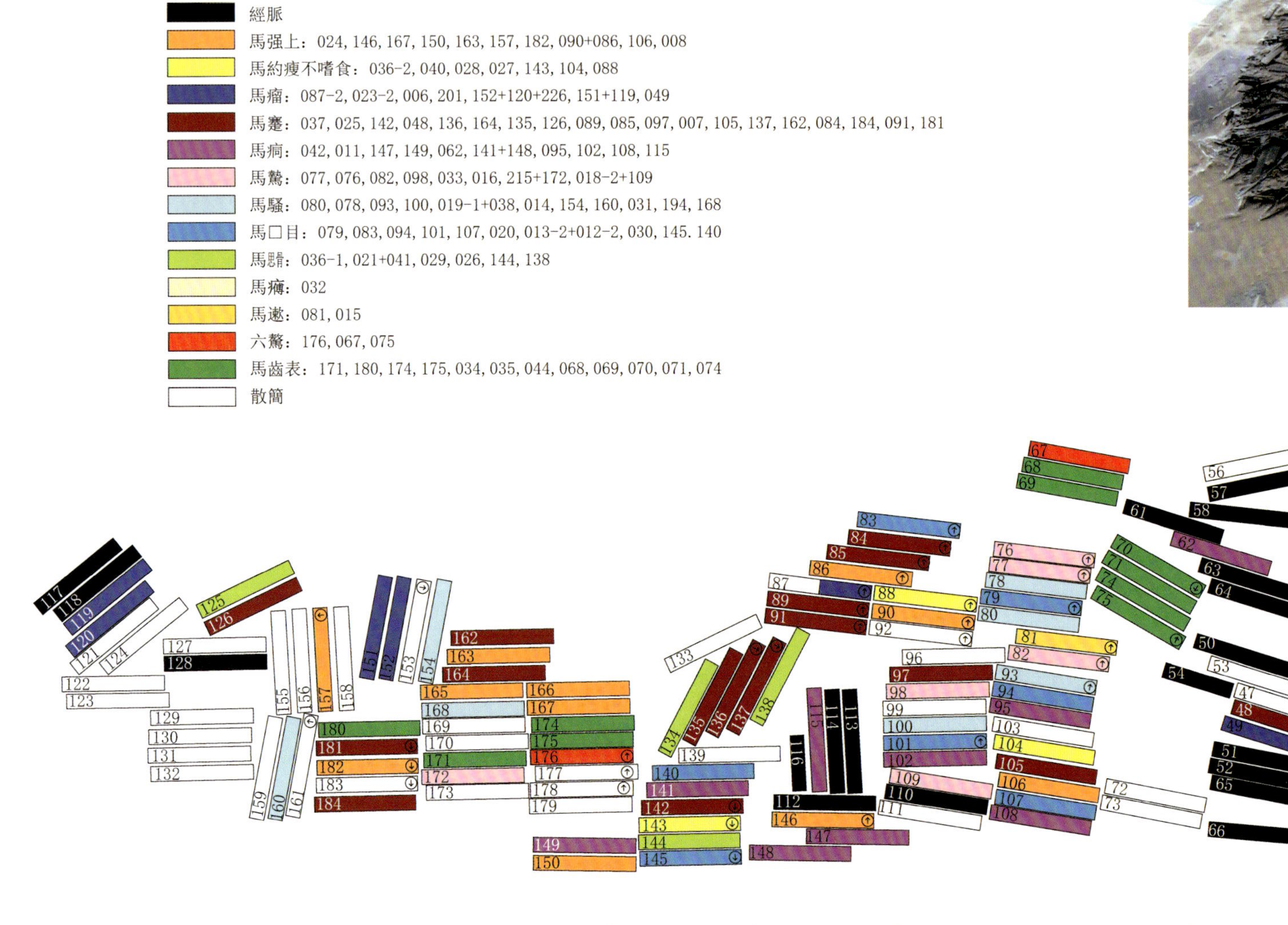

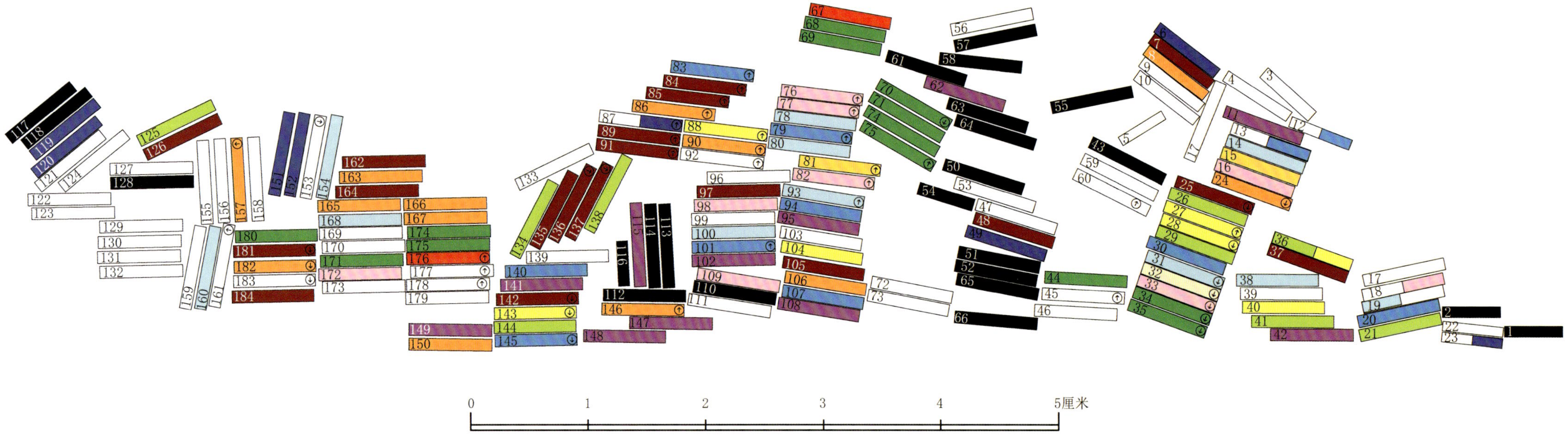

插圖四　M3-137馬疾、經脈簡分類著色示意圖

（1）M3：121竹簡A部分的清理

從插圖一中標示的、與其他三組相對獨立的A部分開始清理，共清理出竹簡五十五枚，這部分竹簡保存情況較差，均爲殘簡，其中十九枚出現了不同程度的乾縮。初步推測僅包含一卷，暫定爲簡一。

這部分竹簡的寬度爲〇・七～〇・九厘米，厚約〇・〇五～〇・一厘米，其中殘存最長的是編號爲M3：121—49的竹簡，殘長約二五・一厘米。部分竹簡殘留一或兩道編繩，推測完整簡應爲兩道編繩，長約二七・八厘米。文字皆書於竹黄一面，所有竹簡未見明顯契口。

（2）M3：121竹簡B部分的清理

A部分清理完成後，清理圖一中標示的B部分，共清理出竹簡五十枚，這部分竹簡保存情況稍好一些，有十七枚竹簡保存基本完整，其餘爲殘簡，其中二十八枚出現了不同程度的乾縮。初步推測僅包含一卷，暫定爲簡二。

這部分竹簡的寬度爲〇・七～〇・九厘米，厚約〇・一厘米，其中保存基本完整的竹簡，長約二七・五～二七・八厘米，約相當於漢尺的一尺二寸（與簡一同）。部分竹簡殘留一或兩道編繩，文字皆書於竹黄一面，所有竹簡未見明顯契口。

（3）M3：121竹簡C部分的清理

B部分清理完成後，清理插圖一中標示的C部分。C部分清理了二十餘枚竹簡後，發現其下方有新的堆積，根據堆積狀況和竹簡形狀，判斷與已經清理出的竹簡可能屬於同一卷，暫定爲簡三。

這一部分共清理出竹簡一百七十七枚，竹簡保存情況相對較好，一百三十五枚保存基本完整，其餘爲殘簡，其中僅兩枚出現了不同程度的乾縮。這部分竹簡的寬度爲〇・七～〇・八厘米，厚約〇・一厘米，其中保存基本完整的竹簡，長約三四・三～三四・七厘米，約相當於漢尺的一尺半。部分竹簡殘留二或三道編繩，文字皆書於竹黄一面，竹簡編痕右側有楔形契口。

簡三清理完成後，發現其下方有新的堆積，根據堆積狀況和竹簡形狀，判斷與已經清理出的簡三不屬於同一卷，暫定爲簡四。這一部分共清理出竹簡二十枚，竹簡保存情況較差，其中九枚保存基本完整，其餘爲殘簡。這部分竹簡的寬度約爲〇・八厘米，厚約〇・一厘米，其中保存基本完整的竹簡，長約二二・五～二二・七厘米，約相當於漢尺的一尺。部分竹簡殘留一或兩道編繩，文字皆書於竹黄一面，所有竹簡均未見明顯契口。

簡四清理完成後，在其下方發現新的堆積，根據堆積狀況和竹簡形狀，判斷與已經清理出的簡四不屬於同一卷，部分可能與簡三有聯係，另一部分則與簡二有聯係。

這一部分共清理出竹簡五十八枚，竹簡保存相對較好，三十九枚保存基本完整，其餘爲殘簡，其中十一枚出現了不同程度的乾縮。這部分竹簡的寬度約爲〇·八厘米，厚約〇·一厘米，其中保存基本完整的竹簡包括兩種不同長度，一類長約三四·三～三四·七厘米，約相當於漢尺的一尺半，一類長約二七·五～二七·八厘米，約相當於漢尺的一尺二寸。部分竹簡殘留一或二或三道編繩，文字皆書於竹黄一面，部分簡長在三四·三厘米左右的竹簡於編痕右側有楔形契口。

長約漢尺一尺半的竹簡，屬於簡三的一部分；長約漢尺一尺二寸的竹簡，則屬於簡二的一部分。目前其與其他部分的關係已根據竹簡文字内容予以確定。

（4）M3：121 竹簡 D 部分的清理

C 部分清理完成後，發現其下方疊壓了部分插圖一中標示的 D 部分。僅根據堆積狀況和竹簡形狀，難以判斷 D 部分與已經清理出的竹簡之間的關係。

這一部分共清理出竹簡三百一十枚，其中基本完整的竹簡二百一十三枚，其餘爲殘簡。這部分竹簡的寬度約爲〇·七～〇·八厘米，厚約〇·一厘米。其中保存基本完整的竹簡有兩種尺寸，一類長約三五·六～三六·〇厘米，約相當於漢尺的一尺五寸五，暫定爲簡五；一類長約三〇·〇～三〇·二厘米，約相當於漢尺的一尺三寸，暫定爲簡六。部分竹簡殘留一或二道編繩，文字皆書於竹黄一面，屬於簡六部分的竹簡於編痕右側有契形契口。

D 部分清理完成後，在其下方發現新的堆積。這部分堆積共清理出竹簡六十六枚，保存情況較差，均爲殘簡，從形制和内容判定與已清理出的部分不存在直接關係，爲相對獨立的一卷，暫定爲簡七。

這部分竹簡的寬度爲〇·七～〇·八厘米，厚約〇·一厘米，其中殘存最長的是編號爲 725 的竹簡，殘長約二六·五厘米。部分竹簡殘留一或兩道編繩，推測完整簡應爲兩道編繩，長約三〇厘米，約相當於漢尺的一尺三寸。文字皆書於竹黄一面，所有竹簡未見明顯契口。

（三）M3：137 竹簡的清理

M3 中編號爲 137 的竹簡位於南一底箱，數量相對較少，堆積較爲散亂，且保存情況較差。這一部分共清理出竹簡一百八十四枚，其中基本完整竹簡五十六枚，其餘爲殘簡（插圖三、四）。

這部分竹簡的寬度約爲〇·六～〇·七厘米，厚約〇·〇五厘米，其中保存基本完整的竹簡長約三〇·五厘米，約相當於漢尺的一尺三寸。部分竹簡殘留三道編繩，文字皆書於竹黄一面，竹簡編痕右側有契口。

三、竹簡的編聯排序

竹簡分篇確定之後，整理編聯的依據主要有三：首先是簡文内容，其次是竹簡堆積的揭剥示意圖和反印文的對應關係，再則是簡背劃痕。此外，簡文的字體及書寫風格等亦可作爲參照。簡文内容可以連讀是首要依據，但本批竹書除《和齊湯法》外，多數簡文單獨成句，且很多竹簡一端殘損，可以依内容連讀的情形較爲少見。竹簡的原始堆積狀況能在一定程度上反映其分卷、編聯情況，對竹簡的編綴、整理工作至關重要。因此在竹簡的實驗室清理中，對每一枚竹簡進行編號和記録，繪製成揭剥示意圖，然後再按編號次序逐枚提取；而反印文則揭示了對應兩簡的原始毗鄰關係。相互連貫的簡背劃痕，與竹簡的編聯相關，已爲學術界所重視。整理者綜合考量上述依據，并對各部分簡文的書寫風格加以細緻分類，對天回醫簡各篇的編聯排序進行了部分復原。

（一）《脈書·上經》

據竹簡揭剥示意圖，可判斷本篇首簡爲032「敝昔（扁鵲）曰：人有九徼（竅）五臧（藏）十二節，皆鼂（朝）於氣」，收捲方式爲自首簡捲起式，至簡四三爲末簡。簡文中凡六次出現「敝昔曰」，恰爲提綱挈領式的文句，據此可將簡文按其内容依次貫連，先後爲：論呼吸與脈動，論診脈部位，論五臟、五色通天及病脈，論色脈相乘，論診法合參并總結色脈相應之理，論「五死」。全篇綱目清晰，條理井然，首尾呼應，當爲相對完整的一篇醫經文獻。

簡文的字形有兩種書寫風格，恰好以簡三一爲界分成前後兩組；而反印文的情況（見附録一）也印證了揭剥示意圖上的竹簡内外層級毗鄰關係，并對竹簡擾動引起的層級關係變化有所糾正（如簡034與035），據此我們可以大致復原本篇卷册的原始編聯收捲狀態（如插圖五），并由此發現清理號爲1～13的殘簡實爲從原卷中斷裂出來的下段部分竹簡。

（二）《犮理》

本篇在整理提取時被拆分成兩部分，清理號分别在056～105及343～360兩個區段範圍内。簡文按内容可分爲「犮理」「四時」「五風」「五痹」「五死」等章節，其中不少簡文可跨區段連讀，證明兩部分原先是編聯在一起的。但由於竹簡揭剥示意圖提供的信息不足以復原本篇的原始編聯收捲狀態，可供印證的反印文信息也較爲缺乏，因此本篇的整理編聯主要根據簡文内容的連讀，并按上述章節予以分組（插圖六）。

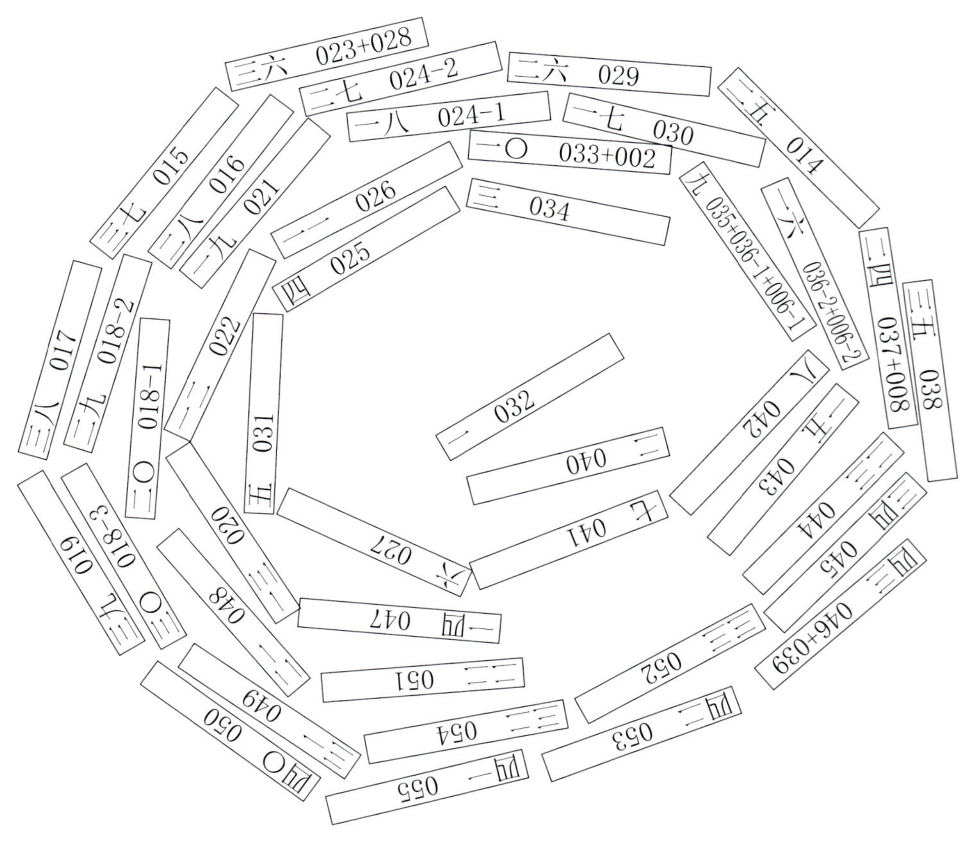

插圖五 《脈書·上經》簡卷册編聯關係示意圖

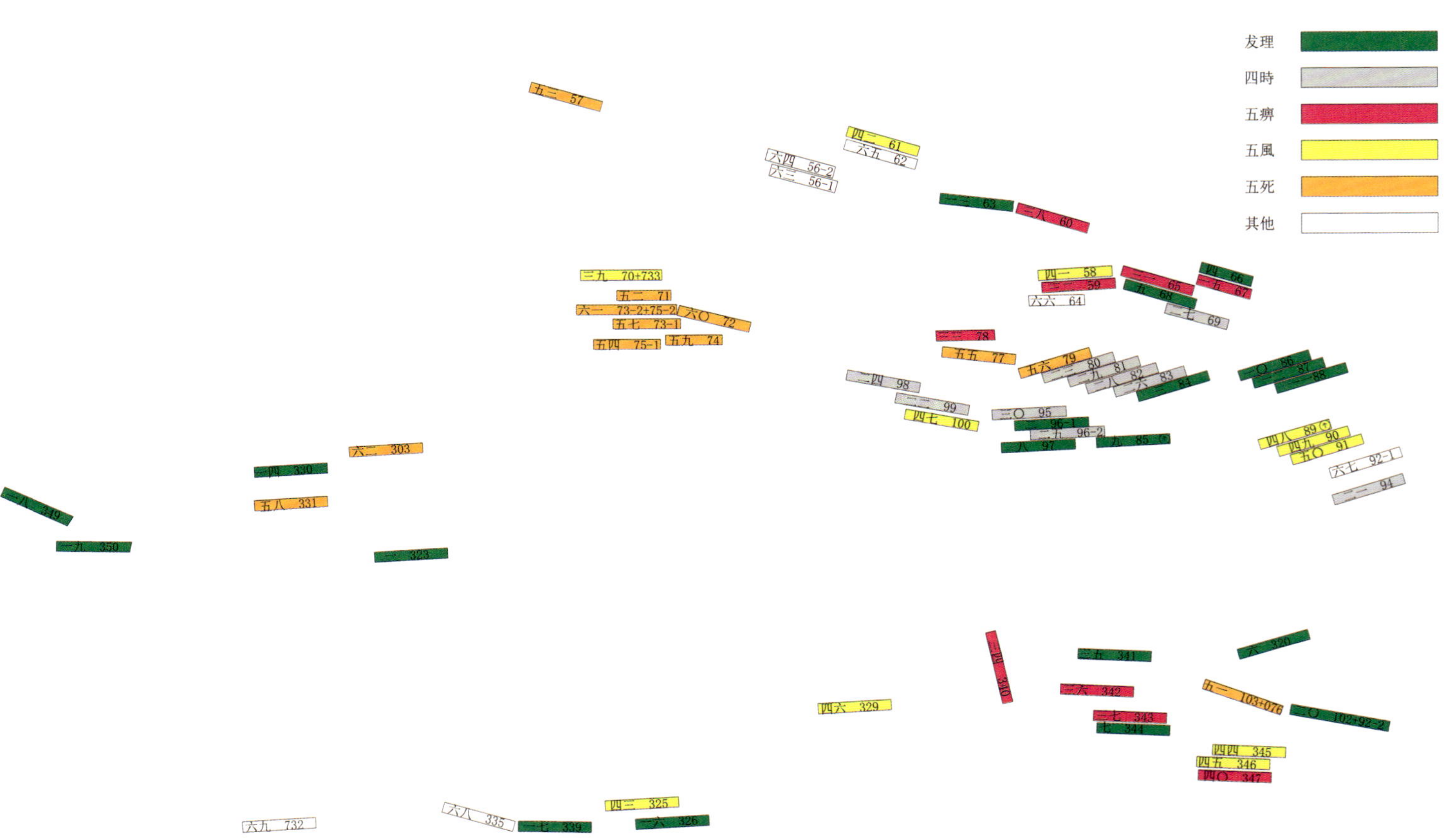

插圖六 《发理》簡揭剥示意圖及内容分組情况

（三）《和齊湯法》

《和齊湯法》的編聯，按以下方法步驟完成：

甲、依據目録順序。本篇有目録簡十五支，按序記録六十種病，可據序數對應找出每種病的正文首簡加以排列。

乙、據文義的連貫性及醫理的契合性與首簡相編聯。此方法約可確定半數左右竹簡的位置，不可確定者也縮小了範圍。

丙、據竹簡揭剥示意圖，視其水平及上下層級關係，可推斷竹簡相對位置，再結合文義及醫理，可確定絶大部分竹簡準確位置。由此判斷全篇本爲一整卷，收捲方式爲自末簡捲起式（插圖七）。

丁、簡背帶有反印文的簡共五十支。反印文内容對應簡與本簡是最初始的内外層關係，可據以校正簡卷年久塌落後造成的錯誤層級現象，用此方法作爲揭剥示意圖定位方法的絶佳補充，使編聯結果更爲精確。

戊、本卷竹書的書寫情況較爲複雜。從書手書寫風格看，整篇的書寫順序爲：貳號字書寫從目録、篇首至簡五〇，换叁號字書寫從簡五一至簡五八，换貳號字書寫從簡五九至九六；换肆號字書寫從簡九七至簡一一一，换貳號字書寫從簡一一二至簡一二四，换肆號字書寫從簡一二五至簡一七三，换貳號字書寫從簡一七四至簡一七九，最後换肆號字書寫從簡一八〇至簡一九八，其中簡一九二兼有貳肆兩種書風字迹，簡一九三、一九九爲貳號字。

（四）《脈書·下經》

《脈書·下經》的編聯，按以下方法步驟完成：

甲、因「相脈之過」有其他出土文獻及傳世文獻傳本對勘，其段落條文均可編聯有序，「十二經脈」除比對同類出土文獻外，其排列順序尚需依據竹簡揭剥示意圖及書寫風格進行確定。

乙、「病之變化」及「間別脈」二章，絶大部分爲短條文形式的非滿簡，不需要編聯，也暫時無法知曉條文順序。少數條文文字較多需編聯者，基本可據文義的連貫性及醫理的契合性完成。「病之變化」章内相同疾病條文可暫合一處，然而疾病排序亦不明確。

丙、據竹簡揭剥示意圖，視其水平及上下層級關係，結合已確認的「十二經脈」「相脈之過」段落簡序，完成以下判斷：

——全篇作一整卷，收捲方式爲自首簡捲起式，章序爲「病之變化」「十二經脈」「相脈之過」「間別脈」；

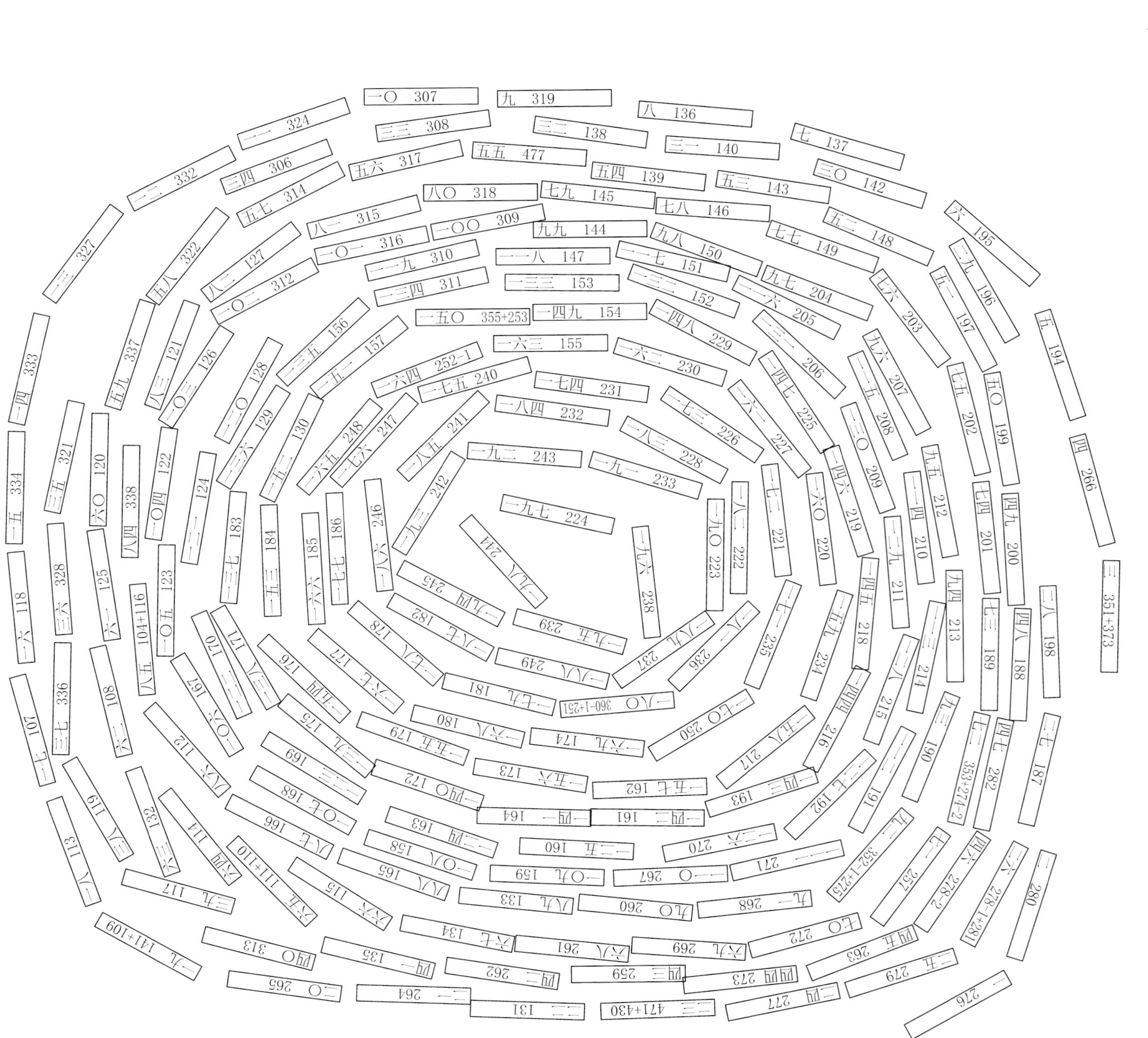

插圖七 《治六十病和齊湯法》簡卷册編聯關係示意圖

——以「凡」字起例之條文集中於篇首，含「■」符條文者爲首簡；

——十二經脈順序爲足三陽、足三陰、手三陽、臂陰脈和心主脈，起於足大陽脈，終於心主之脈；

——基於以上結論進一步推測出「病之變化」章的疾病順序，隨後判斷出各疾病内部條文及「間别脈」章條文順序（插圖八）。

丁、簡背帶有反印文的簡數共十支（見附録一反印文圖版）。反印文内容對應簡與本簡反映的初始内外層關係，與揭剥示意圖完全符合，僅證明簡卷年久塌落後，并未改變此三堆簡的層級關係，惜未能補正揭剥示意圖層級錯誤。

戊、從書寫風格看，書寫順序爲：「病之變化」篇，貳號字書寫從簡一至簡一一五，换伍號字書寫從簡一一六至「十二經脈」的足三陽脈簡二一二訖，復换回貳號字從足三陰脈簡二一三書寫至篇末。

（五）《刺數》

M3：121 中僅有《刺數》簡背可見較完整連貫的劃痕。簡文字體、墨迹均與其餘簡有較大差异，很可能是這批出土竹簡中最晚抄録者。故其形制上的不同是否有時代因素的影響，值得進一步探究。

《刺數》簡共計四十八支，其中有三支簡背未見劃痕（簡 644、642、640）；簡背劃痕多位於簡背上三分之一處，且跨越編痕位置；有七支劃痕位於簡背下三分之一處（簡 606、662、607、654、655、634、636），不能與其他簡背劃痕貫連。位於下段的劃痕應是由於謄寫取簡時無意中顛倒了竹簡的上下端，使原本位於上部的劃痕調换到了下部所致。將這七支簡上下端進行翻轉，劃痕可與其他簡的劃痕貫連起來（參見插頁《刺數》簡背劃痕示意圖）。加工過程中的損耗或書寫時失誤，會出現「廢簡」而導致劃痕不連貫，本組簡中簡背未見劃痕的簡，或許即是對原有「廢簡」的替换。

從劃痕示意圖看，編號爲 653、650、652、669、670、667 的六支簡位於劃痕的最前端，此六簡的内容皆屬刺法理論，且其中簡 670 與簡 667，簡 652 與簡 669 在内容上有聯屬關係，按内容排列之後，這六支簡的劃痕十分連貫。結合揭剥示意圖中竹簡的相互位置關係，能够較爲合理地按照簡背劃痕將此四十八支竹簡收捲成一卷。因此，我們將簡背劃痕作爲調整該篇簡序的重要依據之一。

《刺數》篇簡背劃痕可分爲兩組，其劃痕呈由左上至右下的斜綫方嚮，第一組爲首尾相貫（其中首簡爲兩道），第二組爲一道。根據簡背劃痕和揭剥示意圖所排定的編聯次序，我們發現《刺數》篇原爲一卷，收捲方式爲自末簡捲起式（插圖九）；内容可大致分爲總論和分論兩部分，總論概述刺法的一般原則，分論則分述各種具體病證的刺法。而關鍵性的書有「刺數」的 670 簡雖未見簡背劃痕，

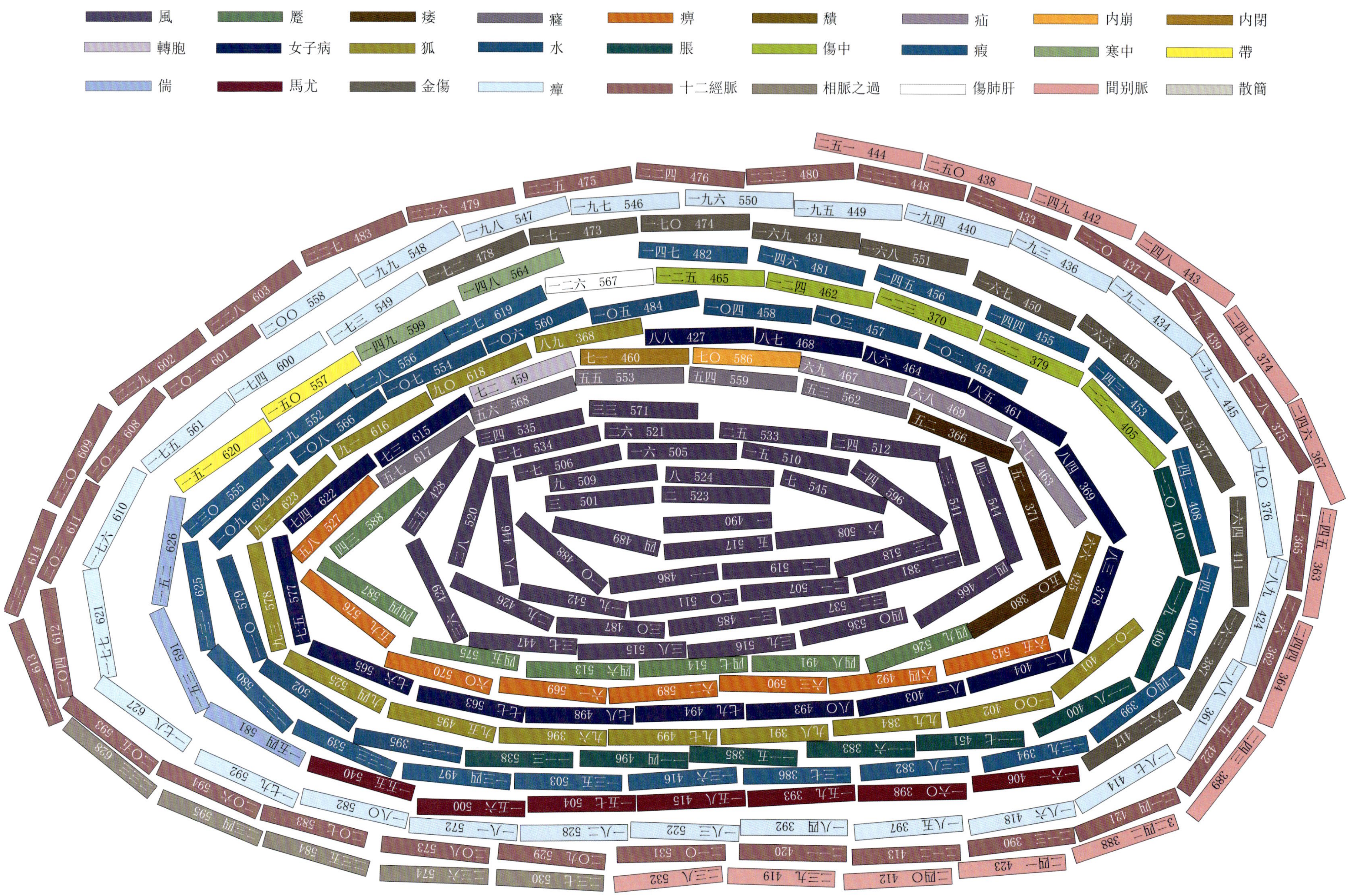

風　　癃　　瘘　　瘙　　痹　　積　　疝　　内崩　　内閉

轉胞　　女子病　　狐　　水　　脹　　傷中　　瘕　　寒中　　帶

傿　　馬尤　　金傷　　瘴　　十二經脈　　相脈之過　　傷肺肝　　間別脈　　散簡

插圖八　《脈书·下经》簡卷册編聯關係示意圖

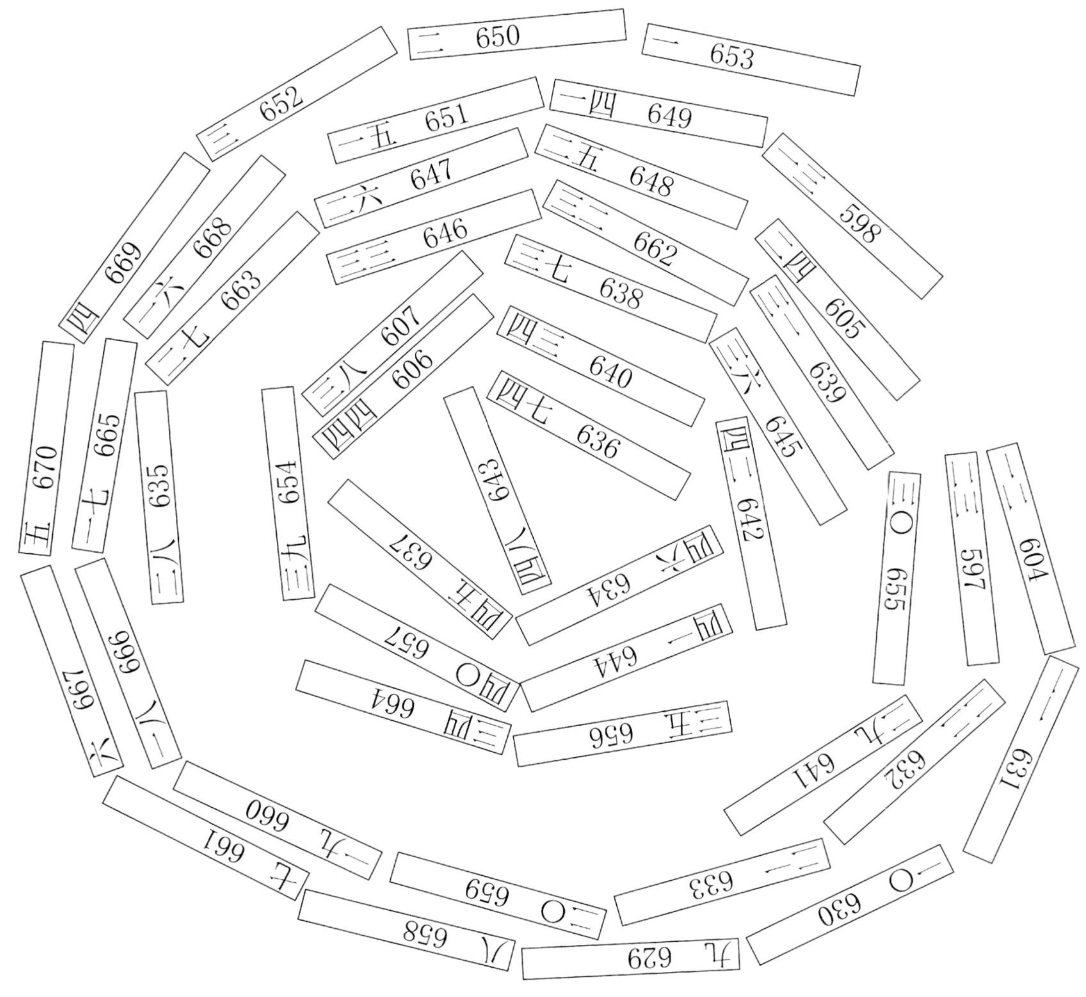

圖九　《刺數》簡卷册編聯關係示意圖

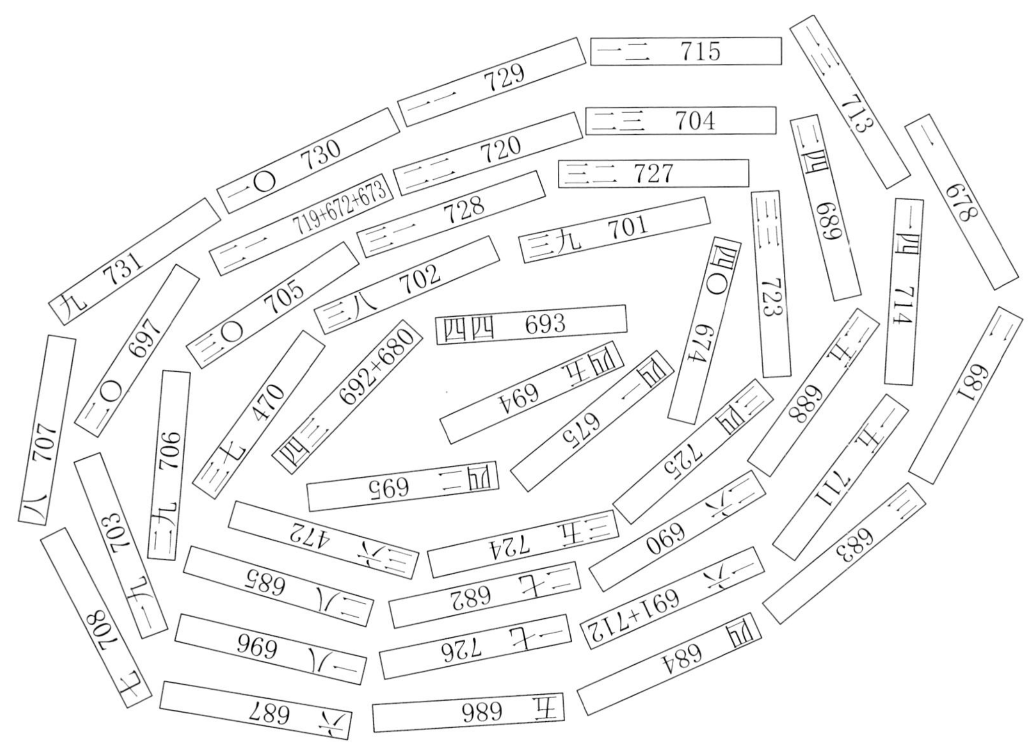

圖一〇　《逆順五色脈臧驗精神》簡卷册編聯關係示意圖

但其與667簡文字内容連貫，仍應置於上述兩部分簡之間。由此看來，書有「刺數」兩字之簡并非本篇的首簡，而是帶有總結性的論述。這一編撰體例，與《素問·繆刺論》相合。

（六）《逆順五色脈臧驗精神》

本篇從内容上大體可以分爲論五臧色脈診、論八風、論石犮三個部分，而其簡文也似乎對應三種書寫風格。編聯排序主要依據揭剥示意圖提供的信息，復原其收捲方式爲自末簡捲起式，以簡678「病之臧（藏）六府……」爲首簡，至簡694「……犮石畢此」爲末簡。原先認爲的「題名簡」簡681，書有「逆順五色脈臧驗精神」，似可與簡678接續，爲本篇的第二簡。「論八風」從内容上看相對獨立，與其他部分很難連讀；僅依揭剥示意圖，亦不能確定其應屬於何處。故編製卷册編聯示意圖時暫未將其置於卷册之中（插圖一〇）。

（七）《療馬書》與《經脈》

M3：137中出土的竹簡，最初進行室内清理時，每從竹簡堆積中提取一支竹簡，即編一個清理登記號，共得一百八十四個清理號標示在揭剥示意圖中（附録三）。主體堆積清理完畢，還剩下一些殘片，則空出八個編號後繼續登記殘斷簡，其清理號爲193～226號共得三十四片殘簡，整理時據内容分别納入《療馬書》和《經脈》中并連續編聯簡號。這部分殘簡没有標在揭剥示意圖中。

據簡文内容及書寫風格，并參考竹簡形制，可將竹簡明確分屬兩書，分别爲論治馬病的《療馬書》，及論述人體經脈循行與疾病的《經脈》。從「馬疾、經脈分類著色示意圖」（插圖四）可以看到，原始堆積狀態已被嚴重擾亂，現層積位置關係基本無法反映編聯規律。

《療馬書》經綴合整理後，最終有一百七十二支簡被給予了整理號。全書編聯則遵循以下原則與方法，按步驟完成：

甲、按簡文内容。本書行文遵循一定體例，對馬病采取分類闡述，每一病下有條理地按提綱、證候、症狀、病因病機、治法治方順序羅列條文，故根據此規律可以大體理順十三類内容的内部編聯次序。

乙、按書寫風格。《療馬書》可大致分辨出三種書寫字迹，分别標爲甲、乙、丙。丙字迹僅有五條，風格獨特，集中於「馬痟」一節，并與乙字迹在症狀内容中自然過渡。另外乙字迹出現在「馬齒表」，當爲後殿。據此，考慮將丙字迹作爲分界，盡量將甲字迹置前，乙字迹置後，這樣可以將十三大類次序基本排定（參見附録三）。

丙、按簡背劃痕。《療馬書》共發現簡背有劃痕的簡三十餘支，對照簡文内容及書寫風格，可以互相印證吻合幫助編聯的有三處（插圖一一）：（一）21＋41、29、26、144、138（以上五支簡連續爲完整的一個文意段）；（二）28、27（本簡未見明顯劃痕，據簡文内

● 簡一六未見明顯劃痕，據簡文内容及書寫風格應置于簡一五與簡一七之間。

插圖一一 《療馬書》簡背劃痕示意圖

容及書風須置此），143；（三）89、85、97。其中第（三）處89、85兩簡出現有上下兩道平行斜綫的現象，這是因爲劃痕是事先在製簡的竹筒上畫成螺旋綫，其旋回重叠部分形成上下平行綫，劈開竹筒製成竹簡後，保持原劃痕順序抄寫書文，編聯成册，故此在劃痕起始的首端位置出現兩道平行斜綫。

丁、按以上原則仍不能編聯者，納入「散簡」。根據有字、無字，有字者按先甲後乙字迹集中，再按症狀表現、病因病機、治療方法進行内部排序；無字者集中置於書尾按清理號順序羅列。

《經脈》簡夾雜在《療馬書》簡中，内容殘缺不全，主要講經脈循行路綫及所主病。經綴合整理後，最終有三十二支簡被給予了整理號。其編聯按以下原則與方法完成：

甲、能連讀的簡文，據文義確定編聯關係。

乙、所述經脈的順序，主要參照馬王堆《陰陽十一脈灸經》《足臂十一脈灸經》，依「大陽脈—少陽脈—陽明脈—太陰脈—厥陰脈—少陰脈—臂陰脈（大、少未詳）—臂太陽脈（闕）—臂少陽脈—臂陽明脈」的次序排列簡文。

丙、關於治法、脈死候的内容，置於最末。

丁、文字殘泐、難以釋讀的殘簡，置於篇後「散簡」中，其中有釋文者，大致按殘存字數多少排序；無釋文者，則按原清理號的先後編排整理號的次序。

此次《療馬書》和《經脈》的整理雖然難以還原原書編次，但力求爲讀者提供一個文義大致貫通的文本。未盡事宜，留待將來進一步深入研究，或有考古新發現來解决相關問題。

四、竹簡的書寫時代

天回漢墓M3的墓葬年代推測在景、武時期。以M3簡文的書寫風格而論，M3：137《療馬書》書風最爲古樸，與張家山《脈書》相近，且簡文内容中出現「盈」「恒」與「啓」字，不避惠帝、文帝、景帝諱，其抄寫年代下限或在吕后時期；但與《療馬書》出於同一個底箱的《經脈》殘簡，字體則與《療馬書》迥然不同，已有隸書意味，且不避「盈」與「啓」字。M3：121《犮理》《和齊湯法》《脈書・下經》中都有書風相近的字體，與馬王堆《天下至道談》（下限爲公元前一六八年）及銀雀山《孫臏兵法》相似（下限爲漢武帝初年），且簡文中出現「徹」字，不避武帝諱，因此抄寫年代應在武帝之前，大致與馬王堆漢簡的時代相近；再結合三書中大量出現

「盈」字而不見「恒」字（凡涉「恒」義，皆用「常」字）的情況考慮，其書不避惠帝而疑避文帝諱，故抄録于吕后至文帝期間可能性較大。而《刺數》簡文已屬幾近成熟的漢隸，其抄寫年代則應接近M3墓主人下葬年代。以簡文的語言而論，天回醫簡中存在較多的齊語特徵，我們因此推斷這批醫書成書并抄録於齊地，西漢文帝以後才流傳至成都地區。

凡例

一 本書分上、下兩册，收録天回鎮三號漢墓出土竹簡九百三十支（含殘簡），計九種竹書，包括《脈書·上經》《脈書·下經》《逆順五色脈臧驗精神》《发理》《刺數》《治六十病和齊湯法》《療馬書》《經脈》八種醫書與《律令遺文》和「文書散簡」。每種竹書皆分圖版和釋文兩部分。釋文後附簡要注釋。同墓所出「髹漆經脈人像」與醫簡内容相關，故將其資料收入。

二 圖版分紅外綫掃描影像與彩色影像，按各書以原大尺寸排列并分別編號。幾枚殘簡綴合爲一支簡，只編一個整理號。編號注於每簡之下，後附出土時的清理號。部分竹簡的字迹粘連到其他簡的背面或正面，我們根據這些反印文對原竹簡的簡文進行了圖像復原，單列爲《竹簡反印文影像》一項（附反印文的鏡像圖及其與本體簡圖像的合成圖像），置於附録。在此類有反印文現象的紅外綫掃描影像圖版整理號之前加標*號，在釋文部分僅對有助於釋讀字形的反印文進行注釋説明。

三 竹簡在每篇中的編聯排序，主要根據簡文内容的連讀、竹簡揭剥示意圖、竹簡的形制（包括簡背刻有連貫關係的劃痕），以及簡文字體與書寫風格等因素確定。可歸入各篇但暫無法確定具體位置的簡，列為「散簡」附於各篇末。殘簡在圖版中的擺放位置，根據竹簡上可辨識的形制特徵（如竹簡的契口、編痕、簡頭、簡尾等）或殘簡與前後簡文的關係確定。位置不能確定者，上端較整簡頂端低十五毫米擺放。散簡的順序主要依據清理號的先後順序編排。

四 部分竹簡簡背發現有劃痕。其中《刺數》簡背有較爲完整連貫的劃痕。我們將這些竹簡的簡背紅外綫掃描圖像編於其正面紅外綫掃描影像之後。竹簡的所有劃痕信息記録在附録《清理號與整理號對應圖表》中，供讀者參考。

五 彩色圖版的編排與紅外綫掃描圖版基本一致。竹簡彩色影像的采集時間較紅外綫掃描影像采集時間晚，少數竹簡因受保存狀況的限制，未能采集到彩色影像，或彩色影像存在與紅外綫掃描影像不完全一致的情况，在圖版中保留簡號，作空位處理。特予説明。

六 收入本書的竹書，原簡文未見篇題，書名由整理小組擬定。各書中原無章名，釋文中的章名由整理小組根據簡文内容層次擬加。

七　釋文排序與紅外綫掃描影像皆一一對應。釋文中每簡最末一字之後右下旁注竹簡整理號。書末附《清理號與整理號對應圖表》。各篇中文字相連的簡文（包括其間雖有缺字而能據其他方面確定的），釋文都連寫。簡文雖同屬一段或一篇，但不能確知其具體關係的（包括雖很有可能相連但未能十分確定的），釋文提行另寫。這些提行另寫的釋文間的先後次序也不一定符合原來的次序。

八　簡文原有的黑横道▬，表示分條、分段或分欄的圓點•，表示間隔的斜撇ノ，釋文中予以保留。原有表示重文或合文的〓號，釋文保留，并在括號中寫出所省文字。原有表示句讀的勾識乚，釋文保留。同時，釋文另加標點符號。

九　簡文筆畫缺失，據殘筆或上下文例尚可辨識的字，釋文於其字外加方框表示。簡文中僅能辨識部分結構的字，釋文釋寫可辨識部分，缺失部分補以□號。簡文有殘缺或殘泐不能辨識的字，可據旁簡書寫格式推定字數的，釋文於缺失處補以相應數量的□號，不能推算字數時，用……號表示。由於簡文字體大小和行款疏密常有變化，所補殘字或缺字數不一定爲實際所缺。「散簡」中無字或字迹無法識别的簡，釋文從略，在篇末説明。竹簡殘斷造成文字脱失，字數不詳的，釋文於殘斷脱失處用☒號表示。一個整理號下有兩枚以上的殘簡，根據簡文内容、清理號及竹簡揭剥示意圖可確定屬於同一支簡但無法綴合者，殘簡的釋文之間用「☒/☒」表示，圖版中依據釋文順序間隔擺放這些殘簡。

一〇　簡文殘缺，根據文義并據時代、内容相近且有學術源流關係的文獻補出的缺文，釋文外加【　】號表示，并在注釋中説明。原簡脱文，根據文義擬補的字，釋文用〔　〕號表示。并在注釋中説明。

一一　釋文采用通行繁體字排印。簡文中的古字、异體字、通假字等，一般隨文注出正字或本字，外加（　）號表示，如臧（藏）、亓（其）、昔（鵲）等。根據需要酌情保留了一些异體字，如：脈、鍼、欬、異、閒。簡文中的錯字，隨文注出正字，外加〈　〉號表示。簡文中的衍文，釋文照録，在注釋中説明。簡文中有已、巳不分，人、入無别，及厂、广、疒或艹、竹部首相混的情況，釋文則據文義徑改爲通行字，不另作標記和説明。如㾾、𤻮、癄、庈、莭、䒭、莇，徑釋作廉、靡、應、痿、節、等、筋。

一二　簡文中有刮削塗改的情況，釋文記録改後的字、符，并在這些字、符的左側標注•號。并列《刮削校改痕迹表》，收入附録，以備檢核。

圖版

脈書·上經紅外綫掃描影像

《脈書·上經》（27.8×0.84厘米　未見完整簡，長度尺寸由殘簡所見編痕形制推定。未見明顯契口）

編繩

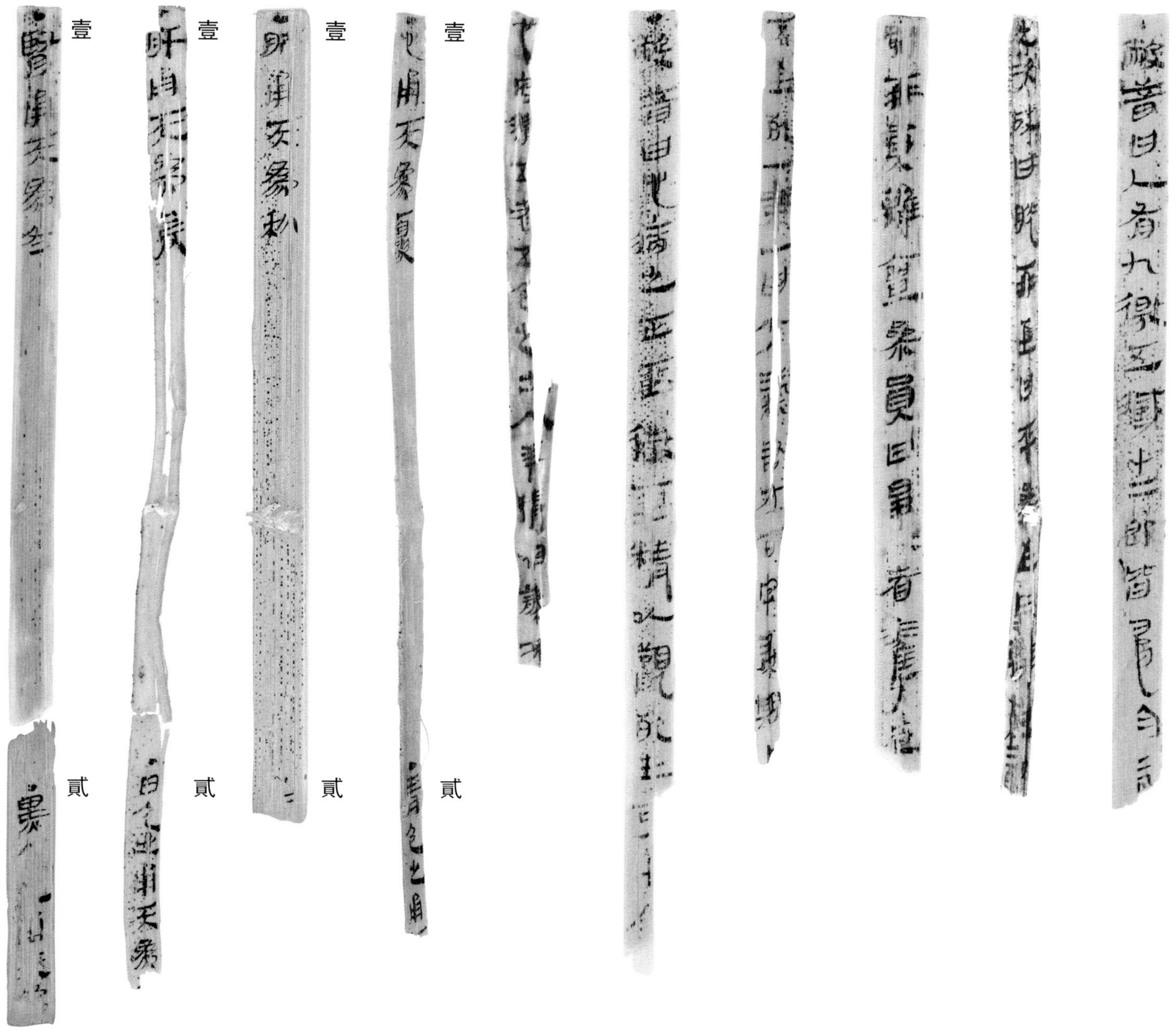

*一-032

*二-040

*三-034

*四-025

五-031

六-027

*七-041

*八-042

*九-035+036-1+006-1

一〇-033+002

壹

*一一-026

壹 貳

*一二-022

壹 貳

一三-020

*一四-047

*一五-043

*一六-036-2+006-2

一七-030

*一八-024-1

*一九-021

壹 貳

*二〇-018-1

壹 壹 壹 壹

貳 貳

二一–048

*二二–051

*二三–044

*二四–037+008

二五–014

二六–029

*二七–024–2

二八–016

*二九–018–2

*三〇–018–3

三一-049

*三二-054

*三三-052

*三四-045

*三五-038

*三六-023+028

三七-015

*三八-017

*三九-019

四〇-050

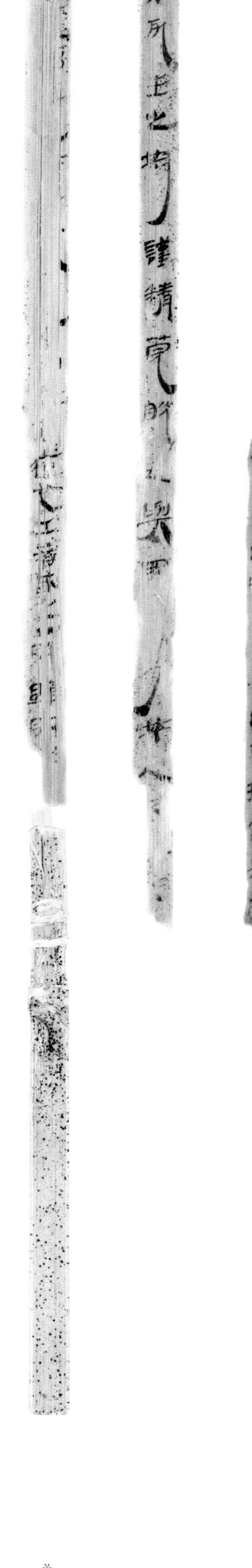

*四一-055

*四二-053

*四三-046+039

散簡

四四-001

*四五-003

四六-004

四七-010

四八-011

四九-012-1

五〇-012-2

五一-005

*五二-007

*五三-009

五四-013

脈書·下經紅外綫掃描影像

《脈書・下經》（35.8×0.8厘米　未見明顯契口）

一-490

*二-523

三-501

四-489

五-517

六-508

七-545

*八-524

九-509

一〇-488

一一-486

一二-519

一三-518

一四-596

一五-510

一六-505

一七-506

一八-446

一九-542

二〇-511

二二一–507

二二二–381

二二三–541

二二四–512

二二五–533

二二六–521

*二二七–534

二二八–520

二二九–426

二三〇–487

三一-485

三二-537

三三-571

*三四-535

三五-428

三六-429

三七-447

三八-515

三九-516

四〇-536

四一-466

四二-544

四三-588

四四-587

四五-575

四六-513

四七-514

四八-491

四九-526

五〇-380

五一-371

五二-366

五三-562

五四-559

五五-553

五六-568

五七-617

五八-527

五九-576

六〇-570

六一-569

六二-589

六三-590

六四-492

六五-543

六六-425

六七-463

六八-469

*六九-467

七〇-586

七一-460

七二-459

七三-615

七四-622

七五-577

七六-565

七七-563

七八-498

七九-494

八〇-493

八一-403

八二-404

八三-378

八四-369

八五-461

八六-464

*八七-468

八八-427

八九-368

九〇-618

九一-616

九二-623

九三-578

九四-525

九五-495

九六-396

九七-499

九八-391

九九-384

一〇〇-402

一〇一-401

一〇二-454

一〇三-457

一〇四-458

一〇五-484

一〇六-560

一〇七-554

一〇八-566

一〇九-624

一一〇-579

一一一-502

一一二-395

一一三-538

一一四-496

*一一五-385

一一六-383

一一七-451

一一八-400

一一九-409

一二〇-410

一二一-405

一二二-379

一二三-370

一二四-462

一二五-465

一二六-567

一二七-619

一二八-556

一二九-552

一三〇-555

一三一-625

一三二-580

一三三-539

一三四-497

一三五-503

一三六-416

*一三七-386

一三八-382

一三九-394

一四〇-399

一四一-407

一四二-408

一四三-453

一四四-455

一四五-456

一四六-481

一四七-482

一四八-564

一四九-599

一五〇-557

一五一-620

一五二-626

一五三-591

一五四-581

一五五-540

一五六-500

一五七-504

一五八-415

一五九-393

一六〇-398

一六一-406

一六二-417

一六三-387

一六四-411

一六五-377

一六六-435

一六七-450

一六八-551

一六九-431

一七〇-474

一七一-473

一七二-478

一七三-549

*一七四-600

一七五-561

一七六-610

一七七-621

一七八-627

一七九-592

一八〇-582

一八一-572

一八二-528

一八三-522

一八四-392

一八五-397

一八六-418

一八七-414

一八八-361

一八九-424

一九〇-376

一九一-445

一九二-434

一九三-436

一九四-440

一九五-449

一九六-550

一九七-546

一九八-547

一九九-548

二〇〇-558

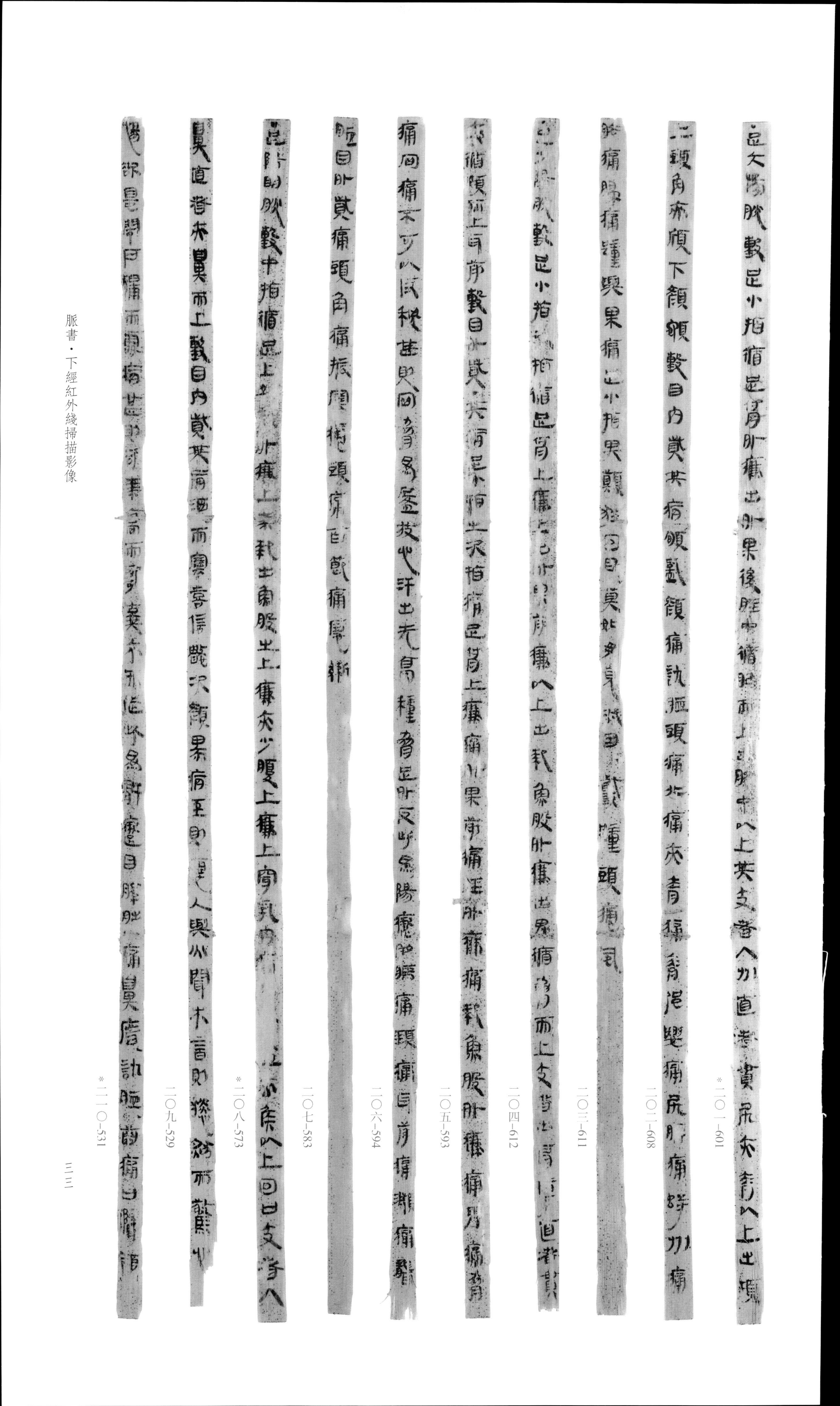

*二〇一-601

二〇二-608

二〇三-611

二〇四-612

二〇五-593

二〇六-594

二〇七-583

*二〇八-573

二〇九-529

*二一〇-531

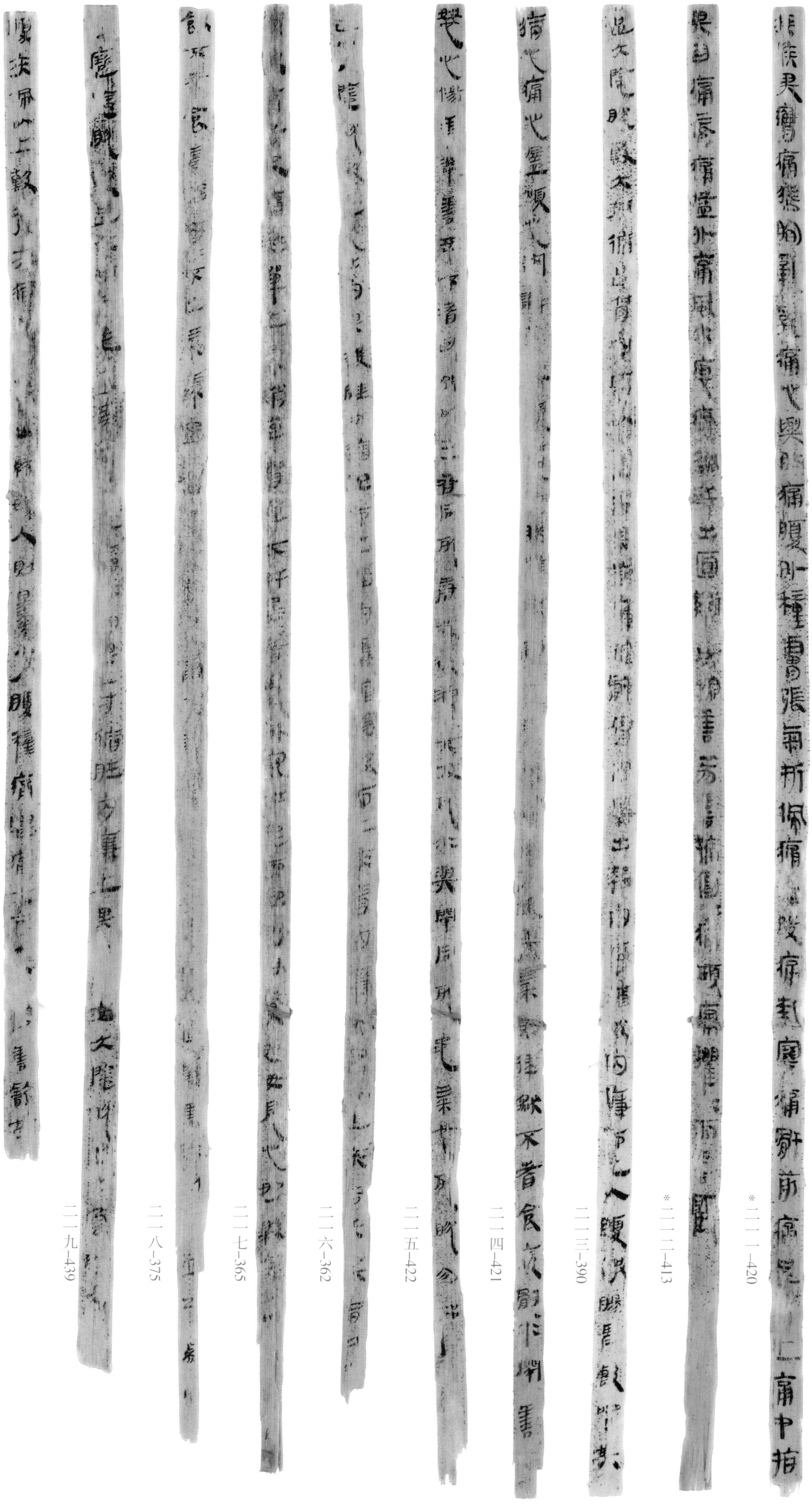

*二一一-420

*二一二-413

二一三-390

二一四-421

二一五-422

二一六-362

二一七-365

二一八-375

二一九-439

二二〇-437-1

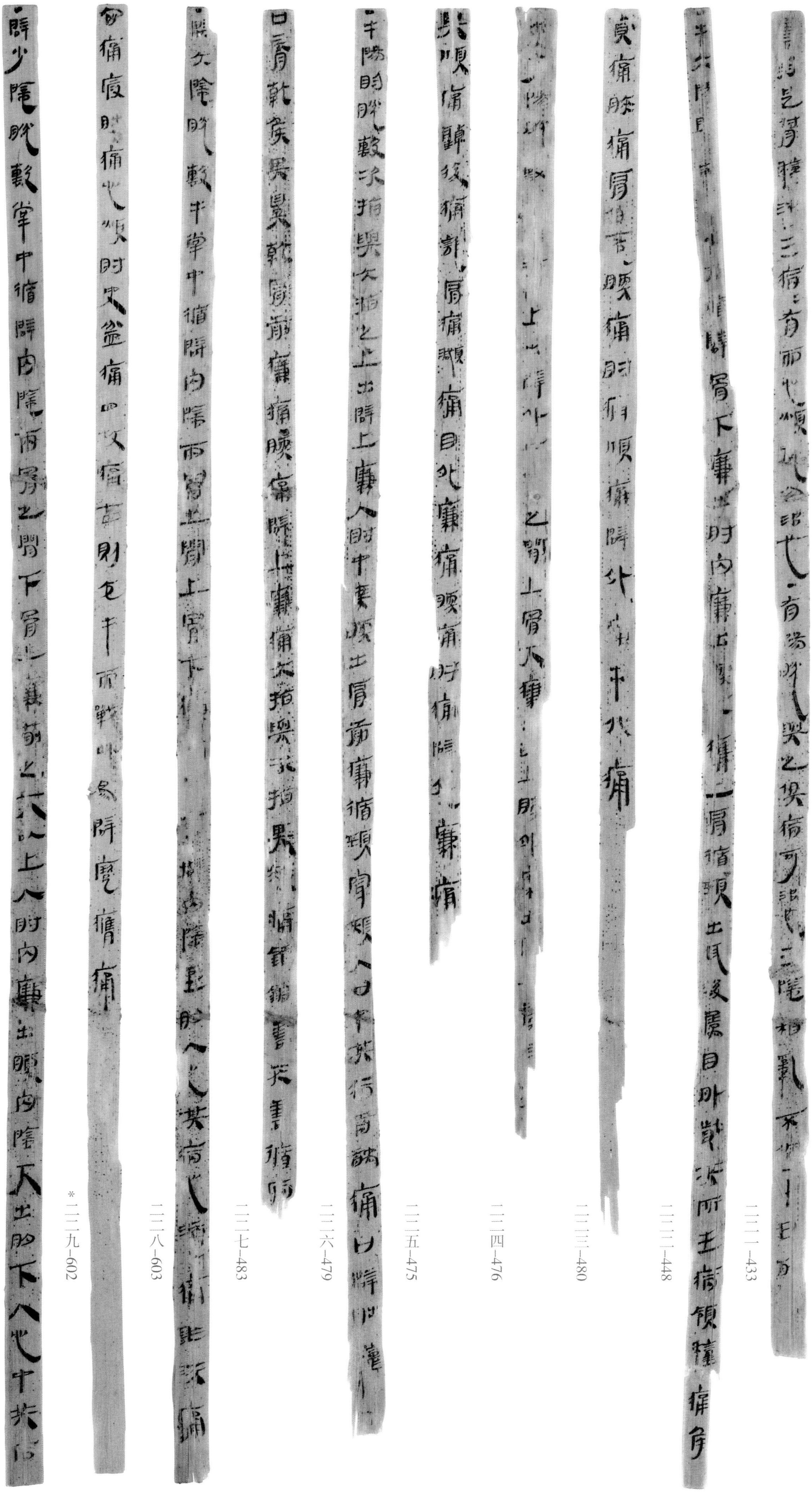

二二一-433

二二二-448

二二三-480

二二四-476

二二五-475

二二六-479

二二七-483

二二八-603

*二二九-602

二三〇-609

二三一-614

二三二-613

二三三-628

二三四-595

二三五-584

*二三六-574

二三七-530

*二三八-532

*二三九-419

*二四〇-412

二四一-423

二四二-388

二四三-389

二四四-364

二四五-363

二四六-367

二四七-374

二四八-443

二四九-442

二五〇-438

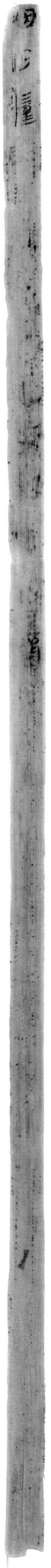

散簡

二五一-444

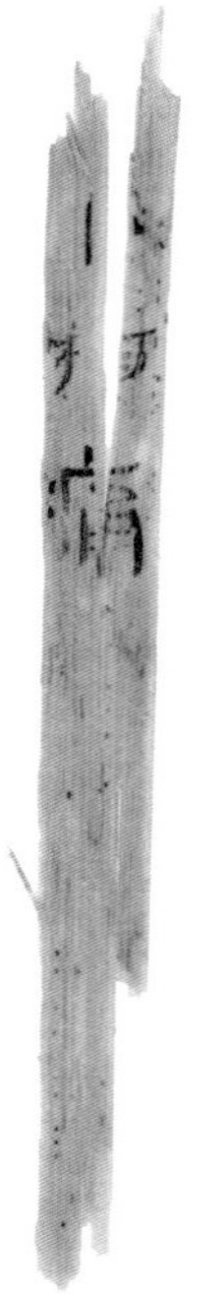

二五二-734

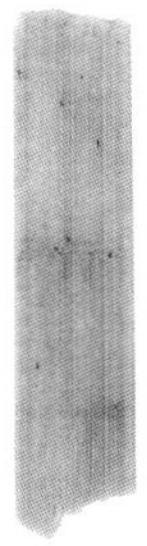

二五三-437-2

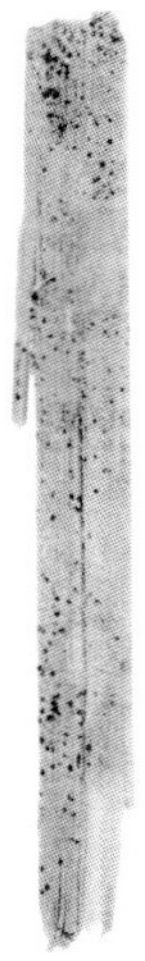

二五四-441

逆順五色脈臧驗精神紅外綫掃描影像

《逆順五色脈臧驗精神》（30×0.77厘米　未見完整簡，長度尺寸由殘簡所見編痕形制推定。未見明顯契口）

編繩

一-678

二-681

三-683

四-684

五-686

六-687-1+687-2

七-708

八-707

九-731

一〇-730

一一-729

一二-715

一三-713

一四-714

一五-711

一六-691+712

一七-726

一八-696

一九-703

二〇-697

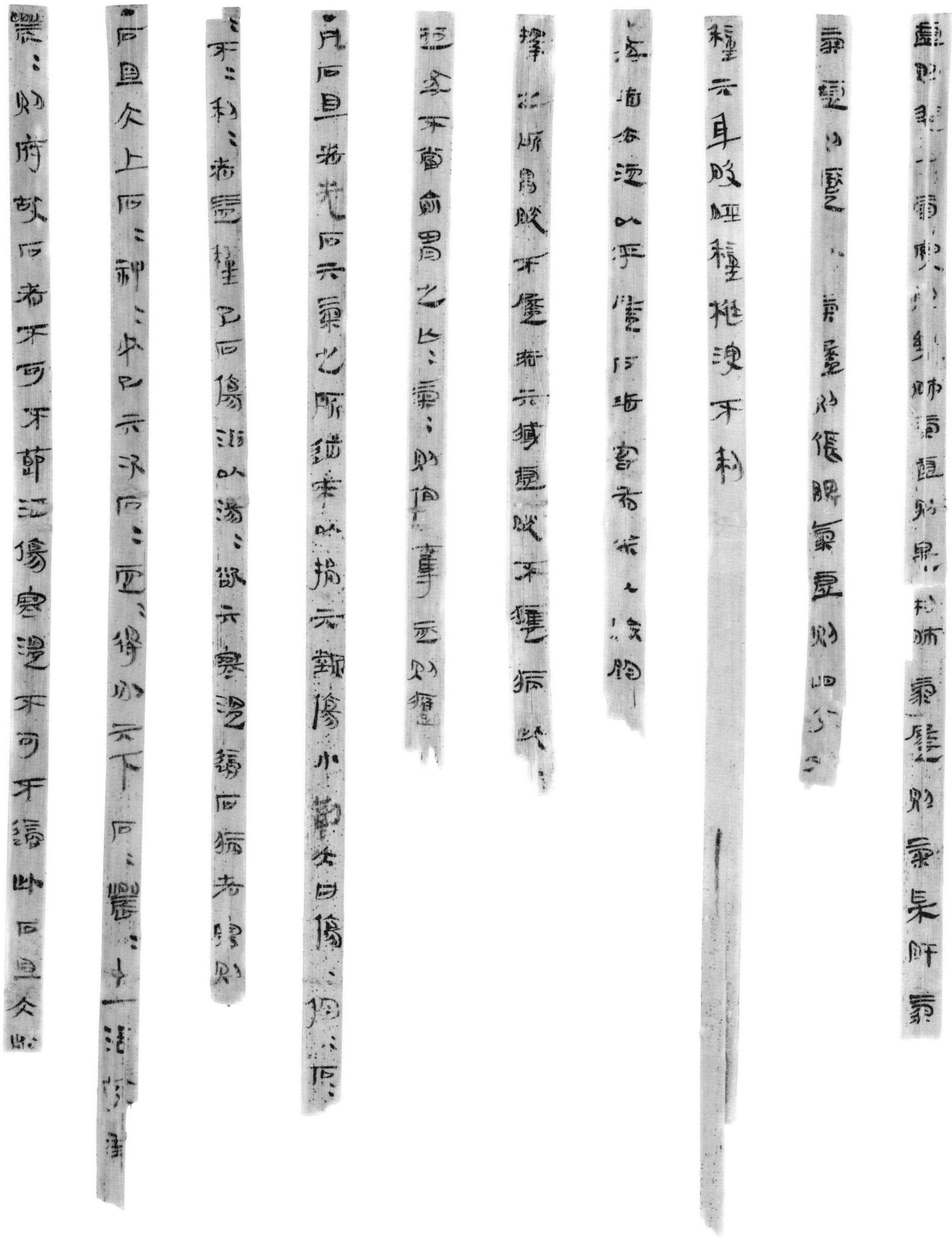

二一-719+672+673

二二-720

二三-704

二四-689

二五-688

二六-690

二七-682

二八-685

二九-706

三〇-705

三一-728

三二-727

三三-723

三四-725

三五-724

三六-472

三七-470

三八-702

三九-701

*四〇-674

散簡

*四一-675

四二-695

四三-692+680

四四-693

四五-694

四六-735

四七-721

四八-679

四九-698

五〇-699

五一-700

五二-717

五三-716

五四-256

五五-255

五六-677

五七-718

五八-722

五九-709

六〇-710

六一-736

犮理紅外綫掃描影像

《友理》（27.8×0.85厘米 未見明顯契口）

編繩

一-323

*二-096-1

三-084

*四-066

五-068

六-320

七-344

八-097

九-085

一〇-086

一一-088

＊一二-087

＊一三-063

一四-330

＊一五-067

一六-326-1

一七-339

一八-349

一九-350

＊二〇-102+092-2

二一-094

*二二-099

*二三-080

*二四-098

*二五-096-2

二六-083

二七-069

二八-082

*二九-081

*三〇-095

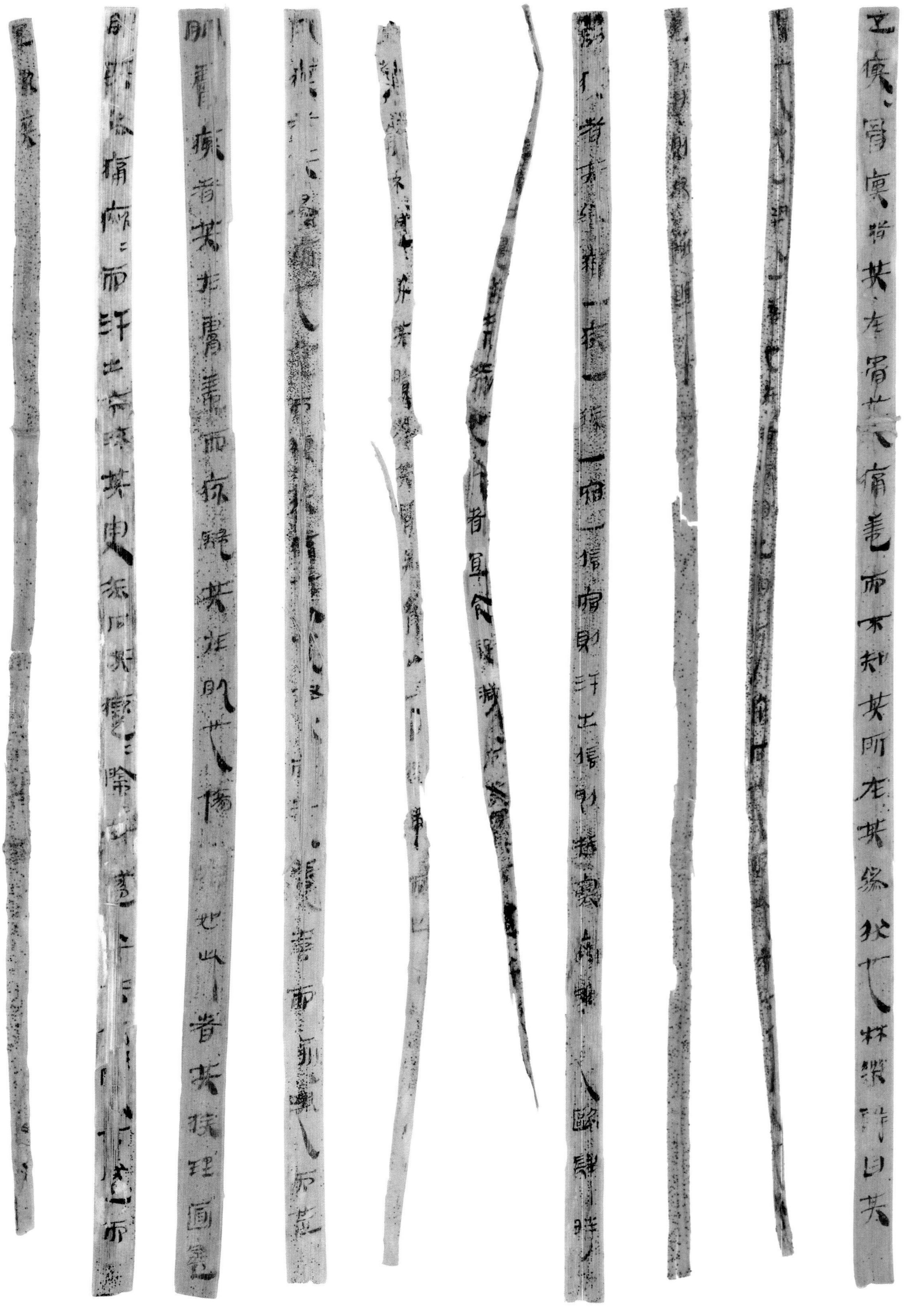

三一-065

*三二-059

*三三-078

三四-340

三五-341

*三六-342

*三七-343

三八-060

*三九-070+733

*四〇-347

*四一-058

四二-061

四三-325

四四-345

*四五-346

四六-329

*四七-100

四八-089

*四九-090

五〇-091

五一－103+076

*五二－071

五三－057

五四－075－1

*五五－077

五六－079

五七－073－1

五八－331

五九－074

六〇－072

散簡

六一 −073−2+075−2

*六二 −303

*六三 −056−1

*六四 −056−2

六五 −062

六六 −064

六七 −335

六八 −732

*六九 −092−1

七〇-093

*七一-304

七二-305

七三-348

七四-432

七五-452

七六-326-2

刺數紅外綫掃描影像

《刺數》（30.2×0.8厘米）

契口

一-653

二-650

三-652

四-669

五-670

六-667

七-661

八-658

九-629

一〇-630

一一—631

*一二—604

一三—598

一四—649

*一五—651

一六—668

一七—665

一八—666

一九—660

二〇—659

二一-633

二二-632

二三-597

*二四-605

二五-648

*二六-647

二七-663

二八-635

二九-641

三〇-655

三一-639

三二-662

*三三-646

三四-664

三五-656

三六-645

三七-638

三八-607

三九-654

四〇-657

四一-644

四二-642

四三-640

四四-606

四五-637

四六-634

四七-636

四八-643

簡背劃痕

四一背-644B

四二背-642B

四三背-640B

四四背-606B

四五背-637B

四六背-634B

四七背-636B

四八背-643B

三一背－639B

三二背－662B

三三背－646B

三四背－664B

三五背－656B

三六背－645B

三七背－638B

三八背－607B

三九背－654B

四〇背－657B

二一背-633B

二二背-632B

二三背-597B

二四背-605B

二五背-648B

二六背-647B

二七背-663B

二八背-635B

二九背-641B

三〇背-655B

一一背－631B

一二背－604B

一三背－598B

一四背－649B

一五背－651B

一六背－668B

一七背－665B

一八背－666B

一九背－660B

二〇背－659B

一背-653B

二背-650B

三背-652B

四背-669B

五背-670B

六背-667B

七背-661B

八背-658B

九背-629B

一〇背-630B

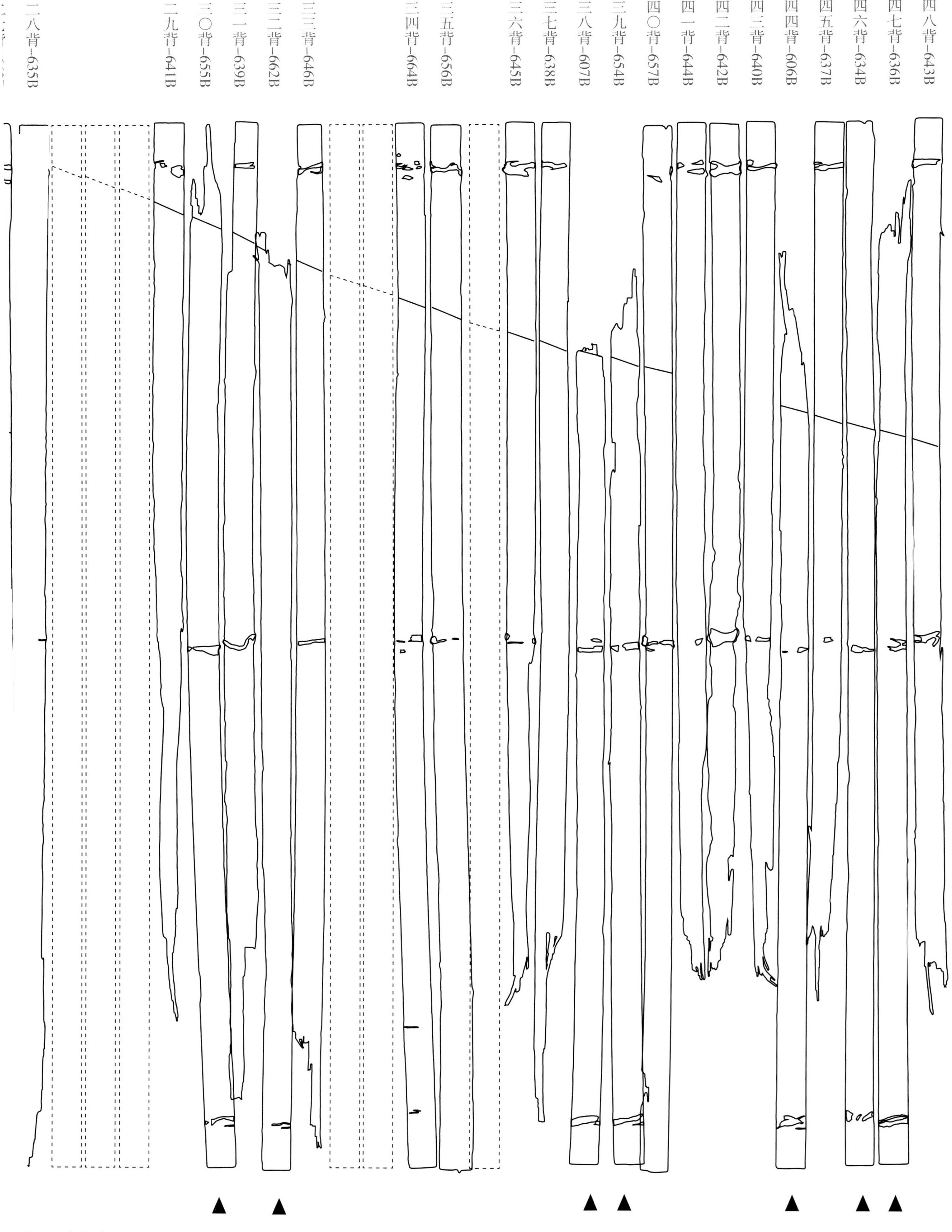

良示意圖

入，并不表示該竹書於此處有缺簡。

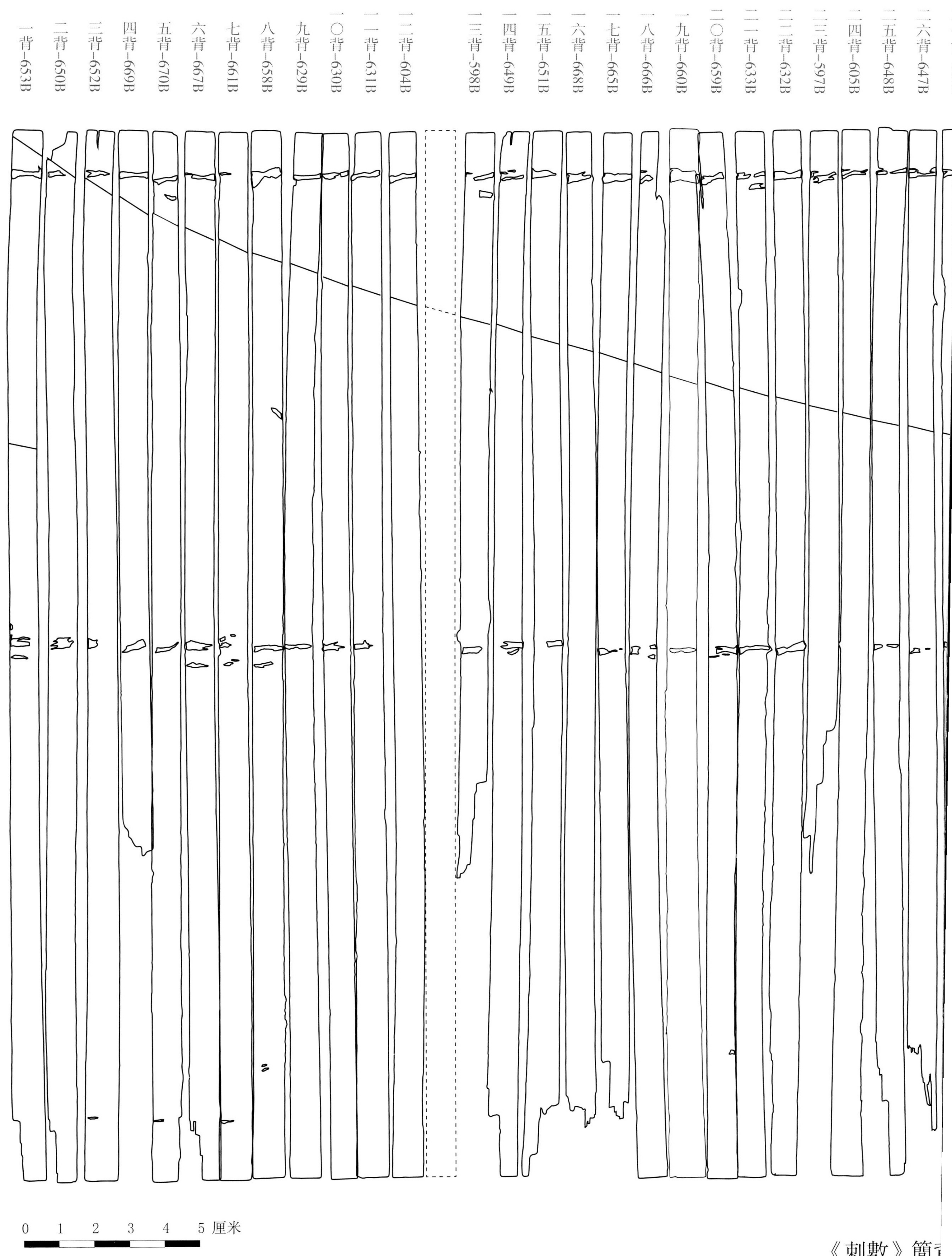

《刺數》簡

注：虛綫勾勒的竹簡僅爲接續劃痕而

▲號表示該竹簡係旋轉180度擺

治六十病和齊湯法紅外綫掃描影像

《治六十病和齊湯法》（34.3×0.8厘米）

契口

壹 貳 叁 肆

*一-276

*二-280

三-351+373

四-266

*五-194

*六-195

七-137

*八-136

九-319

*一〇-307

壹 貳 叁 肆

一一-324
一二-332
一三-327
一四-333
一五-334
一六-118
一七-107
一八-113
一九-141+109
二〇-265

治六十病和齊湯法紅外綫掃描影像

二一-264

二二-131

二三-471+430

*二四-277

*二五-279

二六-278-1+281

*二七-187

*二八-198

*二九-196

三〇-142

*三一-140

三二-138

*三三-308

*三四-306

三五-321

三六-328

三七-336

三八-119

三九-117

四〇-313

*四一-135

四二-262

四三-259

四四-273

四五-263

四六-278-2

四七-282

四八-188

*四九-200

*五〇-199

五一-197

五二-148

五三-143

*五四-139

五五-477

五六-317

*五七-314

五八-322

五九-337

六〇-120

六一-125

*六二-108

六三-132

六四-114

六五-111+110

六六-115

*六七-134

六八-261

六九-269

七〇-272

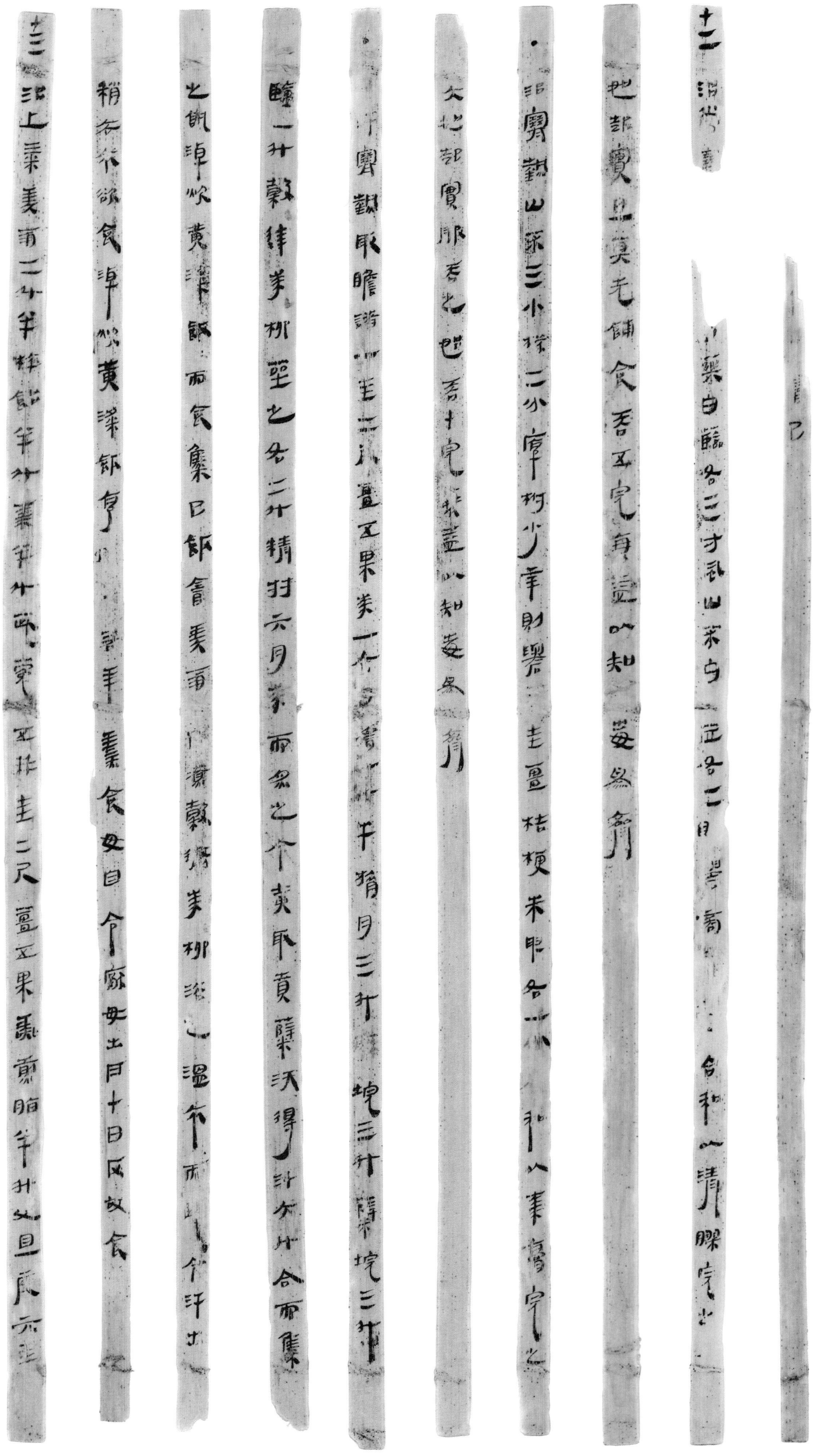

七一-257

七二-353+274-2

七三-189

*七四-201

*七五-202

七六-203

七七-149

七八-146

*七九-145

八〇-318

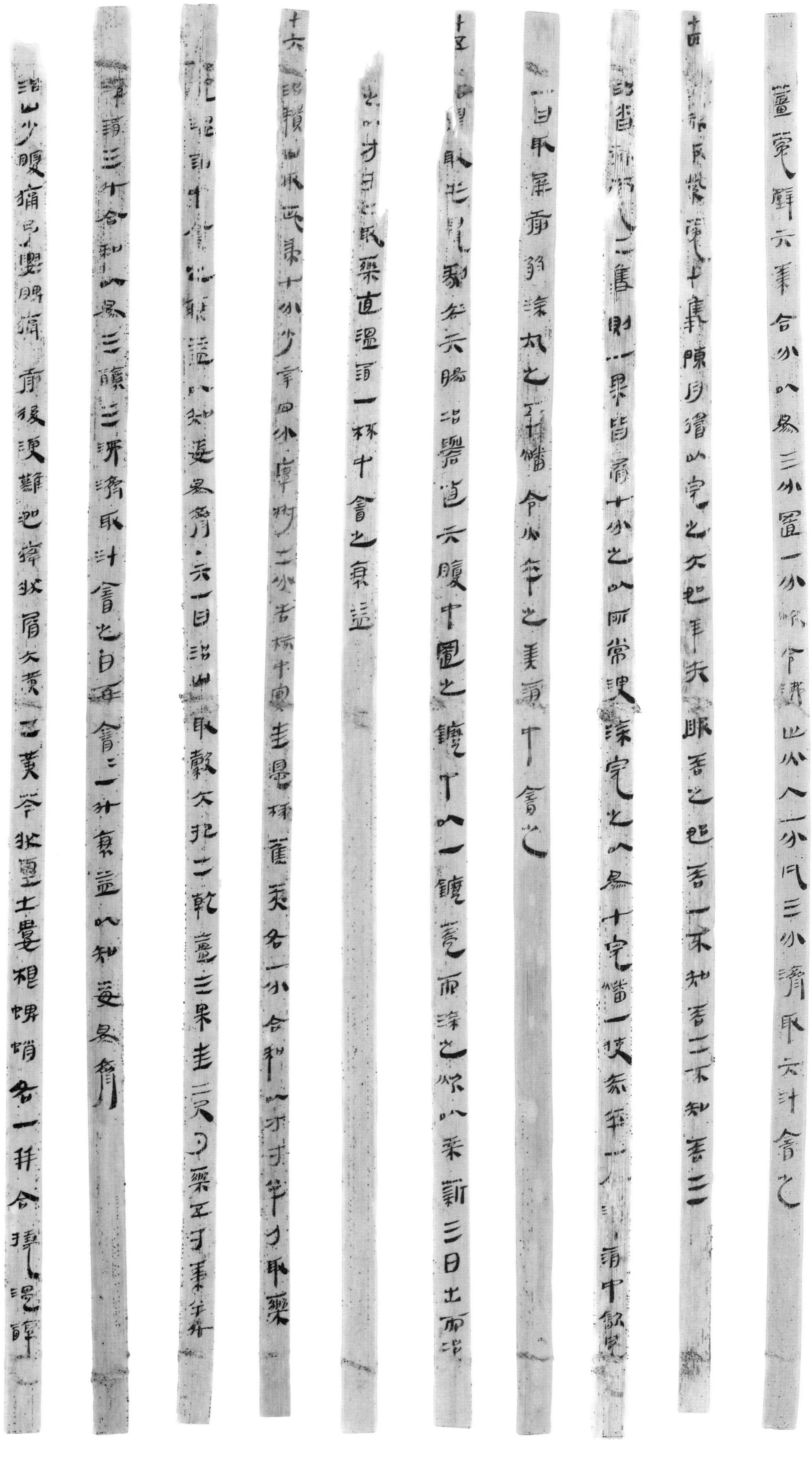

※八一-315

八二-127

※八三-121

八四-338

八五-104+116

※八六-112

八七-166

※八八-165

八九-133

九〇-260

九一-268

九二-352-1+275

*九三-190

九四-213

*九五-212

九六-207

*九七-204

九八-150

*九九-144

一〇〇-309

*一〇一-316

一〇二-312

*一〇三-126

一〇四-122

*一〇五-123

*一〇六-167

一〇七-168

*一〇八-158

一〇九-159

一一〇-267

一一一-271

*一一二-191

一一三-214

*一一四-210

*一一五-208

*一一六-205

一一七-151

*一一八-147

*一一九-310

*一二〇-128

*二二一-124

*二二二-170

*二二三-169

*二二四-163

*二二五-160

二二六-270

*二二七-192

*二二八-215

二二九-211

*二三〇-209

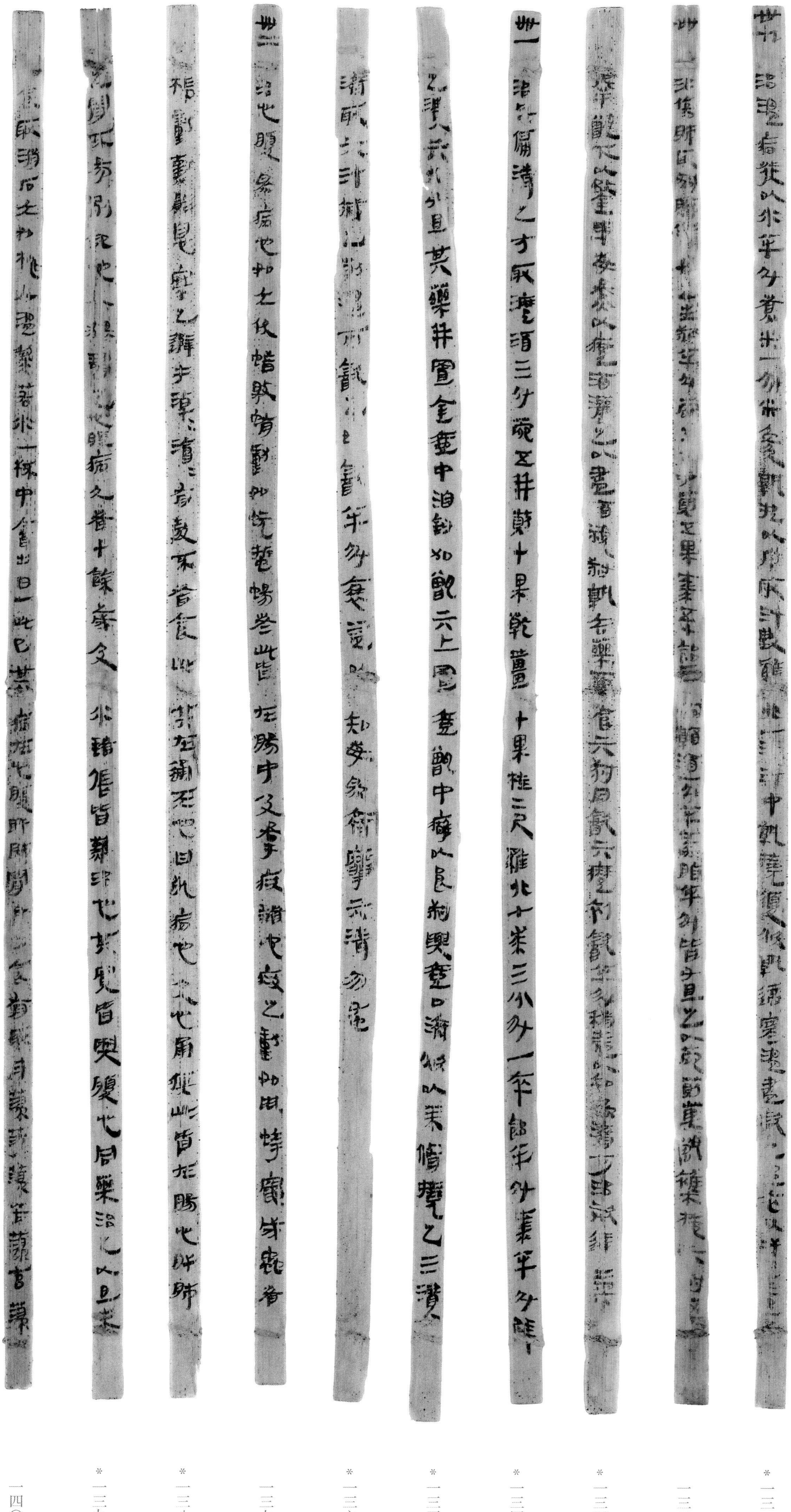

*一三一-206

一三二-152

*一三三-153

*一三四-311

*一三五-156

*一三六-129

一三七-183

*一三八-171

*一三九-175

一四〇-172

一四一-164

*一四二-161

一四三-193

*一四四-216

一四五-218

一四六-219

*一四七-225

一四八-229

*一四九-154

一五〇-355+253

一五一-157

*一五二-130

*一五三-184

*一五四-176

*一五五-179

*一五六-173

*一五七-162

一五八-217

*一五九-234

*一六〇-220

*一六一-227

一六二-230

*一六三-155

一六四-252-1

*一六五-248

*一六六-185

一六七-177

*一六八-180

*一六九-174

一七〇-250

*一七一-235

*一七二-221

一七三-226

*一七四-231

一七五-240

*一七六-247

*一七七-186

一七八-178

*一七九-181

一八〇-360-1+251

治六十病和齊湯法紅外綫掃描影像

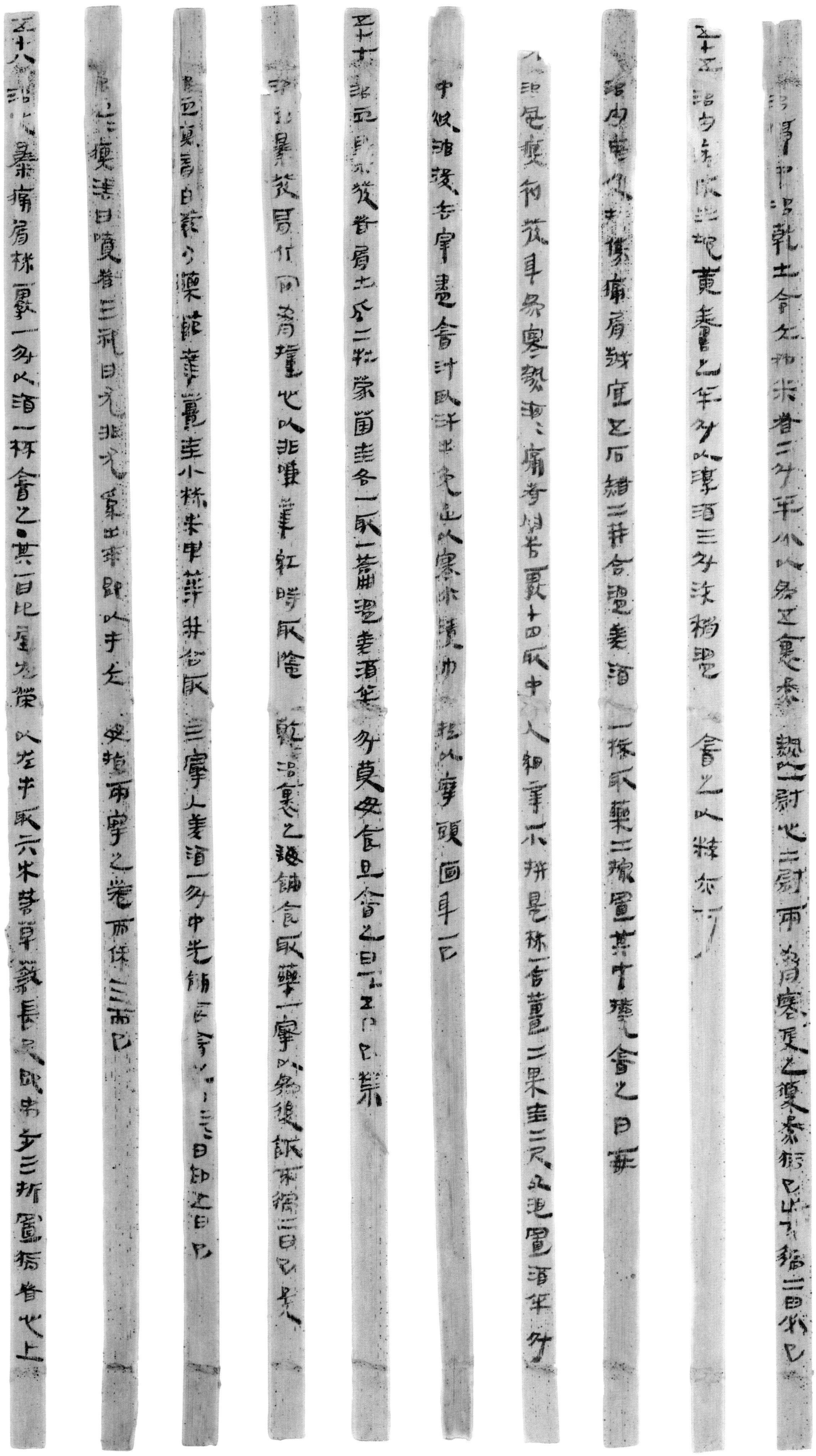

一八一-236

*一八二-222

一八三-228

*一八四-232

一八五-241

一八六-246

一八七-182

一八八-249

一八九-237

*一九〇-223

一九一–233

一九二–243

一九三–242

一九四–245

一九五–239

一九六–238

一九七–224

一九八–244

散簡

一九九–676

二〇〇-105

二〇一-252-2

二〇二-254

二〇三-258

二〇四-274-1

二〇五-352-2

二〇六-354

二〇七-356

二〇八-357

二〇九-358

二一〇-259

二一一-360-2

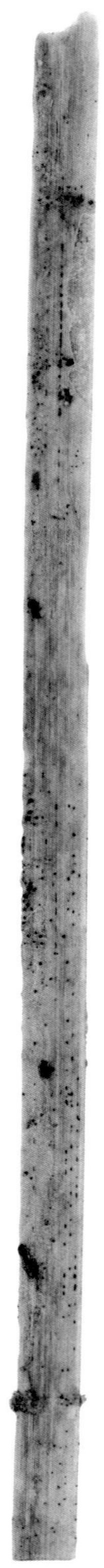

*二一二-372

療馬書紅外綫掃描影像

《瘵馬書》（30.3×0.7厘米）

契口

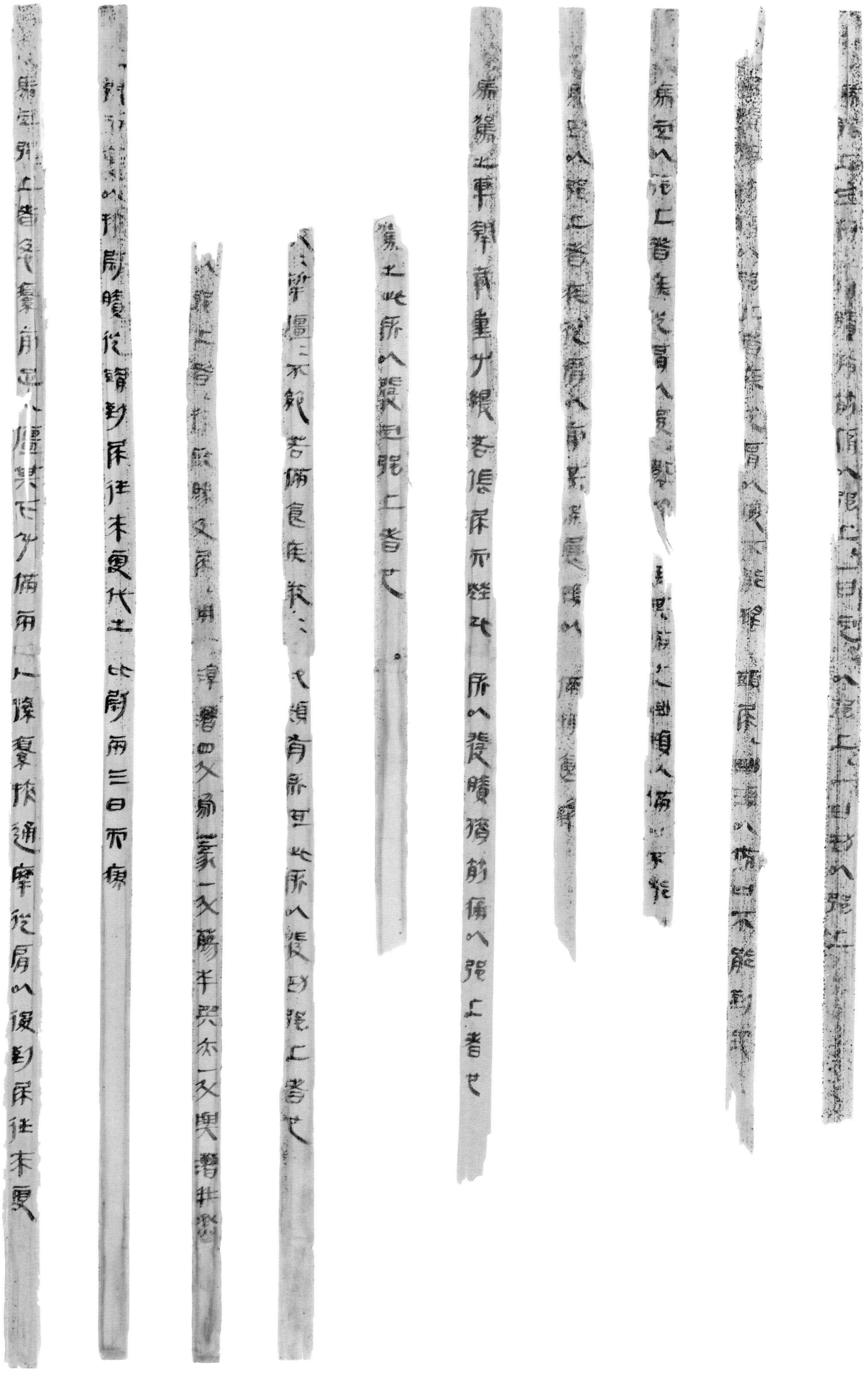

一–024

二–146

三–166+165+167

四–150

五–163

六–157

七–182

八–090

九–086

一〇–087–1+096

一一-106

一二-008

一三-036-2

一四-022+040

一五-028

一六-027

一七-143

一八-104

一九-088

二〇-087-2

二一-023-2

二二-006

二三-201

二四-152+120+226

二五-151+119

二六-049

二七-037

二八-025

二九-142

三〇-048

三一-136

三二-164

三三-135+126

三四-089

三五-085

三六-097

三七-007

三八-105

三九-137

四〇-162

四一-084

四二-184

四三-091

四四-181

四五-042

四六-011

四七-147

四八-149

四九-062

五〇-141

五一-148

五二-095

五三-102

五四-108

五五-115

五六-077

五七-076

五八-082

五九-098

六〇-033

六一-016

六二-215+172

六三-018-2+109

六四-080

六五-078

六六-093

六七-100

六八-019-1+038

六九-014

七〇-154

七一-160

七二-031

七三-194

七四-168

七五-079

七六-083

七七-094

七八-101

七九-107

八〇-020

八一–013–2+012–2

八二–030

八三–145

八四–140

八五–036–1

八六–021+041

八七–029

八八–026

八九–144

九〇–138

九一-032

九二-081

九三-015

九四-176

九五-067

九六-075

九七-171

九八-180

九九-174

一〇〇-175

一〇一-034

一〇二-035

一〇三-044

一〇四-068

一〇五-069

一〇六-070

一〇七-071

一〇八-074

散簡

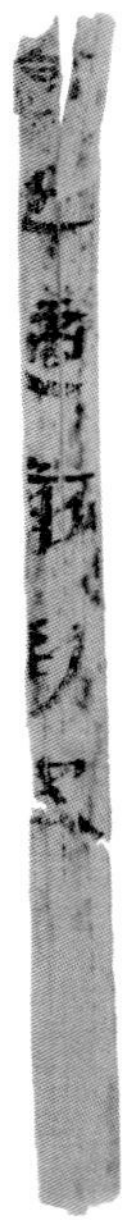

一〇九-046-1

一一〇-010

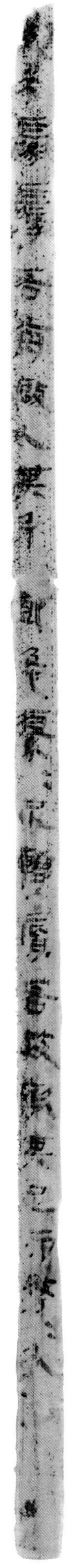

一一一-183

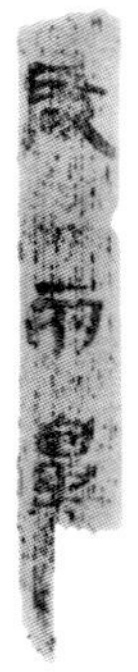

一一二-009

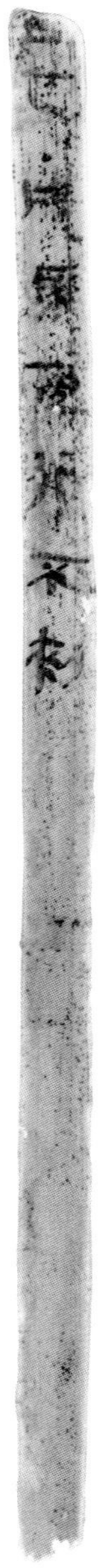

一一三-156

一一四-017

一一五-012-1

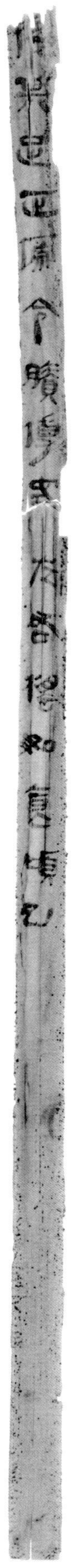

一一六-046-2+060

一一七-134+125

一一八-225

一一九-103

一二〇-200

一二一-177-1

一二二-199

一二三-053

一二四-099

一二五-212

一二六-207+206

一二七-209

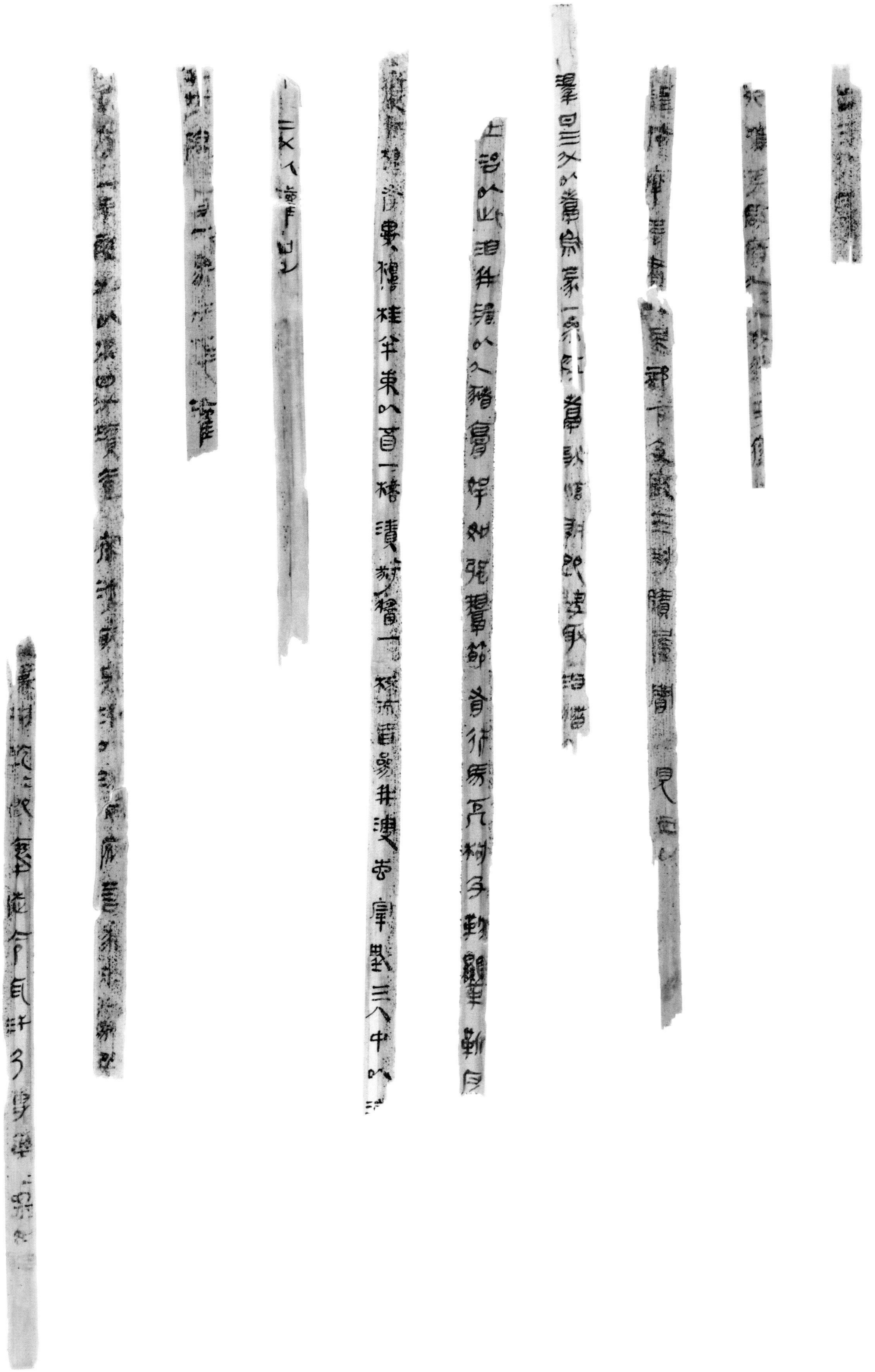

一二八–219

一二九–023–1

一三〇–178–1+158

一三一–153+121

一三二–161

一三三–045

一三四–122+123

一三五–133

一三六–155+132

一三七–178–2

一三八-179-1

一三九-013-1

一四〇-018-1

一四一-019-2

一四二-039

一四三-173

一四四-221

一四五-208

一四六-216

一四七-220

一四八-059

一四九-072

一五〇-073

一五一-092

一五二-111

一五三-129

一五四-130

一五五-131

一五六-159

一五七-169

一五八-170

一五九-177-2

一六〇-179-2

一六一-193

一六二-198

一六三-202

一六四-203

一六五-204

一六六-205

一六七-210

一六八-211

一六九-213

一七〇-214

一七一-217

一七二-222

經脈紅外綫掃描影像

《經脈》（30.1×0.7厘米）

契口

一-050

二-054

三-114+218

四-003

五-113+195+196

六-051

七-057

八-004

九-128

一〇-052

一一-112

一二-066

一三-063

一四-043

一五-065

一六-047

一七-056

一八-118

一九-139

二〇-058

散簡

二一-001

二二-002

二三-005

二四-055

二五-061

二六-064

二七-110

二八-116

二九-117

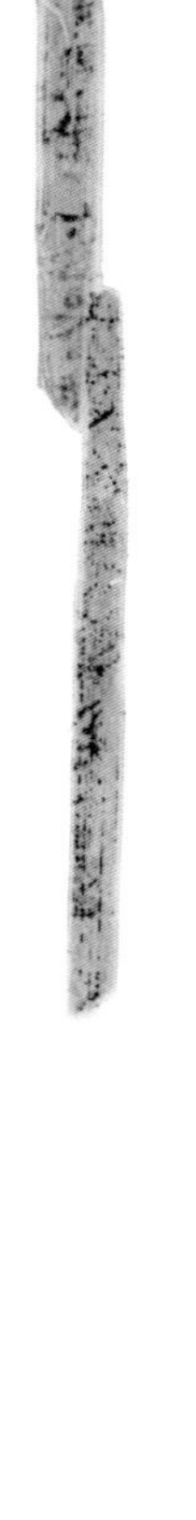

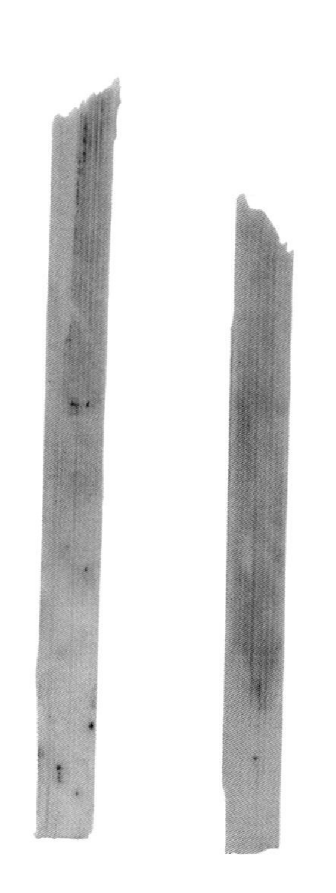

三〇-124

三一-127

三二-224+223

律令遺文紅外綫掃描影像

《律令遺文》（22.7×1.0厘米　未見明顯契口）

編繩

一-291　二-301　三-302　四-300　五-292　六-289　七-287　八-283　九-284　一〇-285

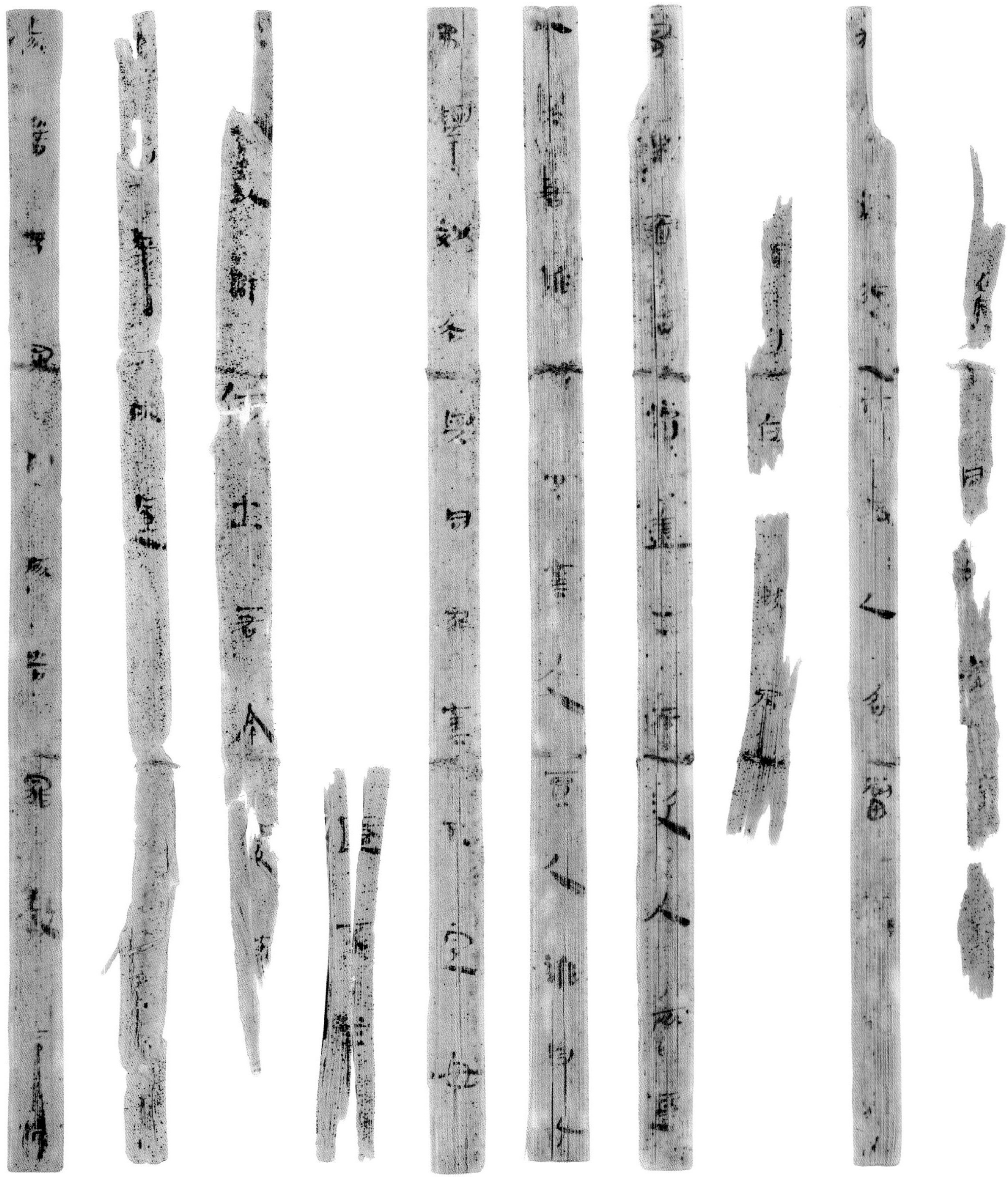

一一-286

一二-299

一三-293

一四-290

一五-295

一六-297

一七-294

一八-296

一九-298

二〇-288

文書散簡紅外綫掃描影像

一-585

脈書·上經彩色影像

《脈書·上經》（27.8×0.84厘米　未見完整簡，長度尺寸由殘簡所見編痕形制推定。未見明顯契口）

編繩

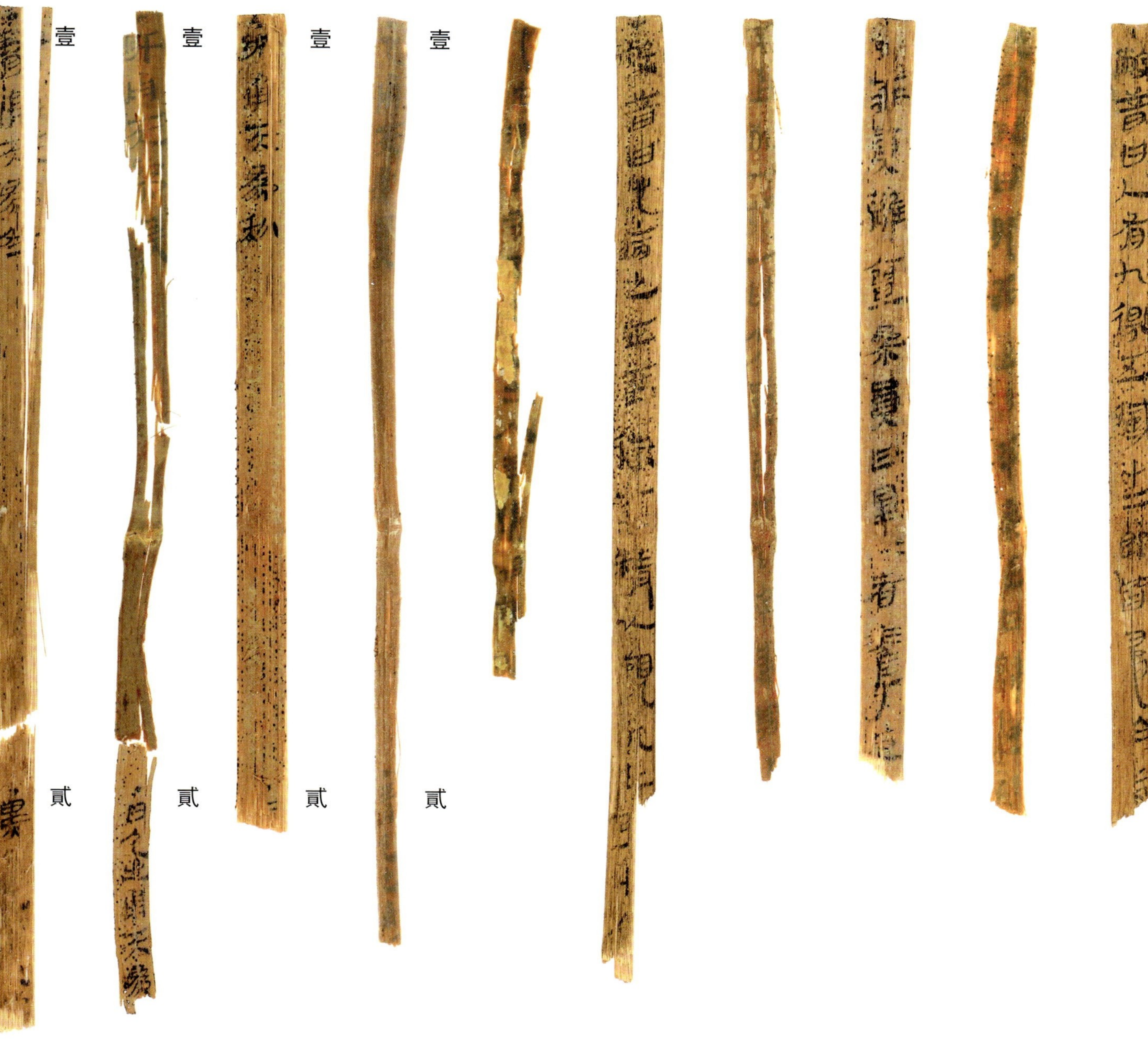

一–032

二–040

三–034

四–025

五–031

六–027

七–041

八–042

九–035+036–1+006–1

一〇–033+002

一一–026

一二–022 壹 貳

一三–020

一四–047

一五–043

一六上–036–2

一七–030

一八–024–1

一九–021

二〇–018–1 壹 貳

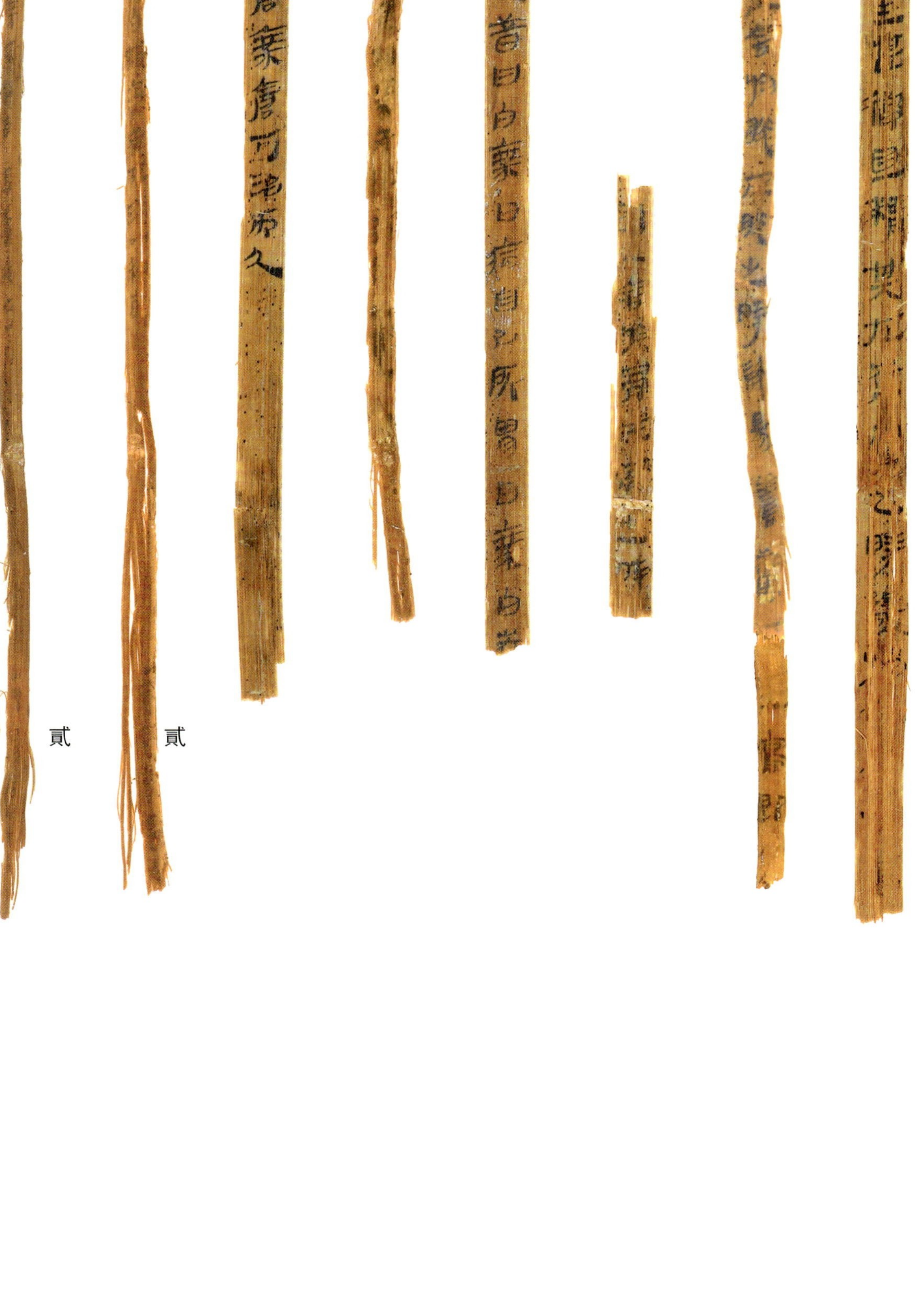

二一-048 二二-051 二三-044 二四-037+008 二五-014 二六-029 二七-024-2 二八-016 二九-018-2 三〇-018-3

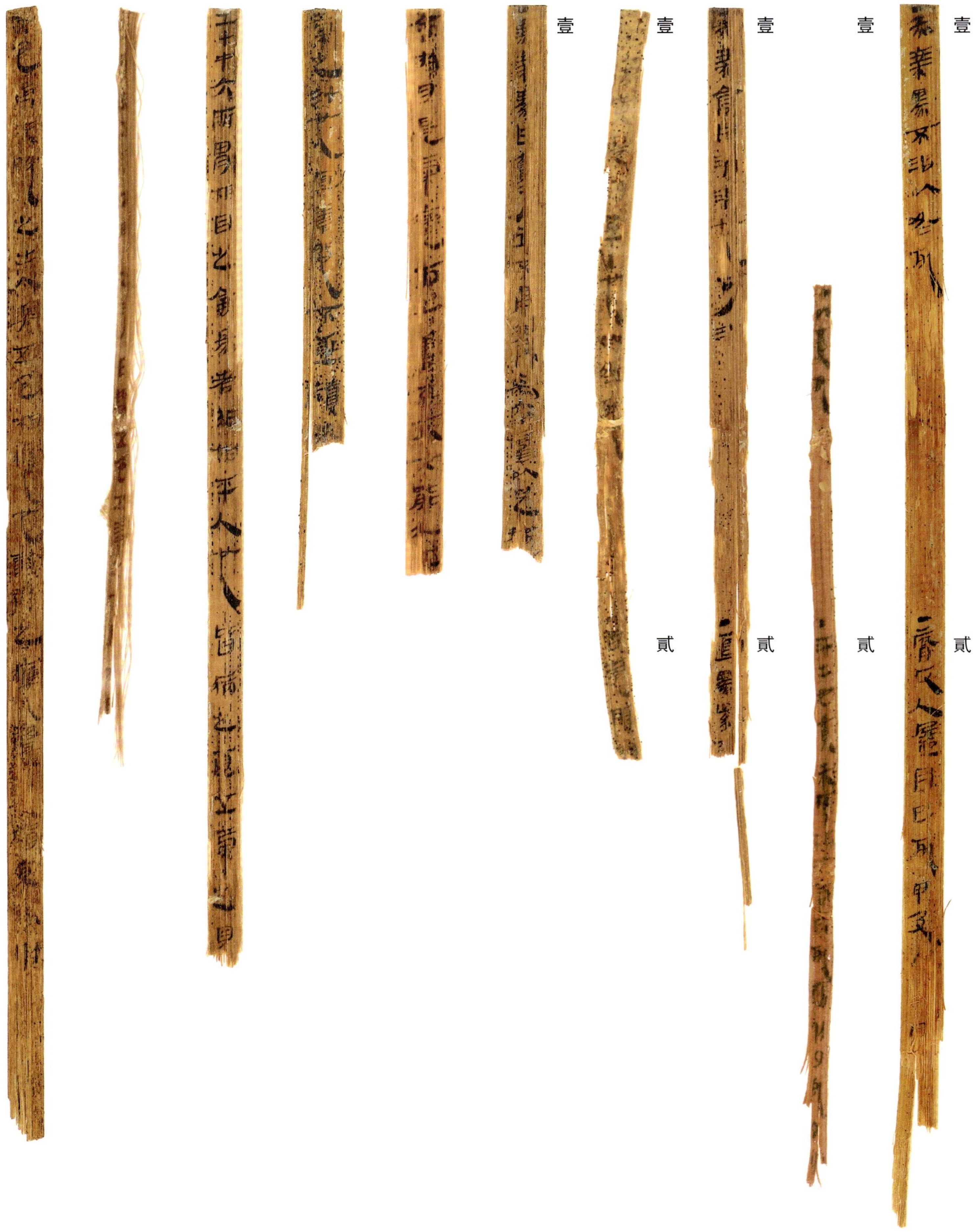

三一—049

三二—054

三三—052

三四—045

三五—038

三六—023+028

三七—015

三八—017

三九—019

四〇—050

散簡

四一-055

四二-053

四三-046+039

四四-001

四五-003

四六-004

四七-010

四八-011

四九-012-1

五〇-012-2

五一-005

五二-007

五三-009

五四-013

脈書·下經彩色影像

《脈書·下經》（35.8×0.8厘米 未見明顯契口）

編繩

一-490

二-523

三-501

四-489

五-517

六-508

七-545

八-524

九-509

一〇-488

一一-486

一二-519

一三-518

一四-596

一五-510

一六-505

一七-506

一八-446

一九-542

二〇-511

二一-507

二二-381

二三-541

二四-512

二五-533

二六-521

二七-534

二八-520

二九-426

三〇-487

三一-485

三二-537

三三-571

三四-535

三五-428

三六-429

三七-447

三八-515

三九-516

四〇-536

四一-466

四二-544

四三-588

四四-587

四五-575

四六-513

四七-514

四八-491

四九-526

五〇-380

五一-371

五二-366

五三-562

五四-559

五五-553

五六-568

五七-617

五八-527

五九-576

六〇-570

六一-569 六二-589 六三-590 六四-492 六五-543 六六-425 六七-463 六八-469 六九-467 七〇-586

七一-460

七二-459

七三-615

七四-622

七五-577

七六-565

七七-563

七八-498

七九-494

八〇-493

八一-403

八二-404

八三-378

八四-369

八五-461

八六-464

八七-468

八八-427

八九-368

九〇-618

九一-616

九二-623

九三-578

九四-525

九五-495

九六-396

九七-499

九八-391

九九-384

一〇〇-402

一〇一-401

一〇二-454

一〇三-457

一〇四-458

一〇五-484

一〇六-560

一〇七-554

一〇八-566

一〇九-624

一一〇-579

二一一-502

二一二-395

二一三-538

二一四-496

二一五-385

二一六-383

二一七-451

二一八-400

二一九-409

二二〇-410

一二二一-405

一二二二-379

一二二三-370

一二二四-462

一二二五-465

一二二六-567

一二二七-619

一二二八-556

一二二九-552

一二三〇-555

一三一-625

一三二-580

一三三-539

一三四-497

一三五-503

一三六-416

一三七-386

一三八-382

一三九-394

一四〇-399

一四一-407

一四二-408

一四三-453

一四四-455

一四五-456

一四六-481

一四七-482

一四八-564

一四九-599

一五〇-557

一五一-620

一五二-626

一五三-591

一五四-581

一五五-540

一五六-500

一五七-504

一五八-415

一五九-393

一六〇-398

一六一-406

一六二-417

一六三-387

一六四-411

一六五-377

一六六-435

一六七-450

一六八-551

一六九-431

一七〇-474

一七一-473

一七二-478

一七三-549

一七四-600

一七五-561

一七六-610

一七七-621

一七八-627

一七九-592

一八〇-582

一八一-572

一八二-528

一八三-522

一八四-392

一八五-397

一八六-418

一八七-414

一八八-361

一八九-424

一九〇-376

一九一-445

一九二-434

一九三-436

一九四-440

一九五-449

一九六-550

一九七-546

一九八-547

一九九-548

二〇〇-558

二〇一-601

二〇二-608

二〇三-611

二〇四-612

二〇五-593

二〇六-594

二〇七-583

二〇八-573

二〇九-529

二一〇-531

二一一-420

二一二-413

二一三-390

二一四-421

二一五-422

二一六-362

二一七-365

二一八-375

二一九-439

二二〇-437-1

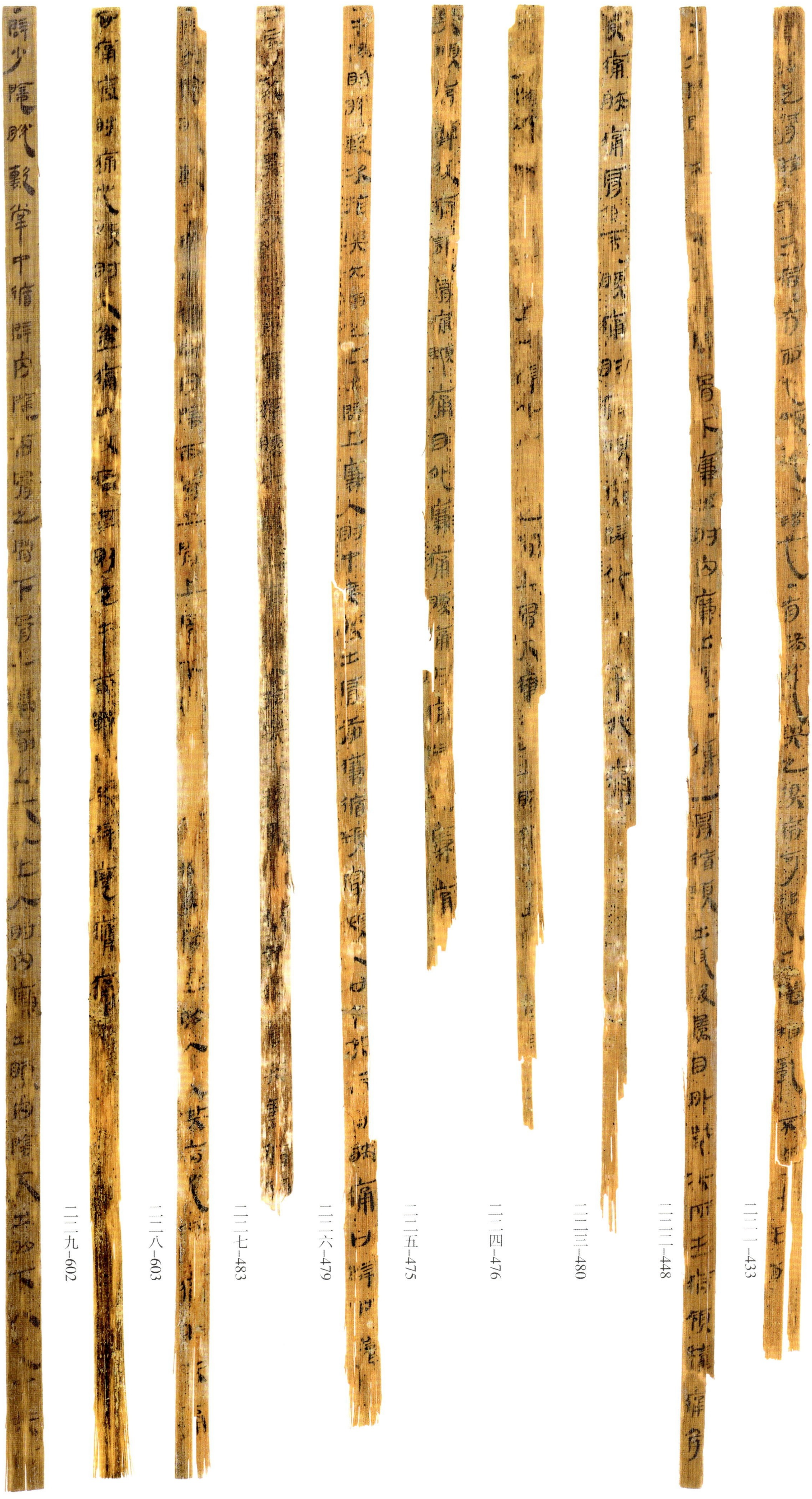

三二一-433

三二二-448

三二三-480

三二四-476

三二五-475

三二六-479

三二七-483

三二八-603

三二九-602

三三〇-609

二三一-614

二三二-613

二三三-628

二三四-595

二三五-584

二三六-574

二三七-530

二三八-532

二三九-419

二四〇-412

二四一-423

二四二-388

二四三-389

二四四-364

二四五-363

二四六-367

二四七-374

二四八-443

二四九-442

二五〇-438

二五一-444

散簡

二五二-734

二五三-437-2

二五四-441

逆順五色脈臧驗精神彩色影像

《逆順五色脈藏驗精神》（30×0.77厘米　未見完整簡，長度尺寸由殘簡所見編痕形制推定。未見明顯契口）

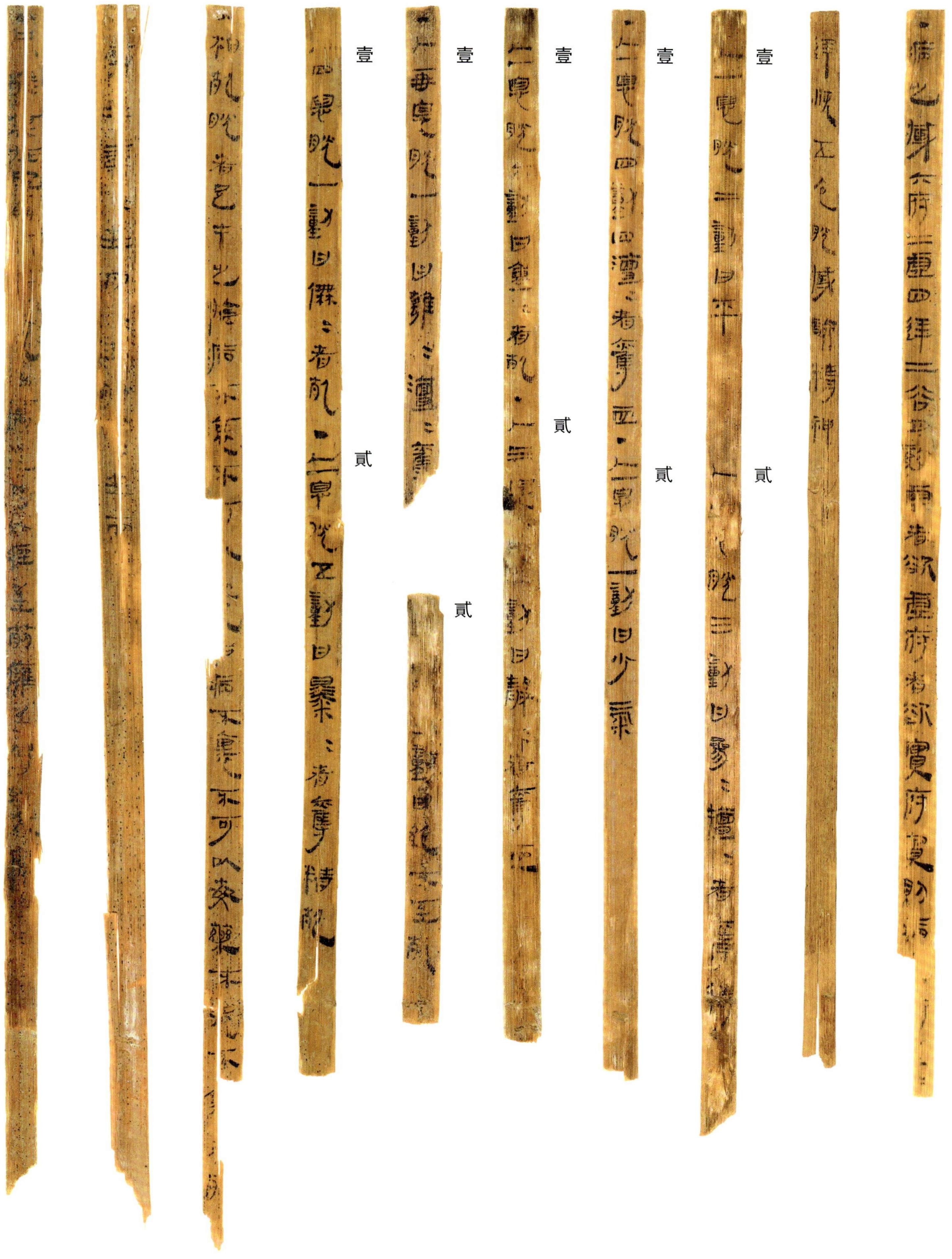

壹 貳

一—678

二—681

三—683

四—684

五—686

六—687—1+678—2

七—708

八—707

九—731

一〇—730

一一-729

一二-715

一三-713

一四-714

一五-711

一六-691+712

一七-726

一八-696

一九-703

二〇-697

二一-719+672+673

二二-720

二三-704

二四-689

二五-688

二六-690

二七-682

二八-685

二九-706

三〇-705

三一-728

三二-727

三三-723

三四-725

三五-724

三六-472

三七-470

三八-702

三九-701

四〇-674

散簡

四一-675

四二-695

四三-692+680

四四-693

四五-694

四六-735

四七-721

四八-679

四九-698

五〇-699

五一-700

五二-717

五三-716

五四-256

五五-255

五六-677

五七-718

五八-722

五九-709

六〇-710

六一-736

友理彩色影像

《友理》（27.8×0.85厘米　未見明顯契口）

編繩

一-323　二-096-1　三-084　四-066　五-068　六-320　七-344　八-097　九-085　一〇-086

一一–088

一二–087

一三–063

一四–330

一五–067

一六–326

一七–339

一八–349

一九–350

二〇–102+092–2

二一-094 二二-099 二三-080 二四-098 二五-096-2 二六-083 二七-069 二八-082 二九-081 三〇-095

三一-065 三二-059 三三-078 三四-340 三五-341 三六-342 三七-343 三八-060 三九-070+733 四〇-347

四一-058　四二-061　四三-325　四四-345　四五-346　四六-329　四七-100　四八-089　四九-090　五〇-091

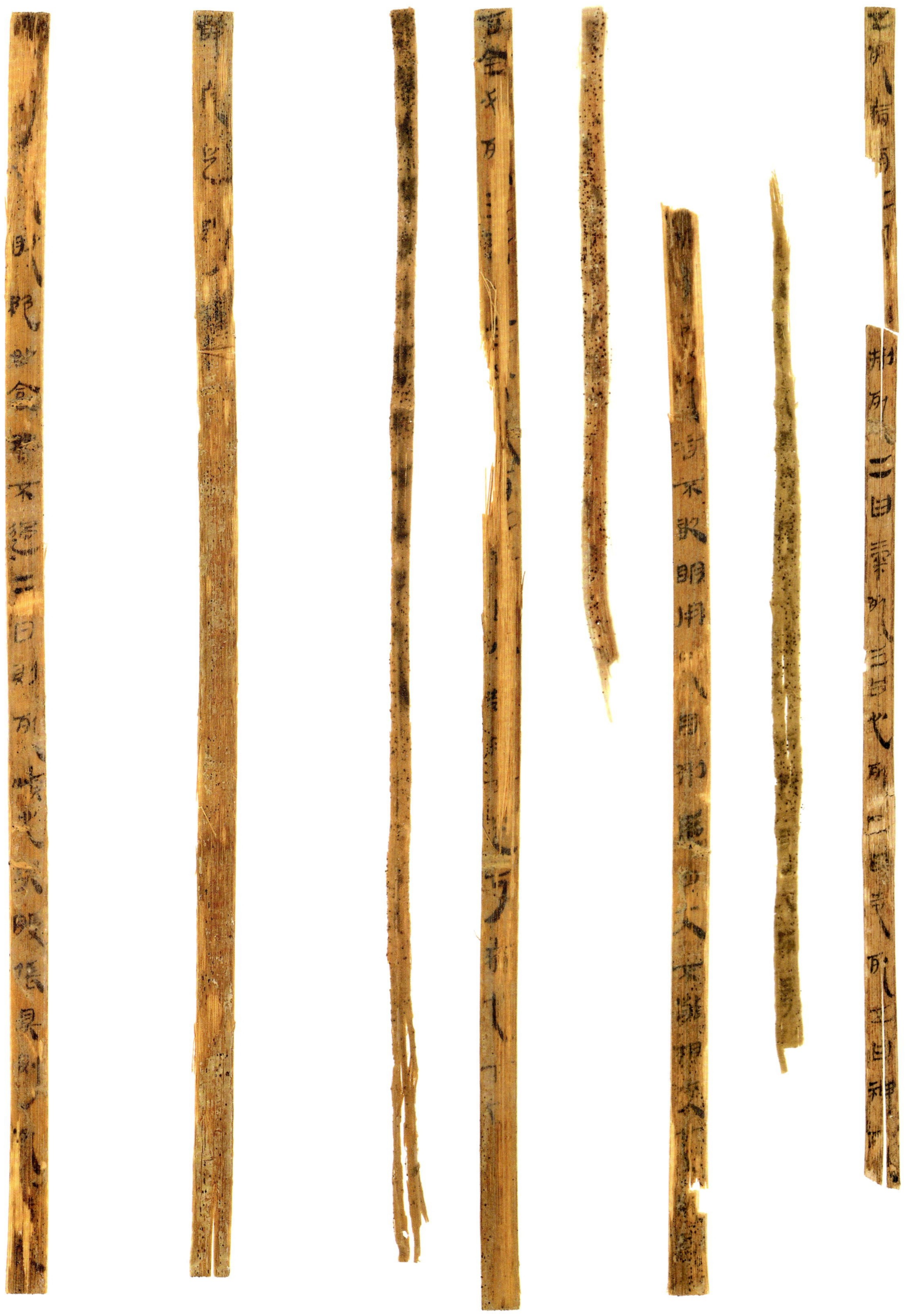

五一–103+076

五二–071

五三–057

五四–075–1

五五–077

五六–079

五七–073–1

五八–331

五九–074

六〇–072

散簡

六一−073−2+075−2

六二−303

六三−056−1

六四−056−2

六五−062

六六−064

六七−335

六八−732

六九−092−1

七〇-093

七一-304

七二-305

七三-348

七四-432

七五-452

七六-326-2

刺數彩色影像

《刺數》（30.2×0.8厘米）

◢◣ 契口

一-653

二-650

三-652

四-669

五-670

六-667

七-661

八-658

九-629

一〇-630

一一-631

一二-604

一三-598

一四-649

一五-651

一六-668

一七-665

一八-666

一九-660

二〇-659

二一-633

二二-632

二三-597

二四-605

二五-648

二六-647

二七-663

二八-635

二九-641

三〇-655

三一-639 三二-662 三三-646 三四-664 三五-656 三六-645 三七-638 三八-607 三九-654 四〇-657

四一-644

四二-642

四三-640

四四-606

四五-637

四六-634

四七-636

四八-643

治六十病和齊湯法彩色影像

《治六十病和齊湯法》（34.3×0.8厘米）

契口

一-276

二-280

三-351+373

四-266

五-194

六-195

七-137

八-136

九-319

一〇-307

壹 貳 叁 肆

一一-324

一二-332

一三-327

一四-333

一五-334

一六-118

一七-107

一八-113

一九-141+109

二〇-265

二一-264

二二-131

二三-471+430

二四-277

二五-279

二六-278-1+281

二七-187

二八-198

二九-196

三〇-142

三一-140

三二-138

三三-308

三四-306

三五-321

三六-328

三七-336

三八-119

三九-117

四〇-313

四一-135

四二-262

四三-259

四四-273

四五-263

四六-278-2

四七-282

四八-188

四九-200

五〇-199

五一—197

五二—148

五三—143

五四—139

五五—477

五六—317

五七—314

五八—322

五九—337

六〇—120

治六十病和齊湯法彩色影像

六一-125

六二-108

六三-132

六四-114

六五-111+110

六六-115

六七-134

六八-261

六九-269

七〇-272

七一-257

七二-353+274-2

七三-189

七四-201

七五-202

七六-203

七七-149

七八-146

七九-145

八〇-318

八一-315

八二-127

八三-121

八四-338

八五-104+116

八六-112

八七-166

八八-165

八九-133

九〇-260

九一-268

九二-352-1+275

九三-190

九四-213

九五-212

九六-207

九七-204

九八-150

九九-144

一〇〇-309

一〇一-316

一〇二-312

一〇三-126

一〇四-122

一〇五-123

一〇六-167

一〇七-168

一〇八-158

一〇九-159

一一〇-267

一一一-271

一一二-191

一一三-214

一一四-210

一一五-208

一一六-205

一一七-151

一一八-147

一一九-310

一二〇-128

一二一-124

一二二-170

一二三-169

一二四-163

一二五-160

一二六-270

一二七-192

一二八-215

一二九-211

一三〇-209

一三一—206

一三二—152

一三三—153

一三四—311

一三五—156

一三六—129

一三七—183

一三八—171

一三九—175

一四〇—172

一四一-164

一四二-161

一四三-193

一四四-216

一四五-218

一四六-219

一四七-225

一四八-229

一四九-154

一五〇-355+253

一五一-157

一五二-130

一五三-184

一五四-176

一五五-179

一五六-173

一五七-162

一五八-217

一五九-234

一六〇-220

一六一–227

一六二–230

一六三–155

一六四–252–1

一六五–248

一六六–185

一六七–177

一六八–180

一六九–174

一七〇–250

一七一-235

一七二-221

一七三-226

一七四-231

一七五-240

一七六-247

一七七-186

一七八-178

一七九-181

一八〇-360-1+251

一八一-236

一八二-222

一八三-228

一八四-232

一八五-241

一八六-246

一八七-182

一八八-249

一八九-237

一九〇-223

一九一-233

一九二-243

一九三-242

一九四-245

一九五-239

一九六-238

一九七-224

一九八-244

散簡

一九九-676

二〇〇-105

二〇一-252-2

二〇二-254

二〇三-258

二〇四-274-1

二〇五-352-2

二〇六-354

二〇七-356

二〇八-357

二〇九-358

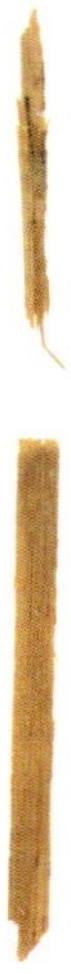

二一〇-259

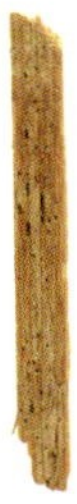

二一一-360-2

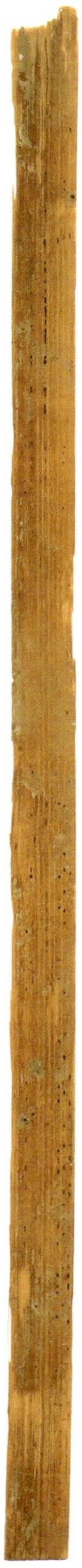

二一二-372

瘵馬書彩色影像

《瘀馬書》（30.3×0.7厘米）

◢◥ 契口

一-024

二-146

三-166+165+167

四-150

五-163

六-157

七-182

八-090

九-086

一〇-087-1+096

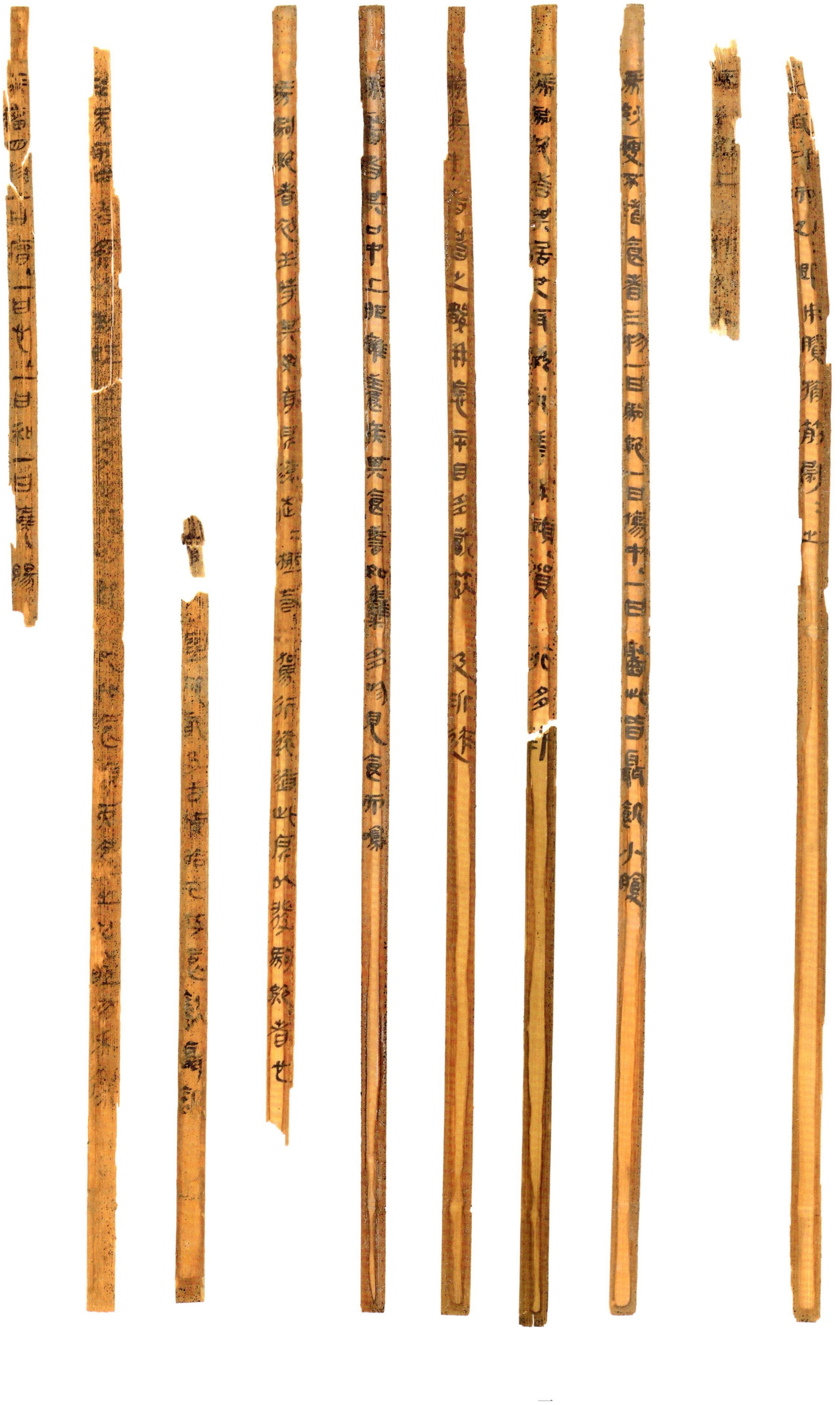

一一-106

一二-008

一三-036-2

一四-022+040

一五-028

一六-027

一七-143

一八-104

一九-088

二〇-087-2

二一-023-2

二二-006

二三-201

二四-152+120+226

二五-151+119

二六-049

二七-037

二八-025

二九-142

三〇-048

三一-136

三二-164

三三-135+126

三四-089

三五-085

三六-097

三七-007

三八-105

三九-137

四〇-162

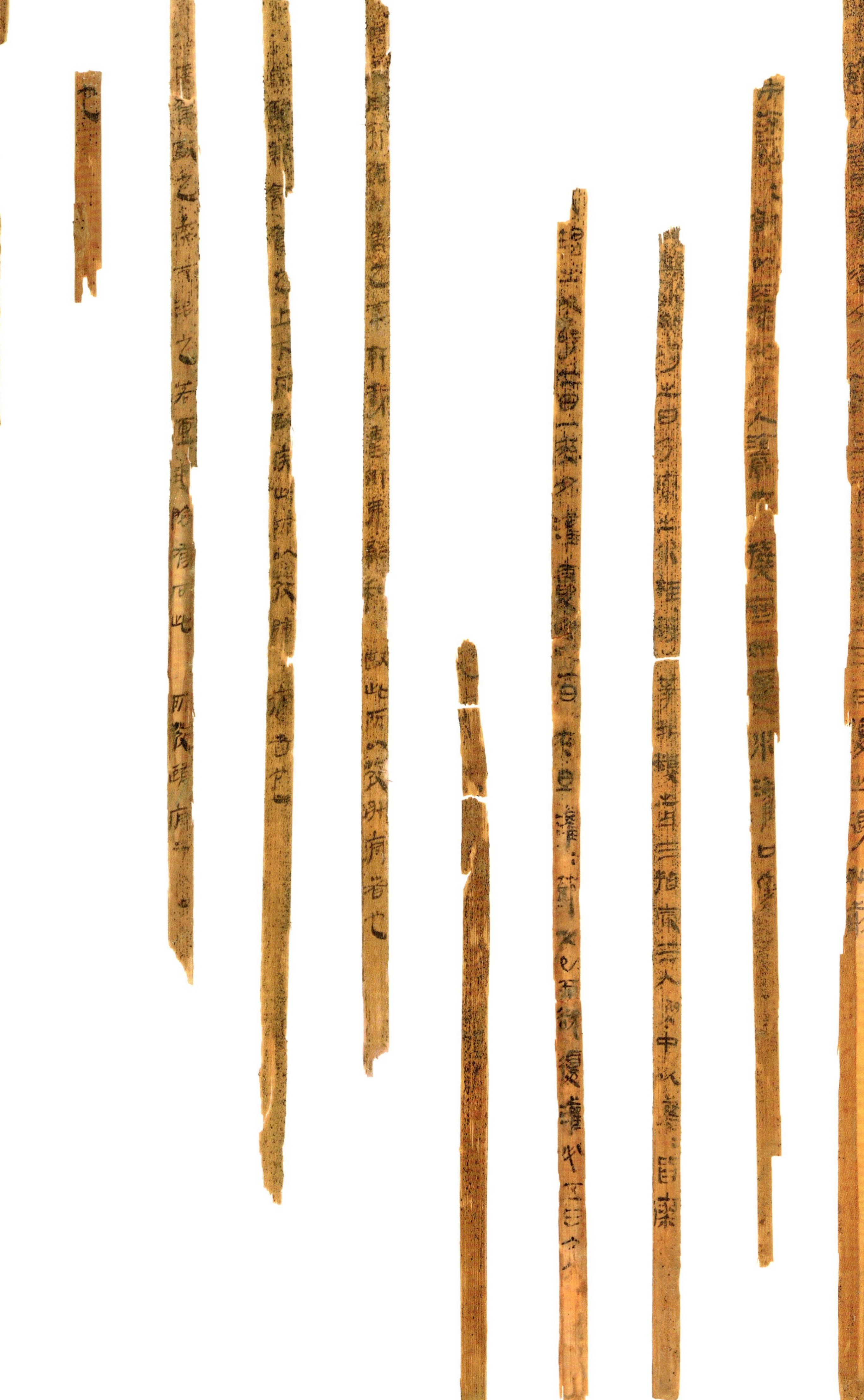

四一-084

四二-184

四三-091

四四-181

四五-042

四六-011

四七-147

四八-149

四九-062

五〇-141

六〇—033

五九—098

五八—082

五七—076

五六—077

五五—115

五四—108

五三—102

五二—095

五一—148

六一-016

六二-215+172

六三-018-2+109

六四-080

六五-078

六六-093

六七-100

六八-019-1+038

六九-014

七〇-154

七一-160

七二-031

七三-194

七四-168

七五-079

七六-083

七七-094

七八-101

七九-107

八〇-020

八一-013-2+012-2

八二-030

八三-145

八四-140

八五-036-1

八六-021+041

八七-029

八八-026

八九-144

九〇-138

九一-032

九二-081

九三-015

九四-176

九五-067

九六-075

九七-171

九八-180

九九-174

一〇〇-175

一〇一-034

一〇二-035

一〇三-044

一〇四-068

一〇五-069

一〇六-070

一〇七-071

一〇八-074

散簡

一〇九-046-1

一一〇-010

一一一-183

一一二-009

一一三-156

一一四-017

一一五-012-1

一一六-046-2+060

一一七-134+125

二一八-225

二一九-103

二二〇-200

二二一-177-1

二二二-199

二二三-053

二二四-099

二二五-212

二二六-207+206

二二七-209

一二八–219

一二九–023–1

一三〇–178–1+158

一三一–153+121

一三二–161

一三三–045

一三四–122+123

一三五–133

一三六–155+132

一三七–178–2

一三八-179-1

一三九-013-1

一四〇-018-1

一四一-019-2

一四二-039

一四三-173

一四四-221

一四五-208

一四六-216

一四七-220

一四八-059

一四九-072

一五〇-073

一五一-092

一五二-111

一五三-129

一五四-130

一五五-131

一五六-159

一五七-169

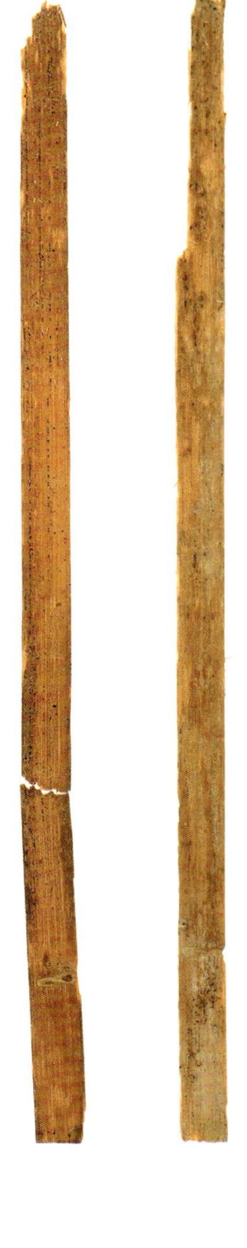

一五八-170

一五九-177-2

一六〇-179-2

一六一-193

一六二-198

一六三-202

一六四-203

一六五-204

一六六-205

一六七-210

一六八-211

一六九-213

一七〇-214

一七一-217

一七二-222

經脈彩色影像

《經脈》（30.1×0.7厘米）

契口

一-050 二-054 三-114+218 四-003 五-113+195+196 六-051 七-057 八-004 九-128 一〇-052

一一-112

一二-066

一三-063

一四-043

一五-065

一六-047

一七-056

一八-118

一九-139

二〇-058

散簡

二一-001

二二-002

二三-005

二四-055

二五-061

二六-064

二七-110

二八-116

二九-117

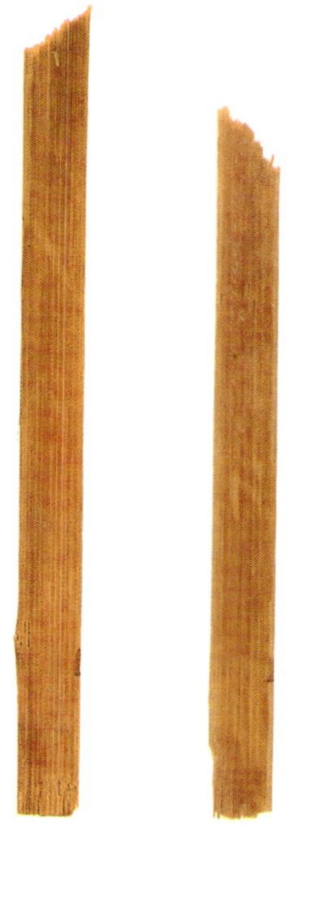

三〇–124

三一–127

三二–224+223

律令遺文彩色影像

《律令遺文》（22.7×1.0厘米　未見明顯契口）

編繩

一-291 二-301 三-302 四-300 五-292 六-289 七-287 八-283 九-284 一〇-285

一一-286

一二-299

一三-293

一四-290

一五-295

一六-297

一七-294

一八-296

一九-298

二〇-288

文書散簡彩色影像

1–585